e-on
SONY
AMOROSO

THOMASBERG
MENGERSKIRCHEN
FORD
AMSTEL
PlayStation.2
MasterCard

2002/2003

kicker

Fussball Jahrbuch

2002/2003

kicker

Fussball Jahrbuch

COPRESS SPORT

DORT
2002
BVB
09
e-on
1995
1996
2002

SPORT

Inhalt

Bundesliga: Dramatik bis zur letzten Minute

Zweite Bundesliga: Dribblings und Finten für die Lizenz

DFB-Pokal: Der Pott für das Ende der Euro-Fighter

Europapokal: Real zerstört den letzten Bayer-Traum

UEFA-Pokal: Heimspiel für die Holländer

WM-Qualifikation: Zauber vom Zuckerhut in Yokohama

International: Italien steht vor einer Zerreiß-Probe

Regionalliga: Rasanz, Rekorde und die große Angst

S = Statistik

Ende gut, alles gut

Ende gut, alles gut. So könnte das Fazit lauten, wenn man die Saison 2001/2002 noch einmal Revue passieren lässt. Pünktlich zum 30. Juni endete ein Spieljahr, das zum Abschluss kaum besser hätte ausfallen können. Eine Vize-Weltmeisterschaft als Krönung – das war weit mehr, als selbst größte Optimisten zu hoffen gewagt hatten.

Mit der besten Saisonleistung boten die Mannen von Rudi »Riese« Völler einer brasilianischen Mannschaft ausgerechnet im WM-Finale von Yokohama Paroli und mussten sich schlussendlich nur dank zweier Treffer des »Phänomens« Ronaldo geschlagen geben. Hut ab!

Eine solche Leistung und ein solches Resultat beim Kräftemessen der 32 weltbesten Mannschaften konnte niemand erwarten. Selbst in Anbetracht der Tatsache, dass sich das deutsche Team einmal mehr als Turnier-Mannschaft par excellence präsentierte. Was endlich wieder im Vordergrund stand, war das Teamwork. Angeführt von einem Trainer, der nur zu gut noch die Sprache der Spieler spricht und der es verstanden hat, eine hierarchische Struktur zu fördern, die auch der Leistung förderlich war. Keine Spur mehr von selbst ernannten »Denkmälern«, die bei den letzten Turnieren nur ihr Ego und ihre Rekorde im Kopf hatten – sehr zum Leidwesen einer leistungsfördernden Mentalität.

Dennoch hatte auch die deutsche Mannschaft ihre Alpha-Figur. Der Kapitän Oliver Kahn, jener Torhüter-Titan, der fast allen Angreifern der Welt ein schier unüberwindlich schei-

nendes Hindernis ist, hatte seinen Ehrgeiz und Hunger auf Erfolg dem gesamten Team eingeimpft. Hinten keine Treffer kassieren, vorne einen mehr als der Gegner schießen, in der Mitte die deutschen Primärtugenden Disziplin und Durchsetzungsvermögen – so hieß das einfache, aber äußerst effektive Rezept. Technische Fertigkeit, Spielkultur und taktische Finesse – diese Elemente bedürfen weiterhin der Verbesserung.
Aber es langte dennoch zur Vize-Weltmeisterschaft. Ein Erfolg, der ausbaufähig ist. Ein Erfolg, der aber auch einen Rudi Völler in seiner Arbeit bestätigt – und zwar eindrucksvoll. Mit ihm, dem bisweilen zurückhaltenden, aber immer realistischen Teamchef, scheint der deutsche Fußball genau den richtigen Mann gefunden zu haben, der die nächste Endrunde im Jahr 2006 in Deutschland in Angriff nimmt. Die Zwischenstation mit der EURO 2004 in Portugal wird eine wesentliche Standortbestimmung sein.
Überhaupt der zweite Platz. Es scheint, als seien Deutschlands Spitzenfußballer in der abgelaufenen Saison auf diesen Rang fixiert. Besonders die Werksfußballer aus Leverkusen. Was ihnen widerfuhr, entbehrt nicht einer gewissen Tragik. Obschon über den gesamten Saisonverlauf die wohl beste deutsche Vereinsmannschaft, die auch in der Lage war, den Sport so ansehnlich, so begeisternd zu zelebrieren, stand sie am Ende mit leeren Händen dar. Ein Drama der besonderen Art.
In der Bundesliga schienen sie, die auf Grund ihrer Ergebnisse und ihrer Erlebnisse geringschätzig schon als »Vizekusen« tituliert wurden, endlich auf dem Weg zum ersten Titel. Aber auf den letzten Metern wurde Bayer schließlich abgefangen. Gleiches passierte dem Team von Trainer Toppmöller auch im DFB-Pokal, als Schalke 04 in einem stimmungsvollen Finale von Berlin einen Strich durch die nächste Rechnung machte. Als letzte und beste Möglichkeit, diese Missgeschicke vergessen zu machen, verblieb das Finale der Champions League in Glasgow. Doch auch hier mussten die Leverkusener gegen die »Königlichen« von Real Madrid, denen sie einen großen Kampf geliefert hatten, mit dem undankbaren zweiten Platz vorliebnehmen.
Besser, weil erfolgreicher, machte es da schon die Borussia aus Dortmund. Angeführt von ihrem ehrgeizigen und manchmal so streng wirkenden Trainer-Youngster Matthias Sammer (34 Jahre) nutzten sie die Schwächen der Leverkusener gnadenlos zu ihrem Vorteil. Der hochkarätig und teuer zusammenstellte Kader des einzigen börsennotierten deutschen Klubs brachte schneller die Rendite ein, als die Verantwortlichen zu hoffen gewagt hatten. Der Einbau von gleich vier Brasilianern und zwei Tschechen hatte sich als erfolgreiche Symbiose erwiesen. Selbst ein so eigenwilliger Charakter wie der brasilianische Torjäger Amoroso fügte sich, wenn auch manchmal widerwillig, in das gelb-schwarze Erfolgsgefüge. Dabei profitierte er auch von der Unterstützung seines überaus mannschaftsdienlichen Sturmpartners Jan Koller und den genialen Zuspielen des tschechischen »Zauberlehrlings« Tomas Rosicky.
Diese Dortmunder Mannschaft, deren unverwüstlicher Abwehrrecke Jürgen Kohler am Saisonende seine glanzvolle, mit zahllosen Titel garnierte Karriere beendete, machte auch im UEFA-Cup das beste aus dem enttäuschenden Vorrunden-Aus in der Champions League. Als Dritter nach den Gruppenspielen durfte der BVB im UEFA-Cup weitermachen und startete hier eine imponierende Serie bis ins Finale. Dort allerdings hatte man gegen den Gastgeber Feyenoord Rotterdam schon früh das Pech, das ausgerechnet Jürgen Kohler nach einer Notbremse frühzeitig vom Platz musste. Dieses Handicap konnten die dezimierten Dortmunder nicht mehr wettmachen, zumal sich beim Gegner Feyenoord »Scharfschütze« van Hooijdonk einmal mehr als äußerst treffsicher zeigte und die Holländer den Pott in »De Kuip« behielten.
Gänzlich ohne Schale oder Pokal musste in der Saison 2001/2002 der deutsche Rekordmeister Bayern München ausgekommen, lediglich der Weltpokal wanderte noch in den Trophäenschrank. Nach dem Gewinn von zwei Titeln in der Vorsaison mussten die Münchner Leistungsträger wie Scholl oder Jeremies verletzungsbedingt monatelang ersetzen. Dies traf auch auf den Kapitän Stefan Effenberg zu, der allerdings auch nach seiner Genesung nie wieder zu alter Form fand. Am Ende seines Vertrages war er auch am Ende seiner Leistungsstärke und wurde beinahe zur Belastung der Mannschaft. Mit Neuzugängen wie Michael Ballack, Zé Roberto oder auch Sebastian Deisler, wenn er denn wieder richtig gesund wird, werden sich die Bayern in der neuen Saison wohl nicht mehr mit einem dritten Platz in der Meisterschaft zufrieden geben.

Vorläufig beendet ist das Kapitel Bundesliga für die drei Absteiger aus St. Pauli, Köln und Freiburg. Dabei waren die Freiburger zu Beginn der Saison sogar noch im UEFA vertreten, verloren aber dann auch auf Grund einer großen Verletzungsmisere völlig die Linie. Nahezu identisch war die Entwicklung der Freiburger auch beim letzten Abstieg 1997. Aber die Renaissance der Breisgauer folgte auch damals mit dem direkten Wiederaufstieg auf dem Fuß. Dann hieße es auch für die Freiburger: Ende gut, alles gut.

Hardy Hasselbruch

Dramatik bis zur letzten Minute

Aller guten Dinge sind drei dachte man in Leverkusen. Zwei Mal war Bayer auf der Zielgeraden abgefangen worden. Doch auch dieses Mal gab's kein Happyend. Eine Achterbahn der Gefühle.

Dortmund hatte die Schüssel – Leverkusen den Salat

Da war es also wieder, das Herzschlag-Finale, wie im Jahr zuvor, als Bayern München dem FC Schalke 04 buchstäblich in letzter Minute noch den Titel weggeschnappt hatte.

Die Entscheidung über Meisterschaft und Abstieg erst am allerletzten Spieltag, das freut die Akteure, die Macher, die Medien und die Fans. Am meisten gefreut haben sich natürlich die Spieler von Borussia Dortmund, und sie hatten allen Grund dazu. Der BVB hatte einen Klassischen Endspurt hingelegt und triumphierte am Schluss mit einem Pünktchen Vorsprung über Bayer Leverkusen.

Vater des Erfolges war Matthias Sammer. Mit gerade mal 34 Jahren wurde er jüngster Meistertrainer der Bundesliga-Geschichte. Als er sein Amt zwei Jahre zuvor übernommen hatte, herrschte das Chaos bei der Borussia. Mit Akribie und seiner ihm eigenen Verbissenheit hievte er die Dortmunder nach oben. Manchmal wirkte er sogar noch eine Spur zu stur, ging ihm eine gewisse Lockerheit ab. Als Ewerthon in der 74. Minute am 34. Spieltag den 2:1-Siegtreffer gegen Werder Bremen markierte, war der Lohn der Mühen eingebracht.

Da konnte Bayer Leverkusens Klaus Toppmöller tönen wie er wollte. Seine Jungs waren vom 13. Bis zum 19. und vom 24. bis zum 32. Spieltag Tabellenführer gewesen. Am 31. Spieltag betrug der Vorsprung für Bayer fünf (!) Punkte. Doch am Ende ging Ballack und Co. die Luft aus. Wie im Vorjahr (unter Christoph Daum) wieder nur Kronprinz. Vizemeister, was war das schon? Bittere Tränen flossen nach dem 2:1 über Hertha BSC, das nichts mehr genutzt hatte. Zwei Niederlagen (1:2 gegen Bremen und 0:1 beim 1. FC Nürnberg) bei gleichzeitigen Siegen der Dortmunder (2:1 gegen Köln und 4:3 beim HSV) bedingten den Wechsel an der Spitze. Borussia und Bayer siegten am Schluss jeweils 2:1. Dortmund hatte die Salatschüssel. Und Leverkusen den Salat – mit dem Dressing, direkt für die Champions League

Brasilianisches Bier-Bad im Westfalenstadion: Ausgelassene Freude der beiden Brasilianer Amoroso (links) und Ewerthon über den Titelgewinn der Borussia. Sie hatten mit ihren Toren maßgeblichen Anteil am erneuten Titelgewinn.

Da bleibt nur das Nachsehen: Leverkusens mächtiger Macher Rainer Calmund musste erneut seine Hoffnungen auf den ersten Titelgewinn für Bayer begraben.

Rechte Seite: Ein Schrei der Befreiung: Dortmunds erfolgreichster Torjäger Amoroso lässt seinen Emotionen freien Lauf. Mit 18 Toren hatte der eigenwillige Brasilianer wesentlichen Anteil am Titel.

qualifiziert zu sein. Das war Bayern München nicht gelungen. Der Rekordmeister stand lediglich am 10., 11. und 12. Spieltag an der Spitze. Die Rotation von Trainer Hitzfeld trug kaum Früchte, in der Mannschaft schien es im letzten Jahr von Kapitän Stefan Effenberg nicht mehr zu stimmen. Frühzeitig wurden mit Sebastian Deisler (dem verletzten Pechvogel des Jahres), Michael Ballack und Zé Roberto Stars der Konkurrenz verpflichtet. Mit einem Nobody als Trainer schaffte Hertha BSC den direkten Sprung in den UEFA-Pokal. Nach dem 0:1 in Cottbus am 21. Spieltag war Jürgen Röber entlassen worden. Für den Rest der Saison übernahm Ex-Profi Falko Götz, der bis dahin Jugend- und Amateur-Koordinator gewesen war. Es ging stetig aufwärts, am Ende sprang Rang vier heraus. Unmittelbar dahinter kam Schalke 04 ein. Trainer Huub Stevens wurde zum »fliehenden Holländer«, weil er schon frühzeitig preisgab, dass er im Sommer Hertha BSC übernehmen würde. Aber die Spieler ließen sich's nicht verdrießen und hatten am Ende das Saisonziel, den UEFA-Cup-Platz, sicher erreicht.

Eine ähnliche Formkurve in der Tabelle wies Werder Bremen auf. Die Hanseaten hielten an Trainer Thomas Schaaf fest, obwohl es zu Saisonbeginn so gar nicht laufen wollte. Es zahlte sich aus mit dem 6. Platz am Ende und dem internationalen Geschäft. Das wollten auch der 1. FC Kaiserslautern, der VfB Stuttgart und 1860 München über den UI-Cup erreichen.

Mitten im Niemandsland landeten der VfL Wolfsburg und der mit viel höheren Ansprüchen gestartete Hamburger SV. Für die Aufsteiger Borussia Mönchengladbach und den 1. FC Nürnberg war der Nichtabstieg ebenso ein Erfolg wie für die Ost-Mannschaften Energie Cottbus und Hansa Rostock. Nicht für den Klassenerhalt hat es für den SC Freiburg, den 1. FC Köln und den FC St. Pauli gereicht, die von Hannover 96, Arminia Bielefeld und dem VfL Bochum ersetzt werden.

Was blieb außer dem profan Sportlichen? Vielleicht, dass der Machtwechsel von München nach Dortmund nur belebend wirken kann. Dass die Schiedsrichter hie und da etwas genauer hinschauen sollten. Aber auch, dass die Spieler ihre Regeln kennen und einhalten. Oder der Blick auf ein paar Paradiesvögel. Wie den Teufelshörnchen tragenden Taribo West, an dem sie ansonsten in Kaiserslautern nicht immer ihren Spaß hatten. Oder auch die Kirch-Krise, die den Fußball-Verantwortlichen mehr als deutlich vermittelte, dass die Grenzen des Wachstums irgendwann erreicht waren. Das sportliche Wachstum sollte deshalb nicht begrenzt werden. Damit wir alle Jahre wieder das erleben, was wir jetzt zwei Jahre lang genießen konnten: das Herzschlag-Finale.

Johann Strotkötter

Die Krönung zum Karriere-Ende: Jürgen Kohler, für die Fans des BVB der »Fußball-Gott«, konnte zum Abschluss seiner Laufbahn noch einmal die Meisterschale stemmen.

Der Titel als Anfang einer neuen Ära in Gelb-Schwarz

Nun auch noch Torsten Frings. Nationalspieler, Dampfmacher und Abräumer in einer Person. Das vielleicht letzte noch fehlende Mosaiksteinchen bei Borussia Dortmund. 8,5 Millionen Euro blätterte der Verein nach zähen Verhandlungen für den Bremer hin. Und träumt nun von Goldenen Jahren. Bis 2006. Oder länger.

Der Zeitraum bis zur Weltmeisterschaft im eigenen Land soll zur Ära des BVB werden. Deswegen wurde die Mannschaft mit kapitalen Anstrengungen auf dem Transfermarkt runderneuert. Mit »Topqualität«, wie der ehemalige Star-Verteidiger Jürgen Kohler anerkennt, »was die Klubführung da gemacht hat, war erstklassig.«
Weil die Dortmunder Asse dem eigentlichen Fahrplan vorauseilten, eroberten sie schon im Mai 2002 die Deutsche Meisterschaft. Die sechste. Damit weitere folgen, wurden alle Leistungsträger mit langfristigen Verträgen ausgestattet. Frings, Sebastian Kehl und Tomas Rosicky besitzen Arbeitspapiere für die kommenden vier Jahre; Lars Ricken und Christian Wörns schlossen neue Kontrakte über eben diesen Zeitraum ab. Und da mit Christoph Metzelder, Ewerthon, Dede, Otto Addo oder Jan Koller, der sich gleich in seiner ersten Saison unverzichtbar machte, weitere Stars mindestens bis 2005 vorne weg marschieren wollen, bedarf dieses Team nur noch kleinerer Korrekturen. Wie mit dem jungen Argentinier Juan Ramon Fernandez, der die Unterdeckung auf

Eine »Bank« in der BVB-Abwehr: Nationalspieler Christian Wörns (hier gegen den Schalker Emile Mpenza) war im gesamten Saisonverlauf der Garant für Stabilität in der Borussen-Defensive.

den Außenbahnen beseitigen soll. »Generell muss es unser Ziel sein, dass wir uns über Jahre oben festsetzen«, sagt Matthias Sammer. Und wenn der Trainer schon einmal dabei ist, seinen Wunschzettel anzulegen, verrät er, was sonst noch darauf steht: »Wir wollen endlich wieder die zweite Gruppenphase in der Champions League erreichen.« Anders als 1999 und 2001, als jeweils nach sechs Vorrunden-Begegnungen der »Abstieg« in den UEFA-Cup erfolgte. Beim zweiten Mal immerhin mit dem angenehmen Nebeneffekt, dass am Ende dieser Trostrunde die Teilnahme am Finale gegen Feyenoord Rotterdam (2:3) stand. »Vielleicht«, mutmaßte Sammer hinterher, »war es sogar besser, dass wir diesen Titel nicht auch noch gewonnen haben.«

Ein verlorenes Endspiel schärfe das Bewusstsein dafür, dass der Lernprozess zwar vorangeschritten, aber nicht abgeschlossen sei, argumentiert der Trainer. Sein entwicklungsfähiges Team soll weiter reifen. Soll stabiler werden und seine Darbietungen mit noch mehr spielerischen Elementen anreichern. Dass »das Ende der Fahnenstange noch lange nicht« erreicht sei, bekräftigte Sammer auch im Vorfeld der Saison 2002/03. Bestnoten stellten die sportlichen Verantwortlichen des Vereins, neben Sammer also auch Sportmanager Michael Zorc, den Spielern dafür aus, dass sie auch Rückschläge wie die deftige Abreibung in Leverkusen (0:4) verkrafteten. Und nach kurzer Besinnung in positive Energie umsetzten.

»Wir haben nach Durststrecken immer weiter gemacht und den Glauben an die eigene Stärke nicht verloren.« Nicht einmal nach der Niederlage in Kaiserslautern, die alle Welt zum Anlass nahm, Bayer Leverkusen bereits zum Gewinn der Meisterschaft zu gratulieren. Ausgenommen Sammer. Er versprach: »Wir werden zurückkommen.« Und wie. 2:1 gegen Köln, 4:3 in Hamburg, 2:1 gegen Bremen – Dortmund hatte die Schale. »Jetzt«, sagt Kohler, »wissen die jungen Spieler, wie ein Titel schmeckt. Das wird eine Herausforderung für sie sein. Sie werden noch viele Trophäen holen.«

Ehrgeizige Pläne, bei deren Umsetzung dem Mittelfeld, dem Dortmunder Filetstück, eine besondere Bedeutung zukommt. Besetzt wird es ausnahmslos von Profis, die noch einen langen Weg vor sich haben. Rosicky, Kehl (beide 21), Dede (23), Frings (25) und Lars Ricken (26). »So ein junges Mittelfeld gibt es in der ganzen Liga nicht«, vermutet Ricken, »wenn man dann noch Metzelder (21) dazu nimmt, ahnt man, wie viel Potenzial in dieser Mannschaft steckt.« Zumal Rosicky, der Zauberlehrling aus Prag, dem Spiel der Borussia wieder klarer den Stempel aufdrücken möchte als im Frühjahr 2002. Da blieb er lange unter seinen Möglichkeiten, wirkte ausgebrannt und fantasielos, um in den entscheidenden Saisonbegegnungen seine Klasse schließlich doch wieder zu unterstreichen.

Torjubeln im Sitzen: Dortmunds erst im Laufe der Saison verpflichteter Brasilianer Ewerthon trug mit zehn Toren zur Meisterschaft bei. Den wichtigsten erzielte er zum 2:1 gegen Bremen.

»Wenn ich ihm in die Augen schaue, weiß ich, dass er ein großer Spieler werden kann«, urteilt Sammer, »er war durch seine Einsätze in der Nationalmannschaft einfach überspielt.« Zu Beginn der Saison, als Tschechiens Fußballer des Jahres mit einer in deutschen Stadien selten erlebten Leichtigkeit Zauberpässe en masse aus dem Fußgelenk schüttelte, alarmierten die Späher von Europas Nobel-Klubs sogleich ihre Auftraggeber. Inter Mailand wäre bereit gewesen, 45 Millionen Euro in die Dortmunder Kassen regnen zu lassen, doch Borussias Bosse erstickten dieses Liebeswerben im Keim: »Rosicky ist unverkäuflich.« Der Umworbene verspürt (im Moment) ohnehin keinen Drang, seinem Beruf südlich der Alpen auszuüben. »In Italien«, sagt er, »wird zu viel Wert auf Taktik gelegt.«

Die der Borussia konzipierte Sammer im Meisterjahr neu. Im Vertrauen auf sein Sicherheitspersonal ließ er Christian Wörns und Christoph Metzelder (oder Kohler) ohne Netz und doppelten Boden

Tänzchen zum Titelgewinn: Die Borussen Oliseh, Dede, Ewerthon, Amoroso und Jan Koller feiern ausgelassen die Meisterschaft. Auch ein Dank an die zahlreichen und treuen Fans des BVB.

verteidigen. Eine Absicherung sah dieses Konzept nicht vor. Was in den meisten Fällen auch nicht erforderlich war, weil vor allem Wörns seine Leistungen konstant auf einem glänzenden Niveau ansiedelte. »Für mich ist er der Spieler der Saison«, schwärmte der Trainer, »leider ist seine Außenwirkung nicht so positiv, wie er sie verdient hätte.«

Ganz anders steht Marcio Amoroso da, die stürmende Primadonna. Zwar erreichte der Brasilianer mit italienischem Pass nicht ganz seine Wunschmarke an geschossenen Toren (22); vier weniger ließen ihn trotzdem zum gefeierten Publikumsliebling aufsteigen. Dass er vor allem seine eigenen Interessen verfolgt und weniger die der Gemeinschaft, wurde ihm großzügig verziehen. Dass er sich mit Sammer anlegte und einmal sogar dessen Anordnung zur Auswechslung missachtete, schon weniger. Aber Sammer ließ mildernde Umstände gelten. »Für Amoroso gibt es keine Gesetze. Man kann seine Mentalität nicht verbiegen«, meint der Trainer, »man kann jedoch versuchen, ihm das Team-Denken näher zu bringen.«

Dede, ein Landsmann Amorosos, hat dieses Team-Denken längst verinnerlicht. Vier Jahre in der Bundesliga reichten, um ihn davon zu überzeugen, dass brasilianischer Ballzauber und deutsche Disziplin sehr wohl miteinander kombinierbar sind. Dede gelang ein Qualitätssprung, der ihn national zu einem der führenden »Außenbahner« beförderte. Was die Identifikation mit seinem Verein angeht, stellt er das Kontrastprogramm zu Amoroso dar: Noch drei Wochen vor den entscheidenden Spielen im Mai musste er unters Messer, um einen Meniskusschaden beheben zu lassen. Das anschließende Aufbauprogramm absolvierte Dede im Eiltempo. Seine fast kindliche Freude auf dem Siegerpodest des Westfalenstadions wurde am 4. Mai auch in die Wohnzimmer seiner Heimat übertragen. Dort gilt als Held, wer einen Titel vorweisen kann.

Sogar Amoroso hat jetzt einen wichtigen. »Borussia hat es geschafft, dass Marcio endlich einen Titel holt«, betont Sammer, »was in Dortmund geschehen ist, das hat ihn beeindruckt.« 200 000 Menschen auf den Dortmunder Straßen jubelten ihm zu. Das war neu für ihn. Auch für Wörns, der nach einem Pokalsieg mit Bayer Leverkusen (1993) in seiner Karriere erst den zweiten großen Triumph feierte. Es soll nicht der letzte gewesen sein.

Thomas Hennecke

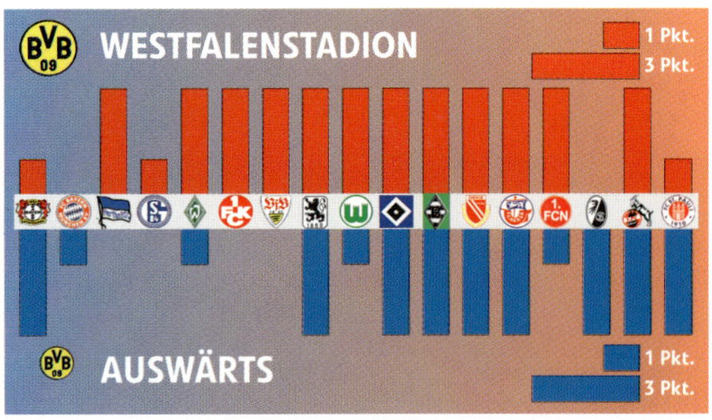

Ein seltenes Lächeln: Perfektionist Matthias Sammer war erst zufrieden, als er endlich die Meisterschale in der Hand hielt. Wesentlichen Anteil an dem Titel hatte auch sein Regisseur Tomas Rosicky (rechte Seite).

goool
e.on
BVB

Bayer Leverkusen

Die unheimliche Jagd auf das »verdammte Ding«

Enttäuschter Bayer-Trainer: Klaus Toppmöller musste seine Titelträume kurz vor der Ziellinie beenden. Ausgerechnet in Nürnberg gab es den entscheidenden Rückschlag auf dem Weg zum ersten Titel.

Endlich mal »die verdammte Schale«, wie Reiner Calmund die Auszeichnung für den Deutschen Meister nennt, endlich mal dieses Ding in der Hand zu halten – vor allem dies treibt Leverkusens Macher um.

Und es ist müßig zu diskutieren, ob sein Klub an jenem oft zitierten Samstag Nachmittag am 20. Mai 2000 in Unterhaching näher dran war an der Erfüllung des Traumes, oder dieses Mal, als fünf Punkte Vorsprung vor der Konkurrenz drei Runden vor Ultimo nicht ausreichten, die »verdammte Schale« in die BayArena zu holen.
So steht wie in Stein gemeißelt die Aussage des Brasilianers Emerson, und sie scheint dauerhafte Gültigkeit zu besitzen. »Bayer Leverkusen wird nie einen Titel gewinnen. Nie, nie, nie«, hatte Emerson damals in Unterhaching schluchzend hervor gepresst, und er kann sich immer noch als großer Seher feiern lassen. Denn wenn Bayer Leverkusen in einer Saison, in der eigentlich alles zusammen passt, ein in sich glänzend abgestimmter Kader, hochklassige Einzelkönner, deren gemeinsames Tun von Trainer Klaus Toppmöller glänzend und erfolgreich koordiniert wird, wenn selbst die Konkurrenz die Spielkunst derer von Bayer Leverkusen in den höchsten Tönen lobt, wenn also selbst dann die Meisterschale nicht in Leverkusen landet: ja, verdammt noch mal, wann denn dann?
Kaum zu belegen, aber nahe liegend ist der Schluss, dass sich Bayer am Ende mit seinen Siegen in allen drei Wettbewerben selbst um den Titel brachte. Denn mit einem zwar feinen, aber eben sehr kleinen Kader alle zusätzlichen Beschäftigungen wie DFB-Pokal, Champions League bis zum Finale einschließlich Qualifikation nebst etlichen Länderspielen von insgesamt einem Dutzend Auswahlkickern zu stemmen, das war des Guten denn doch zu viel.
»Ab Spieler Nummer 14 oder 15 geht bei uns das Niveau halt bergab. Da können wir nicht mit den Bayern mithalten oder mit Borussia Dortmund«, erklärt Klaus Toppmöller, der in Leverkusen eine Mannschaft übernahm und zu einem europäischen Top-Team formte, auf deren Zusammenstellung er praktisch keinen Einfluss hatte. Und er konnte ebenfalls nicht verhindern, dass nun aus seiner eingespielten und erfolgreichen Formation zwei wichtige Fixpunkte verloren gehen, quasi Herz und Seele der Mannschaft. Denn längst stand Michael Ballacks Weggang aus Leverkusen fest, und es spricht für den eleganten Mittelfeldstar, dass er ausgerechnet in dieser schwierigen Situation mit seinem im Winter verkündeten Wechsel zum Rivalen FC Bayern die beste Saison seiner Karriere spielte.
»Diesen Verlust können wir eigentlich gar nicht auffangen«, gesteht Klaus Toppmöller, dem somit das zentrale Bindeglied zwischen Abwehr und Angriff verloren geht, zudem der mit 17 Treffern erfolgreichste Schütze seiner Mannschaft. Damit

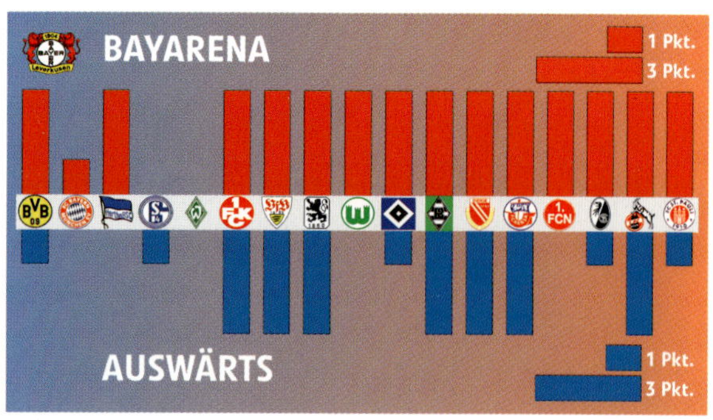

nicht genug: Auch den Abgang Zé Robertos gilt es zu verschmerzen, des besten offensiven Flügelspielers der Liga, zudem zuverlässigster Vorbereiter der Liga, der insgesamt 16 Tore einfädelte. Und darüber hinaus noch: Rekord-Torjäger Ulf Kirsten möchte den Herbst seiner Karriere einläuten und trotz einer respektablen Saison nur noch für den äußersten Notfall zur Verfügung stehen.
Fast schon traditionell suchte der Vizemeister erneut in Südamerika Nachschub und wurde fündig. Der eher schlaksige Stürmer Franca aus Sao Paulo, der in seiner Heimat als »Herr der Tore« gefeiert wurde, soll die gegnerischen Abwehrreihen durcheinander wirbeln. Ein eleganter Techniker ist das, der in vorderster Linie, aber auch im offensiven Mittelfeld wirbeln kann und die Leverkusener Späher begeisterte. Bereits im Winter wurde der Wechsel für knapp zehn Millionen Euro perfekt gemacht, aber nicht umgesetzt, weil er nach Ansicht der Bayer-Macher damals noch nicht in die wirtschaftliche Landschaft gepasst hätte. Jetzt soll der Offensivmann halt mit Verspätung sein Können in der Bundesliga unter Beweis stellen, wie vor ihm Tita, Jorginho, Emerson, Lucio und so weiter.
Die Eingewöhnungszeit in der neuen sportlichen Heimat dürfte Franca nicht schwer fallen. Landsmann Lucio, in Leverkusen als Glücksgriff gefeiert, WM-Teilnehmer und der herausragende Verteidiger der Bundesliga, kennt sich mit den hiesigen Gepflogenheiten ja bereits aus. Und zudem lotste Bayer einen weiteren Könner aus dem Land des Zuckerhutes an den Rhein, Juan Silveira dos Santos, der in seiner Heimat als einer der kommenden Abwehrspieler angesehen wird. Er soll im Verbund mit Lucio der Leverkusener Deckung den nötigen Halt verleihen, zudem unterstützt von Kapitän Jens Nowotny, wenn der von seinem Kreuzbandriss genesen ist. Dabei gilt Juan mit seinen 23 Jahren als längst noch nicht ausgereift, dennoch ungemein kopfball- wie auch zweikampfstark, technisch zudem ausgezeichnet.
Ansonsten setzt Bayer besonders auf hungrige deutsche Talente wie Hanno Balitsch, Christoph Preuß und Daniel Bierofka sowie einen, der gleichermaßen mit erstaunlichen Darbietungen auf dem Rasen wie auch abseits der Grünfläche für Schlagzeilen sorgte. Jan Simak, dem großer Anteil am Aufstieg von Hannover 96 zukommt, fiel daneben aber auch durch seine Eskapaden wie Fahren ohne Führerschein oder häufige Casinobesuche auf. Der schlechte Ruf des Offensivmannes kann Klaus Toppmöller indes nicht schrecken. »Wir haben doch früher alle mal Mist gebaut. Ich bin sicher, dass wir an Jan viel Freude haben werden.«
Auch an anderen Spielern hatte Toppmöller eine Menge Freude – und nicht nur er. Bernd Schneider zum Beispiel reifte unter Toppmöller zum Klassemann, Yildiray Bastürk vollzog problemlos seinen Wechsel vom Absteiger Bochum zu einem europäischen Top-Klub, andere wie Zé Roberto und Lucio steigerten sich unter Toppmöller enorm. Leverkusens Profis sind in halb Europa begehrt, wie etliche Anfragen auch italienischer und spanischer Klubs wegen Lucio, Schneider und Bastürk vor und auch während der WM belegen. Niemand hatte vor der Saison Bayer Leverkusen auf dem Zettel bei den Umfragen nach den Meisterschafts-Kandidaten. Klaus Toppmöller aber hat es verstanden, aus vielen exzellenten Einzelkönnern eine verschworene Einheit zu formen. Vier Mal Vizemeister in den vergangenen sechs Jahren, das ist eine Bilanz, die sich allemal sehen lassen kann, auch wenn der ganz große Wurf noch nicht glückte. »Dann lassen wir uns das ›Vize‹ eben in den Briefkopf setzen«, kontert der nie um eine Antwort verlegene Calmund, wenn hämische Kommentare die Runden machen. Aber nach wie vor ist er überzeugt, dass es demnächst auch mal ohne Vize geht. Und dann hat er das »verdammte Ding« endlich in der Hand.

Oliver Bitter

Trost für den Torjäger: Bayer-Manager Rainer Calmund tätschelt Nationalspieler Michael Ballack, dessen Blick ins Leere geht. Dabei hatte der Mittelfeldspieler 17 Tore erzielt.

Ein Durchatmen statt eines neuen Rekordes

Solche Bilder mögen sie in München, beim deutschen Rekordmeister FC Bayern, nicht, am allerwenigsten findet sie Oliver Kahn, der weltbeste Torhüter mit dem Riesen-Ehrgeiz, sympathisch.

Kommt ein Kahn geflogen: Bayern Münchens überragender Keeper Oliver Kahn verhinderte so manches Gegentor – das der Titel aber gen Dortmund »flog« konnte auch »Titan« Kahn nicht verhindern.

In dessen Rücken flimmerten gerade die zwei Dortmunder Tore gegen Bremen über die Video-Wand, einigermaßen gezwungen drehte der Torhüter Kopf und Augen 90 Grad nach links, in Richtung Anzeigetafel, wo die Jahresbilanz 2001/2002 orangegelb herunterleuchtete: Wir gratulieren dem neuen deutschen Meister Borussia Dortmund.

»Wer nach 34 Spieltagen oben steht, hat es auch verdient«, sagte Kahn. Der nach Dortmund gesandten Anerkennung folgte die Analyse in eigener Sache, diese: »Wir hatten zu viele Probleme.« Somit blieb dem FC Bayern lediglich Platz drei. Immerhin, fasste der Schlussmann in seinem Schlusskommentar zusammen, »das Mindestziel ist erreicht«, die Champions League 2002/03 kann über den zweiten Bildungsweg noch erreicht werden. Mehr hatte diese am ersten Maiwochenende 2002 vollendete Spielzeit für die Titelverteidiger aus München nicht gezeitigt, Keeper Kahn sprach, bemüht versöhnlich, von einem »Jahr der Konsolidierung«, von einem »Jahr des Durchatmens«.

Damit hatten die Bayern-Bosse eigentlich gerechnet, nach der Erfolgsserie der drei vorangegangenen Jahre mit deutschem Titel-Hattrick und der Krönung, dem Gewinn der Champions League 2001 nebst DFB-Pokalsieg 2000. Als es dann aber im September, Oktober lief wie geschmiert, mit elf Spielen ohne Niederlage und neun Nonstop-Siegen, »haben wir uns alle blenden lassen«, gab Uli Hoeneß zu, »das war ein Fehler.« Damals, im goldenen Herbst, fertigten die Kahn und Kollegen die Kontrahenten aus der Liga reihenweise ab, 1:0, 2:0, 3:0, 4:0, 4:1, 5:1, nach Belieben, mit Lust und Laune.

OPEL
DAB

Enttäuschung beim Erfolgstrainer: Auch der erfolgsverwöhnte Ottmar Hitzfeld konnte nicht verhindern, dass Bayern München in der Saison 2001/2002 gänzlich leer ausging – vom Weltpokal abgesehen.

Diese Mannschaft hatte Spaß an ihrem Spiel und machte Spaß »mit modernstem und fantastischem Fußball, von der ersten bis zur letzten Sekunde«, begeisterte sich Karl-Heinz Rummenigge, mittlerweile Vorstandsvorsitzender der FC Bayern AG. An der Abwehr – in 34 Spielen 19 Mal 90 Minuten ohne Gegentor – tropften gegnerische Angriffsbemühungen ab; die südamerikanischen Angreifer Elber, Pizarro und Santa Cruz taten ihren Job, so der einstmalige Weltklassestürmer Rummenigge, »in absoluter Topform«. Und der sonst so wählerische Fußball-Gourmet Franz Beckenbauer fasste zusammen: »Besser als unsere Mannschaft im Herbst kann man nicht spielen.«
Also wucherte der hoffnungsvolle Gedanke, »wir könnten den Umbruch so leicht wegstecken«, so Uli Hoeneß, »wie kein anderer Klub in Europa«. Obendrein lockte nämlich die Perspektive, dass die zuvor lange maladen Spitzenkräfte namens Effenberg, Scholl oder Jeremies dieses sowieso schon spektakuläre Tun bereichern würden. »Da sind wir vielleicht ein bisschen überheblich geworden«, meinte der Manager, denn es kam völlig anders, »der Bruch war da«, und zwar just an jenem Spieltag, an dem Stefan Effenberg nach rund dreimonatiger Absenz wieder mitspielte, in Bremen, 0:1. Weil sechs weitere Begegnungen ohne Bayern-Sieg folgten, deren vier mit dem umstrittenen Kapitän, rollte eine heftige Debatte los in der Öffentlichkeit, in der Führung des FC Bayern wie auch in der Mannschaft selbst: Ob Trainer Ottmar Hitzfeld richtig daran tue, den noch nicht vollends wiederhergestellten Spielgestalter in Treue fest zu nominieren.
»In dieser Phase haben wir den Titel verspielt«, merkte Präsident Beckenbauer an, von seinerzeit 21 möglichen Zählern sackten die bayerischen Würdenträger 1999, 2000 und 2001 mickrige drei ein. »Zu wenig, um Meister zu werden«, wie Rummenigge einsichtig einräumte. Er, genauso Beckenbauer fanden des Cheftrainers Bekenntnis zu Effenberg gar nicht gut, Hoeneß mühte sich um Ausgleich und erklärte zum Saisonende: »Effenberg hatte in diesem Jahr auf Grund von Verletzungsproblemen Schwierigkeiten«, es gebe »keine Ressentiments gegen ihn«, schließlich habe er »Überragendes geleistet für den FC Bayern in den letzten vier Jahren«, zumindest in den letzten drei.
Denn als Kapitän und Kopf des Kollegiums hatte Effenberg eine neue große Bayern-Ära geprägt. Den letzten Auftrag, eine noch nie da gewesene Bestmarke in den Geschichtsbüchern des deutschen Fußballs zu verewigen, konnte er freilich nicht mehr wie beabsichtigt erledigen. »Wir wollen unbedingt schaffen, was noch keine Mannschaft in Deutschland geschafft hat, wir wollen zum vierten Mal in Serie Meister werden«, hatte Effenberg immer wieder verkündet, gleichsam auch als Lautsprecher des gesamten Teams. Diese ambitionierten Worte wurden nicht mit den dazu nötigen Aktivitäten auf dem Platz und außerhalb gestützt. »Schade«, sagte Kahn, »dieser Rekord wäre schon ein großes Ziel gewesen.«

Karlheinz Wild

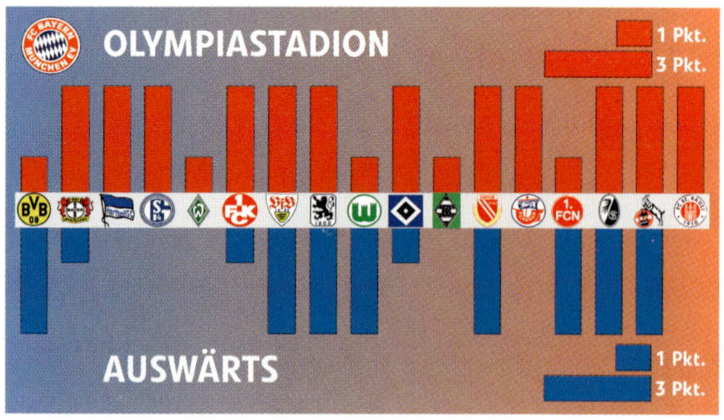

Huub Stevens und das schwere Götz-Erbe

Gewinnen kann anstrengend sein. Als Interimstrainer Falko Götz in der Rückrunde Sieg an Sieg reihte und mancher in Berlin schon wieder die Meisterschaft in Reichweite wähnte, begann eine Diskussion darüber, ob Hertha BSC Huub Stevens, der für die neue Saison bereits unterschrieben hatte, überhaupt brauche.

»Eine künstliche Debatte« sei dies, schnaubte Manager Dieter Hoeneß. »Mit Huub Stevens haben wir den besten Coach verpflichtet, der auf dem Markt war.« Der vormalige Schalker Stevens soll das schaffen, was Jürgen Röber nie gelungen war. Er soll aus einer guten Mannschaft eine sehr gute Mannschaft formen; eine, die Titel nicht nur anpeilt, sondern auch einfährt. Röber ereilte Anfang Februar nach etwas mehr als sechs Jahren das Dienstende bei Hertha BSC. Die Berliner verloren dienstags 0:1 in Cottbus. Röber hatte vor diesem Spiel ein paar merkwürdige Entscheidungen getroffen. Er ließ Ali Daei im Sturmzentrum spielen und Michael Preetz auf der Bank. Marko Rehmer verteidigte nicht wie gewohnt auf der rechten Seite, sondern links. Es ging schief. Das mit Rehmer, das mit Daei und eigentlich das ganze Spiel an jenem Dienstag. Am Mittwoch war Röber weg. Er wollte auch gar nicht mehr bleiben. »Das ist der richtige Schritt zur richtigen Zeit«, sagte Röber. Er war ausgezehrt. Er hatte einen in der Grauzone der 2. Liga angesiedelten Klub bis in die Zwischenrunde der Champions League geführt.

Aber jetzt war sein Akku leer. Röber konnte den Spielern nichts mehr geben, und die Spieler spürten das.
In der nachfolgenden Trainingseinheit hatte Falko Götz das Sagen. Der war einst ein formidabler Profi-Fußballer und zuletzt Amateur- und Jugendkoordinator bei Hertha. Die Spieler kannten ihn, einige hatten noch zusammen mit ihm gespielt. Sich jetzt auf diese Weise wiederzusehen, kam überraschend. Ein paar Spieler schmunzelten, als ihr Kumpel Falko seine Kommandos gab. Ein paar Spieler schauten irritiert. Götz hatte es nicht leicht, aber im Es-nicht-leicht-haben hatte er Routine.
Im Herbst 1983, als er zu den hoffnungsvollsten Talenten des DDR-Fußballs zählte, flüchtete er vor einem Europacupspiel des BFC Dynamo in Belgrad. Er ließ seine Eltern zurück, seine Freunde und ein Land, das nie sein Land war. Er fühlte sich gegängelt, deshalb ging er. Falko Götz war kein Filigranfußballer, aber er setzte sich im Westen durch. »Ich kam als Spieler über die Leidenschaft«, sagte Götz, und das gilt eigentlich auch für den Trainer Götz. Dass er den Job als Verantwortlicher in Berlin übertragen bekam, wertete der einstige UEFA-Cup-Sieger als »einmalige Chance«. Er nutzte sie. Führte neue Übungselemente ein. Strich Röbers Lieblingsvariante »Fünf

Wachablösung in der Hauptstadt: Der ehemalige Schalker Huub Stevens (links) löste den so erfolgreichen Interimstrainer Falko Götz in Berlin ab, der dem umstrittenen Jürgen Röber gefolgt war.

Oben: Jubel mit Manager: Herthas Dieter Hoeneß lässt sich mit Andreas Schmidt, Michael Hartmann und Josip Simunic (von links) von den Hertha-Fans feiern.

gegen zwei« aus dem Programm. Ließ im Geheimtraining Standardsituationen üben. Stellte Gabor Kiraly für Christian Fiedler ins Tor. Brach verkrustete Hierarchien auf und vertraute den jungen Wilden um Thorben Marx und Denis Lapaczinski. Kurzum: Götz machte vieles anders und kaum etwas falsch. Und das Wichtigste: Er gewann. Das Vertrauen seiner Mannschaft. Und die Spiele. Nicht alle, aber die meisten, einige davon mit wunderbarem Offensiv-Fußball. Marcelinho durfte hinter den Spitzen wirbeln, wo er am wertvollsten wirken kann fürs Team. Michael Hartmann musste nicht mehr rechts aushelfen, sondern durfte zurückkehren auf die geliebte linke Seite. Alex Alves zeigte erstmals über einen längeren Zeitraum, warum Hertha BSC

Jubel mit Trainer: Herthas brasilianische »Diva« Alex Alves freut sich gemeinsam mit Trainer Falko Götz über einen Torerfolg der Hertha.

Jubel des Kapitäns: Herthas in die Jahre gekommener Ex-Nationalspieler Michael Preetz unterstrich mit zwölf Toren noch einmal seinen Wert für die Mannschaft.

einst die Rekordablöse von 15,2 Millionen Mark an Cruzeiro Belo Horizonte überwies. »Götz hat es verstanden, uns in kürzester Zeit psychologisch aufzurichten«, sagte Kapitän Michael Preetz. Es passte alles, es lief prima, aber der Rückstand auf die Liga-Spitze war bei Götz' Amtsantritt zu groß, als dass es noch hätte klappen können mit dem ganz großen Coup – und im UEFA-Cup sowie im DFB-Pokal war Hertha längst ausgeschieden zu jenem Zeitpunkt, gegen Servette

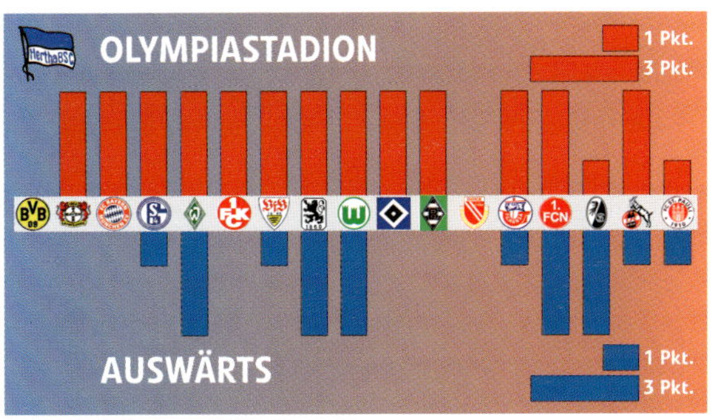

Genf und den 1. FC Köln, gescheitert aber vor allem an den eigenen Unzulänglichkeiten. So war der einzige Titel, den das Spieljahr 2001/02 für Hertha BSC abwarf, der des Liga-Pokalsiegers, errungen im Juli, gegen personell geschwächte Gegner. Eine nette Saison-Ouvertüre war das, mehr nicht. Und so verzehrt sich Hertha BSC weiter nach der dritten Meisterschaft nach 1930 und 1931. »Mittelfristig erhoffen wir uns mit Huub Stevens Titel«, sagte Hertha-Manager Dieter Hoeneß nach der einigermaßen überraschenden Verpflichtung des Holländers. »Dass er das kann, hat er mit Schalke 04 bewiesen.« Sollte Stevens an diesem Anspruch scheitern, könnte es eine erprobte Kraft erneut versuchen.

»Wenn Falko Götz Erfahrungen gesammelt hat und die Situation passt«, kann sich Hoeneß eine Rückkehr des Stevens-Vorgängers »irgendwann vorstellen.« Götz hätte nichts dagegen. So viel steht fest.

Steffen Rohr

Nicht alles ist logisch, aber mitreißend

Alarm in der neuen Arena: Wenn Schalke im neuen Stadion (mit schließbarem Dach) antritt, dann ist in aller Regel die »Hütte« voll. Die Fans als »zwölfter Mann« der Knappen.

Auf Schalke ist nicht alles logisch, aber alles möglich. So wurde der Revierklub nach einer turbulenten Saison noch Fünfter und Pokalsieger – und steht vor einer neuen Ära.

Von Anibal Matellan (24) ist bekannt, dass er früher in Argentinien ein guter Fußballer war, bevor es ihn für vier Millionen US-Dollar Ablöse auf eine Ersatzbank in Gelsenkirchen verschlug, und dass er trotz dieser nervenden Bankhockerei in seinem ersten Jahr in Deutschland immer gute Laune ausstrahlte. Damit passt der teuerste Neuzugang der Saison 2001/2002 geradezu ideal zu einem Spieljahr des FC Schalke, in dem der Revierklub erneut belegte, dass rund um Königsblau nicht alles logisch, aber immer alles möglich ist. Das fing schon in der Sommerpause an, als Marc Wilmots im Alter von 32 Jahren aus Bordeaux zurückgekauft wurde, obwohl er Schalke nur zwölf Monate zuvor unter Protest verlassen hatte, weil Andreas Möller aus Dortmund plötzlich ein Schalker sein sollte. Logisch erschien dieser Transfer nur den wenigsten – aber wen kümmert das auf Schalke.

Als hätte Rudi Assauer geahnt, was nach der Euphorie um die »Meister der Herzen« auf Schalke alles passieren würde, steckte der Manager die Ziele schon vor dem ersten Spiel eher bescheiden ab. Meister werden? »Quatsch«, beschloss Assauer, »das wäre vermessen. Unser Ziel ist ein Platz im internationalen Geschäft.« Das klang ein wenig nach Understatement angesichts eines Kaders, der mit mehr als einem Dutzend Nationalspielern und vor allem wieder mit dem »Traumsturm« Ebbe Sand und Emile Mpenza ans Werk ging. Doch just an diesem Traumsturm lässt sich ein Albtraum festmachen. Die beiden Stürmerstars ergänzten sich diesmal nicht auf dem Feld, sondern kongenial in ihren Verletzungen. Erst fiel Sand mehrere Wochen aus, dann fehlte Mpenza gleich etliche Monate. Nur in elf Spielen standen sie gemeinsam auf dem Rasen, nach 35 Toren im Vorjahr ließ der Traumsturm die Fans diesmal nur 15 Mal jubeln.

Vor allem ohne Sand ging bei Schalke wenig. Erst am zwölften Spieltag traf der Torschützenkönig des Vorjahres (22 Treffer) erstmals wieder – doch bis dahin war Schalke schon ins Mittelfeld der Bundesligatabelle zurückgefallen und sogar mit

Ende der »Euro-Fighter«: Mit Büskens, Mulder, Nemec, Thon, Eigenrauch und Trainer Huub Stevens wurde gleich ein halbes Dutzend des UEFA-Cup-Siegerteams von 1997 verabschiedet.

drei Niederlagen in drei Spielen in das Abenteuer Champions League gestartet. Mit Sand gelangen wenigstens noch Siege bei Real Mallorca (4:0) und gegen Arsenal London (3:1), der Meisterschaftszweite aus Deutschland schied wegen zwei Niederlagen gegen Panathinaikos Athen trotzdem als Gruppenletzter in der Vorrunde aus.
»Eine Katastrophe«, schimpfte Assauer, der im Herbst 2001 nicht nur Emile Mpenza wegen einer angeblich unprofessionellen Einstellung kurzzeitig suspendierte, sondern in einer Wutrede vor Mannschaft und Medien gleich den gesamten Kader zum Verkauf anbot.
Eine insgesamt enttäuschende Vorrunde fand ihren Höhepunkt folgerichtig am letzten Spieltag vor der Winterpause, als Trainer Huub Stevens seine Kündigung zum Saisonende und seinen Wechsel zu Hertha BSC Berlin bekannt gab.
Was folgte, war typisch Schalke. Nicht logisch, aber mitreißend. Erst wurde Frank Neubarth (39) als künftiger Trainer präsentiert, dann startete die Mannschaft unter dem Kommando des scheidenden Stevens mit einem 5:1 gegen die Bayern in die zweite Saisonhälfte, blieb über Wochen ungeschlagen, griff kurzzeitig gar noch in den Titelkampf ein und wurde letztlich Pokalsieger und Bundesliga-Fünfter. Dank der Tore von Ebbe Sand und einer famosen Rückrunde von Marc Wilmots. Der erfahrenen Belgier ist das letzte Überbleibsel einer vergangenen, erfolgreichen Ära auf Schalke – der Ära der Eurofighter. Alle anderen Spieler jener UEFA-Cup-Truppe von 1997 wurden inzwischen samt Trainer Stevens verabschiedet, unter Frank Neubarth prägen neue Typen das Geschehen in der Arena AufSchalke. Frank Rost im Tor, der Däne Christian Poulsen (21) im Mittelfeld. Mit ihnen wird der Traditionsverein neue Versuche starten, nach 1958 endlich wieder die Meisterschaft nach Gelsenkirchen zu holen. Gelingt das tatsächlich, kann der ewig lachende Argentinier Anibal Matellan einmal mehr daheim erzählen, wie verrückt es manchmal zugeht bei diesem FC Schalke in Deutschland.

Jean-Julien Beer

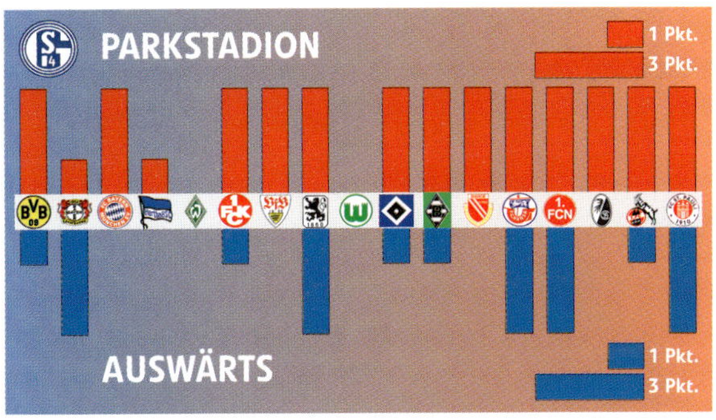

Neuaufbau nach der Sensation

Ort und Zeitpunkt passten. Wo hätten sie, die sich als größte Sieger der Saison fühlten, besser feiern können als an der Stätte des Meisters und zudem noch an dem Tag, an dem der Champion gekrönt worden ist.

Werder Bremen feierte in Dortmund, obwohl es am letzten Spieltag dort verloren hatte, und fühlte sich ganz wohl im ganzen Trubel der Titelfeierlichkeiten. Also sprach Klaus Allofs, der Sportdirektor und somit der Chef vom Ganzen: »Dass die Borussia den Titel geholt hat, ist eine kleine Sensation. Aber es ist eine Riesen-Sensation, dass Werder sich direkt für den UEFA-Cup qualifiziert hat.«
Ihm wollte niemand widersprechen. Mit seiner Einschätzung lag der frühere Klassespieler richtig. Denn alle erinnerten sich an die schlimmen Vorhersagen, die den Norddeutschen eine schwere Saison prophezeit hatten. Im Sommer 2001 war dies, als Claudio Pizarro gegangen war, der einzig funkelnde Edelstein im Werder-Ensemble, wie viele befürchteten. Die Kritiker sahen sich bald eines Besseren belehrt. Bremen verblüffte sie alle – mit einer Sahne-Serie. Neuzugang Krisztian Lisztes, aus Stuttgart mit Skepsis empfangen, erwies sich als Trumpf-As. Mit Tim Borowski spielte sich mal wieder ein Youngster aus dem eigenen Stall in den Vordergrund. Könner wie Torwart Frank Rost, Jung-Nationalspieler Torsten Frings und der launige brasilianische Torjäger Ailton demonstrierten über Wochen ihre Schokoladenseite. »Alle Beteiligten im Klub haben Top-Arbeit abgeliefert«, beschrieb Trainer Thomas Schaaf in der ihm eigenen nüchternen Art mit schmucklosen Worten das Geschehene in der Hinserie. Was dazu führte, dass Werder um die Jahreswende den dritten Rang belegte und sogar Platz eins in der Jahreswertung 2001, als erfolgreichstes Team im Kalenderjahr.
Frohe Weihnachten bei Werder! Es sah nach einer Werder-Renaissance aus, nach einem Aufblühen nach alter Art, als in Bremen noch Otto Rehhagel sein gleichermaßen hartes wie erfolgreiches Regiment führte. Schon träumten sie von Mehr. »Von der Ausgangsposition her können wir um die Champions League mitspielen«, malte sich Frank Verlaat ein Märchen aus. Nicht nur der Holländer dachte so. Doch es kam ganz anders. Der Absturz in der Rückrunde fiel so extrem aus wie der rapide Aufstieg zuvor. Die Sensationself kippte vom Sockel, sie kippte sich selbst vom hohen Podest, auf das sie geklettert war. Aus Dummheit und aus Leichtfertigkeit, möglicherweise aus Überheblichkeit, ganz gewiss auch durch Unvermögen.
In der ersten Saisonhälfte, konstatierte Allofs, habe die Elf »klar über dem Limit gespielt«. Und so schlecht, wie sie nun gemacht würde, sei sie nun auch wieder nicht. Die Werder-Oberen bemühten sich zwischen den Extremen um Realismus und um einen kühlen Kopf, was ihnen auch gelang. Zum Schluss rappelte sich die angeschlagene Mannschaft wieder auf und schaffte, was zwischenzeitlich kaum noch jemand für möglich gehalten hätte. Die entscheidende Wende in der so wechselvoll verlaufenden Saison: Am 32. Spieltag entführte die Schaaf-

Der leise Dirigent: Bremens Trainer Thomas Schaaf gehört eher zu den zurückhaltenden in der Gilde der Bundesliga-Trainer. Aber damit hatte er Erfolg.

Truppe drei Punkte aus Leverkusen, was Werder den UEFA-Cup-Platz im Duell mit den Lauterern gebracht hat und Bayer den Titel im Wettlauf mit Dortmund und Bayern gekostet haben könnte. Ende gut, alles gut. Nicht nur Klasse-Keeper Frank Rost stufte die Direkt-Qualifikation für den internationalen Wettbewerb als »Riesenerfolg für den Klub« ein, »auch wenn mit unserer guten Ausgangsposition aus dem Winter noch mehr möglich gewesen wäre.« Rost trug zu diesem unverhofften Kunststück wesentlich mit bei. Es war sozusagen sein Abschiedsgeschenk. Denn er wird wie die anderen Großen dieser Überraschungself die Bremer verlassen. Marco Bode hört auf, Torsten Frings, den kommenden Stern im Team des Vize-Weltmeisters, zieht es nach Dortmund. Abermaliger Aderlass für Allofs und für Schaaf, der wiederum gezwungen ist, zu experimentieren und einen erneuten Neuaufbau einzuleiten. Schade für Werder, dass sich dieser Gang der Dinge stets wiederholt. Anders als bei den potenten Vereinen sind Verkäufe die Regel. So auch diesmal: Das »neue Werder«, soeben erst entstanden, ist schon längst wieder zerbrochen.

Hans-Günter Klemm

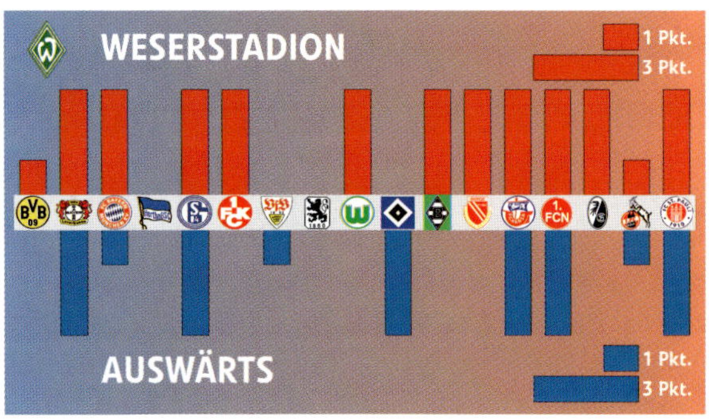

Trumpf-Ass im Werder-Trikot: Torsten Frings machte einen kometenhaften Aufstieg zum WM-Spieler. Hier bremst er seinen neuen BVB-Kollegen Tomas Rosicky.

Turbulenzen bei den »Roten Teufeln«

Nicht mehr zum Hinschauen: Kaiserslauterns ehemaliges Trainer-Team mit Teamchef Andreas Brehme und dem inzwischen gefeuerten Trainer Reinhard Stumpf (links).

Die Fans des 1. FC Kaiserslautern rechneten mit ihren »Helden« nach dem Abpfiff am Schluss-Spieltag in Stuttgart schonungslos ab, als mit einer 3:4-Pleite das Saisonziel UEFA-Cup verspielt wurde. Klare Worte fand auch Nationalspieler Miroslav Klose, mit 16 Toren einer der wenigen Pfälzer Profis, auf die Verlass war im Verlauf der Runde: »Wir sind zu blöd!«

Fahrlässig war es allemal, wie die »Roten Teufel« nach einem Superstart mit sieben Siegen in Serie in der Rückrunde erneut einbrachen, die Geldquelle »Europacup« mit Füßen traten. 31 Spieltage lange hatte die Mannschaft nie schlechter als auf Platz sechs gestanden. Nur acht Punkte aus den letzten acht Spielen stellte die Arbeit eines ganzes Jahres in Frage. Die bittere Erkenntnis: Es brodelt weiter auf dem Betzenberg!

Die notwendige Abrechnung nach dem Absturz blieb aus. Zwar wurden reichlich Gespräche geführt, aber keine Konsequenzen gezogen. »Trotz eines miserablen siebten Platzes werden wir weiter zusammen arbeiten«, begründete ein zynischer Vorstandsvorsitzender Jürgen Friedrich das Festhalten am umstrittenen Trainerduo. Auf Drängen des Aufsichtsrates wurde Team-Manager Andreas Brehme mit Beginn der neuen Runde zum Alleinverantwortlichen im sportlichen Bereich befördert. Das führte zur Demontage von Reinhard Stumpf, der bei Halbzeit der Vorbereitung schließlich als Cheftrainer entlassen wurde. Ein Konflikt mit Teamarzt Dr. Hans-Werner Schmalenbach kostete Stumpf den Job.

Die beiden ehemaligen Spieler trugen zweifellos schwer am Erbe, das ihnen »König Otto« Rehhagel bei seinem Rücktritt im Herbst 2000 hinterlassen hat. Von einem Duo eine Linie zu erwarten, erwies sich als höchst problematisch, löste immer wieder Irritationen aus. Nicht nur ein Spieler beklagte: »Ich sehe nicht, wer der Chef ist und wer nicht.« Neue Hoffnungsträger sollen die wacklige Position von Andy Brehme stabilisieren helfen. Mit Hervé Nzelo-Lembi, Christian Timm, Markus Anfang oder Selim Teber wurden leistungswillige Profis verpflichtet, die den 1. FCK zurück in die Erfolgsspur führen sollen. Schon in der Vorbereitung stand die große Bewährungsprobe an. Über den Umweg UI-Cup wollte der Tabellensiebte nachträglich doch noch in den UEFA-Cup einziehen. Klar ist: Bleibt Erfolg aus, wird es wieder nichts mit ruhigen Zeiten bei den »Roten Teufeln«. Die hatten zu Beginn der Saison 2001/02 wieder Herz gezeigt, alle Lügen gestraft, die dem FCK auf Grund ständiger Querelen eine Zittersaison prophezeiten. Die Mannschaft um Heimkehrer Thomas Hengen zeigte sich zunächst unbeein-

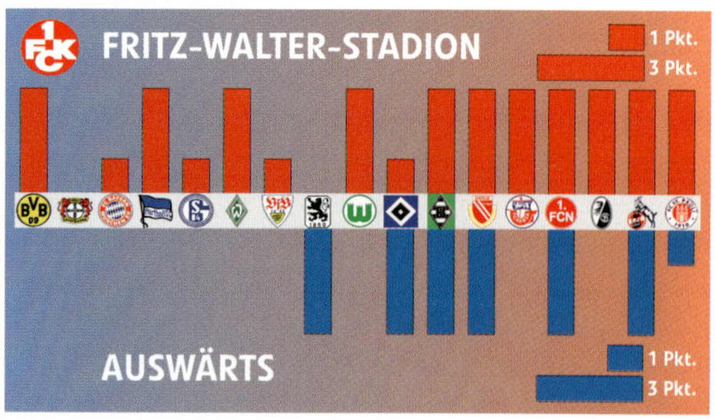

druckt vom Machtkampf der Weltmeister Andreas Brehme und Youri Djorkaeff. Stürmte an die Tabellenspitze. Für frischen Wind, neuen Teamgeist sorgten neben Hengen mit Aleksander Knavs und Lincoln weitere Neuzugänge.
Schnell abwärts mit der neuen Herrlichkeit ging's, als sich Rückschläge einstellten, Korsettstangen wie Harry Koch oder Knavs verletzungsbedingt ausfielen. Gleichwertige Alternativen: Fehlanzeige! Mit 29 eingesetzten Spielern war Kaiserslauterns Kader nur zahlenmäßig stark besetzt.
Das wurde umso deutlicher, je länger die Runde dauerte. Hausgemachte Probleme schürten zusätzlich unnötiges Feuer: Der Irrtum mit der Verpflichtung von Taribo West, das Umfallen der Klubführung in der Affäre Hany Ramzy, die Ausmusterung von Andreas Buck und Youri Djorkaeff, die Diskussionen um die Trainer, Brehmes verbale Entgleisung gegen Aufsichtsrat Dr. Robert Wieschemann und, und und …
Gerüchte um einen vorzeitigen Absprung der neuen Identifikationsfigur Miroslav Klose lassen schon bald neue Turbulenzen bei den »Roten Teufeln« befürchten.

Uli Gerke

Unaufhaltsamer Antritt: Kaiserslauterns neuer Stürmer-Star Miroslav Klose zieht mit Vehemenz an seinem Gegenspieler Sichone vorbei. 16 Tore erzielte der Nationalspieler.

Die Schwaben stolperten bei den großen Sprüngen

Satte 50 Punkte und Platz acht nach 34 Spieltagen. »Vor Saisonbeginn«, sagt VfB-Trainer Felix Magath, »wäre ich damit sehr zufrieden gewesen.« Danach aber sah alles, wie so oft, ganz anders aus. Mit der zurückhaltenden Zielsetzung »Platz acht bis zwölf« waren die Schwaben ins Jahr 2001/02 gestartet.

Verständliche Bescheidenheit angesichts der völlig verkorksten Vorsaison, in der der VfB erst in letzter Sekunde den Abstieg abgewendet hatte, und der chronischen Finanznot, die den Klub nun schon seit Jahren plagt. Ein Schuldenberg von rund 18 Millionen Euro verhinderte den Einkauf neuer Spieler, so dass Magath ohne Neuzugänge in die Saison startete – und ohne große Hoffnungen.

Dann jedoch rollte der Ball besser als erwartet. Nach drei Spielen ohne Torerfolg platzte der Knoten beim 4:2 in Nürnberg, in Abstiegsgefahr gerieten Krassimir Balakov und Co. während der gesamten Runde nicht mehr. Ja, die viel versprechende Mannschaft um die großen Talente Timo Hildebrand (23), Andreas Hinkel (20), Timo Wenzel (23) und Aliaksandr Hleb (21) schaffte es gar, Tuchfühlung zu den UEFA-Pokalrängen aufzunehmen – mehr nicht.

Immer dann, wenn die Stuttgarter zum Sprung auf einen der begehrten Plätze im internationalen Wettbewerb ansetzten, gerieten sie in Stolpern; überraschende Heimpleiten wie das 0:1 gegen 1860 München (16. Spieltag), das 2:3 gegen den 1. FC Nürnberg (21.) oder das 0:0 gegen Cottbus (31.) machten den großen Wurf unmöglich. Auch der Einkauf des portugiesischen Nationalspielers Fernando Meira, für den der VfB in der Winter-

Talent in ganzer Länge: Stuttgarts junger Torhüter Timo Hildebrand (23) gehört zu den Hoffnungsträgern auf eine bessere Zukunft beim angeschlagenen VfB Stuttgart.

pause die (vereinsinterne) Rekord-Ablösesumme von sieben Millionen Euro an Benfica Lissabon überwies, verhalf der Mannschaft nicht zu mehr Konstanz. Im Gegenteil: Starallüren und schwache Leistungen des 23-jährigen Abwehrspielers in den ersten Partien nach der Winterpause drohten die Mannschaft zu spalten; erst kurz vor Saisonende hatte sich Meira sportlich und menschlich einigermaßen integriert.

»Immer, wenn wir dran waren, etwas Großes zu erreichen«, sagt Felix Magath heute, »gab es einen Rückschlag. Uns fehlte einfach die notwendige Reife und Klasse.« So musste der VfB einmal

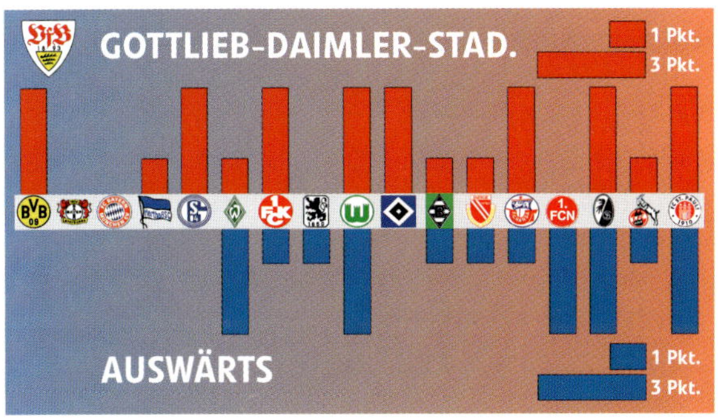

mehr versuchen, sich den Weg ins internationale Geschäft durch das Dickicht des UI-Cups zu bahnen – ein schmaler Pfad, der in der Saison 2000/01 um ein Haar geradewegs in den Abgrund geführt hätte. »Das wird diesmal kein Problem werden«, meint Rolf Rüssmann, der seit eineinhalb Jahren amtierende Manager, der in enger Zusammenarbeit mit Magath Ruhe und Kontinuität in den Verein gebracht hat, »die Mannschaft ist im Vergleich zu damals viel gefestigter.«

Zumindest muss sie sich nicht groß einspielen. Auch vor der Saison 2002/2003 blieben Neueinkäufe so gut wie aus; lediglich der 22-jährige Mittelfeldspieler Michael Mutzel von der Frankfurter Eintracht stieß neu zu Magaths Mannen; dazu kehrte der zuletzt an die SpVgg Greuther Fürth ausgeliehene Ioannis Amanatidis zum VfB zurück und die Amateurspieler Benjamin Adrion und Steffen Handschuh erhielten einen Profivertrag.

»Wir werden die Ziele nicht zu hoch ansetzen«, sagt Rüssmann. »50 Punkte plus X sind für mich ein realistisches Ziel.«

Satte 50 Punkte – da war doch was?

Harald Kaiser

Die »Löwen« schnitten alte Zöpfe ab

Alte Zöpfe hatten keine Chance in dieser merk- und denkwürdigen Saison 2001/2002. Da wurde beispielsweise der Neubau der AllianzArena beschlossen, in der ab 2005 der TSV München 1860 in guter Nachbarschaft zum FC Bayern seine Heimspiele austragen wird.

Es fiel beispielsweise auch das schmucke Barthaar des Präsidenten, Karl-Heinz Wildmoser legte seinen bajuwarischen Riesenschnauzer ab. Doch die gravierendste und im Mark erschütternde Änderung war eine andere: Die langjährige und erfolgreiche Zusammenarbeit zwischen Großgastronom Wildmoser und seinem Trainer Werner Lorant wurde kurz und schmerzlos beendet.
An jenem 18. Oktober 2001, fünf Tage nach einer 1:5-Packung im Derby gegen den FC Bayern München, änderten sich beinahe erdrutschartig die Verhältnisse beim Traditionsverein TSV München von 1860. Die Ära des manchmal bärbeißigen und deshalb bei Sponsoren, Teilen der Fans und der Mannschaft ungeliebten Lorant, hatte immerhin über neun Jahre lang gewährt und kennzeichnete die erfolgreichste Zeit, seit 1860 Mitte der Sechziger Jahre Deutscher Meister und Pokalsieger war. Der grauhaarige Coach hatte den finanziell toten Verein von der Bayernliga bis in die Qualifikation der Champions League geführt.
Genau von diesem Zeitpunkt an, jenem verlorenen Duell mit Leeds United im August 2000, bröckelte die Allianz zwischen Wildmoser und seinem lange Zeit kongenialen Partner. Lorant wollte fortan richtig investieren, der Präsident weiterhin die Politik der kleinen, mühevollen, allerdings wesentlich billigeren Schritte fortführen. Darüber zerbrach letztlich eine Zusammenarbeit, die jahrelang fälschlicherweise als Männerfreundschaft bezeichnet worden war.
Aus, vorbei. Der Neue heißt Peter Pacult, Lorants langjähriger Assistent. Der Ex-Stürmer erreichte in seiner ersten Saison immerhin die Qualifikation für den UI-Cup. Beachtenswert, schließlich übernahm er das schlingernde Schiff in direktem Kontakt zu den Abstiegsplätzen. Bis Weihnachten 2001 waren die größten Klippen bereits umschifft, dank einer beeindruckenden Erfolgsserie im November und Dezember.
Sicher, ein paar Nebenkriegsschauplätze gab es auch in den ersten Monaten unter Pacult. Schnell wurde sich wieder vom zu eilig verpflichteten Trainerpartner Gerald Vanenburg getrennt. Dass die einstigen 1860-Spieler nicht auf einer Wellenlänge schwammen, war schon wenige Tage nach ihrer Installierung zu spüren. Seitdem ist Reiner Maurer der Co-Trainer. Auch mit Spielern hat sich Pacult immer wieder gerieben. Schlagzeilenträchtig mit Thomas Häßler. Trat der Weltmeister von 1990 mal gegen eine Werbebande, so wurde sofort das Verhältnis zwischen Trainer und Star hinterfragt. Auch Paul Agostino wollte zunächst den Verein verlassen, pikanterweise zu Ex-Trainer Lorant (jetzt Fenerbahce Istanbul), doch nachdem sich der Wechsel zerschlagen hat, wollte der Australier unter Peter Pacult voll angreifen.
So bestanden schon einige Fragezeichen zum Beginn der Spielzeit 2002/03, für die sich 1860 nur vier Neue leistete: die Abwehrspieler Remo Meyer (Lausanne Sports) und Rodrigo Costa (Gremio Porto Alegre), sowie die Mittelfeldspieler Danny Schwarz (SpVgg Unterhaching) und Sandro Cescutti (SpVgg Ansbach). Dazu gesellten sich die Lehrlinge Benny Lauth (Stürmer) und Andy Görlitz (Mittelfeld) von den eigenen Amateuren. In der Nach-Lorant-Ära wird also wieder mit bescheidenen Mitteln der Erfolg gesucht. Zumal mit Daniel Bierofka (für vier Millionen Euro zu Leverkusen) eine Identifikationsfigur verkauft wurde.

Martin Messerer

Ausgebrüllt: Werner Lorant (rechts) musste gehen, Peter Pacult übernahm das Amt des »Löwen-Dompteurs«. Dabei kann er weiterhin auf Torjäger Martin Max bauen (rechte Seite im Duell mit Sforza).

OLYMPIASTADION
1 Pkt.
3 Pkt.
AUSWÄRTS
1 Pkt.
3 Pkt.

Fünf-Jahres-Plan als Druckmittel für Trainer Wolf

Bezwungen: Wolfsburgs Torhüter-Oldie Claus Reitmaier und Abwehrspieler Marino Biliskov konnten nicht verhindern, dass der VfL einmal mehr den ehrgeizigen Zielen hinterherhinkte.

»50 Punkte plus x« hatten die Verantwortlichen des VfL Wolfsburg als Saisonziel ausgegeben. Im Klartext sollte das heißen: Die Teilnahme am UEFA-Cup, mindestens aber der Einzug in den UI-Cup.

Schließlich hatte Trainer Wolfgang Wolf dank zahlreicher Investitionen nicht nur nach eigener Einschätzung den »stärksten VfL-Kader aller Zeiten« unter seiner Fuchtel. Die Saison freilich setzten die Niedersachsen dann in ebenfalls rekordverdächtiger Kürze in den Sand.

Nach sieben Spieltagen schien die »Ära« Wolfgang Wolf in der VW-Stadt am Ende. Mit dem 1:2 im vermeintlichen »Schicksalsspiel« bei 1860 München rutschte der bis dato sieglose VfL am Tag vor des Trainers 44. Geburtstag auf den letzten Tabellenplatz. Die hoch bezahlten Neuzugänge Martin Petrov (3,25 Millionen Euro Ablöse an Ser-

vette Genf), Miroslav Karhan (zwei Millionen an Besiktas Istanbul) und Robson Ponte (zwei Millionen Leihgebühr an Bayer Leverkusen) hatten kein Bein auf den Boden gebracht.
Ein mehrtägiges Trainingslager in Oberbayern, das die LegionärsTruppe zusammenschweißen sollte, war kurzfristig ebenfalls wirkungslos verpufft. Statt jedoch das altbewährte »letzte Mittel« Trainerwechsel einzusetzen, wandte Manager Peter Pander einen ungewöhnlichen Psycho-Kniff an. Pander marschierte in die Spieler-Kabine und bot der am Boden liegenden Mannschaft Ende September noch einmal einen völligen Neubeginn an. Intern wurde fortan eine »neue« Tabelle geführt, auch hinsichtlich der Prämienregelung, die je nach Tabellenposition gestaffelt war. Vom achten Spieltag an gerechnet, landete der VfL übrigens auf Platz sieben. »Ein Ergebnis«, bilanzierte Pander nach Saisonschluss, »mit dem wir voll im Soll liegen. Aber die ersten sieben Spiele hängen uns immer noch nach.«
Immerhin: Die Mannschaft verstand das Signal und zog im allerletzten Moment die Notbremse. Mit einem 2:0 wurde am achten Spieltag Spitzenreiter Kaiserslautern entzaubert, bis zur Winterpause kämpfte sich Wolfsburg bis auf Rang neun nach vorne. Die Abstiegsgefahr war längst gebannt. Ab dem 14. Spieltag präsentierte sich der VfL schier unschlagbar, holte unter anderem ein 3:3 bei Bayern München und fegte mit Schalke und Leverkusen zwei weitere Top-Teams jeweils 3:1 vom Platz. Der Aufschwung hatte vielerlei Namen. Die der Oldies Reitmaier, Greiner und Schnoor, die alle Skeptiker (inklusive Trainer Wolf)

Planspiele über eine bessere Zukunft: Wolfsburgs Trainer Wolfgang Wolf (rechts) im ernsthaften Gespräch mit VfL-Manager Peter Pander.

dank ihrer Leistungen eines Besseren belehrten. Dazu kamen die Youngster Tobias Rau und Maik Franz (beide 20), zwei Nobodies aus dem Amateurlager, die sich auf Anhieb als Leistungsträger etablierten. Und allen voran Stürmer Tomislav Maric, der in vier Spielen hintereinander jeweils zwei Treffer erzielte – Bundesliga-Rekord.
Das Top-Niveau des Winters ließ sich indes nicht bis ins Frühjahr konservieren. Aus dem Weihnachtstraum von der Aufholjagd in Richtung Rang sechs wurde nichts. Bis zum Ende pendelte der VfL im Niemandsland – und sorgte doch noch einmal für positive Schlagzeilen: Der argentinische Mittelstürmer Diego Klimowicz, im Winter für drei Millionen Euro verpflichtet und schon fast als Fehleinkauf abgestempelt, erzielte ab dem 23. Spieltag in zehn Einsätzen zehn Treffer.
Nicht zuletzt Klimowicz galt als Hoffnungsträger, als das Ziel für die folgende Spielzeit festgesetzt wurde. Intern gilt nur noch die Teilnahme an einem europäischen Wettbewerb als Erfolg. Daran wird sich Wolfgang Wolf diesmal wohl bedingungslos messen lassen müssen. Sonst wird der von Hauptsponsor VW unlängst ausgerufene »Fünf-Jahres-Plan«, der Wolfsburg in die Champions League führen soll, demnächst in andere Hände gelegt.

Thiemo Müller

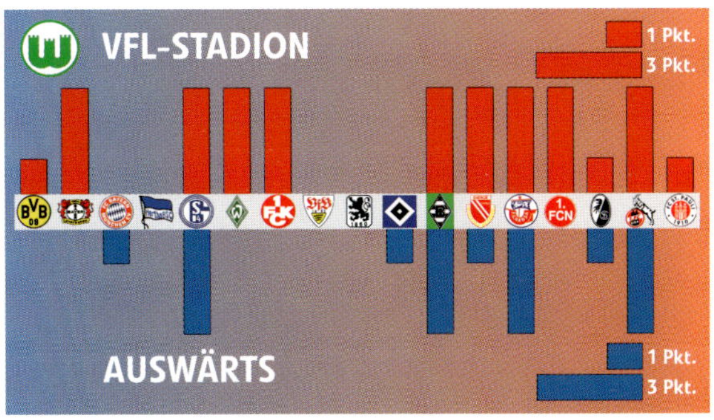

Der Kampf gegen den Trott im Fußball-Tempel

Atmosphäre pur in der neuen AOL-Arena: Noch wartet der HSV darauf, dass seine Mannschaft eine ähnliche Qualität erreicht, die die Fans im neuen Stadion längst verbreiten.

Nicht die Mannschaft, sondern das Stadion ist der Star. Die AOL-Arena sorgt in Hamburg für ein Phänomen. Obwohl der HSV in den zwei Spielzeiten, die der überraschenden Champions-League-Qualifikation im Jahr 2000 folgten, jeweils nur biederen Durchschnittsfußball präsentierte, sprengte der Klub zwei Mal hintereinander die Zuschauer-Rekordmarken aus seiner Meisterzeit Anfang der 80er Jahre. Mit dem Fußball, den die eigene Mannschaft bot, hatte das allerdings weniger zu tun.

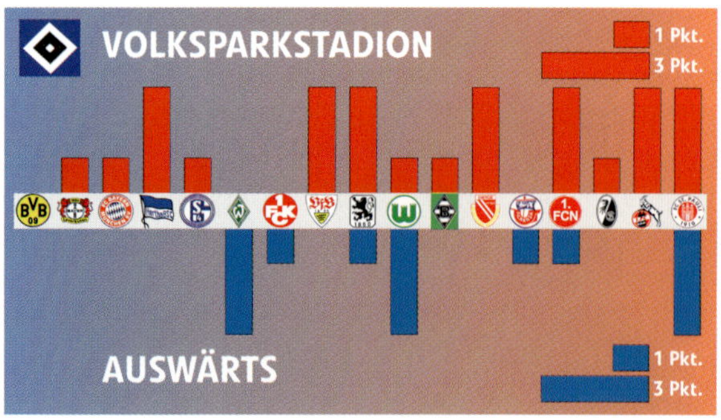

Es war wohl vor allem der großartigen Atmosphäre in Hamburgs neuem Fußball-Tempel zu verdanken, dass sich der Schnitt von 41 466 Zuschauern in der Saison 2000/01 nochmals auf stolze 43 738 in der Serie 2001/02 steigerte. Die Stimmung stimmte bei den Hanseaten, doch für einen nachhaltigen sportlichen Aufschwung konnte zunächst auch der im Oktober 2001 für den geschassten Frank Pagelsdorf engagierte Trainer Kurt Jara nicht sorgen. Jenseits von Gut und Böse fristete der HSV unter der Ägide des Österreichers lange sein Dasein im so genannten Niemandsland der Tabelle.
»Man durfte nicht erwarten, dass über Nacht alles besser wird«, verteidigte Jara das mäßige Abschneiden seiner Mannschaft. Nur sporadisch war es ihm gelungen, die Spieler aus der Lethargie zu wecken, in die sie in der von Abnutzung und Einsilbigkeit geprägten Endphase unter dem 1997 verpflichteten Pagelsdorf verfallen waren. Immerhin: Jara und Sportchef Hieronymus, dessen Vertrag im Sommer 2002 jedoch nicht verlängert wurde, trieben die personelle Umstrukturierung des Teams voran. Altstars wie vor allem Ex-Torjäger Anthony Yeboah, aber auch Verteidiger Andrej Panadic und der Däne Stig Töfting erhielten den Laufpass.
Festgehalten wurde dagegen an zwei Sorgenkindern im Mittelfeld. So stärkte Jara dem höchst mittelmäßig aufspielenden Jörg Albertz, der mit der ihm zugedachten Rolle als Antreiber und Hoffnungsträger überfordert war, den Rücken. Nach erheblichen Knieproblemen fand außerdem der Argentinier Rodolfo Esteban Cardoso zurück in die Elf, glänzte als Ideengeber, aber auch als Fixpunkt für seinen im Januar 2002 verpflichteten Landsmann und Torjäger Bernardo Romeo. Romeo schlug ein, Gleiches galt für den zweiten prominenten Nachkauf: Der Schweizer Nationalspieler Raphael Wicky, in der Bundesliga aus seiner Bremer Zeit bereits bekannt, fand im Herbst 2001 nach einem einjährigen Intermezzo bei Atletico Madrid ohne Anpassungsprobleme in die HSV-Mannschaft. Ein Wandel vollzog sich außerdem fast reibungslos auf dem Torwartposten. Martin Pieckenhagen erarbeitete sich hier mit ausgezeichneten Leistungen bei den Fans rasch einen Stellenwert, wie ihn sein Vorgänger und Kult-Keeper Jörg Butt einst genossen hatte.
Einige gute Spiele gelangen dem HSV, der jedoch oft wieder in den alten Trott verfiel. Es fehlte die Konstanz. »Wunder kann ich nicht bewirken, eine Elf muss wachsen«, dämpfte Kurt Jara in seinen ersten Monaten an der Alster stets zu schnell aufkommende Euphorie. In die Saison 2002/03 ging der Coach nun erstmals mit einer Elf ins Rennen, die er selbst maßgeblich mitgeprägt hatte.
Dies und der ureigene Hamburger Anspruch, nach mageren Jahren endlich wieder in die Nähe der Bundesliga-Spitze zu rücken, machten es dem Österreicher nicht gerade einfach. Das Publikum ging erneut in Vorleistung, orderte auch im Sommer 2002 wieder Dauerkarten in Rekordhöhe. Treue auf den Rängen, auf dem Rasen waren nun Jara und seine Mannen endgültig am Zug.

Michael Richter

Bitte um mehr Leistung: Trainer Kurt Jara (unten) wünscht von seinen Profis endlich den durchschlagenden Erfolg. Gefordert sind auch die Stürmer Sergej Barbarez (links) und Erik Meijer.

Hans Meyer und die Pflege des Mythos'

»Der Mythos ist zurück.« Unter dieses pathetische Motto stellte Borussia Mönchengladbach seine Rückkehr in die Bundesliga. Nach dem geglückten Klassenerhalt wollen sie der Legende nun zahlreiche Kapitel hinzufügen. Der Traditionsverein soll wieder zur Dauereinrichtung in der Beletage werden.

Wie viel Leben in einem Mythos stecken kann, bekam am ersten Spieltag ausgerechnet der Erzrivale zu spüren. Der FC Bayern München, angetreten als Champions-League-Sieger und Deutscher Meister, wurde auf dem Bökelberg 1:0 niedergerungen. Die Fans huldigten Torschütze Arie van Lent, sie feierten ihre »Fohlen«, sie träumten von weiteren Paukenschlägen. Doch die Realität holte nicht nur die Anhänger schnell ein. Stück für Stück rutschte die Borussia im weiteren Saisonverlauf der Abstiegszone entgegen. Die spielerisch teilweise sehenswerten Leistungen schlugen sich – besonders in den Heimspielen – nicht in Form von Punkten wieder. »Top-Teams wie den FC Bayern, Schalke oder Leverkusen haben wir dominiert«, analysierte Trainer Hans Meyer, und schob die Hauptursache für die schleichende Talfahrt sofort nach: »Leider war, gerade im Herbst, die Chancenverwertung nicht zufriedenstellend.«

Das lag nicht allein an Arie van Lent. Der Torjäger hatte mit fünf Treffern aus den ersten sieben Spielen bundesweit auf sich aufmerksam gemacht, fand nach einem Muskelfaserriss aber bis zur Winterpause nicht mehr zu seiner Glanzform. Die Angst vor dem Absturz wuchs, besonders als die Heimspiele gegen Freiburg (2:2), Cottbus (0:0) und Rostock (0:2) am Ende der Vorrunde nicht den erhofften Erfolg brachten. »In dieser Phase wusste ich: Das wird bis zum Schluss ganz eng

für uns«, erinnert sich Sportdirektor Christian Hochstätter.

Ganz so dramatisch wurde es schließlich nicht. Stoisch hielt Hans Meyer an seinen Vorstellungen fest. Weiter im 4-3-3-System, weiter offensiv, weiter mit einem nahezu unverändertem Personal. Ausgerechnet die praktizierte Kontinuität brachte die Wende. Fünf Heimspiele in Folge gewann die Borussia in der Rückrunde, und schon am 30. Spieltag war der Ligaverbleib erreicht. »In zwei bis drei Jahren wollen wir eine Mannschaft aufbieten, die ohne Abstiegssorgen in die Saison geht«, sagt Hochstätter. Innerhalb dieses Zeitraums, so hofft der Sportdirektor, haben die jungen Spieler den Sprung zum gestandenen Bundesliga-Profi geschafft. Der Jugendstil bleibt Programm. Aidoo, Kluge, Korzynietz, Rückkehrer Ketelaer deuteten ihr fußballerisches Potenzial an, ebenso Mitt-Zwanziger wie Pletsch, Hausweiler, Demo oder van Houdt. Gespickt mir erfahrenen Leuten wie Stiel, Münch, Korell, Ulich und van Lent »verfügen wir über eine gesunde Mischung aus Talenten und verdienten Spielern«, glaubt Hochstätter.

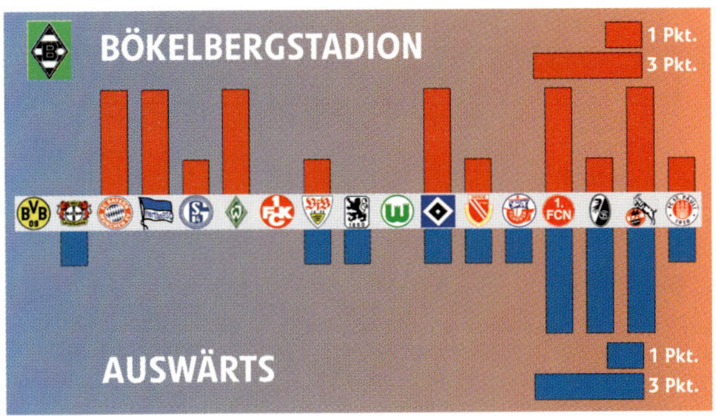

Dieser Ansicht waren vor der Borussia schon viele Vereine, die nach ihrem ersten Bundesliga-Jahr Konzepte erarbeiteten und Visionen entwickelten, bevor die Realität ihnen einen Strich durch sämtliche Träumereien machte. Deshalb setzt Hochstätter sein ganzes Vertrauen in die Führungsqualitäten des Trainers. »Hans Meyer«, sagt Hochstätter, »macht den Jungs schon klar, dass das zweite Bundesligajahr kein Selbstläufer wird.« Damit die Borussia wieder zu einem starken Markennamen erwächst. Und damit das Motto zu Zweitliga-Zeiten keine Renaissance mehr erfährt. Damals hieß es, mit einem Schuss Selbstgefälligkeit, noch: »Der Mythos gibt sich die Ehre.«

Jan Lustig

Mann mit Autorität und Gefühl: Gladbachs Kult-Trainer Hans Meyer gibt seine Anweisungen an den Torjäger Arie van Lent, der immerhin zwölf Tore zum Klassenerhalt beisteuerte.

»General« Geyer geht weiter unbeirrt voran

Knallhart und lautstark: Trainer Eduard »Ede« Geyer bestimmt seit Jahren den Erfolgsweg von Energie Cottbus. Er geht seinen Weg und lässt sich durch nichts beirren.

Rechte Seite: »Zotteliger« Zerberus: Energie-Keeper Tomislav Piplica (links) pflegt ab und zu einen eigenwilligen Stil. Hier rettet er aber gemeinsam mit Sebastian Helbig vor Leverkusens Ulf Kirsten (rechts).

Für Präsident Dieter Krein war schon vor der Saison der Abstieg kein Thema. »Harte Arbeit wird für ein zweites Wunder sorgen«, prophezeite der Boss, der gemeinsam mit Manager Klaus Stabach und Trainer Eduard Geyer als Troika die Lausitzer auf Erfolgskurs hält.

Doch auf dem Weg zum Ziel konnten schon Zweifel aufkommen. Nach einem gelungenen Start kamen die Cottbuser gehörig ins Trudeln. 14 Spiele ohne Sieg zerrten selbst an den Nerven von Erfolgscoach Geyer. »Ich musste mich in schlaflosen Nächten selbst hinterfragen, ob wir noch alles richtig machen.« Doch der letzte DDR-Auswahl-Trainer, dessen Nimbus in der Region kaum zu übertreffen ist, blieb seinen Prinzipien auch in der schwierigen Lage treu. »Ich bin der General und muss voran gehen«, setzte er das richtige Signal. Vor unpopulären Entscheidungen schreckte der Sachse nicht zurück. Mit dem albanischen Rekordnationalspieler Rudi Vata und dem Torjäger früherer Jahre, dem Kroaten Antun Labak, wurden in der Winterpause zwei Galionsfiguren ausgemustert.

Nach dem Trainingslager in Dubai zeigten die Lausitzer ein anderes Gesicht. »Fitness und Teamgeist waren danach unsere Trümpfe«, resümiert Kapitän Christian Beeck, dessen Rückkehr nach langer Pause nach einer Kreuzband-Operation wichtig für die Hierarchie im Team war. Energie präsentierte sich wieder als Einheit. Sechs Heimsiege in Folge bildeten das Fundament für den Klassenerhalt. Bereits am 31. Spieltag stand der Verbleib in der Beletage des deutschen Fußballs fest. »Das hätte ich nie für möglich gehalten«, gestand Manndecker Beeck.

Mit dem Aufschwung des Frühjahrs rückten auch die Spieler wieder mehr in die Schlagzeilen. Auch wenn das Kopfball-Eigentor von Torhüter Tomislav Piplica gegen Gladbach als Kuriosität um die Welt ging, der Bosnier trug ansonsten maßgeblich zur Stabilität der Abwehr bei. Der Brasilianer Vragel da Silva war auf der Libero-Position mehr als eine Notlösung für den enttäuschenden Ungarn Vilmos Sebök. Polens WM-Starter Radoslav Kaluzny entpuppte sich als wertvollster Zugang. Und der Bosnier Marko Topic, der schon als Flop gehandelt wurde, explodierte als Goalgetter und Vorbereiter. »Er machte endlich das, wofür wir ihn geholt hatten«, atmete Geyer angesichts der ansonsten mangelnden Torgefährlichkeit seines Teams auf. Vasile Miriuta fand wieder zu seinem Spiel, nachdem er im Kopf mehr Klarheit

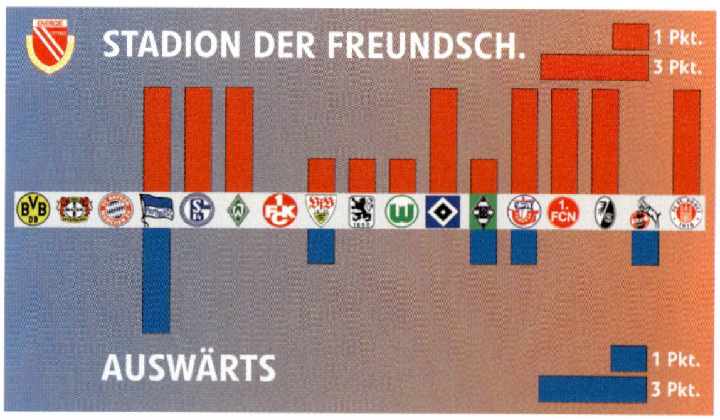

schaffte und sich mit Energie wieder voll identifizierte.
Der junge Silvio Schröter aus der Dresdner Dynamo-Schule trat den Beweis an, dass es im Osten Deutschlands doch nicht so schlecht um Talente bestellt ist. Mit dem Polen Andrzej Juskowiak (VfL Wolfsburg), dem Tschechen Robert Vagner und dem Ungarn Zsolt Löw (beide Dozsa Ujpest) stoßen weitere Ausländer zur Cottbuser Multi-Kulti-Truppe, doch mit Rayk Schröder (Hansa Rostock), Marco Gebhardt (Eintracht Frankfurt) und Marcel Rozgonyi (Schalke 04) wird das deutsche Element weitaus stärker als in den Vorjahren belebt.
Der Rhythmus der Cottbuser stimmt. Auf drei Jahre Regionalliga und Zweite Liga folgt nun das dritte Jahr Bundesliga. Und danach? »Wir sind nicht größenwahnsinnig. Schön wär's, mal nicht gegen den Abstieg kämpfen zu müssen«, setzt Dieter Krein das Ziel.

Jürgen Nöldner

Blick in eine ungewisse Zukunft: Rostocks Trainer Armin Veh muss in der neuen Saison die Auswärtsschwäche seines Teams beheben, sonst droht erneut der Abstiegskampf.

Irgendwann musste es raus. »Hätte ich gewusst, was auf mich zukommt, wäre ich nicht nach Rostock gekommen.« Die Worte von Armin Veh saßen. Soeben hatte seine Mannschaft mit dem 1:1-Heimremis gegen Mönchengladbach den Klassenerhalt einen Spieltag vor Saisonende perfekt gemacht. Richtige Freude wollte bei Rostocks Coach nicht aufkommen. Zu frustrierend lief für den früheren Reutlinger sein erstes halbes Jahr in der Bundesliga, als dass er hätte jubeln können.

Frust, weil die Mannschaft den von ihm angekündigten Kombinationsfußball nur selten zeigte, zeigen konnte. Frust, weil die Mannschaft seiner Meinung nach im Sommer falsch zusammengestellt wurde. Frust, weil auch er am Ende zum Gespött wurde.

Der Reihe nach: Ziemlich schnell muss Armin Veh erkannt haben, dass viele Spieler seine Vorstellungen von Fußball nicht umsetzten konnten. Zu viele »Handwerker« waren im Team. Sven Benken war der Erste. Veh war keine zwei Wochen im Amt, da wusste der Manndecker schon, dass er keine Zukunft mehr an der Ostsee hatte. Es folgten die nächsten: Christian Brand, Marco Haber, Bachirou Salou, Marco Weißhaupt, Kreso Kovacec, Kai Oswald und am Ende auch Rayk Schröder – sie alle wurde vom Trainer nach und nach fallen gelassen. Eine gehörige Portion Frustpotenzial, welches sich da angesammelt hatte. Die meisten von ihnen hatten auslaufende Verträge, ein Fakt,

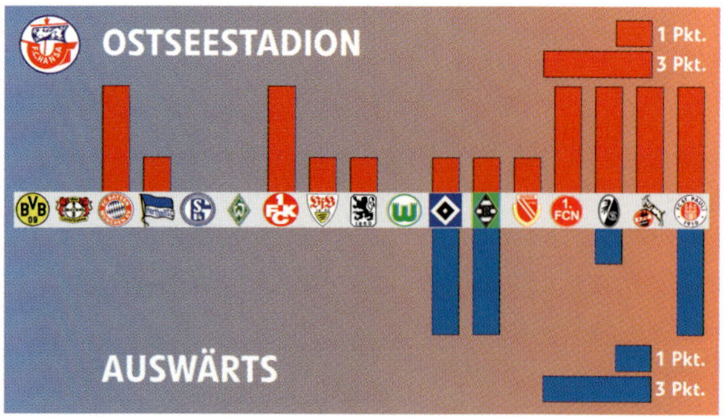

Frustpotenzial nicht nur für Armin Veh

den Veh bemängelte, weil der Ärger automatisch programmiert ist. Zählten sie ein uns eins zusammen, war klar, sie haben keine Zukunft mehr an der Ostsee. Die Unzufriedenheit wuchs innerhalb des Teams.

Und vor allem wuchs die Angst des Trainers vor dem Abstieg. Veh hatte sich im Verlauf auf einen festen Kern von rund 16 Spielern festgelegt und musste hoffen, dass sie die Serie durchhalten würden. Sie hielten durch, dank der Heimstärke. Hansa blieb unter Veh im Ostseestadion unbesiegt.

Davon wollte jedoch niemand sprechen. Man sucht eben die negativen Serien. Als »007« hatte ihn eine Boulevardzeitung verspottet, weil er sieben Auswärtsspiele verlor. Veh behielt die Lizenz zum Verlieren, alle seine neun Partien auf fremden Platz gingen am Ende in die Hose.

Warum die Mannschaft den Ligaverbleib trotzdem sicherte? Weil sich die anderen Teams schlichtweg das Leben selber schwer machten. »Das kann aber nicht jedes Jahr gut gehen«, betonte Mittelfeldmotor Peter Wibran zu Recht. Deswegen leitete Armin Veh den Umbruch für die neue Saison ein, holte nach und nach Spieler, die seinen Erwartungen entsprechen, wie zum Beispiel Godfried Aduobe (SSV Reutlingen), Thomas Meggle (St. Pauli) oder Rade Prica (Helsingborgs IF). Für den sorgengeplagten Trainer Armin Veh stand eines auf jeden Fall fest: »Das, was in der Rückrunde passiert ist, möchte ich nie wieder erleben.«

Sebastian Karkos

Schwedischer Trost: Stürmer Magnus Arvidsson (links) versucht, Steffen Baumgart nach einer vergebenen Torchance wieder aufzubauen.

1. FC Nürnberg

Der »Abschaum« verhindert den Abstieg

Entdeckung im Frankenstadion: Der brasilianische Stürmer Cacau rückte aus dem Amateur-Team nach und sorgte gleich für wichtige Tore im Abstiegskampf.

Was zählt – einzig und alleine das Erreichen des Zieles oder auch der Weg, der dorthin führte? Eine Frage, deren Antwort beim 1. FC Nürnberg im Gesicht des Trainers Klaus Augenthaler zu finden ist.

Dort waren nach der Saison 2001/2002 Furchen, Falten zu entdecken, die zu deren Beginn in so ausgeprägter Form nicht zu sehen waren. »Ich hatte es mir leichter vorgestellt. Ich dachte, wir hätten den Klassenerhalt früher in der Tasche«, sagte einer, der erst einen Spieltag vor Schluss aller Sorgen ledig war.
Zuvor musste er Seelenpein erleben. Übelster Sorte, denn die Mannschaft traktierte ihren Coach wie auch die Fans nach Kräften. Die einzige Kontinuität, die sie zeigte, war ihre Nerven aufreibende Wankelmütigkeit. Dass der Aufsteiger den Großen der Liga häufig einen famosen Kampf lieferte, um dann doch knapp den Kürzeren zu ziehen, lief unter dem Schlagwort »Lernprozess« und wäre zu verkraften gewesen. Nicht jedoch der Umstand, dass die Augenthaler-Elf – vor allem nach einer guten Vorstellung – gegen vermeintlich leichte Gegner mitunter Erschreckendes ablieferte. Unkonzentriert, fahrig, nervös und gar leidenschaftslos traten die Franken manchmal auf.
So stellten sie im DFB-Pokal einen unrühmlichen Rekord auf, weil sie in Runde eins am SSV Ulm scheiterten – es war das erste Mal, dass ein

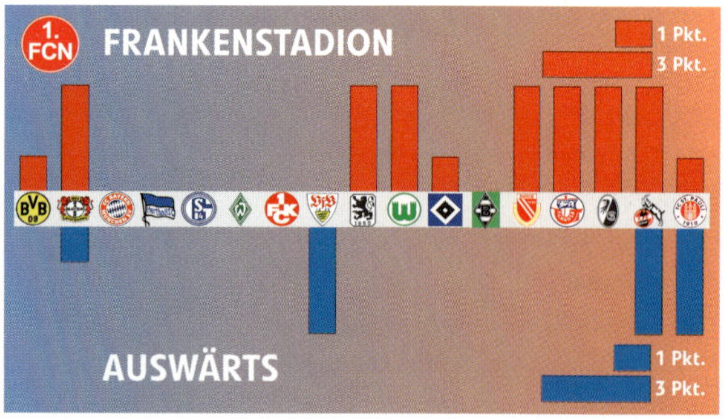

Fünftligist einen Bundesligisten aus dem Wettbewerb kegelte. Oder man nehme den Endspurt im Ligabetrieb, der symptomatisch war für eine Mannschaft, die janusgleich zwei so gegensätzliche Gesichter präsentierte. Fünf Spieltage vor dem Abpfiff der Saison hätte die Mannschaft in Rostock einen wichtigen Schritt in Richtung Ligaerhalt machen können, ließ diese Chance, ohne einen Funken Siegeswillen zu zeigen, fahrlässig verstreichen. Um dann drei Spieltage später zu Hause den haushohen Favoriten Leverkusen in begeisternder Manier mit einem 1:0-Sieg den Weg zum Titel zu verwehren und sich gleichzeitig die weitere Bundesliga-Zugehörigkeit zu sichern.

Verrückt, komisch, kurios, diese Mannschaft. Wie auch der Abstiegskampf. Die Konkurrenz patzte in so schöner Regelmäßigkeit, dass der Nürnberger Präsident Michael A. Roth davon sprach, dass der »Klassenerhalt mehr der Schwäche der anderen als eigene Stärke zu verdanken war«. Damit nicht genug des Negativen. Widerlegte der Club im Aufstiegsjahr sein ihm anhängendes Image, eine Skandalnudel zu sein, so verfiel er in der Spielzeit 2001/2002 in alte Verhaltensmuster. Ruhe in und um den Verein herum blieb ein frommer Wunsch, das so gefürchtete Umfeld hatte reichlich Stoff.

Geliefert auch von Manager Edgar Geenen, der mit seiner unter jedem Niveau liegenden Kabinenrede (»ihr seid Abschaum«, usw.) bundesweite Aufmerksamkeit erregte. Damit brachte er den Verein in Misskredit, den Trainer in die Bredouille, weil dessen Autorität vom besagten Umfeld fortan angezweifelt wurde, und sich selbst in die Schusslinie. So brauchte sich der wortgewaltige, ganz und gar nicht diplomatische Geenen auch nicht zu wundern, dass ihm wie auch dem Trainer lange Zeit die Anerkennung versagt wurde, die beiden eigentlich gebührt hätte.

Das Duo Geenen/Augenthaler machte nämlich aus den ihnen vom Club gegebenen finanziellen Möglichkeiten viel, sehr viel. Diese waren auf Grund schwerer Fehler von Michael A.Roth nach dem Bundesliga-Abstieg 1999 bescheiden. Und das werden sie auch in nächster Zukunft bleiben. Deswegen ist es auch so wichtig, dass das Duo in Ruhe und ohne die laut Klaus Augenthaler so lästigen »Nebengeräusche« arbeiten können. Das hängt aber nicht nur vom Umfeld ab, sondern auch von ihnen selbst … *Christian Biechele*

Umstritten in seinen Äußerungen: Nürnbergs Manager Edgar Geenen, der die Club-Profis in einer legendären Rede übel beschimpfte.

Beleg für den wichtigsten Sieg: Ausgerechnet im Spiel gegen den Titel-Aspiranten aus Leverkusen holte sich der Club die entscheidenden drei Punkte für den Klassenerhalt.

Auferstehung aus der tiefsten Fußball-Provinz

Der Tag gab den passendem Rahmen. Am Ostersonnabend, zum Fest der Auferstehung, machte Hannover 96 alles klar. Die Auferstehung nach 13 Jahren ohne Bundesliga-Fußball.

Eingeleitet durch eine souveräne, zeitweise berauschende Serie, abgeschlossen durch ein dem Saisonverlauf angemessenes 6:0 gegen Schweinfurt, das so chancenlos war wie die Zweitliga-Konkurrenz bei dem Vorhaben, die »Roten Riesen« klein zu halten. Mit dem Aufstieg in seinem ersten Jahr hat Trainer Ralf Rangnick die Vorgabe mehr als erfüllt – und die Messlatte für die Zukunft in der niedersächsischen Landeshauptstadt höher gelegt.
Die Glückseligkeit an jenem 30. März war vollkommen. 40 000 Fans feierten die Auferstehung – und den Abschied von der Vergangenheit, von der leidvollen Erfahrung, Fußballplätze in tiefster norddeutscher Provinz kennengelernt zu haben. 1996 war der Tiefpunkt erreicht. Regionalliga Nord. Punktspiel-Premiere gegen den benachbarten Vorort-Klub Sportfreunde Ricklingen, Auswärtsreisen zum VfL Hasetal Herzlake oder zu dorfplatzähnlichen Spielstätten wie beim VfL 93 Hamburg. Zwei 96-Kicker aus dem aktuellen Bundesliga-Kader haben alles mitgemacht, Abstieg aus der 2. Liga, zwei Jahre 3. Liga und

Aufstiegs-Feier im vollen Niedersachsen-Stadion: Begeistert feierten Spieler und Fans von Hannover 96 den Aufstieg in die Bundesliga nach 13-jähriger Abstinenz.

schließlich den doppelten Aufstieg: Jörg Sievers, längst Kult-Keeper an der Leine und Verteidiger Carsten Linke. »Für die beiden«, sagt Ralf Rangnick, »freut mich dieser Aufstieg ganz besonders. Dass die zwei in ihrem letzten Jahr das noch mal erleben dürfen, ist wunderbar.«
Seit 1989 ist Sievers im Verein, Linke seit 1995. »Hier herrschte ein permanentes Auf und Ab«, denkt Sievers zurück. Die zurückliegende Saison war folglich so gar kein Spiegelbild der Vergangenheit. Von Beginn an mischte 96 oben mit – und die Liga auf. Die Hinrunde über im Kopf-an-Kopf-Rennen mit Mainz 05, ab der Winterpause schließlich als alleiniger, unangefochtener Aufstiegsanwärter. Am Ende standen neben dem Aufstieg auch Bestmarken: Die 75 gewonnenen Punkte bedeuteten ebenso Rekord wie 93 geschossene Tore. Tausende Hannoveraner feierten ihre Aufstiegshelden vor dem Rathaus und hoffen nun auf einen dauerhaften Verbleib in Liga eins. Rangnick spürt die Euphorie, wirkte noch beim Trainingsauftakt zur laufenden Saison im Juni, als habe er sie förmlich in sich aufgesogen. »Der Aufstieg war emotional der absolute Höhepunkt meiner Laufbahn«, gestand der Erfolgscoach. Die Erwartungshaltung dämpfte er dennoch: »Wir sind der einzige echte Neuling. Die Mitaufsteiger Bielefeld und Bochum haben ja zuletzt immer mal in der Bundesliga gespielt.«
Einen entscheidenden Aufstiegsgaranten müssen die Niedersachsen seit Saisonbeginn entbehren. Jan Simak sorgte mit 18 Treffern für reichlich Unruhe in den Abwehrreihen der 2. Liga und mit zahlreichen Eskapaden für mindestens ebenso viel Aufregung im eigenen Klub. Simaks Genialität und ausgeprägtes Ego in die für das Team richtigen Bahnen gelenkt zu haben, war vielleicht Rangnicks größter Verdienst. »Jan vergisst manchmal, dass er Profi ist«, umschreibt Sievers den begnadeten Tschechen. »Und man darf nicht vergessen, dass wir auch über die gesamte Saison hinweg Erfolg hatten.« Ein dezenter Hinweis des Oldies darauf, dass bei Niederlagen sicher nicht alles unter dem Mantel der Verschwiegenheit geblieben wäre. Sieben Millionen Euro kassierte 96 für Simak. Geld, dass der früher chronisch klamme Klub gut gebrauchen kann, um die Zukunft im Oberhaus zu sichern. Der Auferstehung, von Klubboss Martin Kind seit der Amtsübernahme in der 3. Liga vorbereitet, soll ein steter Aufschwung folgen.

Sebastian Wolff

Aufstiegs-Garant und Enfant terrible: Der Tscheche Jan Simak – ein begnadeter Fußballer, aber mit seinen Eskapaden ein Problem für das Kollektiv.

Aufstiegs-Trainer: Mit Akribie und viel Einfühlungsvermögen führte Ralf Rangnick Hannover 96 wieder in die Bundesliga zurück. Ein Meisterstück des Schwaben.

Transferbilanz als Schlüssel zum sechsten Aufstieg

Es dauerte bis zum letzten Spieltag. Erst mit dem 3:1-Sieg gegen LR Ahlen hatte Arminia Bielefeld vollbracht, was zuvor noch keinem anderen Team gelungen war. Zum sechsten Mal hatten sie den Sprung von der Zweiten in die Erste Liga geschafft. Sie sind das Fahrstuhlteam des deutschen Profifußballs.

Wenn man Ansgar Brinkmann Glauben schenken darf, hätte das Comeback der Arminia in der Königsklasse schon viel früher feststehen können. Denn schon vor dem 30. Spieltag und der anstehenden Spitzenpartie gegen den späteren Mitaufsteiger VfL Bochum stellte der rechte Offensivspieler selbstbewusst fest: »Wenn wir nicht so viele Ausfälle gehabt hätten, hätten wir acht oder neun Punkten mehr und wären schon so gut wie durch.«

Doch auch trotz der widrigen Umstände schaffte Brinkmann mit der Arminia den Sprung in die Eliteklasse. Obwohl Stürmer Fatmir Vata lange wegen eines Kreuzbandrisses ausfiel. Obwohl Arne Friedrich in der Rückrunde wegen einer Verletzung passen musste. Obwohl Torjäger Artur Wichniarek nach einem Platzverweis in der entscheidenden Saisonphase vier Wochen lang fehlte. Obwohl Brinkmann selbst nach einer Roten Karte während des Endspurts ersetzt werden musste.

Dass all diese Ausfälle nicht zu einem Leistungseinbruch führten, war der wohl beeindruckendste Fakt, für den der Aufsteiger sorgte. »Diese Mannschaft hat Charakter. Wir hatten viele personelle Probleme und haben trotzdem gut gespielt und standen immer auf einem Aufstiegsplatz«, nennt Wichniarek, der mit 20 Treffern Torschützenkönig der Zweiten Liga wurde und kommende Saison

für Hertha BSC Berlin spielen wird, das große Plus seiner Elf.
Dieser hatten die Experten vor der Saison bei weitem nicht die Rolle zugetraut, die die Arminia dann spielte. Dabei machte sich besonders die hervorragende Einkaufspolitik von Trainer Benno Möhlmann und Manager Thomas von Heesen bezahlt. Für Christoph Dabrowski, Fatmir Vata, Ansgar Brinkmann, Rüdiger Kauf und Erhan Albayrak – allesamt Leistungsträger des Aufsteigers – gab die sportliche Leitung der Arminia gerade einmal 550 000 Euro an Ablöse aus. Auch der inzwischen fest verpflichtete Daniel Bogusz, der im Winter als Leihgabe zur Arminia stieß, überzeugte. Eine erstklassige Transferbilanz, die auch für Möhlmann der Schlüssel zum Erfolg war: »Der entscheidende Fakt ist: Wir lagen bei den Zugängen sehr gut. Sowohl von der sportlichen Qualität als auch darin, wie sie sich eingefügt haben. Alle haben eingesehen, wie wichtig der Teamgeist ist.« Gerade dieser hatte in der Vorsaison noch gefehlt, als die Arminia sogar um den Klassenerhalt bangen musste.
Dies dürfte für den Aufsteiger in dieser Saison auch in der Eliteliga anstehen. Die am 1. Juli 2001 gegründete DSC Arminia Bielefeld GmbH & Co. KGaA wollte und konnte sich auch vor dieser Spielzeit keine extravaganten Sprünge auf dem Spielermarkt leisten, um den Konsolidierungskurs nach der kostspieligen Ära unter Ex-Manager Rüdiger Lamm fortzusetzen. So blieben die ganz großen Namen bei den Zugängen aus. Polens WM-Fahrer Maciej Murawski, der ablösefrei von Legia Warschau kam und als zentraler Defensivmann der Arminia zusätzlichen Halt verleihen soll, war noch der prominenteste Neue. Die Herren Jesus Brahaman Sinisterra (Banfield/Argentinien, ausgeliehen), Benjamin Lense (Darmstadt 98,
200 000 Euro), Sasa Janic (SSV Reutlingen, ablösefrei), Bernd Rauw (Alemannia Aachen, 180 000) sowie Nachwuchsspieler Mirnel Sadovic (Austria Wien, ablösefrei) gingen als relativ namenlose Einkäufe in die neue Saison.
Wenn man bedenkt, dass mit Abwehrtalent Arne Friedrich ein Leistungsträger den Verein Richtung Berlin verließ, dürfte in Bielefeld das Erreichen von Platz 15 und damit der Klassenerhalt bereits als absoluter Erfolg angesehen werden. Für sich persönlich hat Trainer Benno Möhlmann bereits festgestellt, dass die höchste deutsche Spielklasse sein ihm angemessenes Betätigungsfeld ist. »In den vergangenen zwei Jahren hatte ich den dringenden Wunsch in die Bundesliga zurückzukehren. Ich bin besser geworden und gehöre in die Erste Liga«, konstatierte der 48-Jährige. Ob das für seine Mannschaft auch zutrifft?

Stephan von Nocks

Ein Bad mit viel Bier: Ausgelassen feiern die Profis von Arminia Bielefeld den Wiederaufstieg in die Bundesliga. Dies schaffte der Klub schon zum sechsten Mal.

Ein neuer Anlauf für die ehemals »Unabsteigbaren«

Das letzte Hemd für die Fans: Bochums Torhüter Rein van Duijnhoven »opferte« nach dem geschafften Wiederaufstieg seine fast komplette Ausrüstung den treuen Fans.

Die Wortschöpfung ist typisch Ruhrgebiet. Einprägsam, treffend, schnörkellos. Als »unabsteigbar« trotzte der VfL Bochum, dessen Anhänger dieses Gütesiegel prägten, jahrelang der Konkurrenz.

Irgendwie verlässlich tummelte sich der Verein für Leibesübungen von 1848 praktisch jedes Jahr in den unteren Tabellenregionen. Oft auf der Kippe, nie abgestürzt. Das änderte sich erstmals 1993, als sich der VfL aus der höchsten Klasse verabschieden musste. Vorbei war es mit »unabsteigbar«, und der VfL startete zu einer beispiellosen Kreuzfahrt durch die beiden höchsten deutschen Fußballklassen. Vier mal ab-, vier Mal sofort wieder aufgestiegen – das ist deutscher Rekord. Und mit einer punktgenauen Landung hievte Peter Neururer den VfL am letzten Zweitliga-Spieltag wieder in den Kreis der 18 deutschen Erstliga-Klubs.

Es war eine rasante Aufholjagd, die Neururer Anfang Dezember startete. Vorgänger Bernard Dietz hatte im Spätherbst entnervt das Handtuch geworfen. Er könne die aktuelle Spielergeneration nicht mehr erreichen, erklärte der frühere Kapitän der deutschen Nationalelf. Dietz hatte in seiner aktiven Zeit stets für harte Maloche und Hingabe an seinen Beruf gestanden. Dass nun Spieler nach einer Niederlage in der Disco auftauchten und ansonsten auch nicht immer mit heißem Herzen bei der Sache waren, mochte Dietz nicht länger hinnehmen.

»Wenn man so will, war diese Kritik die ideale Vorlage«, verkündete Nachfolger Peter Neururer. »Denn danach wollten die Jungs es allen beweisen.« Das taten sie wirklich. Neururer richtete die Mannschaft neu ein, sortierte ungeliebte Spieler aus, verkleinerte den Kreis, machte den zuvor verunsicherten Dariusz Wosz zum Kapitän, und

pushte die Mannschaft tatsächlich noch auf Platz drei.
Mit dem schlichten Klassenerhalt mag sich Neururer im Oberhaus nun nicht zufrieden geben. »Gäbe ich Platz 15 als Ziel aus, dann würde ich ja viel zu viele Niederlagen einkalkulieren«, findet der selbstbewusste Fußball-Lehrer und verkündet: »Wir können um Platz zehn herum mitspielen.« Zu diesem Zweck hat er seinen Kader deutlich verkleinert und neue Qualität zugeführt. Der vielseitige Rückkehrer Thordur Gudjonsson soll den Konkurrenzkampf im Offensivbereich beleben, Filip Tapalovic und Kameruns WM-Teilnehmer Raymond Kalla die Defensive stabilisieren, ebenso wie Routinier Anton Vriesde, der aus Uerdingen kam.
22 Mann, das war Neururers Vorgabe. In das bislang letzte Bundesligajahr war der VfL unter Ralf Zumdick mit einem aufgeblähten Kader mit 29 Lizenzspielern gestartet. Neururer: »Da schleppst du viel zu viele unzufriedene Leute mit, die stänkern, weil sie nicht zum Einsatz kommen.« Eine schlanke Personalabteilung, das passt zum »kleinen« Revierklub, der stets strampeln muss, um sich gegen die große Konkurrenz im Osten (Borussia Dortmund) und Westen (Schalke 04) zu behaupten. Auf engstem Raum haben die Fußballfans hier die Wahl zwischen dem Besuch dreier Bundesligastadien. Warum sollen sie sich für Bochum entscheiden? »Hier wird ehrlicher Fußball abgeliefert und die Nähe zu den Fans praktiziert«, verspricht Neururer.
Seit 1987 arbeitet der Trainer im bezahlten Fußball; Bochum ist bereits seine elfte Station. Mit dem Aufstieg hat er bei den Fans eine Menge Kredit erworben, und er hat – nicht unwichtig – mit dafür gesorgt, dass das Ruhrstadion wieder zur Festung wurde. Neun Mal in Folge gewann der VfL in der heimischen Arena bei seinem atemberaubenden Endspurt. »Wenn wir das in der Bundesliga so ähnlich umsetzen, dann bleiben wir drin«, verspricht Torhüter Rein van Duijnhoven.
Der lange Holländer ist einer von denen, die schon vor zwei Jahren zum Bundesligakader gehörten, wie überhaupt außer Vriesde und Kalla kein einziger VfL-Profi »neu« in der höchsten Klasse ist. »Die kennen sich alle aus. Da wird sich keiner erschrecken«, schätzt Neururer. Sonst wären sie schließlich Vollfriseure oder gar Hammerwerfer. Das sind des Trainers Wortschöpfungen für Spieler, die nichts taugen. Oder auch Muscheltaucher. Aber die sortiert Neururer als Erste aus.

Oliver Bitter

Gutes Gedächtnis: Bochums Fans erinnerten sich nach dem Wiederaufstieg sofort wieder an ihre alte Wortschöpfung und präsentierten sie den Spielern als Ansporn.

Martin Max: Schrammen und Frust

Zahlen lügen nicht. Diesmal war es die 18. So viele Treffer hatte Martin Max in der Saison 2001/2002 erzielt und befand sich damit in bester brasilianischer Gesellschaft an der Spitze der Torjägerliste.

Trotz einer Spielpause im Herbst 2001, als er sich einer nicht mehr aufzuschiebenden Operation an der Leiste unterziehen musste. So kam Max nur auf 28 Saisonspiele – wer weiß, wie viele Treffer er markiert hätte, wenn die Pause nicht gewesen wäre ...

Doch wie schon im Jahr 2000, als am Ende gar 19 Treffer von Max zu Buche standen, verzichtete der Verantwortliche für die Nationalmannschaft bei einem großen Turnier erneut auf die Dienste des Münchner »Löwen«. EM 2000 in Holland und Belgien – Erich Ribbeck sagte: »Nein, danke« zu Max. Nun die WM in Südkorea und Japan? Auch Rudi Völler entschied sich gegen den inzwischen 33-jährigen Mittelstürmer und für Carsten Jancker vom Rivalen FC Bayern, der dort eine Null-Tore-Saison hingelegt hatte.

Klar, frustriert war Martin Max, der immerhin einen Kurzeinsatz im Test-Länderspiel gegen Argentinien (17. April 2002) vorweisen kann und sich folglich Nationalspieler nennen darf. So blieb ihm lediglich übrig, seine fehlende Lobby beim DFB zu monieren und sich ansonsten als Robin Hood der Bundesliga zu fühlen.

»Ist doch schön, wenn ich die brasilianischen Ballzauberer ein bisschen ärgern kann«, sagte die Nummer 9 zu seinem Kampf um die Torjägerkanone des kicker, der schließlich mit einem Patt endete, weil Dortmunds Amoroso auf die gleiche Anzahl von erfolgreichen Torschüssen gekommen war.

Seine Ziele beschränken sich nun endgültig auf die Vereinsebene. Der Vertrag bei 1860 läuft zwar 2003 aus, doch nur zu gerne würde Martin Max ein »Löwe« bleiben, und noch »ein paar Jährchen spielen«, wie er sich ausdrückt. Vielleicht bis zur EM 2004? Oder gar der WM 2006? Nein, an diese Eckpunkte des internationalen Fußball-Kalenders mag Max nicht einmal denken. Zu heftig sind die seelischen Schrammen, die ihm durch die Nichtberücksichtigung zugefügt wurden.

Martin Messerer

Marcio Amoroso: Ein Egoist als Elfmeter-König

Neulich kreuzte Marcio Amoroso wieder im Büro von Michael Zorc auf. Dortmunds Sportmanager solle doch von einer neuerlichen Geldstrafe absehen, bat der Torjäger; schließlich habe er für das eigenmächtige Verlängern seines Urlaubs triftige Gründe.

Die hat er immer, dieser extravagante Brasilianer, der bei seiner Freizeitgestaltung den Vorgaben des Trainers nur ungern Folge leistet. Matthias Sammer bringt dafür in der Regel »kein Verständnis« auf – und bittet Amoroso zur Kasse. Schon einige Male ist dem 28-Jährigen sein Egoismus teuer zu stehen gekommen. Er hat gezahlt, mitsamt Zinsen. In Form von Toren. 18 waren es in der vergangenen Bundesliga-Saison. Vier weniger, als er sich selbst bei Dienstantritt erhofft hatte, aber immerhin so viel, dass Borussia Dortmund dank seiner Treffsicherheit den Titel ins Revier holte.

Prompt wurde er dort mit einer eigenen CD (nach Michael Holms Hit »Mendocino«) geehrt, und als 200 000 Menschen dem frisch gebackenen Meister zujubelten, erreichte Amoroso die vielleicht höchsten Sympathiewerte. Dass er seine Rolle als Diva kultiviert, wird ihm verziehen – jedenfalls so lange, wie der Elfmeter-König (sieben Versuche, sieben Treffer) Trainer und Fans mit vorzeigbaren Leistungen besänftigt. Innerhalb einer Mannschaft, die aufmerksam registriert, wer Teamgeist vorlebt oder wer sich diesem hehren Ideal nur begrifflich annähert, rennen Spieler, die sich in zu starkem Maße verselbstständigen, schnell gegen verschlossene Türen. Amoroso mit all seinen Besonderheiten akzeptieren seine Kollegen hingegen; er bringt sich auf eine gewöhnungsbedürftige, aber höchst wirksame Weise beim BVB ein. Völlig ausgereizt hat der Ex-Nationalspieler sein Potenzial in Dortmund bisher nicht. Weil auch die private Integration nur schleppend verlief und weil er zu Beginn des Jahres 2002 am gefährlichen Dengue-Fieber erkrankte, bewegte sich Amoroso unterhalb seines Limits. »Er verfügt noch über fußballerische Reserven«, glaubt Zorc. Dem unpünktlichen Angreifer hat der Sportmanager seine Strafe natürlich nicht erlassen. Und doch ist er bemüht, das Bild des kapriziösen Brasilianers in der Öffentlichkeit einer Korrektur zu unterziehen: Amoroso sei kein Egoist, sondern ein Individualist. Das klingt freundlicher. *Thomas Hennecke*

Linke Seite: Zug zum Tor: Löwen-Torjäger Martin Max wurde trotz seiner 18 Treffer von Teamchef Rudi Völler nicht für die Weltmeisterschaft in Japan und Korea nominiert.

Abheben zum Flug: Dortmunds brasilianischer Torjäger Marcio Amoroso erzielte wie Max 18 Tore. Doch auch er musste den Gewinn des WM-Titels seiner Brasilianer am TV erleben.

Matthias Sammer – zielstrebig und immer geradeaus

Selbst gute Freunde lassen Matthias Sammer nach Niederlagen in Ruhe. Dann speit der Dortmunder Trainer schon einmal Feuer. »Wenn wir verlieren, bin ich persönlich beleidigt«, sagt er. Und rät sich selbst: »Ich muss gelassener werden.«

Unter Volldampf: Matthias Sammer bewegt sich an der Linie wie ein brodelnder Vulkan – der Ausbruch kann immer kommen, vor allem, wenn niemand damit rechnet.

Sammer ist Fußball-Lehrer wider Willen. Vielleicht würde er auch heute, 35-jährig, noch als Libero hinter den Spitzen seine einzigartige Interpretation des Abwehrchefs zum Besten geben, wenn sein Knie nicht im Oktober 1997 bei einer Operation bakteriell verseucht und deshalb sportuntauglich geworden wäre. Was für ihn tragische Züge annahm, geriet für Borussia Dortmund zu einem Glücksfall.

Gegen einige Widerstände in den Chefsessel gehievt, widerlegte Sammer alle Skeptiker, denen der missglückte Versuch mit Michael Skibbe als warnendes Beispiel diente, und krönte schon seine zweite Saison als Trainer mit dem Titel. »Er hat den richtigen Zugang zur Mannschaft«, betont Sportmanager Michael Zorc, »er ist der Schüssel zum Erfolg.«

Wer ist der »Comandante«, wie ihn Linksverteidiger Dede taufte, wirklich? Ein spröder, pedantischer, besessener Arbeiter, der Nachdenklichkeit gegen Oberflächlichkeit setzt und eher Leisetreter als Lautsprecher in seiner Außendarstellung ist? Tatsächlich weist die Persönlichkeit dieses Trainers viel mehr als die gemeinhin sichtbaren Facetten auf. Sammer vorzuhalten, dass er in der Spaßgesellschaft Bundesliga keine Kopfstände auf Kommando macht und dass er der Öffentlichkeit zu wenig Zucker gibt, wird seiner eigentlichen Tätigkeit nicht gerecht.

Als Spieler hat sich Sammer nicht beirren lassen, und jetzt geht er als Trainer ähnlich zielstrebig seinen Weg. Immer geradeaus. Ehrgeizig, diszipliniert, unangepasst, manchmal dickköpfig. Und antizyklisch in seinem Handeln. Siege, vor allem die überzeugend herausgespielten, nimmt er zum Anlass, Kritik zu üben, um Selbstzufriedenheit und Sattheit vorzubeugen; nach Rückschlägen sucht er aufbauende Ansatzpunkte, um jeden Anflug von Depression zu verscheuchen. »Mit seiner Art«, schwärmt Klubchef Dr. Gerd Niebaum, »ist er die ideale Besetzung bei Borussia Dortmund.«

Sammer hat die Wandlung vom Führungsspieler zum Chefcoach vollzogen. Abgeschlossen hat er diesen Prozess freilich nicht. »Genauso wie die Mannschaft befinde auch mich noch in der Entwicklungsphase«, sagt er. So wie er sich Verhaltensmuster von Ottmar Hitzfeld, seinem letzten Coach abschaute, so wie ihn Christoph Daum bei der Führung schwieriger Individualisten inspirierte, so ist der 51-malige Nationalspieler aufnahmebereit für neue Erkenntnisse trainingsmethodischer, medizinischer oder psychologische Art. Auf neun Mitglieder vergrößerte er das ihn umgebende Spezialistenteam aus Wissenschaftlern, Ärzten, Trainern und Physiotherapeuten. Ihnen öffnet er sich wissbegierig, ohne die Richtlinienkompetenz abzutreten. Das Sagen hat nur einer – Sammer selbst.

Der Verlockung, dabei den großen Zampano zu mimen, widersteht er selbst in den Fällen, in denen die Situation es erlaubt hätte. Als Marcio Amoroso, der launische Torjäger, aufmuckte und sich gegen Cottbus nicht auswechseln lassen wollte, ließ der Trainer den Fehdehandschuh liegen. Wo andere den Brasilianer gemaßregelt, vielleicht sogar suspendiert hätten, blieb Sammers Pulsfrequenz im gesunden Bereich. »Ich habe mich als Mittler begriffen und nicht darauf geachtet, möglichst gut und souverän dazustehen«, erklärt er. Wichtiger als die Befriedigung seiner persönlichen Eitelkeit erschien ihm das Funktionieren der Gruppe. »Seine Mitspieler haben Amoroso auch mit seinen Extravaganzen akzeptiert. Sie waren von seinem sportlichen Wert überzeugt.«

Sammer strafte Amoroso nicht ab. Des gemeinsamen Zieles wegen.

Thomas Hennecke

Linke Seite: Treusorgender Trainer: Matthias Sammer kann auch anders – beruhigend und beschwichtigend wirkt er besonders nach Niederlagen auf die Spieler ein.

Toppmöller – Ein Fußball-Verrückter, dem die Krone versagt blieb

Rechte Seite: Temperament, Energie und Emotionen: Leverkusens Trainer Klaus Toppmöller so, wie man ihn häufig erlebt. Der große Erfolg blieb ihm in der vergangenen Saison allerdings verwehrt.

An das Finale der Champions League 2001 kann sich Klaus Toppmöller noch sehr gut erinnern. Mit seinen Kumpels saß er bei einem freundlichen Pils in seiner Gaststätte, der Salmtalschänke im beschaulichen Rivenich an der Mosel, vor dem Fernseher.

»Da haben wir den Bayern die Daumen gedrückt«, erinnert sich der Leverkusener Trainer an jenen Abend des 23. Mai, als der deutsche Rekordmeister im Elfmeterschießen den FC Valencia bezwang. Damals war Toppmöller Zuschauer, Fan, Fußballfan.

Ein Jahr später, als es in Glasgow zwischen Real Madrid und Bayer Leverkusen zum Showdown um Europas Krone im Vereinsfußball kommt, ist Toppmöller einer der Hauptdarsteller. Welch ein rasanter Aufstieg des Mannes, der nicht lange zuvor noch beim Zweitligisten 1. FC Saarbrücken an der Linie stand und mittlerweile zu den Fußball-Lehrern zählt, über deren Mannschaften und deren Erfolge in ganz Europa geredet wird.

Die Krone gab's nur auf Pappe: Auch wenn ihm Titel versagt blieben – für die Fans von Bayer Leverkusen leistete Toppmöller trotzdem hervorragende Arbeit.

Typisch Toppmöller, dass er auch nach einer strapaziösen Saison am liebsten gar nicht vom Fußball lassen wollte. Als der nigerianische Verband vor der WM in Südkorea und Japan ernsthaft anfragte, ob denn nicht der gute Herr Toppmöller die heimische Nationalelf beim Weltturnier betreuen wolle, da hätte der Leverkusener Coach allzu gerne zugesagt, musste jedoch nach Absprache mit seinen Klub-Oberen das machen, was er als Knobelfreund ohnehin nur sehr ungern macht: passen.

Mit jedem Satz, mit jedem Augenleuchten wird bei Toppmöller spürbar: Der Mann geht voll auf in seinem Job. Hier hat wirklich einer sein Hobby zum Beruf gemacht, und für ihn ist es mehr eine Berufung. »Der sitzt bis nachts um zwei vor dem Fernseher und sieht sich Fußball aus aller Welt an«, lobt Leverkusens Torwart-Trainer Toni Schumacher, selbst ein bekennender Fußball-Verrückter, »aber da komme selbst ich nicht mehr mit.«

Ex-Profi Toppmöller ist nicht nur liebend gerne Trainer, er ist auch ein großer Fußballfan. Fast schon genüsslich seziert er vor einem Champions-League-Duell den Gegner, kann locker die Aufstellung und jegliche taktische Feinheiten herunter beten, ob es sich nun um Juventus Turin, Arsenal London oder Real Madrid handelt, und er genießt es förmlich, sich mit den Größen des Weltfußballs messen zu dürfen.

Spekuliert die Öffentlichkeit noch über die mögliche Aufstellung des Gegners, dann hat Toppmöller schon die Formation genannt, und mit seinen Vorhersagen lag er meistens vollkommen richtig. Mit leuchtenden Augen schwärmt er dann davon, dass er schon als Junge die Großtaten von Juventus Turin oder Real Madrid bewundert hat, erinnert sich an die mitreißenden Spiele der 60er und 70er Jahre, als wären sie eben erst absolviert worden. Klaus im Wunderland – der Mann hat den vermeintlichen Stress einer überaus intensiven Saison richtiggehend genossen, weil er nun als Trainer da angekommen ist, wo sich jeder hinwünscht, der mal eine Fußball-Mannschaft übernimmt. Und er hat gezeigt, dass der vermeintliche Underdog Bayer Leverkusen auch im Orchester der ganz Großen mitspielen kann, selbst wenn er nicht über die tollsten und teuersten Instrumente verfügt.

Auch wenn Toppmöller nach der Saison ohne Titel da stand – der Trainer an erster Stelle hat dafür gesorgt, dass mit enormem Respekt von Bayer Leverkusen gesprochen wird, in der Bundesliga und auch auf der internationalen Ebene. Als Teil der Mannschaft verstand und versteht sich Klaus Toppmöller, im Sieg wie in der Niederlage. Seine Handschrift – offensiver, ansehnlicher Fußball technischer Prägung – ist unverkennbar, und Bayer Leverkusen hat durch seine Arbeit viele Sympathien gewonnen. Wenn auch keine Titel. Noch nicht.

Oliver Bitter

Die letzte Grätsche vom Fußball-Gott

1990 waren sie ganz oben. Weltmeister bei der WM in Italien, ein wahr gewordener Traum für Jürgen Kohler und Olaf Thon, beide gerade 24 Jahre jung. Und wenn ihnen damals jemand gesagt hätte, dass sie zwölf Jahre später noch immer als Fußball-Profis ihr Geld verdienen, hätten sie es selbst nicht für möglich gehalten.

Und doch: Sie haben es geschafft. Mehr noch: Sie haben es sogar geschafft, sich zwölf Jahre nach dem Triumph von Rom mit einem Titel zu verabschieden. Kohler als Deutscher Meister, Thon als DFB-Pokalsieger.
Aber trotzdem hat diese letzte Saison den beiden Helden vergangener Tage verdeutlicht, dass ein 13. Jahr wohl nicht nur Freude gebracht hatte. Olaf Thon musste das deutlich schmerzhafter erfahren als sein früherer Weltmeister-Kollege Kohler. So ziemlich alles war am Körper der Schalker Legende einmal kaputt gewesen, immer wieder hatte er sich mit einem unglaublichen Ehrgeiz heran kämpfen müssen. Auch in seiner letzten Saison, in der er 36 Jahre wurde. Ganze fünf Einsätze gestattete ihm Trainer Huub Stevens nur in der Bundesliga, immerhin noch einen Platz in der Startelf beim 4:0 der Königsblauen in der Champions League bei Real Mallorca.
Das war zu wenig für einen wie Thon, der immer alles wollte und die ständigen Reibereien mit Stevens wahrlich nicht mehr nötig hatte. Thon, Weltmeister, legendärer UEFA-Cup-Sieger von 1997, dreifacher Deutscher Meister im Trikot des FC Bayern und 2001 auf Schalke noch Pokalsieger, zog schweren Herzens die einzig logische Konsequenz: Schon ab der Winterpause ließ er sich nur noch als Stand-by-Profi einplanen, forcierte nebenher seine berufliche Zukunft als Repräsentant des Revierklubs, zu dessen größten Spielern er zweifellos immer zählen wird. »Am Ende hat mich mein Körper besiegt«, sagt Thon, »ich hatte leider nie das Glück anderer Profis, die nahezu verletzungsfrei durch ihre Karriere kommen.« Um so beeindruckender wirkt seine Bilanz: 443 Bundesligaspiele, davon 295 für den Club aus Gelsenkirchen, wo er geboren wurde.
Immerhin blieb Thon zum Abschied das erspart, was ausgerechnet »Mr. Zuverlässig« Jürgen Kohler im letzten Spiel einer grandiosen Karriere erleiden musste. Eine Woche nach dem Gewinn der Meisterschaft im Dortmunder Westfalenstadion, seiner dritten nach 1990 (mit dem FC Bayern) und 1996, hätte das UEFA-Cup-Finale in Rotterdam gegen Feyenoord die passende Bühne für seinen Abschied sein sollen. Doch der Fußballgott meinte es nicht gut mit dem Mann, der über so viele Jahre bei Bayern München, Juventus Turin und Borussia Dortmund als eigentlicher Fußball-Gott gefeiert worden war: Nach 31 Minuten in diesem Endspiel musste Kohler Feyenoords Angreifer Jon Dahl Tomasson mit einer Notbremse stoppen. Seine letzte Grätsche. Bittere Konsequenz: Kohlers große Karriere wurde durch eine Rote Karte vorzeitig beendet und obendrein auch noch erfolglos, weil die Borussia in Unterzahl mit 2:3 verlor. Weil ihm die Fans aber trotzdem einen großen Abschied schenkten, der Koh-

Tränen zum Abschied: Voller Rührung verabschiedete sich »Fußball-Gott« Jürgen Kohler von seinen Fans.

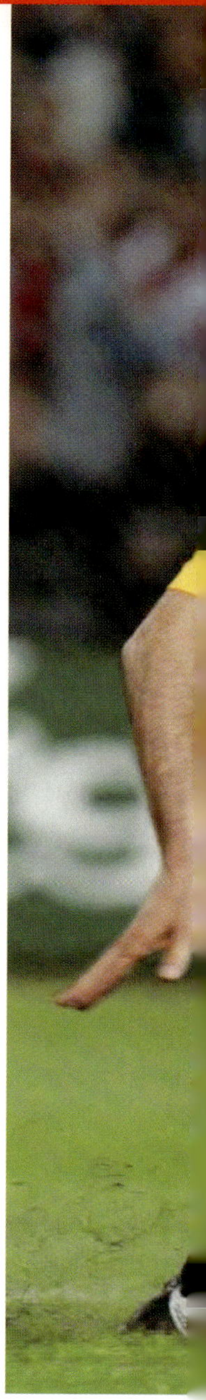

ler »emotional sehr bewegt hat«, war das Missgeschick von Rotterdam schnell verdrängt. Der Name Kohler bleibt eher mit Erfolgen verbunden, diesen: Weltmeister 1990, Europameister 1996, Champions-League-Sieger 1997, UEFA-Cup-Sieger 1993, Deutscher Meister 1990, 1996 und 2002, Italienischer Meister 1995, Italienischer Pokalsieger 1995. In Zukunft wird der Fußballer des Jahres 1997 diese Erfahrung als Trainer der deutschen U 21 weitergeben, schon in seiner Abschiedssaison hatte er keine Probleme damit, dass der 15 Jahre jüngere Christoph Metzelder häufig den Vorzug erhielt.

Deutlich leiser als Thon oder Kohler verabschiedete sich im Norden eine andere Größe aus der Bundesliga: Dieter Eilts (37) fügte 386 Bundesligaspielen für den SV Werder Bremen in der Saison 2001/2002 nur noch vier hinzu. Nach den ersten vier Spieltagen und insgesamt mäßiger Leistung zog Eilts selbst die Konsequenzen: Er bat Trainer Thomas Schaaf, nur noch als Stand-by-Profi zur Verfügung stehen zu müssen. Eilts trieb seine Integration in Werders Trainerstab voran. Bemerkenswert das Argument des Oldies für den freiwilligen Schritt mitten in der Saison: »Werder braucht mich nicht mehr, ich habe gesehen, dass die Jungen einfach schon einen Tick besser sind als ich. Und selbst wenn sie gleich gut wären, müssten sie spielen, denn sie sind die Zukunft des Vereins.« In dem Europameister von 1996 verliert die Bundesliga eine seiner kultigen Figuren, wie auch in Jiri Nemec, Youri Mulder, Uwe Kamps, Yves Eigenrauch, Mike Büskens oder André Trulsen. *Jean-Julien Beer*

Verhängnisvolle Grätsche: Im UEFA-Cup-Endspiel zog Jürgen Kohler gegen Feyenoords Tomasson die Notbremse – dafür gab's Elfmeter und die Rote Karte.

Schiedsrichter im Mittelpunkt der Kritik

Der finale Meisterschuss war symptomatisch für die gesamte Saison bei den Schiedsrichtern. Unterschiedlich waren die Meinungen, ob beim Spiel Dortmund gegen Bremen Stürmer Jan Koller zentral vor dem Tor ganz knapp im Abseits stand, als der Brasilianer Dede seinen Landsmann Ewerthon anspielte und dieser mit dem Treffer zum 2:1 Borussias Titelgewinn perfekt machte.

Ein kräftiger Pfiff: Deutschlands bester Schiedsrichter Dr. Markus Merk versucht, sich Gehör zu verschaffen – nicht immer eine leichte Übung.

Landauf, landab wurde kontrovers diskutiert, die Mannschaft von Matthias Sammer galt nach Aussagen der Konkurrenz von Bayern München und Bayer Leverkusen, aber auch Vertretern anderer Vereine, ohnehin als von den Schiedsrichtern begünstigt. Alle Fernsehstationen bemühten Standbilder und verschiedene Kamerapositionen. DFB-Lehrwart Eugen Strigel, während der gesamten Saison regelmäßig als Regel-Experte im Aktuellen Sportstudio zu sehen, erklärte den Treffer im ZDF für korrekt. Allein, bei den Borussen-Gegner blieben Zweifel.

Aber es sind nicht diese Millimeter-Entscheidungen, die auch mit elektronischen Hilfsmitteln nicht zweifelsfrei aufzuklären sind, die Volker Roth immer wieder ärgern. Der Vorsitzende der DFB-Schiedsrichterkommission kämpft in erster Linie gegen die so genannte »Rudelbildung«, die Unsitte, dass viele Spieler nach einem Pfiff auf den Schiedsrichter einstürmen, ihn bedrängen und auch untereinander hand- oder fußgreiflich werden. In der kommenden Saison, daran lässt Volker Roth keinen Zweifel, wird es bei solchen Handgemengen unnachgiebig die Rote Karte geben.

Wie stark Proteste gegen die Entscheidungen der Unparteiischen ins Geschehen eingreifen können, zeigt das Beispiel Dieter Hoeneß bei der Partie Bayern München gegen Hertha BSC, der sich trotz der Anweisung von Schiedsrichter Uwe Kemmling weigerte, die Bank zu verlassen und auf die Tribüne zu gehen. Die zweite Halbzeit des Spiels wurde mit sechs Minuten Verspätung angepfiffen, der Berliner Manager bekam eine Geldstrafe in Höhe von 5000 Euro und durfte zwei Spiele lang nicht den Innenraum eines Stadions betreten.

Doch obwohl die deutschen Unparteiischen welt- und europaweit eine hohe Reputation besitzen, flammten auf nationaler Ebene während der Saison immer wieder Diskussionen über ihre Qualität auf. Und relativ häufig mussten Schiedsrichter im Nachhinein zugeben, dass mit ihren Pfiffen falsch gelegen hatten. Bernd Heynemann, langjähriger FIFA-Schiedsrichter und 1998 bei der Weltmeisterschaft in Frankreich aktiv, rechnet jedoch vor: »Es gab vielleicht 30 wirkliche Fehlentscheidungen. Von diesen gehen rund zwei Drittel zu Lasten der Assistenten. Also haben die Schiedsrichter in einem ganzen Spieljahr zehn Mal falsch gelegen. Das ist eine Superquote, die garantiert kein Spieler erreicht.«

Dennoch immer wieder im Brennpunkt der Kritik: das passive Abseits. In einer Umfrage sprachen sich im März dieses Jahres 17 von 18 Bundesligatrainer dafür aus, diese Regel in der momentan praktizierten Form abzuschaffen. Klar ist: Weil die

Männer an der Linie nicht nur entscheiden – Abseits oder nicht? – sondern auch werten. Passiv oder aktiv? – müssen, ist ihr Job wesentlich schwerer geworden.
Für viele Fans kaum nachvollziehbar ist, dass ein Spieler erst Abseits stehen darf und dann wieder legal ins Geschehen eingreifen darf. »Neue Spielsituation« heißt das Zauberwort. Es bedeutet, dass jede Szene für sich selbst gewertet wird und nach jedem zielgerichteten Pass neu entschieden werden muss, ob ein Fußballer im Abseits steht und, wesentliche Grundvoraussetzung, ob er »ins Spiel eingreift oder aus seiner Stellung einen Vorteil zieht oder einen Gegner behindert«. Dies alles müssen die Assistenten in Bruchteilen von Sekunden beurteilen. Deswegen sagt Volker Roth auch: »Eine Fahne kann nie zu spät kommen.« Lieber etwas länger abwarten, wie sich die Szene entwickelt, so lautet das Motto.
Weiterhin sehr wichtig: das Stellungsspiel. »Wenn die Assistenten«, sagt Volker Roth, »auf der Höhe des vorletzten Abwehrspielers stehen, wird die Fehlerquote nachweisbar geringer«. Der vorletzte ist in der Regel der letzte Feldspieler, weil im Sinne der Abseitsregel der Torhüter mitgezählt wird. Doch bei aller Schulung wird »menschliches Versagen« nie ganz auszuschließen sein. So sagte Bundeskanzler Gerhard Schröder nach dem Besuch des DFB-Pokalfinales in Berlin zwischen Schalke 04 und Bayer Leverkusen mit einer Mischung aus Verständnis und Bewunderung: »Ich möchte kein Schiedsrichter sein. Es geht alles so wahnsinnig schnell im Fußball heutzutage.«

Thomas Roth

Eine heftige Diskussion: Schiedsrichter Hartmut Strampe versucht die »Streithähne« Oliver Neuville (links) und Bernd Hollerbach zu trennen.

Kirch-Krise als Krise der Bundesliga

Es war die bisher größte Finanzkrise des deutschen Fußballs und sie war ein Stück weit hausgemacht. Welche Abhängigkeit die 36 Profiklubs eingegangen sind, weil sie große Teile ihres Etats über immer höhere Fernsehgelder finanzierten, war klar.

Dass sie im Zweifelsfall mit einem zahlungsunfähigen TV-Partner in die Tiefe gerissen werden, erfuhren sie im Frühjahr 2002. Als im Mai die insolvente KirchMedia statt der vereinbarten 100 Millionen Euro aus der vierten Fernsehgeld-Rate nur 21 zahlte, drohte mehreren Klubs die Insolvenz. Die Deutsche Fußball-Liga (DFL) zahlte die Sicherheiten zurück, die beim Dachverband hinterlegt worden waren für den Fall, dass bei den Vereinen selbst Einnahmen ausbleiben würden, etwa weil der Hauptsponsor in Konkurs geht. Dass der Dachverband seiner Aufgabe als Geldeintreiber für die Bundesliga-Rechte nicht mehr gerecht werden könnte, hatte selbst in den schlimmsten (Alp-)Träumen niemand erwartet.

Im Mai 2002 war das eingetreten, was die DFL-Manager immer ins Reich der Fabel verwiesen hatte. »Die Kirch-Krise ist keine Bundesliga-Krise«, lautete monatelang einer der Lieblingssätze von DFL-Geschäftsführer Michael Pfad. Es war in der Finanzkrise nicht das einzige Mal, dass die DFL, die erst vor der Saison das operative Geschäft vom Deutschen Fußball-Bund (DFB) übernommen hatte, widerlegt wurde.

Am Ende der zähen Verhandlungen stand genau das, was Insolvenzverwalter und die neuen Geschäftsführer der KirchMedia angekündigt hatten. Das Unternehmen behielt die Rechte bis 2004, zahlt aber dafür jetzt wesentlich weniger als ursprünglich vereinbart. 290 Millionen Euro pro Saison kassiert die Liga für 2002/03 und 2003/04. Darüber hinaus gibt es einseitige Optionen für die

KirchMedia für zwei weitere Jahre. Während der modifizierte Vertrag bis 2004 also 580 Millionen bringt, wären es nach dem alten Kontrakt 820 Millionen gewesen (360 im ersten, 460 im folgenden Jahr), was dem Fußball ein Mindereinnahme von 240 Millionen in zwei Jahren beschert. Problematisch wird das vor allem dadurch, dass die ursprünglichen Gelder längst verplant waren, da Spielerverträge seit dem Bosman-Urteil eher länger als kürzer abgeschlossen werden und damit die Millionen, die jetzt nicht fließen, teilweise schon ausgegeben wurden. Kein Wunder, dass nach dem neuen Fernsehvertrag der Aufschrei bei den Vereinen groß war, auch wenn die DFL-Manager versucht hatten, die neue Vereinbarung schön zu reden.
Für finanziell klamme Vereine wie den VfB Stuttgart beispielsweise kann eine Mindereinnahme von 5,5 Millionen Euro (für 2002/03) Existenz bedrohend sein. Da nutzt es wenig, dass der neue Vertrag endlich Sicherheiten bietet, die das Ausbleiben der Zahlungen verhindern soll. Das Gesamtvolumen sei durch Bankgarantien bzw. ein Zugriffsrecht auf die Sublizenzen gesichert. Das würde bedeuten, dass die DFL bei Ausbleiben KirchMedia-Zahlungen direkt bei Premiere, Sat.1 oder den Nachverwertern ARD oder ZDF kassieren darf.
Des weiteren sicherte sich die DFL eine Gewinnbeteiligung, sofern beim Weiterverkauf der Rechte bestimmte Summen überschritten werden. Und die Liga besitzt bis 1. November 2002 die Option jeweils 25,1 Prozent am Deutschen Sport-Fernsehen (DSF), am Internet-Dienstleister Sport 1 und am Datenbank-Unternehmen imp für den symbolischen Preis von einem Euro zu übernehmen. Vorher muss allerdings noch die Wirtschaftlichkeit der bisher chronisch rote Zahlen schreibenden Unternehmen und deren Perspektive überprüft werden. Sollten die Vorgaben verfehlt werden und steigt die DFL deswegen dort doch nicht ein, erhöhen sich die Zahlung der Kirchmedia für die Bundesliga-Rechte um fünf Millionen Euro auf 295 Millionen pro Saison. Dann beliefe sich die Mindereinnahme von den beiden kommenden Jahren nur noch auf 230 Millionen Euro.

Michael Ebert

Das Diktat des Fernsehens: In der Kirch-Krise wurde die Abhängigkeit des Bundesliga-Fußballs mehr als deutlich. Ein Schatten liegt auf den ehedem so strahlenden Bildern.

Die Saison 2001/2002
Namen, Daten, Ergebnisse

1. Spieltag

28. Juli 2001
1860 München – 1. FC Kaiserslautern 0:4 (0:0)
1860: Jentzsch (5) – Greilich (5), Zelic (5), Riseth (5) – Wiesinger (4), Cerny (-), Mykland (3,5), M. Weissenberger (4,5) – Häßler (4,5) – Ipoua (5), Max (5) – **Trainer:** Lorant
K'lautern: G. Koch (3) – H. Koch (3), Hengen (4), Knavs (3) – Basler (3,5), Ramzy (3,5), Riedl (3) – Strasser (3,5) – Bjelica (4,5) – Marschall (3,5), Pettersson (3,5) – **Trainer:** Brehme
Eingewechselt: 27. Dheedene (4) für Cerny, 56. Bierofka (5) für M. Weissenberger, 56. Agostino (4,5) für Ipoua – 65. Mifsud (-) für Marschall, 79. Klos (-) für Strasser, 81. Ratinho (-) für Pettersson
Tore: 0:1 Strasser (54., Linksschuss, ohne Vorarbeit), 0:2 Marschall (60., Kopfball, Basler), 0:3 Pettersson (76., Rechtsschuss, H. Koch), 0:4 H. Koch (83., Foulelfmeter, Rechtsschuss, Klos)
Chancenverhältnis: 4:6
Eckenverhältnis: 7:4
SR: Krug (Gelsenkirchen) – **Zuschauer:** 26 500 – **Gelbe Karten:** Bierofka – Knavs – **Spielnote:** 4

28. Juli 2001
VfB Stuttgart – 1. FC Köln 0:0
Stuttgart: Hildebrand (2,5) – Hinkel (3,5), Marques (3,5), Bordon (3), Wenzel (4) – Soldo (2), Todt (4) – Tiffert (3,5) – Balakov (3) – Adhemar (4,5), Kuranyi (3) – **Trainer:** Magath
Köln: Bade (2) – Scherz (4), Cullmann (3,5), Cichon (3,5), Keller (4,5) – Reeb (3) – Lottner (3,5), Springer (3,5) – Reich (4,5), Kreuz (3), Baranek (2,5) – **Trainer:** Lienen
Eingewechselt: 46. Dundee (5) für Adhemar, 46. Meißner (3) für Todt, 84. Seitz (-) für Tiffert – 71. Balitsch (-) für Reich, 80. Kurth (-) für Lottner, 89. Ouedraogo (-) für Kreuz
Chancenverhältnis: 6:6
Eckenverhältnis: 4:0
SR: Merk, Dr. (Kaiserslautern) – **Zuschauer:** 32 000 – **Spielnote:** 3,5

28. Juli 2001
Energie Cottbus – Hamburger SV 1:0 (0:0)
Cottbus: Piplica (4,5) – Sebök (2,5) – Hujdurovic (3), Mátyus (3) – Kaluzny (3,5), Akrapovic (4), Kobylanski (4) – Reghecampf (3) – Miriuta (4) – Labak (5), Franklin (5) – **Trainer:** Geyer
HSV: Pieckenhagen (4) – Hertzsch (3,5), Hoogma (3,5), Panadic (4) – Groth (3,5), Töfting (3), Hollerbach (4) – Albertz (3,5) – Mahdavikia (5), Ketelaer (5,5), Meijer (5) – **Trainer:** Pagelsdorf
Eingewechselt: 62. Brasilia (-) für Franklin, 62. Topic (-) für Labak, 89. Scherbe (-) für Kobylanski – 46. Heinz (4) für Ketelaer, 61. Yeboah (-) für Meijer
Tore: 1:0 Miriuta (90., Foulelfmeter, Rechtsschuss, Vorarbeit Topic)
Chancenverhältnis: 6:3
Eckenverhältnis: 6:3
SR: Wack, Dr. (Biberbach) – **Zuschauer:** 17 783 – **Spielnote:** 4,5

28. Juli 2001
SC Freiburg – Werder Bremen 3:0 (0:0)
Freiburg: Golz (3) – St. Müller (3), Diarra (3) – Kehl (2,5) – Willi (4), A. Zeyer (3), Kobiaschwili (4) – But (2), Coulibaly (2,5) – Tanko (2,5), Ramdane (3,5) – **Trainer:** Finke
Bremen: Rost (2) – F. Baumann (3), Verlaat (3,5), Krstajic (5) – Frings (3,5), F. Ernst (4,5), Eilts (3,5), Bode (4) – Stalteri (5) – A. Herzog (4,5), Ailton (4,5) – **Trainer:** Schaaf
Eingewechselt: 62. Zkitischwili (-) für Willi, 69. Iaschwili (-) für Ramdane, 77. Kondé (-) für But – 66. Klasnic (-) für F. Ernst, 74. Silva (-) für Eilts
Tore: 1:0 Kobiaschwili (50., Foulelfmeter, Linksschuss, Vorarbeit A. Zeyer), 2:0 Tanko (87., Rechtsschuss, Kehl), 3:0 Coulibaly (90., direkter Freistoß, Linksschuss)
Chancenverhältnis: 8:2
Eckenverhältnis: 9:5
SR: Strampe (Handorf) – **Zuschauer:** 25 000 (ausverkauft) – **Gelbe Karte:** A. Herzog – **Spielnote:** 2,5

28. Juli 2001
Bor. Dortmund – 1. FC Nürnberg 2:0 (2:0)
Dortmund: Lehmann (3) – Wörns (3), Kohler (2,5) – Evanilson (2,5), Dede (3) – Reuter (3,5), Heinrich (3,5) – Ricken (3,5) – Rosicky (2), Amoroso (1,5) – Koller (2,5) – **Trainer:** Sammer
Nürnberg: Kampa (1,5) – Frey (5), Kos (4), Johansson (5,5), Wiblishauser (4,5) – Sanneh (5), Nikl (4,5), L. Müller (4) – Stoilov (5,5) – Gomis (4), Michalke (5) – **Trainer:** Augenthaler
Eingewechselt: 32. Stevic (3) für Dede, 75. Reina (-) für Amoroso, 86. Sörensen (-) für Rosicky – 68. Hobsch (-) für Stoilov, 68. Krzynowek (-) für L. Müller, 78. Ogungbure (-) für Frey
Tore: 1:0 Amoroso (12., Rechtsschuss, Vorarbeit Koller), 2:0 Amoroso (33., Rechtsschuss, Evanilson)
Chancenverhältnis: 12:0
Eckenverhältnis: 5:4
SR: Weiner (Hildesheim) – **Zuschauer:** 65 500 – **Spielnote:** 2

28. Juli 2001
Bayer Leverkusen – VfL Wolfsburg 2:1 (1:0)
Leverkusen: Butt (3) – Lucio (1), Nowotny (2) – Sebescen (4) – Ramelow (2), Zé Roberto (3) – B. Schneider (2), Ballack (3,5) – Bastürk (3,5) – Neuville (3,5), Kirsten (3,5) – **Trainer:** Toppmöller
Wolfsburg: Reitmaier (2) – Kryger (4), Schnoor (3,5) – Plassnegger (4), M. Madsen (5) – Akonnor (4) – Karhan (5) – Kühbauer (5) – Petrov (4) – Ponte (5), Rische (5) – **Trainer:** Wolf
Eingewechselt: 64. Zivkovic (-) für Ballack, 75. Placente (-) für Zé Roberto, 85. Vranjes (-) für B. Schneider – 59. Munteanu (3,5) für Kühbauer, 59. Greiner (4) für Ponte, 78. Feldhoff (-) für Rische
Tore: 1:0 Lucio (40., Rechtsschuss, ohne Vorarbeit), 2:0 Lucio (47., Rechtsschuss, B. Schneider), 2:1 Feldhoff (86., Rechtsschuss, Petrov)
Chancenverhältnis: 12:1
Eckenverhältnis: 12:0
SR: Albrecht (Kaufbeuren) – **Zuschauer:** 22 000 – **Spielnote:** 3

28. Juli 2001
Bor. M'gladbach – Bayern München 1:0 (1:0)
Gladbach: Stiel (3) – Eberl (3,5), Korell (3), Pletsch (2), Witeczek (3) – Nielsen (1,5) – Hausweiler (1,5), Demo (4) – Korzynietz (3,5), van Lent (2,5), van Houdt (4) – **Trainer:** Meyer
Bayern: Kahn (3) – Salihamidzic (4,5), R. Kovac (4), Linke (5), Lizarazu (5) – Hargreaves (2,5), Effenberg (4), N. Kovac (3,5) – Sergio (4,5) – Jancker (5), Elber (3,5) – **Trainer:** Hitzfeld
Eingewechselt: 72. Küntzel (-) für Korzynietz, 78. Ulich (-) für van Houdt, 83. Asanin (-) für Demo – 46. Scholl (3) für Sergio, 68. Santa Cruz (-) für Jancker, 78. Zickler (-) für N. Kovac
Tor: 1:0 van Lent (23., Linksschuss, Vorarbeit Witeczek)
Chancenverhältnis: 5:4
Eckenverhältnis: 5:9
SR: Steinborn (Sinzig) – **Zuschauer:** 34 500 (ausverkauft) – **Gelbe Karte:** Effenberg – **Spielnote:** 3

29. Juli 2001
FC St. Pauli – Hertha BSC 0:0
St. Pauli: Bulat (1,5) – Stanislawski (2,5) – Amadou (3,5), Scheinhardt (3) – Inceman (4), Bürger (3) – Held (4), Rahn (3) – Meggle (4) – Rath (3), Cenci (3,5) – **Trainer:** Demuth
Hertha: Kiraly (3) – Rehmer (2,5), van Burik (3,5), Konstantinidis (3,5) – Beinlich (3) – Hartmann (4), Goor (4) – Deisler (2,5), Marcelinho (3,5) – Alves (3), Preetz (4,5) – **Trainer:** Röber
Eingewechselt: 71. Bajramovic (-) für Inceman, 81. Konetzke (-) für Cenci, 87. Baris (-) für Rath – 81. Neuendorf (-) für Goor
Chancenverhältnis: 3:6
Eckenverhältnis: 2:2
SR: Aust (Köln) – **Zuschauer:** 19 700 (ausverkauft) – **Gelbe Karte:** Konstantinidis – **Spielnote:** 3

21. August 2001
FC Schalke 04 – Hansa Rostock 3:1 (1:1)
Schalke: Reck (1,5) – Hajto (3,5), Waldoch (3) – van Kerckhoven (4) – van Hoogdalem (4), Kmetsch (4) – Vermant (4,5), Möller (4), Böhme (3,5) – Agali (2), Mpenza (-) – **Trainer:** Stevens
Rostock: Schober (4) – Hill (3), Schröder (4,5) – Jakobsson (4) – Rydlewicz (4), Lantz (2,5), Hirsch (4,5), Maul (4,5) – di Salvo (4) – Salou (4), Beierle (5) – **Trainer:** Funkel
Eingewechselt: 29. Asamoah (5) für Mpenza, 55. Wilmots (3,5) für van Hoogdalem, 84. Sand (-) für Möller – 82. Arvidsson (-) für di Salvo, 85. Weißhaupt (-) für Lantz, 88. Benken (-) für Schröder
Tore: 1:0 Jakobsson (9., Eigentor, Kopfball, ohne Vorarbeit), 1:1 Schröder (44., Kopfball, di Salvo), 2:1 Agali (60., Rechtsschuss), 3:1 Böhme (89., Foulelfmeter, Linksschuss, Wilmots)
Chancenverhältnis: 11:6
Eckenverhältnis: 7:6
SR: Kemmling (Kleinburgwedel) – **Zuschauer:** 60 204 (ausverkauft) – **Gelbe Karten:** Schober, Schröder – **Gelb-Rote Karte:** Asamoah (58.) – **Rote Karte:** Beierle (49., grobes Foulspiel) – **Besonderes Vorkommnis:** Schober hält Handelfmeter von Böhme (80.) – **Spielnote:** 2,5

2. Spieltag

4. August 2001
Bayern München – FC Schalke 04 3:0 (3:0)
Bayern: Kahn (2) – R. Kovac (2,5), Thiam (3), Linke (2,5) – Lizarazu (3) – Salihamidzic (3,5), N. Kovac (2,5), Hargreaves (3) – Scholl (2) – Pizarro (2,5), Elber (2,5) – **Trainer:** Hitzfeld
Schalke: Reck (3,5) – Hajto (5), Waldoch (5) – Nemec (5) – Oude Kamphuis (6), van Kerckhoven (3,5) – Möller (4,5) – Böhme (3) – Asamoah (4,5) – Sand (5), Mpenza (5,5) – **Trainer:** Stevens
Eingewechselt: 71. Zickler (-) für Elber, 85. Jancker (-) für Pizarro, 85. Fink (-) für Scholl – 46. van Hoogdalem (4) für Oude Kamphuis, 46. Kmetsch (3) für Nemec, 76. Vermant (-) für Asamoah
Tore: 1:0 Pizarro (6., Linksschuss, Vorarbeit Scholl), 2:0 Scholl (13., indirekter Freistoß, Rechtsschuss), 3:0 N. Kovac (39., Kopfball, Scholl)
Chancenverhältnis: 10:6
Eckenverhältnis: 5:6
SR: Fandel (Kyllburg) – **Zuschauer:** 63 000 (ausverkauft) – **Spielnote:** 2,5

4. August 2001
VfL Wolfsburg – FC St. Pauli 1:1 (0:1)
Wolfsburg: Reitmaier (4) – Biliskov (4), Schnoor (4), Kryger (3,5) – Karhan (4,5), Akonnor (4,5), M. Madsen (5) – Kühbauer (5) – Ponte (3), Petrov (4,5), Rische (5) – **Trainer:** Wolf
St. Pauli: Bulat (3) – Stanislawski (4) – Scheinhardt (4), Amadou (3,5) – Held (4,5) – Inceman (5), Bürger (4) – Rahn (4) – Meggle (4,5) – Cenci (5), Rath (3,5) – **Trainer:** Demuth
Eingewechselt: 58. Munteanu (3) für M. Madsen, 71. Feldhoff (-) für Schnoor, 75. Plassnegger (-) für Kryger – 56. Bajramovic (4,5) für Cenci, 74. Adamu (-) für Inceman, 83. Patschinski (-) für Rath
Tore: 0:1 Rahn (7., direkter Freistoß, Linksschuss, ohne Vorarbeit), 1:1 Karhan (85., Kopfball, Munteanu)
Chancenverhältnis: 11:3
Eckenverhältnis: 13:1
SR: Stark (Ergolding) – **Zuschauer:** 16 187 – **Gelbe Karte:** Kühbauer – **Spielnote:** 4,5

4. August 2001
Hertha BSC – Bor. Dortmund 0:2 (0:0)
Hertha: Kiraly (3) – Simunic (3) – van Burik (4), Konstantinidis (3,5) – Beinlich (4) – Rehmer (3,5), Goor (5) – Deisler (3,5), Marcelinho (3,5) – Alves (5), Preetz (4) – **Trainer:** Röber
Dortmund: Lehmann (3) – Wörns (3), Kohler (2,5) – Evanilson (2,5), Heinrich (4) – Reuter (3,5), Stevic (3) – Ricken (3,5) – Rosicky (3), Amoroso (2), Koller (4,5) – **Trainer:** Sammer
Eingewechselt: 78. Neuendorf (-) für Goor, 78. Sverrisson (-) für Alves, 80. Hartmann (-) für van Burik – 74. Reina (-) für Ricken, 78. Oliseh (-) für Amoroso, 89. Metzelder (-) für Rosicky
Tore: 0:1 Amoroso (52., Rechtsschuss, Vorarbeit Rosicky), 0:2 Stevic (87., Rechtsschuss, Reina)
Chancenverhältnis: 6:6
Eckenverhältnis: 10:4
SR: Dr. Fleischer (Ulm) – **Zuschauer:** 55 000 (ausverkauft) – **Gelbe Karte:** Neuendorf – **Spielnote:** 3,5

4. August 2001
Werder Bremen – Energie Cottbus 3:2 (1:2)
Bremen: Rost (3,5) – F. Baumann (4,5), Verlaat (3,5) – Frings (3), F. Ernst (2,5), Eilts (5), Bode (4,5) – Banovic (3), A. Herzog (3) – Klasnic (3,5), Ailton (2) – **Trainer:** Schaaf
Cottbus: Piplica (4,5) – Sebök (4) – Hujdurovic (5), Mátyus (4) – Kobylanski (4,5) – Reghecampf (4), Akrapovic (3,5), Kaluzny (2,5) – Miriuta (3,5) – Labak (3), Topic (3,5) – **Trainer:** Geyer
Eingewechselt: 88. Skripnik (-) für Ailton – 75. Brasilia (-) für Kobylanski
Tore: 1:0 F. Ernst (15., Linksschuss, ohne Vorarbeit), 1:1 Kaluzny (25., Kopfball, Miriuta), 1:2 Labak (29., Rechtsschuss), 2:2 Ailton (55., Linksschuss, F. Baumann), 3:2 Ailton (64., Linksschuss, F. Ernst)
Chancenverhältnis: 5:4
Eckenverhältnis: 9:3
SR: Keßler (Höhenkirchen) – **Zuschauer:** 26 040 – **Spielnote:** 3,5

4. August 2001
Hansa Rostock – Bayer Leverkusen 0:3 (0:1)
Rostock: Schober (2,5) – Benken (4,5), Jakobsson (4), Oswald (4,5) – Rydlewicz (5), Lantz (4,5), Hirsch (5), Maul (5) – Weißhaupt (4,5) – Salou (3,5), Arvidsson (5) – **Trainer:** Funkel
Leverkusen: Butt (3) – Lucio (2), Nowotny (2,5) – Ramelow (2,5) – Sebescen (3,5), Placente (3,5) – B. Schneider (2,5), Bastürk (2), Zé Roberto (3,5) – Kirsten (3,5), Neuville (3) – **Trainer:** Toppmöller
Eingewechselt: 63. Beierle (-) für Arvidsson, 87. di Salvo (-) für Salou – 46. Vranjes (3,5) für Zé Roberto, 70. Brdaric (-) für Neuville, 78. Ojigwe (-) für Bastürk
Tore: 0:1 Bastürk (12., Linksschuss, Vorarbeit B. Schneider), 0:2 Kirsten (65., Rechtsschuss, Neuville), 0:3 Sebescen (76., Rechtsschuss, Lucio)
Chancenverhältnis: 4:7
Eckenverhältnis: 5:7
SR: Meyer (Braunschweig) – **Zuschauer:** 25 100 – **Spielnote:** 4

4. August 2001
Hamburger SV – VfB Stuttgart 2:0 (1:0)
HSV: Pieckenhagen (3) – Hertzsch (2,5), Hoogma (3), Panadic (3) – Töfting (1,5) – Groth (4), Hollerbach (2) – Albertz (2,5) – Meijer (3), Mahdavikia (4), Yeboah (4) – **Trainer:** Pagelsdorf

Stuttgart: Hildebrand (3) – Hinkel (4,5), Marques (3), Bordon (2,5), Wenzel (3) – Soldo (3) – Tiffert (4), Todt (4) – Balakov (4) – Ganea (5), Seitz (5) – **Trainer:** Magath
Eingewechselt: 63. Maltritz (-) für Groth, 70. Heinz (-) für Albertz, 86. Benjamin (-) für Meijer – 53. Kuranyi (5) für Todt, 75. Vujevic (-) für Soldo, 75. Adhemar (-) für Ganea
Tore: 1:0 Albertz (40., Linksschuss, Vorarbeit Hollerbach), 2:0 Meijer (50., Linksschuss, Albertz)
Chancenverhältnis: 10:3
Eckenverhältnis: 4:6
SR: Wagner (Hofheim) – **Zuschauer:** 39 026 – **Spielnote:** 3

4. August 2001

1. FC Köln – 1860 München 2:0 (0:0)

Köln: Bade (3) – Cullmann (2), Sichone (3,5) – Keller (3) – Reeb (3), Springer (3,5) – Baranek (5), Lottner (3,5) – Reich (4), Kreuz (5), Kurth (2) – **Trainer:** Lienen
1860: Jentzsch (2) – Riseth (4) – T. Hoffmann (4,5), Greilich (5), Tyce (5) – Borimirov (4), Mykland (3) – Häßler (3,5) – Wiesinger (5) – Max (5), Schroth (5,5) – **Trainer:** Lorant
Eingewechselt: 73. Scherz (-) für Reich, 82. Ouedraogo (-) für Kreuz, 83. Voigt (-) für Lottner – 52. F. Tapalovic (4) für Greilich, 53. Dheedene (4) für Tyce, 68. Ipoua (-) für Wiesinger
Tore: 1:0 Kurth (47., Kopfball, Vorarbeit Lottner), 2:0 Kurth (88., Linksschuss, Voigt)
Chancenverhältnis: 8:3
Eckenverhältnis: 6:4
SR: Berg (Konz) – **Zuschauer:** 30 000 – **Spielnote:** 4

5. August 2001

1. FC Nürnberg – SC Freiburg 2:0 (1:0)

Nürnberg: Kampa (1) – Frey (2,5), Kos (2,5), Johansson (3), Wiblishauser (2) – Nikl (3) – Sanneh (3), L. Müller (2) – Jarolim (3) – Michalke (2,5), Gomis (2,5) – **Trainer:** Augenthaler
Freiburg: Golz (2,5) – St. Müller (4), Diarra (3) – Kehl (4,5) – Zkitischwili (5), A. Zeyer (3), Kobiaschwili (4) – Coulibaly (4), But (5,5) – Ramdane (5), Tanko (3,5) – **Trainer:** Finke
Eingewechselt: 73. Hobsch (-) für Jarolim, 81. Ogungbure (-) für Nikl, 83. Driller (-) für Gomis – 37. Iaschwili (4,5) für Ramdane, 46. Bruns (4) für But, 66. Willi (-) für Zkitischwili
Tore: 1:0 Michalke (23., Kopfball, Vorarbeit L. Müller), 2:0 Gomis (56., Kopfball, L. Müller)
Chancenverhältnis: 8:3
Eckenverhältnis: 9:5
SR: Jansen (Essen) – **Zuschauer:** 36 700 – **Gelbe Karten:** Kos – Ramdane, Kobiaschwili – **Spielnote:** 3

5. August 2001

1. FC Kaiserslautern – Bor. M'gladbach 3:2 (0:0)

K'lautern: G. Koch (3) – H. Koch (3,5), Hengen (3,5), Knavs (4,5) – Strasser (4) – Basler (2,5), Ramzy (2,5), Riedl (4) – Lincoln (4,5) – Lokvenc (3,5), Pettersson (4) – **Trainer:** Brehme
Gladbach: Stiel (4,5) – Eberl (3), Korell (3), Pletsch (3), Witeczek (3,5) – Nielsen (3,5) – Hausweiler (3,5), Demo (2) – Korzynietz (3,5), van Houdt (4), van Lent (2) – **Trainer:** Meyer
Eingewechselt: 60. Klose (4) für Pettersson, 65. Ratinho (-) für Lincoln, 79. Marschall (-) für Riedl – 57. Küntzel (4) für Korzynietz, 74. Asanin (-) für van Lent, 76. Mieciel (-) für van Houdt
Tore: 0:1 van Lent (52., Rechtsschuss, Vorarbeit Nielsen), 0:2 van Lent (61., Linksschuss, Eberl), 1:2 Basler (67., Rechtsschuss), 2:2 H. Koch (89., Foulelfmeter, Rechtsschuss, Marschall), 3:2 Ramzy (90., Rechtsschuss)
Chancenverhältnis: 7:5
Eckenverhältnis: 6:1
SR: Sippel (München) – **Zuschauer:** 40 600 – **Spielnote:** 3,5

3. Spieltag

11. August 2001

1860 München – Hamburger SV 1:1 (0:1)

1860: Jentzsch (3) – Riseth (4,5) – Borimirov (3), T. Hoffmann (4), Dheedene (4) – Pfuderer (4,5) – Wiesinger (5), M. Weissenberger (3,5) – Häßler (5) – Max (4), Agostino (3,5) – **Trainer:** Lorant
HSV: Pieckenhagen (3) – Hertzsch (4), Hoogma (3), Panadic (3,5) – Töfting (2) – Groth (4), Hollerbach (4) – Meijer (3) – Mahdavikia (3,5), Albertz (4) – Yeboah (3,5) – **Trainer:** Pagelsdorf
Eingewechselt: 53. Bierofka (3) für Häßler, 59. Schroth (3,5) für Wiesinger – 74. Heinz (-) für Hollerbach, 74. Maltritz (-) für Albertz, 86. Antar (-) für Meijer
Tore: 0:1 Hoogma (6., Linksschuss, Vorarbeit Meijer), 1:1 Agostino (67., Kopfball, Borimirov)
Chancenverhältnis: 5:5
Eckenverhältnis: 5:10
SR: Steinborn (Sinzig) – **Zuschauer:** 25 500 – **Spielnote:** 3

11. August 2001

VfB Stuttgart – Werder Bremen 0:0

Stuttgart: Hildebrand (2,5) – Hinkel (4,5), Marques (5), Bordon (2,5), Carnell (3,5) – Soldo (3) – Tiffert (3,5), Todt (4,5) – Balakov (3,5) – Dundee (5), Adhemar (4,5) – **Trainer:** Magath
Bremen: Rost (3) – F. Baumann (3), Verlaat (3), Skripnik (3) – Eilts (3) – Frings (4,5), F. Ernst (3,5), Bode (3,5) – Lisztes (3,5), A. Herzog (4) – Ailton (3) – **Trainer:** Schaaf
Eingewechselt: 53. Wenzel (3) für Bordon, 77. Hleb (-) für Tiffert – 83. Stalteri (-) für F. Ernst
Chancenverhältnis: 4:4
Eckenverhältnis: 5:5
SR: Koop (Lüttenmark) – **Zuschauer:** 22 000 – **Spielnote:** 4,5

11. August 2001

Energie Cottbus – 1. FC Nürnberg 1:0 (1:0)

Cottbus: Piplica (2,5) – Sebök (2,5) – da Silva (2,5), Mátyus (2,5) – Akrapovic (4), Kaluzny (4) – Reghecampf (4,5), Kobylanski (4) – Labak (4,5), Topic (4), Brasilia (5) – **Trainer:** Geyer
Nürnberg: Kampa (5) – Frey (4), Kos (3,5), Johansson (3,5), Wiblishauser (4) – Sanneh (5), Nikl (3,5), L. Müller (4) – Jarolim (3,5) – Gomis (5,5), Michalke (5) – **Trainer:** Augenthaler
Eingewechselt: 66. Helbig (-) für Labak, 75. Thielemann (-) für Reghecampf, 81. Scherbe (-) für Brasilia – 66. Krzynowek (-) für Frey, 71. Hobsch (-) für Gomis
Tor: 1:0 Kobylanski (20., direkter Freistoß, Linksschuss, ohne Vorarbeit)
Chancenverhältnis: 5:5
Eckenverhältnis: 4:7
SR: Gagelmann (Bremen) – **Zuschauer:** 15 702 – **Spielnote:** 4,5

11. August 2001

SC Freiburg – Hertha BSC 1:3 (0:2)

Freiburg: Golz (3,5) – St. Müller (3,5), Diarra (4) – Kehl (2,5) – Willi (4,5), A. Zeyer (4,5), Kobiaschwili (2,5) – But (5), Coulibaly (5) – Iaschwili (2,5), Tanko (5) – **Trainer:** Finke
Hertha: Kiraly (3) – Rehmer (3), van Burik (2,5), Simunic (5) – Maas (3) – Beinlich (2) – Hartmann (4,5), Goor (2,5) – Deisler (2) – Alves (2,5), Preetz (3) – **Trainer:** Röber
Eingewechselt: 46. Ramdane (5) für Willi, 66. Sellimi (-) für A. Zeyer, 77. Zkitischwili (-) für But – 54. Schmidt (3) für Alves, 77. Dardai (-) für Deisler, 84. Neuendorf (-) für Beinlich
Tore: 0:1 Deisler (11., Foulelfmeter, Rechtsschuss, Vorarbeit Alves), 0:2 Deisler (42., Linksschuss), 0:3 Preetz (69., Linksschuss, Goor), 1:3 Iaschwili (88., Linksschuss, Sellimi)
Chancenverhältnis: 8:6
Eckenverhältnis: 3:1
SR: Fandel (Kyllburg) – **Zuschauer:** 25 000 (ausverkauft) – **Gelbe Karte:** Kehl – **Gelb-Rote Karte:** Simunic (51.) – **Spielnote:** 3

11. August 2001

Bor. Dortmund – VfL Wolfsburg 4:0 (3:0)

Dortmund: Lehmann (3) – Wörns (3), Kohler (2) – Evanilson (3,5), Dede (3,5) – Reuter (2), Heinrich (3,5) – Ricken (1,5) – Rosicky (1,5), Amoroso (2) – Koller (3) – **Trainer:** Sammer
Wolfsburg: Reitmaier (3,5) – Schnoor (4,5) – Petkovic (3,5) – Biliskov (5), Kryger (5,5) – Akonnor (5) – Karhan (4), Plassnegger (4,5) – Kühbauer (5) – Ponte (4) – Petrov (4) – **Trainer:** Wolf
Eingewechselt: 41. Oliseh (3) für Heinrich, 60. Sörensen (3,5) für Amoroso, 85. Madouni (-) für Kohler – 46. Munteanu (5) für Kühbauer, 46. Franz (4,5) für Schnoor, 64. Habryka (-) für Petrov
Tore: 1:0 Amoroso (29., Rechtsschuss, Vorarbeit Rosicky), 2:0 Ricken (33., Rechtsschuss, Reuter), 3:0 Koller (41., direkter Freistoß, Rechtsschuss), 4:0 Rosicky (84., Rechtsschuss, Reuter)
Chancenverhältnis: 12:3
Eckenverhältnis: 7:3
SR: Wack, Dr. (Biberbach) – **Zuschauer:** 66 000 – **Gelbe Karte:** Kühbauer – **Spielnote:** 2,5

11. August 2001

Bayer Leverkusen – Bayern München 1:1 (0:0)

Leverkusen: Butt (4) – Lucio (2), Nowotny (2) – Sebescen (3,5), Placente (3,5) – Ramelow (2) – Vranjes (4) – B. Schneider (4,5) – Bastürk (3) – Kirsten (3,5), Neuville (2,5) – **Trainer:** Toppmöller
Bayern: Kahn (2) – R. Kovac (4), Thiam (4), Linke (3) – Salihamidzic (5), Lizarazu (3) – N. Kovac (4,5), Hargreaves (4) – Scholl (4) – Elber (3), Pizarro (5) – **Trainer:** Hitzfeld

Durch die Mitte: Bayerns Pizarro (Mitte) schießt zwischen Reck (links) und Waldoch hindurch zur Führung gegen Schalke ein.

Eingewechselt: 77. Brdaric (-) für Kirsten – 68. Sagnol (-) für Scholl, 78. Jancker (-) für N. Kovac, 89. Santa Cruz (-) für Elber
Tore: 1:0 Kirsten (69., Linksschuss, Vorarbeit Neuville), 1:1 Elber (79., Kopfball, Sagnol)
Chancenverhältnis: 6:3
Eckenverhältnis: 7:2
SR: Krug (Gelsenkirchen) – **Zuschauer:** 22 500 (ausverkauft) – **Spielnote:** 3,5

11. August 2001
1. FC Kaiserslautern – 1. FC Köln 2:1 (2:0)
K'lautern: G. Koch (3,5) – H. Koch (4), Hengen (3,5), Knavs (2,5) – Strasser (4) – Ratinho (3,5), Ramzy (3,5) – Basler (3,5) – Lincoln (3,5) – Pettersson (4), Lokvenc (2) – **Trainer:** Brehme
Köln: Bade (3) – Cullmann (4), Sichone (4,5) – Reeb (3,5), Keller (4) – Springer (3) – Baranek (4), Lottner (3,5) – Reich (5), Kreuz (4), Kurth (4) – **Trainer:** Lienen
Eingewechselt: 56. Kullig (4) für Hengen, 68. Riedl (-) für Lincoln, 72. Klose (-) für Pettersson – 46. Scherz (3) für Reich, 71. Arweladse (-) für Kreuz, 80. Voigt (-) für Keller
Tore: 1:0 Lokvenc (27., Linksschuss, Vorarbeit Lincoln), 2:0 Lokvenc (37., Kopfball, Basler), 2:1 Springer (47., Kopfball, Baranek)
Chancenverhältnis: 8:3
Eckenverhältnis: 8:3
SR: Kemmling (Kleinburgwedel) – **Zuschauer:** 39 603 – **Gelbe Karten:** Riedl – Sichone – **Spielnote:** 3,5

12. August 2001
FC St. Pauli – Hansa Rostock 0:1 (0:1)
St. Pauli: Bulat (3,5) – Trulsen (4), Stanislawski (4), Amadou (3) – Bürger (3,5) – Held (3,5), Inceman (5), Rahn (3,5) – Meggle (5) – Cenci (4), Rath (4) – **Trainer:** Demuth
Rostock: Schober (3) – Benken (4), Jakobsson (3,5), Oswald (4) – Rydlewicz (3,5), Lantz (3,5), Hirsch (4), Maul (4,5) – Weißhaupt (3) – Beierle (2,5), Salou (4) – **Trainer:** Funkel
Eingewechselt: 46. Bajramovic (3,5) für Meggle, 67. Konetzke (-) für Inceman, 67. Baris (-) für Trulsen – 62. di Salvo (-) für Salou, 76. Hill (-) für Maul, 90. Schröder (-) für Lantz
Tor: 0:1 Beierle (20., Kopfball, Vorarbeit Rydlewicz)
Chancenverhältnis: 7:3
Eckenverhältnis: 7:6
SR: Weiner (Hildesheim) – **Zuschauer:** 19 600 (ausverkauft) – **Gelbe Karte:** Stanislawski – **Spielnote:** 3,5

12. August 2001
Bor. M'gladbach – FC Schalke 04 0:0
Gladbach: Stiel (3) – Eberl (3), Korell (3), Pletsch (2), Witeczek (2,5) – Nielsen (3) – Hausweiler (3), Demo (3) – Korzynietz (4), van Houdt (4), van Lent (4) – **Trainer:** Meyer
Schalke: Reck (3) – Hajto (4), Waldoch (4), van Kerckhoven (4) – van Hoogdalem (3), Kmetsch (3) – Böhme (3) – Möller (4,5) – Asamoah (5) – Sand (4,5), Mpenza (4) – **Trainer:** Stevens
Eingewechselt: 51. Ulich (3,5) für Korell, 70. Küntzel (-) für Korzynietz – 56. Agali (3) für Sand, 62. Vermant (-) für Asamoah, 73. Oude Kamphuis (-) für van Hoogdalem
Chancenverhältnis: 5:3
Eckenverhältnis: 8:6
SR: Fröhlich (Berlin) – **Zuschauer:** 34 500 (ausverkauft) – **Spielnote:** 3,5

4. Spieltag

18. August 2001
Bayern München – FC St. Pauli 2:0 (2:0)
Bayern: Kahn (2,5) – Kuffour (3,5), Thiam (3), Linke (3) – Sagnol (2,5), Lizarazu (3) – Hargreaves (2,5) – Sforza (2) – Sergio (-) – Jancker (3,5), Elber (2,5) – **Trainer:** Hitzfeld
St. Pauli: Bulat (3,5) – Stanislawski (4) – Baris (4,5), Amadou (4), Scheinhardt (5) – Held (4,5) – Lotter (5), Bürger (3,5), Rahn (4) – Patschinski (4), Rath (3,5) – **Trainer:** Demuth
Eingewechselt: 18. Zickler (4,5) für Sergio, 68. Fink (-) für Sforza, 78. Salihamidzic (-) für Sagnol – 57. Inceman (4) für Lotter, 57. Racanel (4) für Rahn, 66. Meggle (-) für Baris
Tore: 1:0 Sforza (13., Rechtsschuss, Vorarbeit Sagnol), 2:0 Elber (45., Kopfball, Sforza)
Chancenverhältnis: 15:3
Eckenverhältnis: 8:8
SR: Jansen (Essen) – **Zuschauer:** 60 000 – **Gelbe Karte:** Bürger – **Spielnote:** 3,5

18. August 2001
VfL Wolfsburg – SC Freiburg 1:1 (0:1)
Wolfsburg: Reitmaier (3,5) – Greiner (4), Petkovic (3), Kryger (3,5) – Karhan (5), Habryka (3), Akonnor (3,5), Rau (4,5) – Munteanu (2,5) – Ponte (4), Rische (5) – **Trainer:** Wolf
Freiburg: Golz (4,5) – St. Müller (3), Diarra (3) – Kobiaschwili (3) – A. Zeyer (3,5), Kehl (4) – Willi (2,5) – Tanko (4,5), Coulibaly (3,5) – Sellimi (3), Iaschwili (5) – **Trainer:** Finke
Eingewechselt: 53. Petrov (4) für Karhan, 53. Kennedy (3) für Habryka, 53. Kühbauer (4) für Rau – 61. Ramdane (-) für Tanko, 67. Schumann (-) für Willi, 81. Hermel (-) für Iaschwili
Tore: 0:1 Sellimi (35., Kopfball, Vorarbeit Willi), 1:1 Munteanu (67., indirekter Freistoß, Linksschuss)
Chancenverhältnis: 5:4
Eckenverhältnis: 5:4
SR: Steinborn (Sinzig) – **Zuschauer:** 11 766 – **Gelbe Karte:** Kobiaschwili – **Spielnote:** 4

18. August 2001
1. FC Nürnberg – VfB Stuttgart 2:4 (1:1)
Nürnberg: Kampa (3) – Frey (4), Kos (5,5), Johansson (5,5), Wiblishauser (5) – Nikl (3,5) – Sanneh (6), L. Müller (5) – Jarolim (4,5) – Gomis (5), Michalke (5) – **Trainer:** Augenthaler
Stuttgart: Hildebrand (3) – Hinkel (3,5), Marques (3,5), Bordon (2), Wenzel (3,5) – Meißner (3,5), Soldo (3), Todt (2,5) – Balakov (3) – Hleb (1), Ganea (3) – **Trainer:** Magath
Eingewechselt: 73. Junior (-) für Frey, 76. Hobsch (-) für Gomis, 77. Krzynowek (-) für L. Müller – 75. Adhemar (-) für Balakov, 83. Tiffert (-) für Ganea, 90. Seitz (-) für Hleb
Tore: 0:1 Ganea (4., Rechtsschuss, Vorarbeit Hleb), 1:1 Nikl (38., Kopfball, Frey), 2:1 Wenzel (50., Eigentor, rechte Hand, Nikl), 2:2 Todt (58., Rechtsschuss, Hleb), 2:3 Ganea (61., Rechtsschuss, Hleb), 2:4 Adhemar (88., Rechtsschuss, Tiffert)
Chancenverhältnis: 5:11
Eckenverhältnis: 7:4
SR: Meyer (Braunschweig) – **Zuschauer:** 40 000 – **Gelbe Karte:** Michalke – **Spielnote:** 2,5

18. August 2001
Werder Bremen – 1860 München 1:3 (1:2)
Bremen: Rost (4,5) – F. Baumann (4,5), Verlaat (4,5) – Frings (4,5), Eilts (4), F. Ernst (3,5), Bode (5,5) – Banovic (5), A. Herzog (5) – Ailton (4), Klasnic (5,5) – **Trainer:** Schaaf
1860: Jentzsch (3) – Pfuderer (2,5), Riseth (3,5), T. Hoffmann (3,5) – Mykland (3,5), F. Tapalovic (3,5) – Borimirov (2), M. Weissenberger (2,5) – Häßler (3) – Schroth (2,5), Agostino (3) – **Trainer:** Lorant
Eingewechselt: 46. Lisztes (4,5) für Eilts, 46. Silva (5) für Bode, 65. Borowski (-) für F. Ernst – 62. Dheedene (-) für Häßler, 68. Ipoua (-) für M. Weissenberger
Tore: 0:1 Borimirov (30., Linksschuss, Vorarbeit Häßler), 1:1 A. Herzog (34., Foulelfmeter, Linksschuss, Ailton), 1:2 Agostino (39., Linksschuss, Borimirov), 1:3 Schroth (58., Kopfball, M. Weissenberger)
Chancenverhältnis: 5:8
Eckenverhältnis: 11:1
SR: Aust (Köln) – **Zuschauer:** 25 968 – **Gelbe Karten:** Verlaat – F. Tapalovic – **Rote Karte:** Agostino (66., Tätlichkeit) – **Spielnote:** 3,5

18. August 2001
Hamburger SV – 1. FC Kaiserslautern 2:3 (0:3)
HSV: Pieckenhagen (4) – Hoogma (3) – Hertzsch (4), Panadic (3) – Töfting (4) – Groth (3,5), Hollerbach (4) – Albertz (5,5) – Heinz (3,5) – Mahdavikia (4), Meijer (1,5) – **Trainer:** Pagelsdorf
K'lautern: G. Koch (1,5) – H. Koch (3,5), Hengen (3,5), Knavs (3,5) – Strasser (3,5) – Ramzy (3,5) – Basler (4), Ratinho (3,5) – Lincoln (1,5) – Lokvenc (4), Pettersson (4,5) – **Trainer:** Brehme
Eingewechselt: 31. Ketelaer (3) für Hollerbach, 46. Bester (3) für Albertz, 90. Maltritz (-) für Töfting – 57. Riedl (4) für Ratinho, 66. Klos (-) für H. Koch, 72. Klose (-) für Pettersson
Tore: 0:1 Lincoln (18., Rechtsschuss, Vorarbeit H. Koch), 0:2 Lincoln (22., Linksschuss, G. Koch), 0:3 Strasser (28., Linksschuss, Ratinho), 1:3 Hoogma (56., Kopfball, Meijer), 2:3 Meijer (64., Kopfball, Mahdavikia)
Chancenverhältnis: 10:6
Eckenverhältnis: 4:3
SR: Dr. Fleischer (Ulm) – **Zuschauer:** 42 073 – **Spielnote:** 2

18. August 2001
FC Schalke 04 – Bayer Leverkusen 3:3 (2:0)
Schalke: Reck (2,5) – Hajto (3,5), Waldoch (4) – Oude Kamphuis (-), Kmetsch (4,5), van Kerckhoven (3,5) – Möller (4) – Böhme (3) – Asamoah (5) – Agali (3), Mpenza (2) – **Trainer:** Stevens
Leverkusen: Butt (3) – Lucio (4), Nowotny (4) – Placente (4) – Sebescen (4), Ramelow (3,5) – Ballack (3,5) – B. Schneider (3), Bastürk (1,5) – Kirsten (3), Neuville (4,5) – **Trainer:** Toppmöller
Eingewechselt: 26. van Hoogdalem (4) für Oude Kamphuis, 77. Wilmots (-) für Möller, 79. Djordjevic (-) für Asamoah – 70. Brdaric (-) für Neuville, 83. Vranjes (-) für Placente, 83. Berbatov (-) für Ballack
Tore: 1:0 Hajto (10., Kopfball, Vorarbeit Böhme), 2:0 Böhme (40., Foulelfmeter, Linksschuss, Mpenza), 2:1 Ballack (58., Rechtsschuss, Bastürk), 2:2 Kirsten (73., Rechtsschuss, Bastürk), 3:2 Mpenza (80., Kopfball, Böhme), 3:3 B. Schneider (90., direkter Freistoß, Rechtsschuss)
Chancenverhältnis: 5:4
Eckenverhältnis: 8:8
SR: Berg (Konz) – **Zuschauer:** 60 204 (ausverkauft) – **Gelbe Karten:** Lucio, Brdaric – **Spielnote:** 2

18. August 2001
Hansa Rostock – Bor. Dortmund 0:2 (0:2)
Rostock: Schober (3) – Schröder (3) – Hill (3), Emara (5) – Jakobsson (4) – Hirsch (4) – Rydlewicz (4,5), Lantz (3), Baumgart (5,5) – Weißhaupt (4,5), Beierle (3,5) – **Trainer:** Funkel
Dortmund: Lehmann (3) – Wörns (3), Metzelder (3) – Evanilson (2,5), Reuter (3), Oliseh (2,5), Dede (4) – Ricken (3,5) – Rosicky (2), Amoroso (4), Koller (4) – **Trainer:** Sammer
Eingewechselt: 46. Salou (4,5) für Baumgart, 70. di Salvo (-) für Weißhaupt – 64. Sörensen (-) für Amoroso, 74. Stevic (-) für Ricken, 81. Madouni (-) für Metzelder
Tore: 0:1 Rosicky (4., Rechtsschuss, Vorarbeit Lehmann), 0:2 Oliseh (13., Rechtsschuss)
Chancenverhältnis: 4:7
Eckenverhältnis: 4:7
SR: Albrecht (Kaufbeuren) – **Zuschauer:** 25 900 – **Gelbe Karten:** Rydlewicz – Evanilson, Madouni – **Spielnote:** 3,5

19. August 2001
Hertha BSC – Energie Cottbus 2:3 (1:0)
Hertha: Kiraly (4) – Rehmer (3), van Burik (4), Konstantinidis (3,5) – Maas (3,5) – Hartmann (4,5), Beinlich (4), Goor (3,5) – Marcelinho (2,5) – Alves (4,5), Preetz (4,5) – **Trainer:** Röber
Cottbus: Piplica (2,5) – Sebök (2,5) – Kaluzny (2,5), da Silva (2,5) – Thielemann (3,5) – Reghecampf (3,5), Akrapovic (4), Kobylanski (2) – Termina (4,5) – Labak (4), Topic (3) – **Trainer:** Geyer
Eingewechselt: 60. Pinto (4) für Hartmann, 68. Dardai (-) für Beinlich, 72. Neuendorf (-) für Maas – 77. Helbig (-) für Topic, 77. Brasilia (-) für Labak, 82. Scherbe (-) für Termina
Tore: 1:0 Marcelinho (26., Linksschuss, Vorarbeit Goor), 1:1 da Silva (56., Kopfball, Kobylanski), 1:2 Kobylanski (64., Kopfball, Reghecampf), 1:3 Brasilia (80., Linksschuss), 2:3 Preetz (90., Rechtsschuss, Pinto)
Chancenverhältnis: 8:8
Eckenverhältnis: 5:5
SR: Stark (Ergolding) – **Zuschauer:** 42 791 – **Gelbe Karten:** Rehmer – Labak, Thielemann, Scherbe – **Spielnote:** 3

19. August 2001
1. FC Köln – Bor. M'gladbach 0:2 (0:0)
Köln: Bade (3) – Reeb (5), Cullmann (4), Keller (4,5) – Cichon (4) – Voigt (4), Springer (4) – Lottner (4,5) – Scherz (4), Kurth (4), Reich (5) – **Trainer:** Lienen
Gladbach: Stiel (3) – Eberl (3,5), Korell (3,5), Pletsch (3), Witeczek (4) – Nielsen (4) – Hausweiler (4), Demo (4,5) – Korzynietz (2,5), van Houdt (4) – van Lent (3) – **Trainer:** Meyer
Eingewechselt: 65. Kreuz (-) für Scherz, 73. Baranek (-) für Cichon, 73. Arweladse (-) für Lottner – 62. Asanin (-) für Pletsch, 77. Ulich (-) für Korzynietz, 80. Küntzel (-) für van Houdt

Rudel-Bildung in der Arena: Wortgefecht der Regisseure Michael Ballack (Leverkusen) und Andreas Möller (Schalke 04).

Tore: 0:1 Korzynietz (47., Rechtsschuss, Vorarbeit van Lent), 0:2 van Lent (90., Rechtsschuss, Asanin)
Chancenverhältnis: 3:6
Eckenverhältnis: 5:6
SR: Wagner (Hofheim) – **Zuschauer:** 42 000 (ausverkauft) – **Spielnote:** 4

Tore: 1:0 Benken (56., Eigentor, Vorarbeit Coulibaly), 1:1 di Salvo (81., Rechtsschuss, Baumgart)
Chancenverhältnis: 11:6
Eckenverhältnis: 8:4
SR: Krug (Gelsenkirchen) – **Zuschauer:** 24 500 – **Gelbe Karte:** Diarra – **Spielnote:** 3

Chancenverhältnis: 8:3
Eckenverhältnis: 9:3
SR: Fandel (Kyllburg) – **Zuschauer:** 35 000 – **Spielnote:** 3,5

9. September 2001

1. FC Kaiserslautern – Werder Bremen 2:1 (0:1)

K'lautern: G. Koch (4) – Ramzy (3), Hengen (3,5), Knavs (2) – Ratinho (3,5), Kullig (3) – Basler (5), Strasser (3,5) – Lincoln (4) – Lokvenc (4), Pettersson (5) – **Trainer:** Brehme
Bremen: Rost (3) – F. Baumann (3), Verlaat (3), Skripnik (5) – Frings (2,5) – Tjikuzu (4), Stalteri (4) – Borowski (3), Banovic (3) – Bode (4), Ailton (4) – **Trainer:** Schaaf
Eingewechselt: 55. Klose (2,5) für Pettersson, 59. Buck (3) für Basler, 81. Grammozis (-) für Lincoln – 77. Klasnic (-) für Borowski, 83. A. Herzog (-) für Verlaat
Tore: 0:1 Banovic (14., Rechtsschuss, Vorarbeit Borowski), 1:1 Ramzy (64., Rechtsschuss, Knavs), 2:1 Klose (70., Rechtsschuss, Hengen)
Chancenverhältnis: 5:5
Eckenverhältnis: 8:6
SR: Albrecht (Kaufbeuren) – **Zuschauer:** 36 763 – **Gelbe Karten:** Strasser – Tjikuzu, Verlaat, Frings, Skripnik, Stalteri – **Spielnote:** 3,5

Eckenverhältnis: 10:5
SR: Koop (Lüttenmark) – **Zuschauer:** 30 000 – **Gelbe Karten:** Kos – Hengen, G. Koch – **Spielnote:** 3,5

5. Spieltag

8. September 2001

1860 München – 1. FC Nürnberg 1:0 (0:0)

1860: Jentzsch (2,5) – Riseth (3,5), Zelic (4), Pfuderer (3) – Mykland (3), T. Hoffmann (4) – Borimirov (2,5), M. Weissenberger (4) – Häßler (3,5) – Max (5), Schroth (4,5) – **Trainer:** Lorant
Nürnberg: Kampa (2,5) – Nikl (4), Kos (3), Johansson (3), Wiblishauser (4,5) – Frey (2,5) – Sanneh (5), L. Müller (4,5) – Jarolim (4,5) – Michalke (4,5), Gomis (5) – **Trainer:** Augenthaler
Eingewechselt: 31. Bierofka (3,5) für Mykland, 54. Ipoua (-) für Max, 67. Wiesinger (-) für Ipoua – 61. Krzynowek (-) für L. Müller, 74. Leitl (-) für Sanneh, 79. Driller (-) für Gomis
Tor: 1:0 Riseth (76., Rechtsschuss, Vorarbeit Häßler)
Chancenverhältnis: 5:4
Eckenverhältnis: 5:3
SR: Kircher (Rottenburg) – **Zuschauer:** 40 200 – **Spielnote:** 4,5

8. September 2001

VfB Stuttgart – Hertha BSC 0:0

Stuttgart: Hildebrand (3) – Hinkel (4), Marques (3,5), Bordon (2,5), Wenzel (4) – Soldo (3), Todt (4) – Hleb (3,5), Balakov (3,5) – Adhemar (4,5) – Ganea (5,5) – **Trainer:** Magath
Hertha: Kiraly (3,5) – Rehmer (3,5), van Burik (2), Schmidt (4) – Dardai (3,5), Maas (3,5) – Hartmann (4,5) – Deisler (4), Goor (5) – Preetz (4), Marcelinho (5) – **Trainer:** Röber
Eingewechselt: 53. Carnell (4) für Ganea, 62. Tiffert (-) für Hleb, 72. Kuranyi (-) für Adhemar – 46. Sverrisson (4) für Maas, 46. Neuendorf (3,5) für Marcelinho, 62. Alves (-) für Schmidt
Chancenverhältnis: 2:2
Eckenverhältnis: 0:3
SR: Gagelmann (Bremen) – **Zuschauer:** 22 500 – **Rote Karte:** Wenzel (52., Beleidigung des Schiedsrichter-Assistenten) – **Spielnote:** 5

8. September 2001

Energie Cottbus – VfL Wolfsburg 3:3 (2:2)

Cottbus: Piplica (3) – Sebök (4) – da Silva (2,5), Mátyus (3) – Reghecampf (4), Kaluzny (3), Akrapovic (3,5), Kobylanski (4) – Miriuta (3,5) – Helbig (4), Labak (3,5) – **Trainer:** Geyer
Wolfsburg: Reitmaier (3) – Kryger (3,5), Biliskov (3), Petkovic (3) – Karhan (3,5), Rau (3,5) – Akonnor (3) – Munteanu (3) – Petrov (4) – Ponte (4), Juskowiak (3) – **Trainer:** Wolf
Eingewechselt: 49. Topic (4) für Helbig, 67. Brasilia (-) für Labak – 46. T. Maric (4) für Ponte, 76. Kennedy (-) für Kryger, 78. Greiner (-) für Juskowiak
Tore: 1:0 Kaluzny (2., Kopfball, Vorarbeit Miriuta), 1:1 Juskowiak (28., Kopfball, Ponte), 1:2 Petkovic (39., Rechtsschuss), 2:2 da Silva (45., Kopfball, Kobylanski), 3:2 da Silva (47., Kopfball, Kaluzny), 3:3 Kennedy (77., Rechtsschuss, Juskowiak)
Chancenverhältnis: 9:7
Eckenverhältnis: 7:10
SR: Sippel (München) – **Zuschauer:** 14 442 – **Spielnote:** 3

8. September 2001

SC Freiburg – Hansa Rostock 1:1 (0:0)

Freiburg: Golz (3) – Kondé (4), Diarra (3) – Kehl (3,5) – A. Zeyer (3,5) – Willi (4,5), Kobiaschwili (3,5) – Coulibaly (2,5), But (4,5) – Sellimi (3,5), Iaschwili (3,5) – **Trainer:** Finke
Rostock: Schober (2) – Benken (4), Jakobsson (4), Oswald (4) – Schröder (4) – Wibran (4), Lantz (3,5) – Rydlewicz (3,5), Maul (4,5) – Arvidsson (5), di Salvo (3) – **Trainer:** Funkel
Eingewechselt: 58. Zkitischwili (3,5) für But, 81. Zandi (-) für Coulibaly – 74. Baumgart (-) für Arvidsson, 74. Brand (-) für Schröder, 89. Hill (-) für Maul

8. September 2001

Bor. Dortmund – Bayern München 0:2 (0:1)

Dortmund: Lehmann (4) – Wörns (2,5), Kohler (3,5) – Evanilson (4), Dede (3,5) – Reuter (4,5), Oliseh (4,5) – Ricken (4,5) – Rosicky (4,5), Amoroso (5) – Koller (3) – **Trainer:** Sammer
Bayern: Kahn (2) – Sagnol (2,5), Kuffour (3), Linke (2), Lizarazu (3) – Fink (2) – N. Kovac (3) – Salihamidzic (2,5), Sforza (2,5) – Santa Cruz (2) – Jancker (2,5) – **Trainer:** Hitzfeld
Eingewechselt: 69. Bobic (-) für Kohler – 46. Hargreaves (3,5) für Sforza, 78. Pizarro (-) für Jancker, 78. Thiam (-) für Santa Cruz
Tore: 0:1 Salihamidzic (22., Rechtsschuss, ohne Vorarbeit), 0:2 Santa Cruz (58., Rechtsschuss)
Chancenverhältnis: 6:3
Eckenverhältnis: 5:4
SR: Fröhlich (Berlin) – **Zuschauer:** 68 600 (ausverkauft) – **Spielnote:** 3

8. September 2001

FC St. Pauli – FC Schalke 04 0:2 (0:1)

St. Pauli: Bulat (3) – Amadou (3), Stanislawski (3), Baris (4,5) – Held (3,5), Kientz (3) – Bajramovic (4), Bürger (4) – Meggle (4,5) – Patschinski (5), Rath (5,5) – **Trainer:** Demuth
Schalke: Reck (2,5) – Hajto (3), van Hoogdalem (3,5), van Kerckhoven (3,5) – Vermant (4), Oude Kamphuis (4,5), Kmetsch (3,5), Böhme (4) – Wilmots (3), Möller (4,5) – Agali (1,5) – **Trainer:** Stevens
Eingewechselt: 46. Rahn (4) für Held, 63. Konetzke (-) für Rath, 68. Mansourian (-) für Amadou – 38. Thon (4) für Kmetsch, 81. Mulder (-) für Agali, 87. Büskens (-) für Wilmots
Tore: 0:1 Agali (35., Kopfball, Vorarbeit Kmetsch), 0:2 Agali (77., Rechtsschuss)
Chancenverhältnis: 3:3
Eckenverhältnis: 6:2
SR: Keßler (Höhenkirchen) – **Zuschauer:** 20 725 (ausverkauft) – **Spielnote:** 4

8. September 2001

Bor. M'gladbach – Bayer Leverkusen 0:1 (0:1)

Gladbach: Stiel (2,5) – Witeczek (2,5), Korell (3,5), Pletsch (3,5), Münch (2,5) – Nielsen (3) – Hausweiler (4), Demo (2,5) – Korzynietz (4), van Houdt (4), van Lent (3,5) – **Trainer:** Meyer
Leverkusen: Butt (1,5) – Lucio (2,5), Nowotny (3,5) – Sebescen (4), Zé Roberto (3,5) – Ramelow (4) – B. Schneider (4), Ballack (3) – Bastürk (3) – Kirsten (4), Neuville (4) – **Trainer:** Toppmöller
Eingewechselt: 63. Ulich (-) für Demo, 72. Asanin (-) für Nielsen, 72. Mieciel (-) für Korzynietz – 46. Placente (2) für Ballack, 65. Zivkovic (-) für Kirsten, 70. Ojigwe (-) für Zé Roberto
Tore: 0:1 Butt (3., Foulelfmeter, Rechtsschuss, Vorarbeit Ballack)
Chancenverhältnis: 12:3
Eckenverhältnis: 9:2
SR: Strampe (Handorf) – **Zuschauer:** 30 184 – **Spielnote:** 3

9. September 2001

1. FC Köln – Hamburger SV 2:1 (0:1)

Köln: Bade (3) – Reeb (4,5), Dziwior (4), Cullmann (4,5), Voigt (5) – Balitsch (4) – Springer (3,5) – Scherz (4), Donkov (5) – Kreuz (4) – Baranek (4,5) – **Trainer:** Lienen
HSV: Pieckenhagen (2) – Hoogma (4), Panadic (5) – Hertzsch (3,5), Hollerbach (4) – Töfting (4) – Groth (5) – Benjamin (3), Barbarez (4), Ketelaer (3,5) – Meijer (3,5) – **Trainer:** Pagelsdorf
Eingewechselt: 42. Keller (3,5) für Voigt, 53. Lottner (1) für Donkov, 74. Kurth (-) für Balitsch – 60. Heinz (5) für Ketelaer, 72. Albertz (-) für Meijer, 75. Bester (-) für Barbarez
Tore: 0:1 Cullmann (21., Eigentor, Kopfball, Vorarbeit Ketelaer), 1:1 Lottner (67., Linksschuss), 2:1 Lottner (90., direkter Freistoß, Linksschuss)

6. Spieltag

15. September 2001

Bayern München – SC Freiburg 1:0 (0:0)

Bayern: Kahn (3) – Sagnol (2,5), Kuffour (3), Linke (3,5), Lizarazu (3) – N. Kovac (4), Fink (3,5) – Sforza (3,5), Salihamidzic (3) – Pizarro (4), Elber (2,5) – **Trainer:** Hitzfeld
Freiburg: Golz (3) – St. Müller (-), Diarra (3) – Kobiaschwili (4) – Kehl (2,5) – Zkitischwili (3,5), A. Zeyer (5) – Coulibaly (3,5) – Tanko (4) – Sellimi (5), Iaschwili (4) – **Trainer:** Finke
Eingewechselt: 32. Thiam (4) für Fink, 39. R. Kovac (3) für Linke, 68. Jancker (-) für N. Kovac – 22. Kondé (4) für St. Müller, 75. Willi (-) für Zkitischwili, 82. Gerber (-) für Iaschwili
Tor: 1:0 Elber (89., Rechtsschuss, Vorarbeit Jancker)
Chancenverhältnis: 14:4
Eckenverhältnis: 9:4
SR: Weiner (Hildesheim) – **Zuschauer:** 46 000 – **Spielnote:** 3,5

15. September 2001

VfL Wolfsburg – VfB Stuttgart 0:2 (0:1)

Wolfsburg: Reitmaier (4) – Kryger (5,5), Biliskov (4,5), Petkovic (4), Rau (4) – Karhan (5,5), Akonnor (5) – Munteanu (5) – Ponte (5,5), Petrov (5,5), Kennedy (5) – **Trainer:** Wolf
Stuttgart: Hildebrand (3) – Hinkel (4), Marques (3,5), Bordon (3), Carnell (3,5) – Soldo (3), Meißner (4,5) – Hleb (4), Balakov (3,5), Seitz (2,5) – Adhemar (3) – **Trainer:** Magath
Eingewechselt: 46. Kühbauer (5) für Petkovic, 46. T. Maric (5) für Ponte, 71. Greiner (-) für Kryger – 46. Tiffert (4,5) für Hleb, 90. Gerber (-) für Seitz
Tore: 0:1 Seitz (8., Rechtsschuss, ohne Vorarbeit), 0:2 Balakov (65., Foulelfmeter, Linksschuss, Seitz)
Chancenverhältnis: 3:4
Eckenverhältnis: 3:2
SR: Aust (Köln) – **Zuschauer:** 12 476 – **Spielnote:** 4,5

15. September 2001

1. FC Nürnberg – 1. FC Kaiserslautern 0:2 (0:0)

Nürnberg: Kampa (3) – Nikl (3), Kos (4,5), Johansson (3,5), Wiblishauser (3) – Frey (3) – Sanneh (4), L. Müller (4,5) – Jarolim (3) – Driller (3), Michalke (4) – **Trainer:** Augenthaler
K'lautern: G. Koch (3) – Klos (2,5), Hengen (3), Knavs (4) – Grammozis (4), Ramzy (3), Ratinho (2,5), Strasser (4) – Lincoln (3,5) – Lokvenc (2,5), Klose (3,5) – **Trainer:** Brehme
Eingewechselt: 65. Gomis (-) für Driller, 71. Hobsch (-) für Michalke, 74. Leitl (-) für Sanneh – 76. Malz (-) für Lincoln, 88. Kullig (-) für Ratinho
Tore: 0:1 Lincoln (67., Rechtsschuss, Vorarbeit Lokvenc), 0:2 Klos (73., Kopfball, Lincoln)
Chancenverhältnis: 6:4

15. September 2001

Werder Bremen – 1. FC Köln 1:1 (0:1)

Bremen: Rost (2) – F. Baumann (4), Verlaat (3,5), Skripnik (3,5) – Tjikuzu (4), Frings (4), Stalteri (4,5) – Borowski (4) – Banovic (5) – Ailton (3), Bode (5) – **Trainer:** Schaaf
Köln: Bade (2) – Cullmann (2,5), Dziwior (4), Keller (2,5) – Balitsch (4) – Reeb (4,5), Springer (4) – Lottner (3) – Scherz (4,5), Kreuz (4,5) – Baranek (5) – **Trainer:** Lienen
Eingewechselt: 46. A. Herzog (2) für Banovic, 66. Klasnic (-) für Stalteri – 46. Sichone (4,5) für Reeb, 86. Donkov (-) für Baranek, 90. Cichon (-) für Scherz
Tore: 0:1 Lottner (15., direkter Freistoß, Linksschuss, ohne Vorarbeit), 1:1 Ailton (68., Rechtsschuss, Tjikuzu)
Chancenverhältnis: 7:7
Eckenverhältnis: 4:3
SR: Meyer (Braunschweig) – **Zuschauer:** 26 718 – **Gelbe Karte:** A. Herzog – **Spielnote:** 4

15. September 2001

Hamburger SV – Bor. M'gladbach 3:3 (2:1)

HSV: Pieckenhagen (1,5) – Hertzsch (4), Hoogma (2), Ujfalusi (3,5) – Töfting (3,5) – Groth (3), Albertz (3,5) – Meijer (4) – Benjamin (3), Ketelaer (5), Bester (4,5) – **Trainer:** Pagelsdorf
Gladbach: Stiel (3) – Witeczek (2,5), Korell (3), Pletsch (3), Münch (3,5) – Nielsen (2,5) – Hausweiler (4), Demo (3) – Korzynietz (4), van Lent (4), van Houdt (2) – **Trainer:** Meyer
Eingewechselt: 64. Präger (-) für Ketelaer, 71. Yeboah (-) für Bester, 71. Maltritz (-) für Groth – 36. Asanin (4) für Hausweiler, 78. Mieciel (-) für Korzynietz, 84. Ulich (-) für van Houdt
Tore: 1:0 Benjamin (14., Linksschuss, Vorarbeit Groth), 2:0 Albertz (17., Foulelfmeter, Rechtsschuss, Albertz), 2:1 Münch (21., direkter Freistoß, Linksschuss), 2:2 van Houdt (56., Rechtsschuss, Münch), 3:2 Albertz (90., Linksschuss), 3:3 Mieciel (90., Rechtsschuss, van Lent)
Chancenverhältnis: 5:7
Eckenverhältnis: 8:6
SR: Krug (Gelsenkirchen) – **Zuschauer:** 54 092 – **Spielnote:** 3,5

15. September 2001

Bayer Leverkusen – FC St. Pauli 3:1 (1:0)

Leverkusen: Butt (3) – Lucio (2,5), Nowotny (3) – Sebescen (4), Ramelow (3), Zé Roberto (2) – B. Schneider (2), Ballack (3) – Bastürk (2,5) – Kirsten (2,5), Neuville (4) – **Trainer:** Toppmöller
St. Pauli: Bulat (4) – Trulsen (5), Stanislawski (4,5), Amadou (5) – Kolinger (5), Inceman (4), Kientz (5), Gibbs (4,5) – Baris (5) – Mansourian (4,5) – Patschinski (5) – **Trainer:** Demuth
Eingewechselt: 65. Placente (-) für Neuville, 80. Berbatov (-) für Kirsten, 85. Rink (-) für Bastürk – 63. Adamu (-) für Mansourian, 63. Meggle (-) für Kolinger, 72. Rath (-) für Trulsen
Tore: 1:0 Ballack (44., Kopfball, Vorarbeit Zé Roberto), 2:0 Kirsten (60., Kopfball, Zé Roberto), 2:1 Rath (79., Linksschuss, Meggle), 3:1 B. Schneider (80., Rechtsschuss, Bastürk)
Chancenverhältnis: 7:3
Eckenverhältnis: 8:1
SR: Kemmling (Kleinburgwedel) – **Zuschauer:** 21 000 – **Gelbe Karte:** Sebescen – **Gelb-Rote Karte:** Ballack (61.) – **Spielnote:** 3,5

15. September 2001

FC Schalke 04 – Bor. Dortmund 1:0 (1:0)

Schalke: Reck (2,5) – Hajto (2,5), van Hoogdalem (2,5), van Kerckhoven (2) – Oude Kamphuis (2,5), Nemec (3,5) – Vermant (4) – Möller (2), Böhme (4,5) – Agali (3,5), Mpenza (5) – **Trainer:** Stevens
Dortmund: Lehmann (2,5) – Wörns (2,5), Kohler (3,5) – Evanilson (3,5), Reuter (-), Dede (4) – Stevic (3) – Rosicky (4) – Ricken (5), Amoroso (5) – Koller (3) – **Trainer:** Sammer
Eingewechselt: 76. Asamoah (-) für Mpenza, 76. Thon (-) für Nemec, 88. Wilmots (-)

für Agali – 16. Oliseh (4,5) für Reuter, 63. Sörensen (-) für Ricken, 77. Herrlich (-) für Stevic
Tor: 1:0 Möller (17., Rechtsschuss, Vorarbeit Mpenza)
Chancenverhältnis: 4:3
Eckenverhältnis: 3:6
SR: Fandel (Kyllburg) – **Zuschauer:** 60 204 (ausverkauft) – **Spielnote:** 3,5

16. September 2001
Hertha BSC – 1860 München 2:1 (0:1)
Hertha: Kiraly (2,5) – van Burik (-), Sverrisson (3) – Schmidt (4), Maas (3,5) – Rehmer (4,5), Goor (5) – Deisler (2,5), Marcelinho (3) – Preetz (3), Alves (4,5) – **Trainer:** Röber
1860: Jentzsch (3) – Riseth (3), Zelic (4), Pfuderer (4) – Borimirov (4,5), T. Hoffmann (4) – Wiesinger (5), M. Weissenberger (4,5) – Häßler (3,5) – Agostino (3), Schroth (-) – **Trainer:** Lorant
Eingewechselt: 27. Simunic (4) für van Burik, 46. Neuendorf (3,5) für Goor – 22. Max (4) für Schroth, 46. F. Tapalovic (4) für Wiesinger, 65. Dheedene (-) für Häßler
Tore: 0:1 Agostino (45., Rechtsschuss, Vorarbeit Häßler), 1:1 F. Tapalovic (59., Eigentor, Deisler), 2:1 Preetz (79., Kopfball, Deisler)
Chancenverhältnis: 8:4
Eckenverhältnis: 8:1
SR: Wagner (Hofheim) – **Zuschauer:** 25 000 – **Gelb-Rote Karte:** Dheedene (80.) – **Rote Karten:** Alves (88., Tätlichkeit), Riseth (88., Tätlichkeit) – **Spielnote:** 4

16. September 2001
Hansa Rostock – Energie Cottbus 0:0
Rostock: Schober (3) – Benken (3,5), Jakobsson (3), Oswald (2,5) – Schröder (3,5) – Lange (3), Wibran (3), Lantz (3,5), Maul (3,5) – Beierle (3), di Salvo (2,5) – **Trainer:** Funkel
Cottbus: Piplica (2,5) – Sebök (5) – da Silva (4), Mátyus (5) – Miriuta (4) – Akrapovic (4,5), Thielemann (4,5) – Reghecampf (5), Kobylanski (5) – Helbig (5), Labak (5) – **Trainer:** Geyer
Eingewechselt: 60. Salou (4) für Benken, 80. Brand (-) für Schröder, 89. Arvidsson (-) für Beierle – 52. Scherbe (4) für Akrapovic, 64. Hujdurovic (-) für Thielemann, 69. Topic (-) für Labak
Chancenverhältnis: 8:3
Eckenverhältnis: 12:4
SR: Dr. Fleischer (Ulm) – **Zuschauer:** 21 500 – **Gelbe Karten:** Lantz – Kobylanski, Piplica – **Gelb-Rote Karte:** Helbig (57.) – **Besonderes Vorkommnis:** Piplica hält Handelfmeter von Lange (4.) – **Spielnote:** 3,5

7. Spieltag

22. September 2001
VfB Stuttgart – Hansa Rostock 2:1 (0:1)
Stuttgart: Hildebrand (3) – Hinkel (3), Marques (3,5), Bordon (2), Carnell (3,5) – Soldo (3,5), Meißner (2,5) – Hleb (3), Balakov (3,5), Seitz (5) – Adhemar (4,5) – **Trainer:** Magath
Rostock: Schober (3) – Jakobsson (3) – Benken (4) – Lange (3,5), Schröder (2,5), Oswald (4) – Wibran (4,5), Lantz (5) – Rydlewicz (3) – Beierle (4,5), di Salvo (5) – **Trainer:** Funkel
Eingewechselt: 75. Tiffert (-) für Seitz, 79. Ganea (-) für Adhemar, 89. Todt (-) für Hleb – 69. Baumgart (-) für di Salvo, 83. Salou (-) für Beierle
Tore: 0:1 Jakobsson (11., indirekter Freistoß, Rechtsschuss, ohne Vorarbeit), 1:1 Balakov (55., Foulelfmeter, Linksschuss, Adhemar), 2:1 Ganea (85., Rechtsschuss, Soldo)
Chancenverhältnis: 8:2
Eckenverhältnis: 6:0
SR: Keßler (Höhenkirchen) – **Zuschauer:** 19 500 – **Gelbe Karte:** Benken – **Gelb-Rote Karte:** Bordon (60.) – **Rote Karte:** Lantz (64., Tätlichkeit) – **Spielnote:** 3,5

22. September 2001
Energie Cottbus – Bayern München 0:3 (0:2)
Cottbus: Piplica (4,5) – Sebök (5) – da Silva (5), Mátyus (5,5) – Hujdurovic (4,5) – Akrapovic (4,5) – Reghecampf (5), Kobylanski (5,5) – Miriuta (4,5) – Topic (4,5), Brasilia (5) – **Trainer:** Geyer
Bayern: Kahn (3) – Sagnol (3,5), Kuffour (2,5), R. Kovac (2), Tarnat (2) – Thiam (2,5) – Salihamidzic (2,5), Fink (2,5) – Zickler (-) – Santa Cruz (2,5), Pizarro (2,5) – **Trainer:** Hitzfeld
Eingewechselt: 46. Labak (5,5) für Hujdurovic, 46. Vincze (4) für Kobylanski – 25. N. Kovac (3) für Zickler, 74. Sergio (-) für Salihamidzic, 81. Sforza (-) für Fink
Tore: 0:1 Zickler (2., Kopfball, Vorarbeit Tarnat), 0:2 Pizarro (3., Kopfball, Salihamidzic), 0:3 Piplica (74., Eigentor)
Chancenverhältnis: 3:11
Eckenverhältnis: 9:11
SR: Aust (Köln) – **Zuschauer:** 20 100 – **Spielnote:** 3

22. September 2001
SC Freiburg – FC Schalke 04 2:0 (0:0)
Freiburg: Golz (2,5) – Kondé (3), Diarra (3) – Kehl (5) – A. Zeyer (4) – Zkitischwili (3), Kobiaschwili (3,5) – Coulibaly (3,5) – Tanko (2,5) – Sellimi (5), Iaschwili (4,5) – **Trainer:** Finke
Schalke: Reck (3,5) – Hajto (3,5), Waldoch (2,5), van Kerckhoven (3) – Kmetsch (3,5), Oude Kamphuis (4) – Böhme (4,5) – Asamoah (4,5), Vermant (5), Möller (5) – Mpenza (4,5) – **Trainer:** Stevens
Eingewechselt: 63. But (-) für Iaschwili, 79. Gerber (-) für Tanko, 90. Kaufmann (-) für A. Zeyer – 72. Agali (-) für Vermant, 76. Matellan (-) für van Kerckhoven, 79. Büskens (-) für Oude Kamphuis
Tore: 1:0 Hajto (55., Eigentor, Rechtsschuss, Vorarbeit Iaschwili), 2:0 Tanko (68., Rechtsschuss, Coulibaly)
Chancenverhältnis: 3:4
Eckenverhältnis: 4:8
SR: Gagelmann (Bremen) – **Zuschauer:** 25 000 (ausverkauft) – **Spielnote:** 4

22. September 2001
Bor. Dortmund – Bayer Leverkusen 1:1 (1:0)
Dortmund: Lehmann (3) – Wörns (2,5), Reuter (3), Kohler (2,5) – Evanilson (3), Stevic (3,5), Dede (4) – Rosicky (2,5) – Sörensen (4), Amoroso (3), Koller (4) – **Trainer:** Sammer
Leverkusen: Butt (1,5) – Lucio (3,5), Nowotny (3,5), Placente (4,5) – Sebescen (5) – Ramelow (4), B. Schneider (3) – Bastürk (4,5), Zé Roberto (4) – Neuville (5), Kirsten (4) – **Trainer:** Toppmöller
Eingewechselt: 58. Ricken (4,5) für Sörensen, 78. Herrlich (-) für Amoroso – 62. Brdaric (-) für Neuville, 62. Berbatov (-) für Bastürk, 81. Zivkovic (-) für Kirsten
Tore: 1:0 Amoroso (7., Rechtsschuss, Vorarbeit Rosicky), 1:1 Berbatov (79., Rechtsschuss, Brdaric)
Chancenverhältnis: 5:2
Eckenverhältnis: 4:4
SR: Jansen (Essen) – **Zuschauer:** 64 500 – **Spielnote:** 3,5

22. September 2001
Hamburger SV – Werder Bremen 0:4 (0:2)
HSV: Pieckenhagen (4) – Hertzsch (4), Hoogma (4,5), Ujfalusi (3) – Töfting (5) – Groth (5), Albertz (6) – Barbarez (5) – Benjamin (4,5), Ketelaer (5,5), Meijer (5) – **Trainer:** Hieronymus
Bremen: Rost (1,5) – Verlaat (3), Krstajic (3) – Tjikuzu (3,5), Skripnik (4) – F. Baumann (2,5) – Frings (2,5) – Borowski (3) – Lisztes (4) – Bode (2,5), Ailton (3) – **Trainer:** Schaaf
Eingewechselt: 46. Präger (4) für Benjamin, 62. Heinz (-) für Ketelaer – 67. F. Ernst (-) für Borowski, 79. Stalteri (-) für Ailton, 88. Klasnic (-) für Bode
Tore: 0:1 Ailton (13., Linksschuss, ohne Vorarbeit), 0:2 Bode (34., indirekter Freistoß, Linksschuss), 0:3 F. Ernst (84., Rechtsschuss, Bode), 0:4 Stalteri (86., Rechtsschuss, Bode)
Chancenverhältnis: 8:9
Eckenverhältnis: 15:6
SR: Fröhlich (Berlin) – **Zuschauer:** 43 014 – **Spielnote:** 3

22. September 2001
1. FC Köln – 1. FC Nürnberg 1:2 (1:2)
Köln: Bade (5) – Cullmann (3,5), Keller (3,5) – Scherz (4), Springer (5) – Balitsch (5) – Lottner (5) – Baranek (4) – Reich (5,5), Kreuz (4) – Arweladse (5) – **Trainer:** Lienen
Nürnberg: Kampa (2,5) – Sanneh (2), Kos (4), Johansson (2), Wiblishauser (2,5) – Nikl (2,5) – Leitl (3,5), L. Müller (3,5) – Jarolim (4) – Michalke (5), Driller (5) – **Trainer:** Augenthaler
Eingewechselt: 46. Kurth (5) für Reich, 46. Dziwior (4) für Arweladse, 80. Pivaljevic (-) für Lottner – 62. Gomis (-) für Driller, 75. Krzynowek (-) für L. Müller, 80. Stoilov (-) für Michalke
Tore: 0:1 Nikl (15., Rechtsschuss, ohne Vorarbeit), 1:1 Baranek (24., Linksschuss, Arweladse), 1:2 Sanneh (28., Kopfball, Jarolim)
Chancenverhältnis: 4:3
Eckenverhältnis: 6:2
SR: Steinborn (Sinzig) – **Zuschauer:** 29 000 – **Spielnote:** 4,5

22. September 2001
1. FC Kaiserslautern – Hertha BSC 4:1 (1:0)
K'lautern: G. Koch (3) – Klos (2), Hengen (2,5), Knavs (2,5) – Ramzy (2,5), Ratinho (2) – Basler (3,5), Strasser (3) – Lincoln (2) – Lokvenc (1,5), Klose (2) – **Trainer:** Brehme
Hertha: Kiraly (3) – Sverrisson (5), van Burik (4), Simunic (5) – Maas (4,5) – Goor (4) – Marx (5), Beinlich (4) – Deisler (3) – Preetz (5), Marcelinho (3) – **Trainer:** Röber
Eingewechselt: 70. Djorkaeff (-) für Klose, 80. Grammozis (-) für Strasser, 86. Kullig (-) für Klos – 58. Daei (5) für Maas, 63. Hartmann (-) für Marx, 69. Tretschok (-) für van Burik
Tore: 1:0 Klose (23., Rechtsschuss, Vorarbeit Lokvenc), 2:0 Lokvenc (50., Linksschuss, Basler), 2:1 Marcelinho (80., Handelfmeter, Linksschuss, Preetz), 3:1 Preetz (82., Eigentor, Basler), 4:1 Lincoln (83., Rechtsschuss, Lokvenc)
Chancenverhältnis: 8:4
Eckenverhältnis: 10:11
SR: Strampe (Handorf) – **Zuschauer:** 36 927 – **Gelbe Karte:** Simunic – **Besonderes Vorkommnis:** Basler schießt Foulelfmeter über das Tor (63.) – **Spielnote:** 2

23. September 2001
1860 München – VfL Wolfsburg 2:1 (1:0)
1860: Jentzsch (3) – F. Tapalovic (4,5), Zelic (3,5), Greilich (3,5) – T. Hoffmann (4) – Wiesinger (4), Borimirov (2,5), Bierofka (4) – Häßler (4) – Schroth (5), Agostino (5) – **Trainer:** Lorant
Wolfsburg: Reitmaier (3) – Biliskov (4), Schnoor (3), Franz (4) – Akonnor (3,5) – Greiner (4), Munteanu (4), Rau (4) – Kühbauer (3,5) – T. Maric (5), Rische (5) – **Trainer:** Wolf
Eingewechselt: 59. Pfuderer (4) für Wiesinger, 67. M. Weissenberger (-) für Häßler, 73. Max (-) für Greilich – 46. Petrov (3,5) für Rische, 55. Karhan (4) für Kühbauer, 69. M. Madsen (-) für Rau
Tore: 1:0 Borimirov (5., Kopfball, Vorarbeit Schroth), 1:1 Akonnor (67., Rechtsschuss, Rau), 2:1 Max (75., Rechtsschuss, Borimirov)
Chancenverhältnis: 3:4
Eckenverhältnis: 8:7
SR: Kinhöfer (Herne) – **Zuschauer:** 18 000 – **Gelbe Karten:** Bierofka, Borimirov – Greiner – **Gelb-Rote Karte:** Akonnor (84.) – **Rote Karte:** Biliskov (90., grobes Foulspiel) – **Spielnote:** 5

23. September 2001
Bor. M'gladbach – FC St. Pauli 2:2 (0:0)
Gladbach: Stiel (3) – Witeczek (3), Pletsch (3), Korell (3), Münch (4) – Nielsen (3) – Hausweiler (4), Demo (5) – Korzynietz (4,5), van Lent (3,5), van Houdt (3) – **Trainer:** Meyer
St. Pauli: Bulat (2,5) – Stanislawski (3,5) – Baris (4), Amadou (3,5), Gibbs (3) – Kolinger (4), Kientz (3,5), Bürger (4,5) – Mansourian (4,5), Meggle (4) – Patschinski (4,5) – **Trainer:** Demuth
Eingewechselt: 46. Ulich (4) für Demo, 68. Mieciel (-) für Korzynietz, 77. Asanin (-) für Korell – 58. Bajramovic (2,5) für Mansourian, 58. Rath (4) für Patschinski, 81. Trulsen (-) für Baris
Tore: 1:0 van Lent (51., Foulelfmeter, Rechtsschuss, Vorarbeit Nielsen), 1:1 Bajramovic (60., Rechtsschuss, Gibbs), 2:1 van Houdt (90., Linksschuss, Hausweiler), 2:2 Meggle (90., Rechtsschuss, Rath)
Chancenverhältnis: 8:2
Eckenverhältnis: 9:5
SR: Wack, Dr. (Biberbach) – **Zuschauer:** 30 961 – **Spielnote:** 3,5

8. Spieltag

29. September 2001
VfL Wolfsburg – 1. FC Kaiserslautern 2:0 (1:0)
Wolfsburg: Reitmaier (1) – Franz (3,5), Schnoor (3), Greiner (3) – Kryger (3) – Karhan (3,5) – S. Müller (4), Rau (3) – Munteanu (2) – Juskowiak (3), Petrov (4,5) – **Trainer:** Wolf
K'lautern: G. Koch (3) – Klos (3), Hengen (3), Knavs (4) – Ramzy (4) – Ratinho (3) – Grammozis (4), Strasser (4) – Lincoln (3) – Klose (5), Lokvenc (4,5) – **Trainer:** Brehme
Eingewechselt: 70. Kühbauer (-) für Karhan, 74. Ponte (-) für Petrov, 78. Plassnegger (-) für S. Müller – 46. Basler (5) für Strasser, 46. Djorkaeff (3,5) für Lincoln, 54. Mifsud (4) für Klose
Tore: 1:0 Juskowiak (14., Kopfball, Vorarbeit Munteanu), 2:0 Greiner (82., Linksschuss, Ponte)
Chancenverhältnis: 8:7
Eckenverhältnis: 7:15
SR: Berg (Konz) – **Zuschauer:** 14 758 – **Gelbe Karte:** Kryger – **Spielnote:** 3

29. September 2001
Hertha BSC – 1. FC Köln 3:0 (1:0)
Hertha: Kiraly (3) – Rehmer (3,5), Schmidt (3), van Burik (2,5), Hartmann (2) – Konstantinidis (4) – Tretschok (4,5) – Deisler (2,5), Beinlich (4) – Preetz (2,5), Marcelinho (2) – **Trainer:** Röber
Köln: Bade (3) – Cichon (5) – Cullmann (5,5), Keller (4) – Balitsch (4,5), Dziwior (4,5) – Springer (5) – Lottner (4) – Scherz (4), Kreuz (5), Baranek (5) – **Trainer:** Lienen
Eingewechselt: 34. Maas (3,5) für Beinlich, 46. Dardai (4) für Konstantinidis, 67. Sverrisson (-) für Deisler – 58. Reich (5) für Cichon, 65. Donkov (-) für Balitsch, 81. Pivaljevic (-) für Dziwior
Tore: 1:0 Deisler (27., Foulelfmeter, Rechtsschuss, Vorarbeit Preetz), 2:0 Marcelinho (49., Linksschuss, Hartmann), 3:0 Preetz (85., Linksschuss, Marcelinho)
Chancenverhältnis: 7:3
Eckenverhältnis: 5:10
SR: Krug (Gelsenkirchen) – **Zuschauer:** 34 926 – **Spielnote:** 3,5

29. September 2001
1. FC Nürnberg – Hamburger SV 0:0
Nürnberg: Kampa (2,5) – Sanneh (4), Kos (4), Johansson (4,5), Wiblishauser (3,5) – Nikl (4) – Leitl (4,5), L. Müller (3,5) – Jarolim (3,5) – Driller (4), Gomis (4) – **Trainer:** Augenthaler
HSV: Pieckenhagen (3) – Hertzsch (5), Hoogma (4), Ujfalusi (4,5) – Fukal (5), Maltritz (4), Töfting (4), Hollerbach (4,5) – Albertz (5,5) – Barbarez (4), Meijer (4,5) – **Trainer:** Hieronymus
Eingewechselt: 71. Krzynowek (-) für Leitl, 76. David (-) für Driller, 78. Michalke (-) für Gomis – 63. Groth (-) für Albertz, 76. Heinz (-) für Meijer, 90. Yeboah (-) für Barbarez
Chancenverhältnis: 8:4
Eckenverhältnis: 3:1
SR: Kemmling (Kleinburgwedel) – **Zuschauer:** 31 200 – **Spielnote:** 5

29. September 2001
Werder Bremen – Bor. M'gladbach 1:0 (0:0)
Bremen: Rost (3) – F. Baumann (3), Verlaat (2,5), Krstajic (3,5) – Tjikuzu (2,5), Frings (2,5), Borowski (2,5), Skripnik (4) – Lisztes (4,5) – Ailton (3), Bode (4,5) – **Trainer:** Schaaf
Gladbach: Stiel (4) – Eberl (3,5), Asanin (2,5), Pletsch (4,5), Witeczek (4) – Nielsen (3), Korell (3,5) – Ulich (4) – Hausweiler (4), Korzynietz (3,5), Mieciel (4) – **Trainer:** Meyer
Eingewechselt: 62. A. Herzog (-) für Borowski, 74. Banovic (-) für Lisztes, 77. Silva (-) für F. Baumann – 87. Demo (-) für Ulich, 87. Küntzel (-) für Korzynietz, 89. ter Avest (-) für Hausweiler
Tor: 1:0 Verlaat (84., Kopfball, ohne Vorarbeit)
Chancenverhältnis: 8:2
Eckenverhältnis: 9:3
SR: Weiner (Hildesheim) – **Zuschauer:** 33 231 – **Gelbe Karten:** Frings, F. Baumann – **Spielnote:** 4

29. September 2001

FC St. Pauli – Bor. Dortmund 1:2 (0:2)

St. Pauli: Bulat (2,5) – Stanislawski (4) – Amadou (4), Kientz (4,5), Bürger (4,5) – Baris (5), Kolinger (6), Gibbs (5) – Meggle (4,5) – Marcao (5), Rath (4,5) – **Trainer:** Demuth
Dortmund: Lehmann (3) – Metzelder (3,5), Kohler (3) – Evanilson (4), Oliseh (3), Dede (3) – Ricken (3,5) – Rosicky (2,5) – Ewerthon (1,5), Koller (3), Amoroso (4) – **Trainer:** Sammer
Eingewechselt: 46. Bajramovic (4) für Baris, 46. Rahn (3,5) für Kolinger, 67. Adamu (-) für Marcao – 58. Bobic (4,5) für Amoroso, 80. Stevic (-) für Rosicky, 90. Madouni (-) für Koller
Tore: 0:1 Ewerthon (12., Rechtsschuss, Vorarbeit Koller), 0:2 Koller (33., Kopfball, Ewerthon), 1:2 Meggle (77., Linksschuss, Kientz)
Chancenverhältnis: 3:9
Eckenverhältnis: 5:14
SR: Sippel (München) – **Zuschauer:** 20 735 (ausverkauft) – **Spielnote:** 2,5

29. September 2001

FC Schalke 04 – Energie Cottbus 2:0 (2:0)

Schalke: Reck (3) – Hajto (2,5), Waldoch (3) – van Kerckhoven (5) – Kmetsch (2), Oude Kamphuis (-) – Asamoah (3), Möller (-), Böhme (4) – Mpenza (2), Sand (4) – **Trainer:** Stevens
Cottbus: Piplica (3) – da Silva (4,5) – Hujdurovic (4), Mátyus (5) – Reghecampf (4,5), Scherbe (4) – Akrapovic (4,5), Kobylanski (4,5) – Miriuta (5) – Helbig (3,5), Topic (5) – **Trainer:** Geyer
Eingewechselt: 19. Vermant (2,5) für Möller, 29. van Hoogdalem (3,5) für Oude Kamphuis, 66. Agali (-) für Sand – 55. Brasilia (4) für Topic, 62. Termina (-) für Akrapovic, 75. Labak (-) für Kobylanski
Tore: 1:0 Mpenza (19., Linksschuss, Vorarbeit Kmetsch), 2:0 Asamoah (33., Linksschuss, Kmetsch)
Chancenverhältnis: 8:4
Eckenverhältnis: 15:5
SR: Albrecht (Kaufbeuren) – **Zuschauer:** 60 204 (ausverkauft) – **Spielnote:** 3,5

29. September 2001

Hansa Rostock – 1860 München 2:2 (1:1)

Rostock: Schober (4,5) – Schröder (4), Hill (3) – Jakobsson (3,5) – Rydlewicz (3), Hirsch (4,5), Maul (3) – Wibran (2,5) – Weißhaupt (4) – Beierle (3,5), di Salvo (5) – **Trainer:** Funkel
1860: Jentzsch (4) – T. Hoffmann (3), Zelic (3,5), Pfuderer (3,5) – Borimirov (4), Dheedene (3) – Wiesinger (5), Häßler (2,5), M. Weissenberger (3) – Agostino (4), Max (3,5) – **Trainer:** Lorant
Eingewechselt: 72. Arvidsson (-) für di Salvo, 81. Baumgart (-) für Weißhaupt – 65. Bierofka (-) für Wiesinger, 65. Ipoua (-) für Dheedene, 86. F. Tapalovic (-) für Max
Tore: 0:1 Max (3., Rechtsschuss, Vorarbeit M. Weissenberger), 1:1 Wibran (23., Linksschuss), 2:1 Wibran (61., Rechtsschuss, Maul), 2:2 Baumgart (85., Eigentor, Kopfball, Häßler)
Chancenverhältnis: 7:6
Eckenverhältnis: 11:8
SR: Fandel (Kyllburg) – **Zuschauer:** 14 000 – **Spielnote:** 3

30. September 2001

Bayern München – VfB Stuttgart 4:0 (2:0)

Bayern: Kahn (3) – Sagnol (3), Kuffour (3,5), R. Kovac (3), Lizarazu (3) – Thiam (3,5), Fink (3) – Salihamidzic (2,5), Sergio (3) – Elber (1), Pizarro (4) – **Trainer:** Hitzfeld
Stuttgart: Hildebrand (3) – Hinkel (3,5), Marques (6), Wenzel (3), Carnell (4) – Meißner (5), Endress (3,5), Todt (4) – Hleb (4), Seitz (4) – Balakov (3,5) – **Trainer:** Magath
Eingewechselt: 46. Sforza (3) für Fink, 68. Santa Cruz (-) für Salihamidzic, 78. Hargreaves (-) für Kuffour – 64. Kocholl (-) für Carnell, 66. Rundio (-) für Marques, 71. Adhemar (-) für Hleb
Tore: 1:0 Elber (9., Rechtsschuss, ohne Vorarbeit), 2:0 Elber (13., Rechtsschuss), 3:0 Elber (59., Rechtsschuss, Sforza), 4:0 Sergio (90., Rechtsschuss)
Chancenverhältnis: 6:3
Eckenverhältnis: 6:6
SR: Meyer (Braunschweig) – **Zuschauer:** 61 000 – **Rote Karte:** Meißner (18., grobes Foulspiel) – **Spielnote:** 3

30. September 2001

Bayer Leverkusen – SC Freiburg 4:1 (3:1)

Leverkusen: Butt (3) – Lucio (2), Nowotny (2) – Placente (3) – B. Schneider (3) – Ballack (1,5) – Ramelow (2,5), Zé Roberto (2,5) – Bastürk (2) – Neuville (2,5), Kirsten (3) – **Trainer:** Toppmöller
Freiburg: Golz (4) – Kondé (4), Diarra (4) – Hermel (-) – Zkitischwili (5), Kobiaschwili (4) – A. Zeyer (5) – Coulibaly (4,5) – Tanko (3,5) – Sellimi (5), Iaschwili (5) – **Trainer:** Finke
Eingewechselt: 69. Sebescen (-) für B. Schneider, 73. Vranjes (-) für Bastürk, 78. Brdaric (-) für Neuville – 18. Willi (4) für Hermel, 46. But (5) für Iaschwili, 67. Bruns (-) für Sellimi
Tore: 1:0 Bastürk (10., Linksschuss, Vorarbeit B. Schneider), 2:0 Ballack (23., Kopfball, Zé Roberto), 2:1 Sellimi (25., Rechtsschuss, Kondé), 3:1 Ballack (42., Rechtsschuss, Zé Roberto), 4:1 Neuville (60., Rechtsschuss, Bastürk)
Chancenverhältnis: 9:1
Eckenverhältnis: 6:4
SR: Dr. Fleischer (Ulm) – **Zuschauer:** 22 500 (ausverkauft) – **Gelbe Karten:** Bastürk – Kobiaschwili – **Spielnote:** 2,5

9. Spieltag

13. Oktober 2001

1860 München – Bayern München 1:5 (1:2)

1860: Jentzsch (3,5) – Zelic (5) – Greilich (4,5), Riseth (4) – Cerny (5) – T. Hoffmann (4,5) – Borimirov (4), Bierofka (2,5) – Häßler (5) – Schroth (5), Agostino (5) – **Trainer:** Lorant
Bayern: Kahn (3) – Sagnol (3), Kuffour (2,5), R. Kovac (3) – Lizarazu (3,5) – Fink (2,5) – Hargreaves (2), Sergio (3) – Salihamidzic (2,5) – Santa Cruz (3), Elber (1,5) – **Trainer:** Hitzfeld
Eingewechselt: 46. Wiesinger (4) für Riseth, 62. Dheedene (-) für Zelic, 73. Winkler (-) für Agostino – 75. Pizarro (-) für Santa Cruz, 82. Tarnat (-) für Sergio, 87. Sforza (-) für Hargreaves
Tore: 1:0 Bierofka (9., Rechtsschuss, Vorarbeit Borimirov), 1:1 Santa Cruz (28., Linksschuss, Elber), 1:2 Fink (44., Rechtsschuss, Hargreaves), 1:3 Salihamidzic (57., Kopfball, Hargreaves), 1:4 Elber (80., Rechtsschuss, Sergio), 1:5 Pizarro (86., Foulelfmeter, Pizarro)
Chancenverhältnis: 6:8
Eckenverhältnis: 5:10
SR: Krug (Gelsenkirchen) – **Zuschauer:** 69 000 (ausverkauft) – **Gelbe Karte:** Schroth – **Spielnote:** 2,5

13. Oktober 2001

VfB Stuttgart – FC Schalke 04 3:0 (1:0)

Stuttgart: Hildebrand (3) – Hinkel (3), Marques (2,5), Bordon (1,5), Wenzel (3,5) – Soldo (2,5), Todt (3) – Hleb (3), Balakov (3,5), Seitz (4) – Ganea (3) – **Trainer:** Magath
Schalke: Reck (5) – Hajto (3), Waldoch (5,5) – van Hoogdalem (4), van Kerckhoven (4) – Kmetsch (3) – Asamoah (3), Vermant (5,5), Böhme (5) – Sand (4,5), Mpenza (5) – **Trainer:** Stevens
Eingewechselt: 72. Endress (-) für Todt, 72. Adhemar (-) für Hleb, 84. Gerber (-) für Ganea – 54. Wilmots (4,5) für Vermant, 57. Thon (3) für Waldoch, 70. Agali (-) für Sand
Tore: 1:0 Bordon (35., Kopfball, Vorarbeit Seitz), 2:0 Ganea (52., Rechtsschuss), 3:0 Hleb (54., Rechtsschuss)
Chancenverhältnis: 7:3
Eckenverhältnis: 6:8
SR: Weiner (Hildesheim) – **Zuschauer:** 34 000 – **Gelbe Karte:** Waldoch – **Spielnote:** 3

13. Oktober 2001

Energie Cottbus – Bayer Leverkusen 2:3 (1:2)

Cottbus: Piplica (3,5) – Sebök (3,5) – Hujdurovic (4), da Silva (4) – Reghecampf (4,5), Scherbe (4,5), Akrapovic (4), Kobylanski (3,5) – Miriuta (3) – Labak (4,5), Helbig (2,5) – **Trainer:** Geyer
Leverkusen: Butt (3) – Lucio (3,5), Zivkovic (4) – Sebescen (-), Ramelow (3,5), Placente (3,5) – Vranjes (3,5) – Ballack (3) – B. Schneider (2) – Neuville (4), Kirsten (2) – **Trainer:** Toppmöller
Eingewechselt: 60. Brasilia (3,5) für Akrapovic, 60. Topic (4,5) für Labak, 74. Vincze (-) für Kobylanski – 60. Nowotny (3) für Neuville, 70. Brdaric (-) für Kirsten, 90. Ojigwe (-) für B. Schneider
Tore: 0:1 Kirsten (4., Kopfball, Vorarbeit B. Schneider), 1:1 Helbig (12., Rechtsschuss, Reghecampf), 1:2 Ballack (43., Kopfball, B. Schneider), 2:2 Sebök (52., Kopfball, Miriuta), 2:3 Kirsten (57., Foulelfmeter, Rechtsschuss, Placente)
Chancenverhältnis: 8:6
Eckenverhältnis: 13:2
SR: Fandel (Kyllburg) – **Zuschauer:** 16 460 – **Gelb-Rote Karte:** Sebescen (18.) – **Spielnote:** 2,5

13. Oktober 2001

SC Freiburg – FC St. Pauli 2:2 (1:1)

Freiburg: Golz (3) – Kondé (3,5), St. Müller (3,5) – A. Zeyer (3,5), Kehl (5) – Willi (5), Kobiaschwili (3) – Tanko (2,5), But (5) – Sellimi (3), Iaschwili (2,5) – **Trainer:** Finke
St. Pauli: Bulat (3) – Stanislawski (2,5) – Amadou (5), Gibbs (3) – Baris (5), Kientz (3), Bürger (3,5) – Bajramovic (4), Rahn (2,5) – Meggle (3), Marcao (3,5) – **Trainer:** Demuth
Eingewechselt: 61. Zkitischwili (-) für Willi, 72. Gerber (-) für Tanko, 84. Bruns (-) für St. Müller – 57. Trulsen (2,5) für Baris, 66. Patschinski (-) für Marcao, 76. Konetzke (-) für Amadou
Tore: 0:1 Marcao (14., Kopfball, Vorarbeit Rahn), 1:1 Kobiaschwili (40., Foulelfmeter, Linksschuss, A. Zeyer), 2:1 Iaschwili (74., Linksschuss, Zkitischwili), 2:2 Konetzke (81., Rechtsschuss, Trulsen)
Chancenverhältnis: 8:5
Eckenverhältnis: 7:5
SR: Fröhlich (Berlin) – **Zuschauer:** 25 000 (ausverkauft) – **Gelbe Karte:** Marcao – **Spielnote:** 3,5

13. Oktober 2001

Hamburger SV – Hertha BSC 4:0 (2:0)

HSV: Pieckenhagen (3) – Hertzsch (3), Hoogma (3), Ujfalusi (3) – Maltritz (3) – Benjamin (2), Töfting (3), Hollerbach (2) – Barbarez (2,5) – Meijer (3), Ketelaer (1,5) – **Trainer:** Jara
Hertha: Kiraly (5) – Rehmer (4,5), van Burik (5), Sverrisson (5), Hartmann (5) – Konstantinidis (5,5), Tretschok (5) – Deisler (3), Goor (5) – Preetz (5,5), Marcelinho (5,5) – **Trainer:** Röber
Eingewechselt: 60. Antar (3,5) für Meijer, 71. Heinz (-) für Ketelaer, 81. Präger (-) für Barbarez – 64. Tchami (-) für Preetz, 64. Maas (-) für Hartmann, 66. Dardai (-) für Deisler
Tore: 1:0 Barbarez (37., Rechtsschuss, Vorarbeit Hollerbach), 2:0 Ketelaer (41., Linksschuss), 3:0 Ketelaer (46., Linksschuss, Meijer), 4:0 Benjamin (58., Linksschuss, Barbarez)
Chancenverhältnis: 7:3
Eckenverhältnis: 4:11
SR: Steinborn (Sinzig) – **Zuschauer:** 43 129 – **Spielnote:** 3

Kopfballtor von Koller: Dortmunds Tscheche (Nr. 8) vollendet gegen St. Paulis Keeper Bulat und Abwehrspieler Baris (am Boden).

13. Oktober 2001
1. FC Kaiserslautern – Hansa Rostock 3:1 (0:1)
K'lautern: G. Koch (3) – Klos (3,5), Hengen (3,5), Knavs (3) – Ramzy (2,5), Ratinho (2) – Grammozis (2) – Basler (3) – Lincoln (3) – Klose (3,5), Lokvenc (2,5) – **Trainer:** Brehme
Rostock: Schober (4) – Schröder (4), Jakobsson (4), Hill (4) – Hirsch (3) – Rydlewicz (4), Wibran (5), Weißhaupt (4,5), Maul (5) – Beierle (3), di Salvo (4,5) – **Trainer:** Funkel
Eingewechselt: 46. H. Koch (3) für Klos, 80. Riedl (-) für Ratinho, 83. Djorkaeff (-) für Lincoln – 64. Yasser (-) für Hirsch
Tore: 0:1 Beierle (37., Kopfball, Vorarbeit Jakobsson), 1:1 Grammozis (46., Rechtsschuss), 2:1 Lokvenc (49., Rechtsschuss, Grammozis), 3:1 Ramzy (76., Rechtsschuss, Lincoln)
Chancenverhältnis: 9:5
Eckenverhältnis: 9:6
SR: Stark (Ergolding) – **Zuschauer:** 39 387 – **Spielnote:** 3

13. Oktober 2001
Bor. M'gladbach – Bor. Dortmund 1:2 (0:2)
Gladbach: Stiel (3) – Eberl (4), Pletsch (3,5), Witeczek (4,5) – Korell (4) – Nielsen (4) – Demo (4) – Hausweiler (3,5) – Korzynietz (5), Mieciel (3), van Houdt (5) – **Trainer:** Meyer
Dortmund: Lehmann (-) – Evanilson (2), Wörns (3), Dede (4) – Reuter (3), Oliseh (3) – Ricken (2,5) – Rosicky (4) – Ewerthon (2), Amoroso (3), Koller (4) – **Trainer:** Sammer
Eingewechselt: 32. Münch (3) für van Houdt, 42. Küntzel (5) für Korell, 71. Felgenhauer (-) für Korzynietz – 20. Stevic (2) für Ricken, 29. Laux (2) für Lehmann, 46. Kohler (3) für Amoroso
Tore: 0:1 Ricken (13., Rechtsschuss, Vorarbeit Ewerthon), 0:2 Ewerthon (23., Rechtsschuss, Amoroso), 1:2 Demo (78., Foulelfmeter, Rechtsschuss, Küntzel)
Chancenverhältnis: 5:6
Eckenverhältnis: 14:4
SR: Aust (Köln) – **Zuschauer:** 34 500 (ausverkauft) – **Gelb-Rote Karte:** Rosicky (38.) – **Spielnote:** 3

14. Oktober 2001
Werder Bremen – 1. FC Nürnberg 3:0 (1:0)
Bremen: Rost (2,5) – F. Baumann (3), Verlaat (3), Krstajic (3,5) – Frings (2,5) – Tjikuzu (3,5), Borowski (3,5), Skripnik (3) – Lisztes (2) – Ailton (4), Bode (3,5) – **Trainer:** Schaaf
Nürnberg: Kampa (4,5) – Paßlack (5,5), Kos (3), Nikl (3,5), Wiblishauser (3) – Sanneh (5), Ogungbure (5), L. Müller (4) – Jarolim (5) – Gomis (4,5), Driller (4) – **Trainer:** Augenthaler
Eingewechselt: 72. Klasnic (-) für Ailton, 80. A. Herzog (-) für Borowski, 80. F. Ernst (-) für Lisztes – 65. Stoilov (-) für Ogungbure, 65. Krzynowek (-) für L. Müller, 68. David (-) für Driller
Tore: 1:0 Lisztes (4., Rechtsschuss, Vorarbeit Skripnik), 2:0 Lisztes (56., Rechtsschuss, Skripnik), 3:0 F. Ernst (90., Rechtsschuss, Klasnic)
Chancenverhältnis: 6:1
Eckenverhältnis: 4:2
SR: Wagner (Hofheim) – **Zuschauer:** 26 650 – **Gelbe Karten:** Skripnik – Paßlack – **Spielnote:** 3,5

14. Oktober 2001
1. FC Köln – VfL Wolfsburg 0:4 (0:2)
Köln: Bade (3) – Keller (4,5), Bulajic (6), Cichon (-), Springer (5,5) – Voigt (5) – Lottner (5), Kreuz (5) – Kurth (5), Pivaljevic (5), Scherz (4,5) – **Trainer:** Lienen
Wolfsburg: Reitmaier (3) – Schnoor (2) – Greiner (3), Franz (3), Rau (2,5) – Akonnor (2) – S. Müller (3) – Karhan (2,5), Munteanu (2) – Ponte (2), Petrov (1) – **Trainer:** Wolf
Eingewechselt: 18. Balitsch (-) für Cichon, 41. Reich (5) für Balitsch, 77. Dziwior (-) für Lottner – 68. Weiser (-) für Ponte, 77. Kryger (-) für Greiner, 78. H. Sarpei (-) für Karhan
Tore: 0:1 Petrov (2., Rechtsschuss, Vorarbeit Akonnor), 0:2 Ponte (7., Rechtsschuss, S. Müller), 0:3 Petrov (50., Foulelfmeter, Linksschuss, Rau), 0:4 Karhan (61., Rechtsschuss, Petrov)
Chancenverhältnis: 2:8
Eckenverhältnis: 6:4
SR: Albrecht (Kaufbeuren) – **Zuschauer:** 29 000 – **Gelbe Karte:** Scherz – **Spielnote:** 3,5

10. Spieltag

20. Oktober 2001
Bayern München – 1. FC Kaiserslautern 4:1 (3:0)
Bayern: Kahn (3) – Sagnol (2,5), Kuffour (3), R. Kovac (2), Lizarazu (2) – Fink (3) – Hargreaves (3,5) – Salihamidzic (1), Sergio (3) – Elber (2), Santa Cruz (2) – **Trainer:** Hitzfeld
K'lautern: G. Koch (3,5) – H. Koch (4,5), Hengen (3), Knavs (5) – Ramzy (5) – Ratinho (5,5), Strasser (5) – Grammozis (5) – Lincoln (5) – Lokvenc (5), Klose (5) – **Trainer:** Brehme
Eingewechselt: 69. Pizarro (-) für Elber, 77. Sforza (-) für Fink, 77. Tarnat (-) für Lizarazu – 46. Klos (4) für Knavs, 46. Pettersson (4,5) für Lincoln
Tore: 1:0 Santa Cruz (16., Linksschuss, Vorarbeit Salihamidzic), 2:0 Salihamidzic (23., Rechtsschuss, Elber), 3:0 Salihamidzic (29., Foulelfmeter, Rechtsschuss, Sergio), 3:1 H. Koch (82., Foulelfmeter, Rechtsschuss, Klose), 4:1 Pizarro (90., Linksschuss, Salihamidzic)
Chancenverhältnis: 9:2
Eckenverhältnis: 6:3
SR: Jansen (Essen) – **Zuschauer:** 63 000 (ausverkauft) – **Spielnote:** 2,5

20. Oktober 2001
Hertha BSC – Werder Bremen 3:1 (2:1)
Hertha: Kiraly (3) – Schmidt (3,5), Maas (4), Simunic (2,5) – Rehmer (3), Dardai (3,5), Tretschok (3), Goor (2,5) – Marcelinho (3,5) – Alves (4,5), Preetz (5) – **Trainer:** Röber
Bremen: Rost (3,5) – F. Baumann (3,5), Verlaat (4), Krstajic (-) – Frings (2,5) – Tjikuzu (5), Borowski (5), Skripnik (4) – Lisztes (4,5) – Ailton (3), Bode (4) – **Trainer:** Schaaf
Eingewechselt: 63. van Burik (-) für Maas, 68. Hartmann (-) für Goor, 75. Lapaczinski (-) für Rehmer – 65. A. Herzog (-) für Borowski, 65. Stalteri (-) für Tjikuzu, 75. Banovic (-) für Verlaat
Tore: 1:0 Dardai (6., Rechtsschuss, Vorarbeit Tretschok), 1:1 Ailton (7., Rechtsschuss, Frings), 2:1 Goor (32., Rechtsschuss, Marcelinho), 3:1 Rehmer (61., Kopfball, Simunic)
Chancenverhältnis: 8:7
Eckenverhältnis: 2:3
SR: Merk, Dr. (Kaiserslautern) – **Zuschauer:** 34 426 – **Gelbe Karten:** Goor, Maas, van Burik – Skripnik, Lisztes, A. Herzog – **Spielnote:** 3

20. Oktober 2001
1. FC Nürnberg – Bor. M'gladbach 1:2 (0:1)
Nürnberg: Kampa (2) – Paßlack (6), Kos (5), Nikl (5), Wiblishauser (5) – Sanneh (-), Frey (3), L. Müller (5) – Jarolim (5) – Gomis (4), Driller (5,5) – **Trainer:** Augenthaler
Gladbach: Stiel (3) – Eberl (3,5), Pletsch (4), Korell (3), Münch (2,5) – Nielsen (2,5) – Hausweiler (3) – Witeczek (4) – Korzynietz (3), van Houdt (2), Mieciel (2,5) – **Trainer:** Meyer
Eingewechselt: 28. Leitl (4,5) für Sanneh, 57. Michalke (5) für Driller, 77. Stoilov (-) für Jarolim – 75. Asanin (-) für van Houdt, 77. Felgenhauer (-) für Korzynietz, 89. Ulich (-) für Mieciel
Tore: 0:1 Mieciel (10., Rechtsschuss, Vorarbeit van Houdt), 0:2 Nikl (62., Eigentor, Linksschuss, van Houdt), 1:2 Frey (75., Kopfball, L. Müller)
Chancenverhältnis: 6:7
Eckenverhältnis: 14:4
SR: Keßler (Höhenkirchen) – **Zuschauer:** 33 300 – **Gelbe Karten:** Leitl, Frey – Witeczek, Mieciel – **Spielnote:** 3,5

20. Oktober 2001
FC St. Pauli – Energie Cottbus 4:0 (1:0)
St. Pauli: Bulat (3) – Stanislawski (3,5) – Amadou (3,5), Gibbs (3) – Kientz (3), Bürger (4) – Bajramovic (4), Rahn (2,5) – Meggle (2,5) – Marcao (4,5), Patschinski (2,5) – **Trainer:** Demuth
Cottbus: Piplica (3,5) – Sebök (5) – da Silva (5), Mátyus (5) – Thielemann (4,5) – Reghecampf (5,5), Termina (6), Kobylanski (5) – Miriuta (5) – Helbig (4), Topic (4) – **Trainer:** Geyer
Eingewechselt: 46. Rath (3) für Bürger, 64. Konetzke (-) für Patschinski, 71. Inceman (-) für Marcao – 51. Kaluzny (5) für Thielemann, 51. Brasilia (4,5) für Reghecampf, 81. Hujdurovic (-) für Topic
Tore: 1:0 Patschinski (4., Rechtsschuss, Vorarbeit Rahn), 2:0 Kaluzny (52., Eigentor, Rechtsschuss, Patschinski), 3:0 Patschinski (55., Rechtsschuss, Meggle), 4:0 Meggle (77., Rechtsschuss, Konetzke)
Chancenverhältnis: 10:4
Eckenverhältnis: 9:3
SR: Koop (Lüttenmark) – **Zuschauer:** 19 617 (ausverkauft) – **Gelbe Karte:** Inceman – **Gelb-Rote Karte:** Termina (30.) – **Spielnote:** 3

20. Oktober 2001
Bayer Leverkusen – VfB Stuttgart 4:1 (1:1)
Leverkusen: Butt (3) – Zivkovic (3), Lucio (2), Placente (2) – Vranjes (3,5) – B. Schneider (4), Ballack (2) – Bastürk (3,5), Zé Roberto (1,5) – Neuville (4,5), Kirsten (4) – **Trainer:** Toppmöller
Stuttgart: Hildebrand (3,5) – Hinkel (4,5), Marques (3,5), Bordon (3), Wenzel (3,5) – Soldo (3,5), Todt (4) – Seitz (4), Balakov (4), Hleb (4,5) – Ganea (3,5) – **Trainer:** Magath
Eingewechselt: 71. Berbatov (-) für Neuville, 82. Brdaric (-) für Kirsten, 87. Wittek (-) für Bastürk – 78. Tiffert (-) für Hleb
Tore: 0:1 Ganea (9., Rechtsschuss, Vorarbeit Seitz), 1:1 Zé Roberto (24., direkter Freistoß, Linksschuss), 2:1 Zivkovic (59., Rechtsschuss, Zé Roberto), 3:1 Lucio (63., Rechtsschuss, Ballack), 4:1 Berbatov (85., Rechtsschuss, Brdaric)
Chancenverhältnis: 9:3
Eckenverhältnis: 6:1
SR: Sippel (München) – **Zuschauer:** 22 500 (ausverkauft) – **Gelbe Karte:** Zivkovic – **Spielnote:** 3

20. Oktober 2001
FC Schalke 04 – 1860 München 1:0 (1:0)
Schalke: Reck (2) – Hajto (4,5), Waldoch (3), Matellan (3,5), van Kerckhoven (3,5) – Kmetsch (3) – Nemec (4) – Asamoah (4), Vermant (4) – Möller (3) – Sand (2) – **Trainer:** Stevens
1860: Jentzsch (4) – Votava (4,5) – Ehlers (4,5), T. Hoffmann (5), Dheedene (3,5) – F. Tapalovic (4) – Cerny (4) – M. Weissenberger (5) – Borimirov (5), Bierofka (3), Pürk (5) – **Trainer:** Pacult
Eingewechselt: 46. van Hoogdalem (3,5) für Nemec, 62. Böhme (-) für Möller, 67. Mulder (-) für Vermant – 53. Wiesinger (4,5) für M. Weissenberger, 59. Häßler (2,5) für F. Tapalovic, 72. Agostino (-) für Ehlers
Tore: 1:0 Jentzsch (13., Eigentor, Vorarbeit Sand)
Chancenverhältnis: 9:3
Eckenverhältnis: 5:3
SR: Gagelmann (Bremen) – **Zuschauer:** 60 204 (ausverkauft) – **Gelbe Karten:** Vermant, Matellan, Hajto – Ehlers, Dheedene – **Spielnote:** 3,5

20. Oktober 2001
Hansa Rostock – 1. FC Köln 3:0 (0:0)
Rostock: Schober (3) – Jakobsson (3,5) – Hill (4), Emara (4,5) – Schröder (4) – Rydlewicz (3), Lantz (4), Maul (3,5) – Wibran (3) – Beierle (3), di Salvo (2,5) – **Trainer:** Funkel
Köln: Bade (4) – Cullmann (5), Dziwior (5), Keller (5) – Reeb (4,5), Voigt (4,5) – Sinkala (4) – Lottner (4), Kreuz (4,5) – Scherz (2,5), Reich (4) – **Trainer:** Lienen
Eingewechselt: 46. Arvidsson (2,5) für Emara, 52. Yasser (2,5) für Hill, 87. Benken (-) für Lantz – 52. Kurth (4,5) für Scherz, 73. Baranek (-) für Lottner, 73. Springer (-) für Voigt
Tore: 1:0 Yasser (60., Rechtsschuss, ohne Vorarbeit), 2:0 Beierle (62., Linksschuss, di Salvo), 3:0 Wibran (73., Linksschuss, Arvidsson)
Chancenverhältnis: 8:4
Eckenverhältnis: 10:4
SR: Strampe (Handorf) – **Zuschauer:** 15 000 – **Gelbe Karte:** Reeb – **Spielnote:** 4

21. Oktober 2001
VfL Wolfsburg – Hamburger SV 0:1 (0:0)
Wolfsburg: Reitmaier (3) – Greiner (3), Schnoor (3,5), Franz (3), Rau (4) – Akonnor (4) – S. Müller (4,5), Karhan (4) – Munteanu (3) – Juskowiak (5), Petrov (3,5) – **Trainer:** Wolf
HSV: Pieckenhagen (2) – Hertzsch (3), Hoogma (2), Ujfalusi (2,5) – Maltritz (3) – Benjamin (4), Hollerbach (3) – Präger (3), Töfting (3) – Barbarez (4), Ketelaer (4) – **Trainer:** Jara
Eingewechselt: 58. Ponte (4) für Juskowiak, 65. Rische (-) für S. Müller, 74. Weiser (-) für Rau – 77. Groth (-) für Präger, 85. Heinz (-) für Ketelaer
Tor: 0:1 Hoogma (57., Kopfball, Vorarbeit Töfting)
Chancenverhältnis: 4:7
Eckenverhältnis: 7:6
SR: Wack, Dr. (Biberbach) – **Zuschauer:** 19 080 – **Besonderes Vorkommnis:** Pieckenhagen hält Foulelfmeter von Petrov (81.) – **Spielnote:** 3,5

21. Oktober 2001
Bor. Dortmund – SC Freiburg 0:2 (0:1)
Dortmund: Lehmann (3) – Dede (4,5) – Wörns (4), Kohler (3,5) – Evanilson (4) – Oliseh (5), Ricken (4,5) – Ewerthon (4) – Amoroso (5), Koller (5), Sörensen (3,5) – **Trainer:** Sammer
Freiburg: Golz (1,5) – Kondé (2,5), Diarra (3), Kruse (4) – Kehl (2,5), Hermel (3) – Willi (2) – Kobiashwili (3,5) – But (4,5) – Ramdane (4), Coulibaly (3) – **Trainer:** Finke
Eingewechselt: 57. Stevic (-) für Sörensen, 73. Bobic (-) für Stevic – 69. Gerber (-) für Ramdane, 78. Kaufmann (-) für Coulibaly, 83. Iaschwili (-) für Hermel
Tore: 0:1 Coulibaly (44., Linksschuss, ohne Vorarbeit), 0:2 Kehl (90., Linksschuss, Kobiashwili)
Chancenverhältnis: 6:3
Eckenverhältnis: 9:0
SR: Berg (Konz) – **Zuschauer:** 66 500 – **Gelbe Karten:** Ewerthon – Diarra – **Spielnote:** 4

11. Spieltag

27. Oktober 2001
1860 München – Bayer Leverkusen 1:4 (1:1)
1860: Jentzsch (3,5) – T. Hoffmann (4), Votava (4), F. Tapalovic (4,5) – Wiesinger (5), Borimirov (2,5), Dheedene (5) – Cerny (4,5), Bierofka (4) – Häßler (4) – Pürk (5) – **Trainer:** Pacult
Leverkusen: Butt (3,5) – Lucio (4,5), Nowotny (4,5), Placente (3) – Ramelow (4) – Ballack (3,5) – B. Schneider (2) – Bastürk (4,5), Zé Roberto (3,5) – Neuville (3,5), Kirsten (4) – **Trainer:** Toppmöller
Eingewechselt: 70. Agostino (-) für Dheedene, 79. Winkler (-) für Votava, 80. Schroth (-) für Pürk – 70. Zivkovic (-) für Kirsten, 76. Sebescen (-) für Ballack, 82. Vranjes (-) für Bastürk
Tore: 1:0 Häßler (31., Linksschuss, Vorarbeit Cerny), 1:1 T. Hoffmann (33., Eigentor, Ballack), 1:2 Placente (78., Rechtsschuss, Sebescen), 1:3 B. Schneider (84., Rechtsschuss, Neuville), 1:4 Neuville (90., Foulelfmeter, Rechtsschuss, Neuville)
Chancenverhältnis: 6:7
Eckenverhältnis: 1:8
SR: Strampe (Handorf) – **Zuschauer:** 25 000 – **Gelbe Karten:** Votava, Wiesinger – Ballack, Bastürk – **Spielnote:** 3,5

27. Oktober 2001
VfB Stuttgart – FC St. Pauli 2:0 (1:0)
Stuttgart: Hildebrand (3) – Hinkel (3,5), Marques (4), Bordon (3), Wenzel (3,5) – Soldo (3), Todt (3,5) – Hleb (3) – Tiffert (2,5), Seitz (3,5) – Ganea (4,5) – **Trainer:** Magath
St. Pauli: Bulat (4,5) – Stanislawski (3,5) – Gibbs (4,5) – Amadou (5) – Kientz (5), Bürger (5) – Bajramovic (3,5), Rahn (4) – Meggle (4,5) – Marcao (5), Patschinski (5) – **Trainer:** Demuth
Eingewechselt: 68. Carnell (-) für Tiffert, 75. Endress (-) für Todt, 85. Adhemar (-) für Ganea – 56. Konetzke (4) für Rahn, 56. Rath (3,5) für Marcao, 76. Inceman (-) für Patschinski
Tore: 1:0 Tiffert (11., Rechtsschuss, Vorarbeit Ganea), 2:0 Endress (89., Kopfball, Adhemar)
Chancenverhältnis: 12:5
Eckenverhältnis: 2:6
SR: Fandel (Kyllburg) – **Zuschauer:** 23 000 – **Gelbe Karte:** Bürger – **Rote Karte:** Kientz (74., grobes Foulspiel) – **Spielnote:** 4

27. Oktober 2001

Energie Cottbus – Bor. Dortmund 0:2 (0:0)

Cottbus: Piplica (4) – Sebök (3,5) – Beeck (3) – Hujdurovic (4,5), da Silva (3) – Akrapovic (4,5) – Kaluzny (3,5) – Miriuta (4) – Helbig (4), Topic (5), Franklin (4) – **Trainer:** Geyer
Dortmund: Lehmann (2,5) – Metzelder (3,5), Wörns (2,5) – Evanilson (4), Dede (3) – Stevic (4) – Ricken (2) – Rosicky (4,5) – Ewerthon (5), Amoroso (3,5), Koller (4) – **Trainer:** Sammer
Eingewechselt: 46. Kobylanski (4) für Topic, 68. Vincze (-) für Franklin, 81. Brasilia (-) für Hujdurovic – 70. Reuter (-) für Stevic, 76. Oliseh (-) für Rosicky, 76. Sörensen (-) für Ewerthon
Tore: 0:1 Ricken (78., Rechtsschuss, Vorarbeit Koller), 0:2 Amoroso (83., Rechtsschuss, Ricken)
Chancenverhältnis: 3:5
Eckenverhältnis: 1:5
SR: Kemmling (Kleinburgwedel) – **Zuschauer:** 19 300 – **Gelbe Karte:** Kobylanski – **Spielnote:** 4

27. Oktober 2001

Werder Bremen – VfL Wolfsburg 1:0 (0:0)

Bremen: Rost (2,5) – F. Baumann (3), Verlaat (4), Skripnik (2,5) – Frings (2) – Tjikuzu (4,5), F. Ernst (4), Stalteri (4) – Lisztes (4) – Ailton (5), Bode (2,5) – **Trainer:** Schaaf
Wolfsburg: Reitmaier (2) – Franz (4), Schnoor (2,5), Greiner (4) – S. Müller (4), Karhan (4,5), Akonnor (4,5), Rau (3,5) – Munteanu (4) – Ponte (4), Petrov (5) – **Trainer:** Wolf
Eingewechselt: 62. Borowski (-) für Verlaat, 62. Banovic (-) für Tjikuzu, 71. Klasnic (-) für F. Ernst – 39. Kryger (3) für Greiner, 73. Weiser (-) für Rau, 82. Kennedy (-) für S. Müller
Tor: 1:0 Bode (79., Kopfball, Vorarbeit Frings)
Chancenverhältnis: 8:2
Eckenverhältnis: 5:6
SR: Steinborn (Sinzig) – **Zuschauer:** 25 814 – **Besonderes Vorkommnis:** Reitmaier hält Foulelfmeter von Ailton (90.) – **Spielnote:** 4,5

27. Oktober 2001

1. FC Köln – Bayern München 0:2 (0:1)

Köln: Pröll (3) – Sichone (6), Dziwior (4), Cullmann (4) – Reeb (4), Keller (5) – Sinkala (4,5) – Lottner (4) – Scherz (4), Kreuz (3), Kurth (3) – **Trainer:** Lienen
Bayern: Kahn (2,5) – Sagnol (4), Kuffour (3), R. Kovac (3), Tarnat (3) – Thiam (3,5), Fink (3,5) – Sergio (4), Zickler (5) – Santa Cruz (4), Pizarro (2) – **Trainer:** Hitzfeld
Eingewechselt: 42. Springer (5) für Lottner, 75. Reich (-) für Keller, 75. Baranek (-) für Sichone – 70. Hargreaves (-) für Sagnol, 86. Sforza (-) für Fink, 90. Hofmann (-) für Pizarro
Tore: 0:1 Pizarro (27., Kopfball, Vorarbeit Tarnat), 0:2 Pizarro (70., Rechtsschuss)
Chancenverhältnis: 4:6
Eckenverhältnis: 1:6
SR: Fröhlich (Berlin) – **Zuschauer:** 42 000 (ausverkauft) – **Gelbe Karte:** Zickler – **Spielnote:** 4

27. Oktober 2001

1. FC Kaiserslautern – FC Schalke 04 0:0

K'lautern: G. Koch (2,5) – H. Koch (3,5), Hengen (2,5), Strasser (4) – Ramzy (4), Ratinho (4), Grammozis (4,5) – Basler (4) – Djorkaeff (4) – Lokvenc (3), Klose (4) – **Trainer:** Brehme
Schalke: Reck (2,5) – Hajto (3,5), Waldoch (4) – Nemec (3), van Hoogdalem (4), van Kerckhoven (3,5) – Vermant (3,5), Möller (3,5), Böhme (4) – Asamoah (2,5), Sand (4) – **Trainer:** Stevens
Eingewechselt: 46. Riedl (4,5) für Ratinho, 66. Buck (-) für Basler, 78. Mifsud (-) für Djorkaeff – 65. Mulder (-) für Sand, 86. Büskens (-) für Böhme, 89. Djordjevic (-) für Asamoah
Chancenverhältnis: 3:6
Eckenverhältnis: 5:9
SR: Dr. Fleischer (Ulm) – **Zuschauer:** 40 600 (ausverkauft) – **Gelbe Karte:** Mulder – **Spielnote:** 3,5

27. Oktober 2001

Bor. M'gladbach – SC Freiburg 2:2 (1:1)

Gladbach: Stiel (3) – Eberl (4), Korell (3,5), Pletsch (4), Münch (3) – Nielsen (3) – Hausweiler (4), Witeczek (3) – Korzynietz (3,5), van Houdt (4), Mieciel (4) – **Trainer:** Meyer
Freiburg: Golz (4) – Kondé (3,5), Diarra (3,5), Kruse (3,5) – Willi (2,5) – Kehl (3,5) – Hermel (4), Kobiaschwili (4) – But (4) – Sellimi (3,5), Iaschwili (4) – **Trainer:** Finke
Eingewechselt: 37. Asanin (3,5) für Korell, 60. van Lent (3) für Mieciel, 72. Ulich (-) für Eberl – 58. Kaufmann (3,5) für Willi, 61. Ramdane (-) für Iaschwili, 66. Gerber (-) für Hermel
Tore: 0:1 Kehl (3., Linksschuss, Vorarbeit Iaschwili), 1:1 Münch (10., Foulelfmeter, Linksschuss, van Houdt), 1:2 Sellimi (65., Linksschuss, Kruse), 2:2 Witeczek (81., Linksschuss, Nielsen)
Chancenverhältnis: 7:4
Eckenverhältnis: 6:4
SR: Merk, Dr. (Kaiserslautern) – **Zuschauer:** 27 876 – **Gelbe Karten:** van Houdt – Kobiaschwili – **Spielnote:** 3,5

28. Oktober 2001

1. FC Nürnberg – Hertha BSC 1:3 (0:1)

Nürnberg: Kampa (3) – Tavcar (4), Kos (4,5), Nikl (4), Wiblishauser (4) – Frey (3,5) – Jarolim (4,5) – Junior (4,5), Stoilov (5), Krzynowek (4) – Gomis (4,5) – **Trainer:** Augenthaler
Hertha: Kiraly (2) – Schmidt (4), van Burik (3,5), Rehmer (3,5), Simunic (4) – Maas (4) – Dardai (3), Tretschok (4,5) – Goor (3), Marcelinho (2) – Preetz (4) – **Trainer:** Röber
Eingewechselt: 46. Möckel (4) für Stoilov, 70. Michalke (-) für Tavcar – 68. Beinlich (-) für Tretschok
Tore: 0:1 Marcelinho (20., Linksschuss, Vorarbeit Dardai), 1:1 Wiblishauser (59., Linksschuss), 1:2 Goor (74., Linksschuss, Preetz), 1:3 Marcelinho (90., Linksschuss, Goor)
Chancenverhältnis: 5:6
Eckenverhältnis: 4:4
SR: Gagelmann (Bremen) – **Zuschauer:** 24 700 – **Gelbe Karten:** Nikl, Kos, Frey – Dardai, Simunic, Marcelinho – **Spielnote:** 4

28. Oktober 2001

Hamburger SV – Hansa Rostock 0:1 (0:1)

HSV: Pieckenhagen (3) – Hertzsch (2), Hoogma (3), Ujfalusi (3,5) – Hollerbach (4) – Maltritz (2) – Benjamin (4,5), Töfting (4) – Barbarez (2) – Meijer (3), Ketelaer (5) – **Trainer:** Jara
Rostock: Schober (2) – Yasser (2,5), Jakobsson (3), Schröder (2,5) – Hirsch (4) – Wibran (3), Lantz (2), Maul (3,5) – Rydlewicz (2) – Beierle (3), di Salvo (3) – **Trainer:** Funkel
Eingewechselt: 55. Heinz (3,5) für Ketelaer, 55. Präger (2) für Benjamin, 69. Bester (-) für Meijer – 76. Salou (-) für di Salvo, 79. Oswald (-) für Maul, 88. Benken (-) für Lantz
Tor: 0:1 Beierle (42., Linksschuss, Vorarbeit di Salvo)
Chancenverhältnis: 7:6
Eckenverhältnis: 7:6
SR: Albrecht (Kaufbeuren) – **Zuschauer:** 46 169 – **Gelbe Karten:** Maltritz, Präger, Hollerbach, Töfting – di Salvo – **Spielnote:** 2,5

12. Spieltag

3. November 2001

Bayern München – Hamburger SV 3:0 (0:0)

Bayern: Kahn (3) – Sagnol (3), Kuffour (3), R. Kovac (3), Lizarazu (2,5) – Fink (2,5), Hargreaves (4) – Salihamidzic (4), Sergio (3) – Santa Cruz (3,5), Pizarro (2) – **Trainer:** Hitzfeld
HSV: Pieckenhagen (3,5) – Hoogma (4) – Hertzsch (4) – Panadic (4,5) – Maltritz (4,5), Groth (4), Ujfalusi (4), Hollerbach (4) – Töfting (3,5) – Heinz (3,5), Barbarez (5) – **Trainer:** Jara
Eingewechselt: 42. Zickler (3,5) für Santa Cruz, 70. Sforza (-) für Hargreaves – 75. Meijer (-) für Töfting, 75. Präger (-) für Maltritz
Tore: 1:0 Sergio (70., Kopfball, Vorarbeit Hargreaves), 2:0 Pizarro (84., direkter Freistoß, Rechtsschuss), 3:0 Pizarro (89., Kopfball, Sforza)
Chancenverhältnis: 10:1
Eckenverhältnis: 8:8
SR: Berg (Konz) – **Zuschauer:** 55 000 – **Spielnote:** 4

3. November 2001

VfL Wolfsburg – 1. FC Nürnberg 5:0 (2:0)

Wolfsburg: Reitmaier (2) – Greiner (3,5), Franz (4) – H. Sarpei (4), Karhan (4,5), Akonnor (4) – Weiser (4) – Kühbauer (3) – Ponte (2), T. Maric (5), Petrov (2,5) – **Trainer:** Wolf
Nürnberg: Kampa (4) – Paßlack (6), Sanneh (6), Nikl (6), Wiblishauser (5) – Jarolim (6), Michalke (5), Krzynowek (5,5) – Junior (6) – Gomis (6), Driller (6) – **Trainer:** Augenthaler
Eingewechselt: 63. Munteanu (-) für T. Maric, 77. Kennedy (-) für Kühbauer, 80. Rau (-) für Petrov – 57. Möckel (5) für Driller, 72. Stehle (-) für Paßlack
Tore: 1:0 Ponte (6., Rechtsschuss, Vorarbeit Kühbauer), 2:0 Ponte (30., Linksschuss, Petrov), 3:0 Petrov (68., Linksschuss, Kühbauer), 4:0 Kennedy (87., Rechtsschuss, Karhan), 5:0 Munteanu (89., Linksschuss, Rau)
Chancenverhältnis: 12:3
Eckenverhältnis: 5:6
SR: Koop (Lüttenmark) – **Zuschauer:** 11 298 – **Besonderes Vorkommnis:** Reitmaier hält Foulelfmeter von Gomis (79.) – **Spielnote:** 4,5

3. November 2001

Bor. Dortmund – VfB Stuttgart 1:0 (0:0)

Dortmund: Lehmann (3) – Metzelder (5), Wörns (3) – Evanilson (4), Dede (4) – Stevic (3,5), Ricken (3) – Rosicky (3) – Ewerthon (4,5), Koller (4), Amoroso (5) – **Trainer:** Sammer
Stuttgart: Hildebrand (3) – Hinkel (3), Marques (3,5), Bordon (2,5), Wenzel (4) – Soldo (3,5), Todt (3,5) – Tiffert (3), Balakov (4), Hleb (2,5) – Ganea (4,5) – **Trainer:** Magath
Eingewechselt: 68. Sörensen (-) für Ewerthon, 80. Madouni (-) für Dede, 90. Oliseh (-) für Amoroso – 46. Carnell (4) für Tiffert, 61. Adhemar (-) für Ganea, 75. Meißner (-) für Todt
Tor: 1:0 Ricken (51., Linksschuss, Vorarbeit Koller)
Chancenverhältnis: 2:4
Eckenverhältnis: 3:3
SR: Stark (Ergolding) – **Zuschauer:** 66 000 – **Gelbe Karte:** Ricken – **Spielnote:** 4

3. November 2001

FC St. Pauli – 1860 München 0:3 (0:1)

St. Pauli: Bulat (3) – Stanislawski (3,5) – Amadou (3,5), Trulsen (4), Gibbs (4,5) – Inceman (5,5) – Bajramovic (2,5), Rahn (3,5) – Meggle (2,5) – Cenci (3), Marcao (4) – **Trainer:** Demuth
1860: Jentzsch (2) – Ehlers (3), Votava (3,5), F. Tapalovic (3,5) – Riseth (4,5) – Cerny (3), Dheedene (3,5) – Häßler (2) – Wiesinger (4), Bierofka (3,5), Pürk (3) – **Trainer:** Pacult
Eingewechselt: 46. Rath (4) für Inceman, 66. Konetzke (-) für Bajramovic, 66. Patschinski (-) für Cenci – 54. Schroth (3) für Wiesinger, 60. M. Weissenberger (2,5) für Bierofka, 75. Borimirov (-) für Ehlers
Tore: 0:1 Gibbs (6., Eigentor, Rechtsschuss, Vorarbeit Pürk), 0:2 Cerny (78., Rechtsschuss, M. Weissenberger), 0:3 Häßler (90., Rechtsschuss, Schroth)
Chancenverhältnis: 10:5
Eckenverhältnis: 7:6
SR: Weiner (Hildesheim) – **Zuschauer:** 19 617 (ausverkauft) – **Spielnote:** 3,5

3. November 2001

Bayer Leverkusen – 1. FC Kaiserslautern 2:1 (1:1)

Leverkusen: Butt (3) – Nowotny (3,5), Zivkovic (3,5) – B. Schneider (2), Ramelow (2,5), Placente (3) – Ballack (1) – Bastürk (3,5), Zé Roberto (2) – Kirsten (4), Neuville (4) – **Trainer:** Toppmöller
K'lautern: G. Koch (2) – H. Koch (4), Hengen (2,5), Klos (3) – Riedl (3) – Ramzy (5) – Grammozis (4), Strasser (3) – Basler (3) – Klose (4), Lokvenc (3,5) – **Trainer:** Brehme
Eingewechselt: 71. Sebescen (-) für Kirsten, 86. Vranjes (-) für Zé Roberto, 89. Brdaric (-) für Neuville – 84. Adzic (-) für Ramzy, 87. Buck (-) für Grammozis
Tore: 0:1 Strasser (18., Kopfball, Vorarbeit Basler), 1:1 Ballack (34., Rechtsschuss, B. Schneider), 2:1 Ballack (50., Foulelfmeter, Rechtsschuss, Kirsten)
Chancenverhältnis: 8:4
Eckenverhältnis: 13:3
SR: Meyer (Braunschweig) – **Zuschauer:** 22 500 (ausverkauft) – **Gelbe Karten:** Ballack – H. Koch – **Spielnote:** 2,5

3. November 2001

FC Schalke 04 – 1. FC Köln 3:1 (1:1)

Schalke: Reck (2,5) – Hajto (3), Waldoch (3,5), van Kerckhoven (2,5) – Nemec (3,5), Kmetsch (3) – Asamoah (3), Böhme (3,5) – Möller (2,5) – Sand (2), Mulder (3,5) – **Trainer:** Stevens
Köln: Pröll (1,5) – Cullmann (5), Sinkala (2,5), Keller (4,5) – Dziwior (4) – Reeb (4), Springer (4) – Baranek (5), Kreuz (4) – Scherz (3), Kurth (3) – **Trainer:** Lienen
Eingewechselt: 71. Thon (-) für Nemec, 74. Matellan (-) für van Kerckhoven, 85. Büskens (-) für Böhme – 59. Donkov (-) für Kurth, 76. Reich (-) für Reeb, 76. Nessou (-) für Donkov
Tore: 0:1 Sinkala (37., Rechtsschuss, Vorarbeit Kurth), 1:1 Sand (45., Kopfball, Hajto), 2:1 Möller (54., Rechtsschuss, Asamoah), 3:1 Asamoah (80., Linksschuss, Sand)

Kraftvoll: Bayerns Fink (rechts) gegen Kölns Keller.

Chancenverhältnis: 12:1
Eckenverhältnis: 10:2
SR: Wagner (Hofheim) – **Zuschauer:** 60 400 (ausverkauft) – **Gelbe Karten:** Nemec – Keller – **Gelb-Rote Karte:** Scherz (31.) – **Spielnote:** 3

3. November 2001
Hansa Rostock – Werder Bremen 0:1 (0:0)
Rostock: Schober (4) – Schröder (4,5), Jakobsson (4), Oswald (4) – Hirsch (3,5) – Rydlewicz (5), Wibran (5), Lantz (3), Maul (4,5) – Beierle (4,5), di Salvo (5) – **Trainer:** Funkel
Bremen: Rost (3) – F. Baumann (2,5), Verlaat (2,5), Krstajic (3,5) – Stalteri (3,5), Frings (2,5), Skripnik (4,5) – F. Ernst (3,5) – Lisztes (4) – Bode (3,5), Klasnic (2,5) – **Trainer:** Schaaf
Eingewechselt: 65. Arvidsson (-) für di Salvo, 70. Benken (-) für Schröder – 84. Borowski (-) für Klasnic
Tor: 0:1 Klasnic (74., Rechtsschuss, Vorarbeit Stalteri)
Chancenverhältnis: 6:8
Eckenverhältnis: 6:7
SR: Aust (Köln) – **Zuschauer:** 16 000 – **Gelbe Karte:** Klasnic – **Spielnote:** 4

4. November 2001
Hertha BSC – Bor. M'gladbach 3:0 (2:0)
Hertha: Kiraly (3) – Schmidt (3), van Burik (2), Rehmer (3), Simunic (2,5) – Maas (3) – Tretschok (3,5), Dardai (3,5) – Goor (3,5), Marcelinho (2) – Preetz (3) – **Trainer:** Röber
Gladbach: Stiel (3) – Eberl (4), Korell (5), Pletsch (4,5), Münch (4) – Nielsen (5) – Hausweiler (4,5) – Witeczek (4,5) – Korzynietz (5), van Houdt (5) – van Lent (4,5) – **Trainer:** Meyer
Eingewechselt: 52. Fiedler (3) für Kiraly, 69. Beinlich (-) für Marcelinho, 83. Sverrisson (-) für Rehmer – 46. Ulich (5) für Münch, 63. Mieciel (-) für Nielsen, 69. Asanin (-) für Korzynietz
Tore: 1:0 Marcelinho (12., Linksschuss, ohne Vorarbeit), 2:0 van Burik (29., Rechtsschuss, Tretschok), 3:0 Preetz (66., Linksschuss, Maas)
Chancenverhältnis: 3:2
Eckenverhältnis: 5:2
SR: Krug (Gelsenkirchen) – **Zuschauer:** 34 925 – **Spielnote:** 4

4. November 2001
SC Freiburg – Energie Cottbus 3:1 (1:1)
Freiburg: Golz (3) – Kondé (2,5), Diarra (4) – Kehl (-), Zkitischwili (2), Kruse (3) – Willi (3) – Tanko (2), But (2,5) – Sellimi (4), Iaschwili (3,5) – **Trainer:** Finke
Cottbus: Piplica (3,5) – Sebök (5) – da Silva (5), Beeck (-) – Reghecampf (3,5), Akrapovic (4), Kaluzny (4), Kobylanski (3) – Miriuta (5) – Helbig (3), Franklin (5) – **Trainer:** Geyer
Eingewechselt: 69. A. Zeyer (-) für Kruse, 73. St. Müller (-) für Willi, 79. Ramdane (-) für Iaschwili – 24. Hujdurovic (3) für Beeck, 69. Topic (-) für Franklin, 69. Brasilia (-) für Kaluzny
Tore: 1:0 Iaschwili (32., Linksschuss, Vorarbeit But), 1:1 Kobylanski (43., Linksschuss, Kaluzny), 2:1 Zkitischwili (61., Linksschuss, Tanko), 3:1 But (76., Linksschuss)
Chancenverhältnis: 6:3
Eckenverhältnis: 4:4
SR: Keßler (Höhenkirchen) – **Zuschauer:** 25 000 (ausverkauft) – **Gelbe Karten:** Zkitischwili – Miriuta, Sebök, Kaluzny, Reghecampf – **Rote Karte:** Kehl (28., Tätlichkeit) – **Spielnote:** 3

Alter schützt vor Toren nicht: Leverkusens Ulf Kirsten (rechts) bezwingt Kölns Keeper Markus Pröll zum zwischenzeitlichen 1:1-Unentschieden.

13. Spieltag

17. November 2001
1860 München – Bor. Dortmund 1:3 (0:0)
1860: Jentzsch (4,5) – Votava (3) – Kurz (3), Pfuderer (4,5), Dheedene (4) – T. Hoffmann (5,5) – Mykland (3) – Cerny (3), Häßler (2,5), Bierofka (4,5) – Pürk (4) – **Trainer:** Pacult
Dortmund: Lehmann (3) – Metzelder (3), Wörns (2,5), Dede (3,5) – Oliseh (4) – Reuter (-), Heinrich (3) – Amoroso (4) – Sörensen (4,5), Ewerthon (3) – Koller (2) – **Trainer:** Sammer
Eingewechselt: 46. M. Weissenberger (4) für Dheedene, 60. F. Tapalovic (4,5) für Kurz, 68. Winkler (-) für T. Hoffmann – 12. Stevic (2,5) für Reuter, 88. Madouni (-) für Amoroso, 90. Bugri (-) für Ewerthon
Tore: 0:1 Ewerthon (61., Rechtsschuss, ohne Vorarbeit), 0:2 Koller (70., Kopfball, Stevic), 1:2 Häßler (78., Rechtsschuss, Mykland), 1:3 Amoroso (81., Foulelfmeter, Rechtsschuss, Ewerthon)
Chancenverhältnis: 3:7
Eckenverhältnis: 9:8
SR: Koop (Lüttenmark) – **Zuschauer:** 27 200 – **Gelbe Karte:** Mykland – **Spielnote:** 4

17. November 2001
VfB Stuttgart – SC Freiburg 3:0 (1:0)
Stuttgart: Hildebrand (3) – Hinkel (2,5), Marques (3,5), Bordon (2,5), Wenzel (2,5) – Soldo (2,5), Meißner (2) – Hleb (3,5), Balakov (2,5), Seitz (2,5) – Ganea (4) – **Trainer:** Magath
Freiburg: Golz (3) – St. Müller (3), Diarra (4), Kruse (5) – Kobiaschwili (5) – Willi (5), Zkitischwili (5) – Tanko (3), But (5) – Sellimi (5), Iaschwili (5) – **Trainer:** Finke
Eingewechselt: 63. Adhemar (-) für Ganea, 63. Tiffert (-) für Hleb, 87. Gerber (-) für Balakov – 46. A. Zeyer (5) für Kruse, 69. Dorn (-) für Willi, 69. Ramdane (-) für Zkitischwili
Tore: 1:0 Meißner (4., Linksschuss, Vorarbeit Bordon), 2:0 Tiffert (75., Rechtsschuss, Balakov), 3:0 Seitz (90., Rechtsschuss, Tiffert)
Chancenverhältnis: 8:0
Eckenverhältnis: 12:2
SR: Steinborn (Sinzig) – **Zuschauer:** 33 000 – **Spielnote:** 3

17. November 2001
Hertha BSC – VfL Wolfsburg 2:0 (1:0)
Hertha: Fiedler (2) – Schmidt (3), van Burik (2,5), Simunic (3,5) – Hartmann (3) – Maas (5) – Dardai (3,5), Tretschok (3,5) – Beinlich (4), Marcelinho (2,5) – Preetz (4) – **Trainer:** Röber
Wolfsburg: Reitmaier (3) – Schnoor (4,5) – Franz (4) – Greiner (4,5), Rau (3,5) – H. Sarpei (5,5) – Karhan (5), Akonnor (4,5) – Kühbauer (5,5) – Ponte (5), Petrov (4,5) – **Trainer:** Wolf
Eingewechselt: 60. Sverrisson (3,5) für Hartmann, 76. Goor (-) für Beinlich, 82. Neuendorf (-) für Marcelinho – 30. Kennedy (5) für H. Sarpei, 72. Munteanu (-) für Franz, 80. Biliskov (-) für Greiner
Tore: 1:0 H. Sarpei (22., Eigentor, ohne Vorarbeit), 2:0 Goor (82., Rechtsschuss, Dardai)
Chancenverhältnis: 11:6
Eckenverhältnis: 4:5
SR: Stark (Ergolding) – **Zuschauer:** 27 400 – **Gelbe Karte:** Karhan – **Gelb-Rote Karte:** Maas (38.) – **Rote Karte:** Kühbauer (41., Nachtreten) – **Spielnote:** 3,5

17. November 2001
Werder Bremen – Bayern München 1:0 (1:0)
Bremen: Rost (2,5) – F. Baumann (3), Verlaat (3), Krstajic (3,5) – Tjikuzu (4), Skripnik (2) – Frings (1,5) – F. Ernst (3) – Lisztes (2,5) – Ailton (4,5), Bode (4) – **Trainer:** Schaaf
Bayern: Kahn (2,5) – Sagnol (3,5), Kuffour (3), R. Kovac (1,5), Lizarazu (3,5) – Fink (3,5) – Effenberg (4) – Salihamidzic (5), Sergio (3) – Pizarro (4), Elber (4,5) – **Trainer:** Hitzfeld
Eingewechselt: 79. Stalteri (-) für Bode, 88. Borowski (-) für Lisztes – 46. Sforza (3) für Effenberg, 46. Zickler (3,5) für Salihamidzic, 77. Jancker (-) für Elber
Tor: 1:0 Skripnik (40., Foulelfmeter, Linksschuss, Vorarbeit Frings)
Chancenverhältnis: 3:6
Eckenverhältnis: 3:5
SR: Fandel (Kyllburg) – **Zuschauer:** 35 800 (ausverkauft) – **Spielnote:** 2,5

17. November 2001
Hamburger SV – FC Schalke 04 0:0
HSV: Pieckenhagen (2,5) – Hertzsch (3), Hoogma (3,5), Panadic (3,5) – Ujfalusi (4) – Maltritz (4), Hollerbach (3,5) – Töfting (4,5), Albertz (4,5) – Meijer (4,5), Barbarez (5) – **Trainer:** Jara
Schalke: Reck (3) – Hajto (3), Waldoch (3), van Kerckhoven (3) – van Hoogdalem (3,5), Nemec (2,5) – Vermant (3,5), Böhme (3) – Möller (3) – Sand (3,5), Asamoah (4) – **Trainer:** Stevens
Eingewechselt: 67. Präger (-) für Töfting, 76. Antar (-) für Albertz, 90. Heinz (-) für Barbarez – 67. Mulder (-) für Vermant, 76. Büskens (-) für Böhme, 90. Oude Kamphuis (-) für Asamoah
Chancenverhältnis: 2:7
Eckenverhältnis: 3:9
SR: Fröhlich (Berlin) – **Zuschauer:** 55 300 (ausverkauft) – **Spielnote:** 4

17. November 2001
1. FC Köln – Bayer Leverkusen 1:2 (0:0)
Köln: Pröll (2,5) – Sichone (4,5), Cichon (3,5), Keller (3) – Cullmann (3,5), Reeb (3) – Springer (4,5) – Sinkala (4), Kreuz (4,5) – Kurth (3), Reich (3,5) – **Trainer:** Lienen
Leverkusen: Butt (3) – Lucio (4), Nowotny (4) – Placente (4) – Ramelow (4) – B. Schneider (4), Ballack (3) – Bastürk (3), Zé Roberto (4) – Kirsten (3), Neuville (2,5) – **Trainer:** Toppmöller
Eingewechselt: 59. Timm (5) für Reich, 69. Dziwior (-) für Kurth, 80. Donkov (-) für Cichon – 38. Sebescen (3) für B. Schneider, 62. Brdaric (-) für Placente, 83. Vranjes (-) für Neuville
Tore: 1:0 Kurth (57., Kopfball, Vorarbeit Reich), 1:1 Kirsten (63., Linksschuss, Ballack), 1:2 Neuville (72., Rechtsschuss, Sebescen)
Chancenverhältnis: 4:8
Eckenverhältnis: 2:10
SR: Kemmling (Kleinburgwedel) – **Zuschauer:** 41 000 – **Gelbe Karte:** Cullmann – **Gelb-Rote Karte:** Keller (52.) – **Spielnote:** 4

17. November 2001
1. FC Kaiserslautern – FC St. Pauli 5:1 (2:1)
K'lautern: G. Koch (3) – H. Koch (3), Hengen (3), West (2,5) – Ramzy (3,5), Ratinho (3) – Basler (3,5), Malz (2) – Lincoln (3) – Lokvenc (3), Klose (1,5) – **Trainer:** Brehme
St. Pauli: Bulat (3) – Stanislawski (5) – Amadou (5), Gibbs (5,5) – Adamu (-) – Baris (5,5), Berre (5), Inceman (4,5), Rahn (4) – Cenci (5), Marcao (4) – **Trainer:** Demuth
Eingewechselt: 65. Riedl (-) für Ratinho, 73. Gabriel (-) für H. Koch, 81. Klos (-) für West – 16. Trulsen (4,5) für Adamu, 72. Rath (-) für Baris, 81. Bürger (-) für Cenci
Tore: 0:1 Marcao (30., Kopfball, Vorarbeit Rahn), 1:1 Lokvenc (40., Kopfball, Klose), 2:1 H. Koch (45., Rechtsschuss, Malz), 3:1 Klose (60., Rechtsschuss, Malz), 4:1 Lincoln (71., Kopfball, Riedl), 5:1 Klose (78., Rechtsschuss)
Chancenverhältnis: 11:3
Eckenverhältnis: 13:2
SR: Strampe (Handorf) – **Zuschauer:** 39 289 – **Gelbe Karten:** Lincoln, Malz, West – Inceman – **Besonderes Vorkommnis:** Bulat hält Foulelfmeter von H. Koch (24.) – **Spielnote:** 3

18. November 2001
1. FC Nürnberg – Hansa Rostock 2:0 (0:0)
Nürnberg: Kampa (3) – Stehle (3), Kos (3), Wiblishauser (3,5) – Paßlack (3,5), Sanneh (4), Tavcar (2,5), L. Müller (3,5) – Larsen (2) – Michalke (2,5), Gomis (4) – **Trainer:** Augenthaler
Rostock: Schober (2,5) – Schröder (4,5), Jakobsson (2,5), Oswald (4) – Yasser (4,5) – Wibran (4), Lantz (4,5), Maul (4,5) – Rydlewicz (4,5) – Beierle (5), Arvidsson (5) – **Trainer:** Funkel
Eingewechselt: 67. Möckel (-) für Gomis, 79. Cacau (-) für Michalke – 62. Brand (-) für Lantz, 73. Weißhaupt (-) für Yasser
Tore: 1:0 Michalke (51., Linksschuss, Vor-

arbeit Sanneh), 2:0 Maul (86., Eigentor, Möckel)
Chancenverhältnis: 10:5
Eckenverhältnis: 7:5
SR: Jansen (Essen) – **Zuschauer:** 20 000 – **Gelbe Karte:** Wiblishauser – **Gelb-Rote Karte:** Oswald (81.) – **Spielnote:** 4

18. November 2001

Bor. M'gladbach – Energie Cottbus 0:0

Gladbach: Stiel (3) – Eberl (3,5), Pletsch (3,5), Asanin (3), Münch (3) – Nielsen (4,5) – Hausweiler (4), Ulich (3,5) – Korzynietz (3,5), van Houdt (4) – van Lent (4) – **Trainer:** Meyer
Cottbus: Piplica (2) – da Silva (3,5) – Hujdurovic (4), Beeck (4), Scherbe (4) – Reghecampf (4), Akrapovic (4,5), Kaluzny (4,5), Kobylanski (5) – Helbig (4), Topic (4,5) – **Trainer:** Geyer
Eingewechselt: 64. Mieciel (-) für Korzynietz, 83. Stassin (-) für Ulich – 64. Vincze (-) für Akrapovic, 69. Brasilia (-) für Helbig, 86. Labak (-) für Topic
Chancenverhältnis: 8:2
Eckenverhältnis: 6:4
SR: Sippel (München) – **Zuschauer:** 27 800 – **Gelbe Karten:** Hausweiler, Ulich, Eberl – Akrapovic, Helbig – **Rote Karte:** Nielsen (57., grobes Foulspiel) – **Spielnote:** 3,5

14. Spieltag

24. November 2001

Bayern München – 1. FC Nürnberg 0:0

Bayern: Kahn (2,5) – Sagnol (4), Linke (4), R. Kovac (3,5), Tarnat (4,5) – Fink (3) – Effenberg (4,5) – Hargreaves (4,5), Sergio (3) – Pizarro (4), Jancker (3,5) – **Trainer:** Hitzfeld
Nürnberg: Kampa (1,5) – Sanneh (4,5), Kos (3), Nikl (4), Wiblishauser (3) – Paßlack (4), Larsen (3,5), Tavcar (2,5), L. Müller (4) – Michalke (4), Rink (4) – **Trainer:** Augenthaler
Eingewechselt: 46. N. Kovac (4,5) für Effenberg, 70. Elber (-) für Pizarro, 74. Sforza (-) für Fink – 70. Krzynowek (-) für Paßlack, 76. Driller (-) für Rink, 86. Möckel (-) für Michalke
Chancenverhältnis: 7:4
Eckenverhältnis: 6:2
SR: Weiner (Hildesheim) – **Zuschauer:** 63 000 (ausverkauft) – **Besonderes Vorkommnis:** Kampa hält Foulelfmeter von Pizarro (12.) – **Spielnote:** 3,5

24. November 2001

VfL Wolfsburg – Bor. M'gladbach 3:1 (2:0)

Wolfsburg: Reitmaier (2,5) – Greiner (3,5), Franz (3), Rau (3,5) – Schnoor (4) – Karhan (4), Akonnor (4) – Munteanu (3) – Ponte (4), Petrov (2), T. Maric (3,5) – **Trainer:** Wolf
Gladbach: Stiel (3,5) – Eberl (5), Pletsch (3,5), Korell (4,5), Münch (4) – Asanin (3,5) – Hausweiler (4,5), Ulich (4,5) – Mieciel (5), van Houdt (3), van Lent (4,5) – **Trainer:** Meyer
Eingewechselt: 41. Biliskov (4) für Greiner, 67. H. Sarpei (-) für T. Maric, 74. Kryger (-) für Rau – 46. P. Kluge (3,5) für Eberl, 64. Küntzel (-) für Mieciel, 72. Witeczek (-) für Korell
Tore: 1:0 T. Maric (6., Kopfball, Vorarbeit Petrov), 2:0 Petrov (22., Linksschuss, Ponte), 3:0 Ponte (57., Rechtsschuss, T. Maric), 3:1 van Houdt (65., Rechtsschuss, Küntzel)
Chancenverhältnis: 5:5
Eckenverhältnis: 3:12
SR: Dr. Fleischer (Ulm) – **Zuschauer:** 14 493 – **Spielnote:** 4

24. November 2001

Energie Cottbus – VfB Stuttgart 0:0

Cottbus: Piplica (3) – da Silva (3,5) – Beeck (3,5) – Scherbe (5), Akrapovic (4,5), Kobylanski (5) – Reghecampf (4,5), Miriuta (5), Kaluzny (4,5) – Helbig (4,5), Topic (5) – **Trainer:** Geyer
Stuttgart: Hildebrand (3) – Hinkel (3,5), Marques (3,5), Bordon (3), Wenzel (3,5) – Soldo (4), Meißner (4) – Hleb (4), Balakov (3), Seitz (4) – Ganea (5) – **Trainer:** Magath
Eingewechselt: 29. Hujdurovic (3,5) für Kobylanski, 63. Labak (-) für Miriuta, 79. Brasilia (-) für Topic – 63. Tiffert (-) für Hleb, 63. Endress (-) für Meißner, 88. Adhemar (-) für Seitz
Chancenverhältnis: 2:8
Eckenverhältnis: 4:5
SR: Krug (Gelsenkirchen) – **Zuschauer:** 13 780 – **Rote Karte:** Scherbe (88., Nachtreten) – **Spielnote:** 5

24. November 2001

FC St. Pauli – 1. FC Köln 1:2 (0:2)

St. Pauli: Bulat (5) – Amadou (5), Stanislawski (4,5), Gibbs (4,5) – Held (5), Bürger (4,5) – Berre (5), Rahn (3) – Meggle (4,5) – Cenci (5), Marcao (5) – **Trainer:** Demuth
Köln: Pröll (3) – Zellweger (2), Cichon (3), Song (2,5) – Cullmann (4,5), Reeb (3,5) – Springer (3,5) – Sinkala (3) – Scherz (3,5), Reich (3,5), Kurth (3) – **Trainer:** Lienen
Eingewechselt: 43. Rath (3,5) für Berre, 65. Baris (-) für Held, 75. Patschinski (-) für Amadou – 57. Dziwior (4) für Reeb, 80. Lottner (-) für Sinkala, 83. Sichone (-) für Reich
Tore: 0:1 Sinkala (28., Kopfball, Vorarbeit Kurth), 0:2 Zellweger (31., Rechtsschuss, Reich), 1:2 Gibbs (88., Kopfball, Rahn)
Chancenverhältnis: 7:7
Eckenverhältnis: 6:6
SR: Merk, Dr. (Kaiserslautern) – **Zuschauer:** 19 617 (ausverkauft) – **Rote Karte:** Patschinski (90., grobes Foulspiel) – **Spielnote:** 4,5

24. November 2001

Bayer Leverkusen – Hamburger SV 4:1 (2:1)

Leverkusen: Butt (3) – Lucio (1,5), Nowotny (2) – Sebescen (3,5), Placente (3) – Ramelow (2) – Ballack (2), Zé Roberto (1,5) – Bastürk (3,5) – Kirsten (2,5), Neuville (1) – **Trainer:** Toppmöller
HSV: Pieckenhagen (3) – Hertzsch (5), Hoogma (-), Ujfalusi (5) – Groth (4,5), Maltritz (5), Hollerbach (4) – Albertz (3) – Barbarez (4,5) – Präger (5), Meijer (3,5) – **Trainer:** Jara
Eingewechselt: 75. Vranjes (-) für Bastürk, 80. Zivkovic (-) für Placente, 85. Brdaric (-) für Neuville – 21. Töfting (5) für Hoogma, 73. Panadic (-) für Barbarez
Tore: 0:1 Albertz (7., Linksschuss, ohne Vorarbeit), 1:1 Ballack (14., Rechtsschuss, Neuville), 2:1 Neuville (27., Rechtsschuss, Zé Roberto), 3:1 Neuville (58., Rechtsschuss, Zé Roberto), 4:1 Neuville (63., Rechtsschuss, Zé Roberto)
Chancenverhältnis: 11:5
Eckenverhältnis: 9:3
SR: Fandel (Kyllburg) – **Zuschauer:** 22 500 (ausverkauft) – **Spielnote:** 2

24. November 2001

FC Schalke 04 – Werder Bremen 1:4 (0:2)

Schalke: Reck (4) – Hajto (4,5), Waldoch (5) – van Kerckhoven (5) – van Hoogdalem (5,5), Nemec (4) – Asamoah (5), Möller (4,5), Böhme (5,5) – Sand (3,5), Mulder (5) – **Trainer:** Stevens
Bremen: Rost (2) – F. Baumann (3,5), Verlaat (3), Krstajic (3,5) – Tjikuzu (2) – Frings (1,5), F. Ernst (3), Skripnik (2,5) – Lisztes (2,5) – Ailton (1,5), Bode (2,5) – **Trainer:** Schaaf
Eingewechselt: 46. Vermant (4) für Böhme, 56. Wilmots (4) für van Hoogdalem, 61. Oude Kamphuis (-) für Asamoah – 74. Stalteri (-) für Lisztes, 84. Borowski (-) für F. Ernst, 88. Klasnic (-) für Ailton
Tore: 0:1 Bode (20., Linksschuss, Vorarbeit Ailton), 0:2 Ailton (28., Linksschuss, Frings), 0:3 Lisztes (49., Rechtsschuss, Tjikuzu), 0:4 Skripnik (51., Foulelfmeter, Linksschuss, Frings), 1:4 Sand (58., Kopfball, Hajto)
Chancenverhältnis: 6:10
Eckenverhältnis: 4:3
SR: Wack, Dr. (Biberbach) – **Zuschauer:** 60 204 (ausverkauft) – **Gelbe Karte:** Asamoah – **Spielnote:** 3

24. November 2001

Hansa Rostock – Hertha BSC 1:1 (0:0)

Rostock: Schober (3,5) – Jakobsson (4) – Schröder (2,5) – Yasser (4), Hill (4) – Lantz (4), Hirsch (3) – Rydlewicz (3,5), Wibran (4) – Beierle (5), Arvidsson (5) – **Trainer:** Funkel
Hertha: Fiedler (3) – Rehmer (3), van Burik (3), Sverrisson (3,5), Hartmann (3,5) – Schmidt (4) – Dardai (4), Beinlich (3,5) – Goor (5), Marcelinho (5), Preetz (5) – **Trainer:** Röber
Eingewechselt: 83. Weißhaupt (-) für Lantz, 89. Lange (-) für Yasser – 50. Lapaczinski (4) für van Burik, 58. Neuendorf (3) für Marcelinho, 74. Daei (-) für Preetz
Tore: 1:0 Rydlewicz (67., Foulelfmeter, Rechtsschuss, Vorarbeit Schröder), 1:1 Rehmer (82., Rechtsschuss, Sverrisson)
Chancenverhältnis: 5:4
Eckenverhältnis: 7:6
SR: Meyer (Braunschweig) – **Zuschauer:** 14 700 – **Gelbe Karten:** Schober – Sverrisson – **Spielnote:** 4

25. November 2001

SC Freiburg – 1860 München 1:3 (1:2)

Freiburg: Golz (3,5) – St. Müller (3), Diarra (4) – Hermel (3), A. Zeyer (4) – Zkitischwili (3,5), Kobiaschwili (4) – Tanko (3), But (5) – Sellimi (3), Iaschwili (4) – **Trainer:** Finke
1860: Jentzsch (1,5) – Votava (3,5) – F. Tapalovic (3,5), Ehlers (4) – Cerny (2,5), Borimirov (2) – Wiesinger (3), Bierofka (3,5) – Häßler (1) – Schroth (3,5), Pürk (4) – **Trainer:** Pacult
Eingewechselt: 46. Coulibaly (2,5) für But, 69. Ramdane (-) für Hermel – 60. M. Weissenberger (3) für Bierofka, 78. Max (-) für Pürk, 88. Dheedene (-) für Schroth
Tore: 0:1 Borimirov (23., Rechtsschuss, Vorarbeit Häßler), 1:1 A. Zeyer (28., Linksschuss, Hermel), 1:2 Häßler (40., Rechtsschuss), 1:3 Schroth (67., Linksschuss, Wiesinger)
Chancenverhältnis: 9:9
Eckenverhältnis: 16:6
SR: Jansen (Essen) – **Zuschauer:** 24 500 – **Gelbe Karte:** F. Tapalovic – **Spielnote:** 2,5

25. November 2001

Bor. Dortmund – 1. FC Kaiserslautern 3:0 (0:0)

Dortmund: Lehmann (2,5) – Metzelder (3), Kohler (3) – Evanilson (3), Oliseh (4), Heinrich (4) – Ricken (4) – Rosicky (4) – Ewerthon (2,5), Koller (4), Amoroso (2,5) – **Trainer:** Sammer
K'lautern: G. Koch (2,5) – H. Koch (3), West (3), Ramzy (3,5) – Hengen (2,5) – Grammozis (4), Riedl (3), Malz (4) – Lincoln (4) – Lokvenc (4), Klose (4,5) – **Trainer:** Brehme
Eingewechselt: 61. Wörns (-) für Heinrich, 66. Stevic (-) für Rosicky, 89. Herrlich (-) für Ewerthon – 67. Klos (-) für H. Koch, 76. Strasser (-) für Malz
Tore: 1:0 Ewerthon (77., Rechtsschuss, Vorarbeit Ricken), 2:0 Amoroso (86., Foulelfmeter, Rechtsschuss, Amoroso), 3:0 Amoroso (90., Rechtsschuss, Metzelder)
Chancenverhältnis: 6:2
Eckenverhältnis: 6:2
SR: Wagner (Hofheim) – **Zuschauer:** 67 000 – **Gelbe Karten:** G. Koch, Malz – **Spielnote:** 3,5

15. Spieltag

1. Dezember 2001

1860 München – Energie Cottbus 1:0 (0:0)

1860: Jentzsch (4) – Votava (4) – Kurz (4,5), F. Tapalovic (3) – Cerny (3,5), Borimirov (3) – Wiesinger (4), Bierofka (4,5) – Häßler (4) – Suker (4), Max (2,5) – **Trainer:** Pacult
Cottbus: Piplica (3) – da Silva (5) – Hujdurovic (5), Beeck (4,5) – Reghecampf (3,5), Akrapovic (4,5), Thielemann (4,5), Schröter (4) – Miriuta (5) – Brasilia (5), Labak (5) – **Trainer:** Geyer
Eingewechselt: 61. Schroth (-) für Votava, 70. Agostino (-) für Bierofka, 70. M. Weissenberger (-) für Kurz – 58. Topic (5) für Brasilia, 58. Vata (4) für Miriuta, 65. Mátyus (-) für Labak
Tor: 1:0 Max (71., Kopfball, Vorarbeit Schroth)
Chancenverhältnis: 11:1
Eckenverhältnis: 8:2
SR: Merk, Dr. (Kaiserslautern) – **Zuschauer:** 18 600 – **Rote Karten:** da Silva (53., Notbremse) – **Spielnote:** 4,5

1. Dezember 2001

VfB Stuttgart – Bor. M'gladbach 1:1 (0:0)

Stuttgart: Hildebrand (2,5) – Hinkel (3), Marques (3), Wenzel (2,5), Carnell (3) – Soldo (3,5), Meißner (3) – Hleb (5), Balakov (3,5), Seitz (4,5) – Ganea (5) – **Trainer:** Magath
Gladbach: Stiel (3) – Eberl (3,5), Pletsch (3), Stassin (3,5), Münch (3,5) – Korell (3) – Hausweiler (4), Ulich (3,5) – Korzynietz (4,5), van Houdt (5), van Lent (4) – **Trainer:** Meyer
Eingewechselt: 46. Adhemar (4,5) für Ganea, 73. Tiffert (-) für Hleb, 90. Gerber (-) für Seitz – 56. Küntzel (3) für van Houdt, 71. Mieciel (-) für Korzynietz, 71. Asanin (-) für Hausweiler
Tore: 1:0 Wenzel (48., Kopfball, Vorarbeit Balakov), 1:1 Küntzel (89., Linksschuss, van Lent)
Chancenverhältnis: 4:4
Eckenverhältnis: 9:1
SR: Berg (Konz) – **Zuschauer:** 31 000 – **Spielnote:** 4

1. Dezember 2001

1. FC Nürnberg – FC Schalke 04 0:3 (0:0)

Nürnberg: Kampa (4,5) – Sanneh (3), Kos (5), Nikl (3,5), Wiblishauser (2,5) – Paßlack (4,5), Tavcar (4), L. Müller (4) – Larsen (4) – Rink (5), Michalke (5) – **Trainer:** Augenthaler
Schalke: Reck (3) – Hajto (2), Waldoch (2,5) – Nemec (4,5), van Kerckhoven (4) – Asamoah (3,5) – Oude Kamphuis (4), Vermant (5) – Möller (3,5) – Wilmots (5), Sand (2,5) – **Trainer:** Stevens
Eingewechselt: 73. Möckel (-) für Michalke, 73. Gomis (-) für Rink, 81. Krzynowek (-) für Paßlack – 74. van Hoogdalem (-) für Nemec, 80. Böhme (-) für Asamoah
Tore: 0:1 Hajto (61., Handelfmeter, Rechtsschuss, ohne Vorarbeit), 0:2 Sand (90., Rechtsschuss), 0:3 Sand (90., Rechtsschuss)
Chancenverhältnis: 2:8
Eckenverhältnis: 1:6
SR: Strampe (Handorf) – **Zuschauer:** 40 000 – **Rote Karten:** Nikl (61., Handspiel) – **Spielnote:** 4

1. Dezember 2001

Werder Bremen – Bayer Leverkusen 2:1 (1:1)

Bremen: Rost (2) – F. Baumann (4), Verlaat (2,5), Krstajic (3,5) – Frings (2) – Tjikuzu (3), Skripnik (3,5) – Lisztes (2,5), F. Ernst (2,5) – Ailton (3), Bode (2,5) – **Trainer:** Schaaf
Leverkusen: Butt (3) – Lucio (3,5), Nowotny (4) – B. Schneider (4), Placente (3,5) – Ramelow (2) – Ballack (2,5) – Zé Roberto (4) – Bastürk (5) – Neuville (3), Kirsten (5) – **Trainer:** Toppmöller
Eingewechselt: 80. Stalteri (-) für Verlaat – 46. Zivkovic (4,5) für Bastürk, 74. Berbatov (-) für Kirsten, 74. Sebescen (-) für Placente
Tore: 0:1 B. Schneider (38., Linksschuss, Vorarbeit Ballack), 1:1 Bode (39., Linksschuss, Ailton), 2:1 Verlaat (58., Kopfball, Lisztes)
Chancenverhältnis: 5:4
Eckenverhältnis: 5:3
SR: Keßler (Höhenkirchen) – **Zuschauer:** 32 100 – **Gelbe Karten:** Verlaat, Stalteri – Ballack – **Rote Karte:** Nowotny (70., Notbremse) – **Spielnote:** 2,5

1. Dezember 2001

1. FC Köln – Bor. Dortmund 0:2 (0:2)

Köln: Pröll (3) – Zellweger (3,5), Cichon (3), Song (3), Keller (3,5) – Reeb (5) – Sinkala (5), Springer (3,5) – Reich (4,5), Timm (2,5), Kurth (3,5) – **Trainer:** Lienen
Dortmund: Lehmann (2,5) – Metzelder (3), Wörns (2,5), Dede (2,5) – Reuter (3) – Evanilson (3,5), Ricken (3) – Rosicky (4) – Ewerthon (2), Amoroso (4), Koller (3,5) – **Trainer:** Sammer
Eingewechselt: 58. Lottner (3) für Sinkala, 76. Scherz (-) für Cichon, 82. Kreuz (-) für Springer – 64. Heinrich (-) für Rosicky, 73. Sörensen (-) für Amoroso, 88. Stevic (-) für Ricken
Tore: 0:1 Amoroso (17., Foulelfmeter, Rechtsschuss, Vorarbeit Ricken), 0:2 Ewerthon (42., Rechtsschuss, Rosicky)
Chancenverhältnis: 7:5
Eckenverhältnis: 10:3
SR: Fandel (Kyllburg) – **Zuschauer:** 42 000 (ausverkauft) – **Spielnote:** 3

1. Dezember 2001

1. FC Kaiserslautern – SC Freiburg 3:0 (1:0)

K'lautern: G. Koch (3) – H. Koch (3), Hengen (3), West (3) – Ratinho (3), Ramzy (2,5) – Basler (2), Malz (3) – Lincoln (2,5) – Marschall (2,5), Klose (1,5) – **Trainer:** Brehme
Freiburg: Golz (4) – St. Müller (4), Hermel (4) – Kehl (5) – Willi (5), Kruse (5) – A. Zeyer (4), Zkitischwili (5) – Tanko (5) – Sellimi (5), Iaschwili (5) – **Trainer:** Finke
Eingewechselt: 78. Riedl (-) für Ratinho, 80. Mifsud (-) für Marschall, 82. Gabriel (-) für West – 46. Ramdane (5) für Sellimi, 62. But (-) für Hermel, 85. Gerber (-) für Iaschwili

Tore: 1:0 Klose (31., Linksschuss, Vorarbeit Malz), 2:0 Ramzy (47., Rechtsschuss, Basler), 3:0 Klose (52., Linksschuss, Lincoln)
Chancenverhältnis: 8:2
Eckenverhältnis: 8:3
SR: Stark (Ergolding) – **Zuschauer:** 38 248 – **Spielnote:** 3

1. Dezember 2001
Hansa Rostock – VfL Wolfsburg 1:2 (0:1)
Rostock: Schober (4) – Jakobsson (5) – Hill (5,5), Schröder (5) – Lantz (5) – Maul (5,5) – Wibran (5), Hirsch (5) – Rydlewicz (5) – Beierle (4,5), Arvidsson (5,5) – **Trainer:** Funkel
Wolfsburg: Reitmaier (3) – Schnoor (3,5) – Biliskov (3,5), Franz (4) – Kryger (3,5) – Karhan (3,5), Akonnor (3) – S. Müller (3,5) – Munteanu (3,5) – T. Maric (2), Petrov (2,5) – **Trainer:** Wolf
Eingewechselt: 57. Baumgart (5) für Arvidsson, 57. Yasser (5) für Maul – 68. Kühbauer (-) für Munteanu, 80. Plassnegger (-) für Petrov, 88. Rische (-) für T. Maric
Tore: 0:1 T. Maric (32., Rechtsschuss, Vorarbeit Petrov), 0:2 T. Maric (65., Linksschuss, Karhan), 1:2 Beierle (89., Rechtsschuss, Jakobsson)
Chancenverhältnis: 4:4
Eckenverhältnis: 5:5
SR: Gagelmann (Bremen) – **Zuschauer:** 11 000 – **Spielnote:** 4,5

2. Dezember 2001
Hertha BSC – Bayern München 2:1 (0:0)
Hertha: Fiedler (4) – Schmidt (4,5), van Burik (3), Sverrisson (3,5), Simunic (3) – Maas (4,5) – Dardai (2,5), Tretschok (3) – Goor (3,5), Marcelinho (2,5), Preetz (4) – **Trainer:** Röber
Bayern: Wessels (2,5) – Sagnol (4), Kuffour (3), Linke (3,5), Lizarazu (3) – Fink (4), Sforza (4,5) – N. Kovac (2,5) – Sergio (2,5) – Elber (4), Zickler (4) – **Trainer:** Hitzfeld
Eingewechselt: 62. Neuendorf (-) für Maas, 69. Daei (-) für Schmidt, 90. Lapaczinski (-) für Tretschok – 73. Pizarro (-) für Elber, 73. Hargreaves (-) für Sforza, 82. Scholl (-) für N. Kovac
Tore: 0:1 N. Kovac (46., Kopfball, Vorarbeit Sforza), 1:1 Neuendorf (71., Linksschuss, Tretschok), 2:1 Dardai (84., Rechtsschuss, Tretschok)
Chancenverhältnis: 7:5
Eckenverhältnis: 6:4
SR: Aust (Köln) – **Zuschauer:** 52 000 (ausverkauft) – **Spielnote:** 3

2. Dezember 2001
Hamburger SV – FC St. Pauli 4:3 (3:0)
HSV: Pieckenhagen (3) – Fukal (3), Hertzsch (3,5), Ujfalusi (1,5), Hollerbach (3) – Töfting (3,5), Albertz (2,5) – Benjamin (1,5), Präger (3) – Meijer (3), Barbarez (2,5) – **Trainer:** Jara
St. Pauli: Bulat (3) – Trulsen (4,5), Stanislawski (4,5) – Held (3,5), Gibbs (5,5) – Berre (4), Inceman (5), Rahn (2) – Meggle (2,5) – Marcao (4), Rath (5) – **Trainer:** Demuth
Eingewechselt: 74. Mahdavikia (-) für Töfting, 82. Maltritz (-) für Benjamin, 85. Panadic (-) für Meijer – 46. Cenci (4) für Marcao, 55. Baris (4) für Gibbs, 61. Konetzke (-) für Berre
Tore: 1:0 Meijer (4., Linksschuss, Vorarbeit Albertz), 2:0 Fukal (8., Kopfball, Töfting), 3:0 Benjamin (45., Linksschuss, Albertz), 3:1 Meggle (47., Kopfball, Rahn), 4:1 Barbarez (52., Rechtsschuss, Benjamin), 4:2 Trulsen (79., Kopfball, Rahn), 4:3 Trulsen (83., Foulelfmeter, Rechtsschuss, Meggle)
Chancenverhältnis: 10:5
Eckenverhältnis: 5:5
SR: Krug (Gelsenkirchen) – **Zuschauer:** 54 800 – **Spielnote:** 2

16. Spieltag

8. Dezember 2001
Bayern München – VfL Wolfsburg 3:3 (2:1)
Bayern: Wessels (4) – Sagnol (3,5), Kuffour (4), R. Kovac (3,5), Lizarazu (3) – Thiam (4,5), Hargreaves (5) – N. Kovac (4), Scholl (3) – Elber (3), Pizarro (2,5) – **Trainer:** Hitzfeld
Wolfsburg: Reitmaier (2) – Biliskov (4,5), Franz (5), Schnoor (-), Kryger (3) – Karhan (5) – Kühbauer (3), Munteanu (3) – Ponte (4), Petrov (4,5) – T. Maric (2) – **Trainer:** Wolf
Eingewechselt: 60. Sergio (4) für Scholl, 69. Zickler (-) für Pizarro, 75. Jancker (-) für N. Kovac – 25. Rau (2,5) für Schnoor, 83. Klimowicz (-) für T. Maric, 90. H. Sarpei (-) für Ponte
Tore: 1:0 Pizarro (11., Kopfball, Vorarbeit Scholl), 2:0 Elber (17., Kopfball, Lizarazu), 2:1 T. Maric (44., Linksschuss, Kryger), 2:2 Kühbauer (52., Rechtsschuss), 3:2 Pizarro (56., Rechtsschuss), 3:3 T. Maric (70., Rechtsschuss, Rau)
Chancenverhältnis: 7:7
Eckenverhältnis: 4:5
SR: Koop (Lüttenmark) – **Zuschauer:** 37 000 – **Gelbe Karte:** Kühbauer – **Spielnote:** 2,5

8. Dezember 2001
VfB Stuttgart – 1860 München 0:1 (0:0)
Stuttgart: Hildebrand (4) – Hinkel (3), Marques (4), Bordon (3), Wenzel (3,5) – Soldo (3,5), Meißner (3,5) – Hleb (3), Balakov (3), Seitz (4) – Ganea (4,5) – **Trainer:** Magath
1860: Jentzsch (1) – Votava (3,5) – Ehlers (4,5), T. Hoffmann (4), Dheedene (3) – F. Tapalovic (4) – Cerny (3,5), Bierofka (4,5) – Häßler (4,5) – Schroth (5), Max (5,5) – **Trainer:** Pacult
Eingewechselt: 82. Adhemar (-) für Marques, 88. Tiffert (-) für Hleb – 70. Suker (-) für Max, 70. Wiesinger (-) für F. Tapalovic, 88. Pürk (-) für Häßler
Tor: 0:1 Dheedene (65., Linksschuss, ohne Vorarbeit)
Chancenverhältnis: 11:4
Eckenverhältnis: 8:2
SR: Kemmling (Kleinburgwedel) – **Zuschauer:** 22 000 – **Spielnote:** 3,5

8. Dezember 2001
Energie Cottbus – 1. FC Kaiserslautern 0:2 (0:1)
Cottbus: Piplica (3) – Sebök (4,5) – Beeck (4), Hujdurovic (4,5) – Akrapovic (4) – Schröter (3,5), Wawrzyczek (4,5) – Reghecampf (3,5), Miriuta (4,5) – Vincze (5), Kobylanski (5) – **Trainer:** Geyer
K'lautern: Weidenfeller (2,5) – H. Koch (3,5), Hengen (3,5), West (3,5) – Ramzy (3,5), Ratinho (4,5) – Basler (4), Malz (3,5) – Lincoln (2,5) – Klose (4), Marschall (3,5) – **Trainer:** Brehme
Eingewechselt: 59. Labak (5) für Kobylanski, 70. Brasilia (-) für Vincze, 73. Kaluzny (-) für Sebök – 46. Riedl (4) für Ratinho, 73. Lokvenc (-) für Lincoln, 89. Bjelica (-) für Marschall
Tore: 0:1 Marschall (30., Kopfball, Vorarbeit Ramzy), 0:2 Lincoln (47., Rechtsschuss, Malz)
Chancenverhältnis: 9:7
Eckenverhältnis: 12:3
SR: Fröhlich (Berlin) – **Zuschauer:** 13 020 – **Spielnote:** 3,5

8. Dezember 2001
Bor. Dortmund – Hamburger SV 1:0 (0:0)
Dortmund: Lehmann (2) – Wörns (2), Metzelder (2,5) – Evanilson (4,5), Reuter (4), Dede (3,5) – Ricken (2,5) – Koller (4), Rosicky (4) – Ewerthon (2), Amoroso (5) – **Trainer:** Sammer
HSV: Pieckenhagen (2) – Fukal (3), Maltritz (3,5), Ujfalusi (2), Hollerbach (3) – Töfting (3), Albertz (3,5) – Benjamin (3,5), Präger (3,5) – Barbarez (3,5), Meijer (4) – **Trainer:** Jara
Eingewechselt: 46. Kohler (2,5) für Metzelder, 66. Heinrich (-) für Amoroso, 84. Stevic (-) für Rosicky – 72. Mahdavikia (-) für Benjamin, 80. Ketelaer (-) für Maltritz
Tor: 1:0 Ricken (50., Rechtsschuss, Vorarbeit Wörns)
Chancenverhältnis: 7:7
Eckenverhältnis: 7:7
SR: Dr. Fleischer (Ulm) – **Zuschauer:** 67 500 – **Spielnote:** 3

8. Dezember 2001
FC St. Pauli – Werder Bremen 0:3 (0:1)
St. Pauli: Bulat (3) – Amadou (5), Stanislawski (4), Gibbs (4,5) – Trulsen (4) – Held (3,5), Bürger (4), Rahn (3) – Inceman (5) – Marcao (5,5), Rath (4,5) – **Trainer:** Demuth
Bremen: Rost (2,5) – F. Baumann (2,5), F. Ernst (1,5), Krstajic (4) – Frings (2,5) – Tjikuzu (3), Borowski (2,5), Skripnik (3) – Lisztes (1,5) – Ailton (3,5), Bode (3,5) – **Trainer:** Schaaf
Eingewechselt: 43. Baris (4) für Inceman, 59. Konetzke (4,5) für Trulsen, 59. Cenci (5) für Marcao – 76. Klasnic (-) für Ailton, 81. Banovic (-) für Borowski, 85. Blank (-) für Skripnik
Tore: 0:1 Skripnik (19., Handelfmeter, Rechtsschuss, ohne Vorarbeit), 0:2 Ailton (55., Linksschuss), 0:3 Borowski (70., Rechtsschuss, Bode)
Chancenverhältnis: 5:9
Eckenverhältnis: 4:6
SR: Albrecht (Kaufbeuren) – **Zuschauer:** 19 617 (ausverkauft) – **Gelbe Karte:** Bürger – **Spielnote:** 3

8. Dezember 2001
Bayer Leverkusen – 1. FC Nürnberg 4:2 (1:1)
Leverkusen: Butt (3) – Zivkovic (3,5), Lucio (3,5) – B. Schneider (3), Placente (3,5) – Ramelow (4) – Ballack (2) – Zé Roberto (2) – Bastürk (5) – Kirsten (4), Neuville (3) – **Trainer:** Toppmöller
Nürnberg: Kampa (5) – Sanneh (5), Stehle (3), Tavcar (3), Wiblishauser (4) – Paßlack (5), L. Müller (5) – Larsen (3) – Jarolim (2) – Cacau (1,5), Michalke (4,5) – **Trainer:** Augenthaler
Eingewechselt: 46. Sebescen (2,5) für Bastürk, 71. Berbatov (-) für Kirsten, 86. Brdaric (-) für Neuville – 71. Stoilov (-) für Jarolim, 80. Gomis (-) für Michalke, 88. Junior (-) für Paßlack
Tore: 0:1 Cacau (26., Rechtsschuss, ohne Vorarbeit), 1:1 Zé Roberto (27., Linksschuss, Placente), 1:2 Cacau (58., Rechtsschuss, Jarolim), 2:2 Sebescen (62., Kopfball, Zé Roberto), 3:2 Ballack (63., Kopfball, Neuville), 4:2 Neuville (85., Rechtsschuss, Ballack)
Chancenverhältnis: 10:3
Eckenverhältnis: 8:1
SR: Wagner (Hofheim) – **Zuschauer:** 22 500 (ausverkauft) – **Spielnote:** 3

8. Dezember 2001
Bor. M'gladbach – Hansa Rostock 0:2 (0:1)
Gladbach: Stiel (2,5) – Eberl (4), Korell (-), Pletsch (4), Münch (4) – Nielsen (3) – Stassin (4), Ulich (5,5) – Korzynietz (5), van Houdt (5,5) – van Lent (4) – **Trainer:** Meyer
Rostock: Schober (1,5) – Jakobsson (5) – Lange (4,5), Schröder (3,5), Emara (4) – Wibran (4), Lantz (3,5), Yasser (4) – Rydlewicz (2), Arvidsson (3) – Beierle (4) – **Trainer:** Schlünz
Eingewechselt: 46. Witeczek (3,5) für Stassin, 59. P. Kluge (4) für Ulich, 61. Küntzel (-) für Korzynietz – 34. Oswald (5,5) für Schröder, 85. Hirsch (-) für Yasser, 87. Benken (-) für Lange
Tore: 0:1 Rydlewicz (12., Rechtsschuss, Vorarbeit Beierle), 0:2 Arvidsson (73., Linksschuss)
Chancenverhältnis: 12:5
Eckenverhältnis: 8:3
SR: Merk, Dr. (Kaiserslautern) – **Zuschauer:** 24 600 – **Rote Karte:** Korell (17., Notbremse) – **Besonderes Vorkommnis:** Stiel hält Foulelfmeter von Rydlewicz (73.) – **Spielnote:** 3

9. Dezember 2001
SC Freiburg – 1. FC Köln 0:0
Freiburg: Golz (3) – St. Müller (3), Diarra (3) – A. Zeyer (3,5), Hermel (3,5) – Willi (3,5), Kobiaschwili (3) – But (5), Ramdane (5) – Iaschwili (3,5), Sellimi (4) – **Trainer:** Finke
Köln: Pröll (3) – Zellweger (3), Cichon (3), Song (2) – Cullmann (4), Balitsch (5), Keller (4) – Lottner (3) – Timm (4), Springer (4,5) – Kurth (3,5) – **Trainer:** Lienen
Eingewechselt: 63. Coulibaly (-) für But, 68. Kehl (-) für Hermel, 75. Bruns (-) für Ramdane – 72. Kreuz (-) für Keller, 90. Scherz (-) für Timm
Chancenverhältnis: 2:2
Eckenverhältnis: 8:4
SR: Wack, Dr. (Biberbach) – **Zuschauer:** 25 000 (ausverkauft) – **Spielnote:** 4

9. Dezember 2001
FC Schalke 04 – Hertha BSC 0:0
Schalke: Reck (2,5) – Hajto (2,5), Oude Kamphuis (4,5), Waldoch (4), van Kerckhoven (2,5) – van Hoogdalem (4) – Vermant (5), Möller (4), Böhme (4,5) – Asamoah (4,5), Sand (4) – **Trainer:** Stevens
Hertha: Fiedler (3) – Lapaczinski (4), Rehmer (2,5), van Burik (3), Simunic (4) – Maas (3) – Schmidt (4), Tretschok (4) – Goor (4), Neuendorf (3,5) – Marcelinho (2) – **Trainer:** Röber
Eingewechselt: 46. Matellan (4) für Waldoch, 56. Agali (3) für Vermant, 75. Wilmots (-) für Asamoah – 52. Hartmann (3,5) für Goor, 80. Daei (-) für Neuendorf, 87. Preetz (-) für Marcelinho
Chancenverhältnis: 3:3
Eckenverhältnis: 9:2
SR: Steinborn (Sinzig) – **Zuschauer:** 60 204 (ausverkauft) – **Spielnote:** 4

17. Spieltag

15. Dezember 2001
1860 München – Bor. M'gladbach 2:2 (2:2)
1860: Jentzsch (2,5) – Cerny (3,5) – Ehlers (4), Pfuderer (4), F. Tapalovic (4) – T. Hoffmann (3,5) – Wiesinger (2,5), M. Weissenberger (4,5) – Häßler (3) – Max (2), Pürk (4) – **Trainer:** Pacult
Gladbach: Stiel (4,5) – Pletsch (4,5), Asanin (4,5) – Eberl (4), Münch (3) – Hausweiler (3), Nielsen (2,5) – Ulich (3,5) – van Houdt (4), Korzynietz (3), van Lent (3,5) – **Trainer:** Meyer
Eingewechselt: 65. Suker (-) für M. Weissenberger – 71. Küntzel (-) für van Houdt, 75. Demo (-) für Ulich
Tore: 0:1 Korzynietz (22., Rechtsschuss, ohne Vorarbeit), 1:1 Max (23., Kopfball, Wiesinger), 1:2 van Lent (26., Kopfball, Münch), 2:2 Max (42., Linksschuss, Häßler)
Chancenverhältnis: 6:5
Eckenverhältnis: 7:7
SR: Fandel (Kyllburg) – **Zuschauer:** 19 700 – **Gelbe Karten:** van Lent, Korzynietz – **Besonderes Vorkommnis:** Jentzsch hält Foulelfmeter von Lent (53.) – **Spielnote:** 3,5

15. Dezember 2001
Hertha BSC – Bayer Leverkusen 2:1 (1:1)
Hertha: Fiedler (2,5) – Schmidt (3,5), van Burik (-), Rehmer (3), Simunic (3,5) – Maas (3,5) – Dardai (2,5), Tretschok (2) – Neuendorf (3), Marcelinho (3,5), Preetz (4,5) – **Trainer:** Röber
Leverkusen: Butt (3,5) – Lucio (4), Nowotny (3,5) – Zivkovic (3,5), Placente (3,5) – Ramelow (3), Ballack (4) – Neuville (2,5), Zé Roberto (4) – Berbatov (3,5), Kirsten (4,5) – **Trainer:** Toppmöller
Eingewechselt: 13. Hartmann (3) für van Burik, 78. Sverrisson (-) für Neuendorf, 80. Lapaczinski (-) für Tretschok – 34. Sebescen (4) für Nowotny, 74. Brdaric (-) für Kirsten, 74. Bastürk (-) für Placente
Tore: 1:0 Neuendorf (19., Rechtsschuss, Vorarbeit Hartmann), 1:1 Neuville (37., Rechtsschuss, Ramelow), 2:1 Dardai (62., Rechtsschuss, Tretschok)
Chancenverhältnis: 5:8
Eckenverhältnis: 4:4
SR: Wack, Dr. (Biberbach) – **Zuschauer:** 34 635 – **Gelbe Karten:** Maas, Tretschok – **Spielnote:** 3

15. Dezember 2001
1. FC Nürnberg – FC St. Pauli 0:0
Nürnberg: Kampa (3) – Nikl (3,5), Kos (3,5), Tavcar (3), Wiblishauser (4,5) – L. Müller (5), Larsen (3,5), Krzynowek (3,5) – Jarolim (4,5) – Rink (4,5), Michalke (5,5) – **Trainer:** Augenthaler
St. Pauli: Henzler (2) – Stanislawski (3) – Trulsen (2,5), Gibbs (3) – Held (5), Kientz (4,5), Bürger (3,5), Rahn (4) – Meggle (5) – Patschinski (4,5), Rath (4,5) – **Trainer:** Demuth
Eingewechselt: 62. Cacau (-) für Michalke – 84. Baris (-) für Patschinski, 88. Cenci (-) für Rath
Chancenverhältnis: 7:2
Eckenverhältnis: 10:1
SR: Fröhlich (Berlin) – **Zuschauer:** 20 000 – **Spielnote:** 4,5

15. Dezember 2001
Werder Bremen – Bor. Dortmund 1:1 (1:0)
Bremen: Rost (2) – F. Baumann (2,5), Verlaat (3), Krstajic (4) – Tjikuzu (3,5), Skripnik (3) – Frings (2) – F. Ernst (2,5) – Lisztes (2,5) – Ailton (4), Bode (3) – **Trainer:** Schaaf
Dortmund: Lehmann (2) – Wörns (2), Kohler (2,5) – Heinrich (5), Dede (3) – Reuter (3,5), Oliseh (4) – Ricken (2,5) – Rosicky (3), Ewerthon (2,5), Koller (4) – **Trainer:** Sammer

Eingewechselt: – 46. Sörensen (3) für Heinrich, 88. Stevic (-) für Ricken
Tore: 1:0 Frings (40., Linksschuss, Vorarbeit Tjikuzu), 1:1 Ewerthon (56., Rechtsschuss, Rosicky)
Chancenverhältnis: 7:5
Eckenverhältnis: 5:1
SR: Berg (Konz) – **Zuschauer:** 35 000 (ausverkauft) – **Spielnote:** 2,5

15. Dezember 2001
Hamburger SV – SC Freiburg 1:1 (1:0)
HSV: Pieckenhagen (3,5) – Fukal (3,5), Maltritz (4), Ujfalusi (3), Hollerbach (2,5) – Töfting (4,5), Wicky (3) – Albertz (4) – Benjamin (4), Präger (2), Meijer (4) – **Trainer:** Jara
Freiburg: Golz (2) – St. Müller (4), Diarra (3,5) – Zkitischwili (4,5), Kobiaschwili (4) – Hermel (4), Kehl (4) – A. Zeyer (4), Coulibaly (3,5) – Ramdane (5), Iaschwili (3,5) – **Trainer:** Finke
Eingewechselt: 69. Mahdavikia (-) für Benjamin, 73. Cardoso (-) für Töfting – 61. Sellimi (-) für Ramdane, 66. Willi (-) für A. Zeyer, 83. Bruns (-) für Iaschwili
Tore: 1:0 Präger (30., Rechtsschuss, Vorarbeit Meijer), 1:1 St. Müller (69., Rechtsschuss, Kobiaschwili)
Chancenverhältnis: 7:2
Eckenverhältnis: 7:5
SR: Merk, Dr. (Kaiserslautern) – **Zuschauer:** 35 012 – **Spielnote:** 4

15. Dezember 2001
1. FC Köln – Energie Cottbus 0:0
Köln: Pröll (2) – Zellweger (4), Cichon (3,5), Song (3), Keller (4,5) – Cullmann (5), Springer (5) – Lottner (5) – Timm (5), Reich (5,5), Kurth (5) – **Trainer:** Lienen
Cottbus: Piplica (3) – Sebök (4) – Scherbe (4), Beeck (3,5), Wawrzyczek (3) – Akrapovic (4) – Kaluzny (3,5) – Reghecampf (5) – Schröter (4), Kobylanski (5), Feldhoff (5) – **Trainer:** Geyer
Eingewechselt: 58. Kreuz (5,5) für Lottner, 69. Baranek (-) für Cichon – 66. Labak (-) für Feldhoff, 83. Vincze (-) für Reghecampf, 86. Thielemann (-) für Akrapovic
Chancenverhältnis: 2:4
Eckenverhältnis: 2:2
SR: Krug (Gelsenkirchen) – **Zuschauer:** 29 000 – **Spielnote:** 5,5

15. Dezember 2001
Hansa Rostock – Bayern München 1:0 (0:0)
Rostock: Schober (3) – Lange (3,5), Jakobsson (2,5), Oswald (3,5), Emara (4) – Rydlewicz (3,5), Lantz (3,5), Wibran (4,5), Yasser (4) – Beierle (4), Arvidsson (4,5) – **Trainer:** Schlünz
Bayern: Kahn (3) – Thiam (3), Linke (3,5), R. Kovac (2,5), Tarnat (3,5) – Hargreaves (5), Fink (4) – Effenberg (4,5) – Zickler (4,5), Elber (5), Pizarro (5) – **Trainer:** Hitzfeld
Eingewechselt: 83. Hirsch (2) für Yasser, 90. Kovacec (-) für Arvidsson, 90. Weilandt (-) für Wibran – 46. N. Kovac (4,5) für R. Kovac, 66. Scholl (-) für Zickler, 78. Jancker (-) für Elber
Tor: 1:0 Hirsch (86., Linksschuss, Vorarbeit Beierle)
Chancenverhältnis: 3:3
Eckenverhältnis: 7:3
SR: Steinborn (Sinzig) – **Zuschauer:** 29 500 (ausverkauft) – **Spielnote:** 4

16. Dezember 2001
VfL Wolfsburg – FC Schalke 04 3:1 (0:0)
Wolfsburg: Reitmaier (3) – Rytter (3), Franz (3,5), Biliskov (3), Weiser (3) – Karhan (2) – Kühbauer (3) – Munteanu (2,5) – Ponte (4,5), Petrov (4) – T. Maric (1,5) – **Trainer:** Wolf
Schalke: Reck (3,5) – Oude Kamphuis (3), Waldoch (3,5), van Hoogdalem (4) – Kmetsch (4), Nemec (4) – Möller (4) – Asamoah (3,5), Böhme (4) – Wilmots (2,5) – Sand (4) – **Trainer:** Stevens
Eingewechselt: 46. Klimowicz (3,5) für Ponte, 69. S. Müller (-) für Petrov, 88. Rau (-) für Kühbauer – 55. Vermant (3,5) für Böhme, 65. Agali (-) für Nemec
Tore: 1:0 Nemec (51., Eigentor, Linksschuss, Vorarbeit Kühbauer), 2:0 T. Maric (61., Rechtsschuss, Petrov), 2:1 Wilmots (66., Rechtsschuss, Oude Kamphuis), 3:1 T. Maric (74., Foulelfmeter, Rechtsschuss, Klimowicz)
Chancenverhältnis: 4:3
Eckenverhältnis: 3:3
SR: Wagner (Hofheim) – **Zuschauer:** 15 147 – **Spielnote:** 3

16. Dezember 2001
1. FC Kaiserslautern – VfB Stuttgart 2:2 (1:1)
K'lautern: G. Koch (3) – H. Koch (4,5), West (4) – Basler (3,5), Ramzy (3), Malz (4) – Ratinho (3,5), Hengen (4,5) – Lincoln (4,5) – Klose (4), Lokvenc (2) – **Trainer:** Brehme
Stuttgart: Hildebrand (3) – Hinkel (3), Marques (4,5), Bordon (2,5), Wenzel (3) – Soldo (3), Meißner (3,5) – Hleb (3,5), Balakov (2,5), Carnell (2,5) – Adhemar (5) – **Trainer:** Magath
Eingewechselt: 58. Riedl (4) für Hengen, 79. Marschall (-) für Ratinho, 85. Gabriel (-) für Klose – 46. Gerber (4) für Carnell, 69. Kuranyi (-) für Marques, 83. Dundee (-) für Hleb
Tore: 1:0 Ratinho (4., Rechtsschuss, ohne Vorarbeit), 1:1 Meißner (32., Rechtsschuss, Carnell), 2:1 Lokvenc (63., Rechtsschuss, H. Koch), 2:2 Kuranyi (85., Kopfball, Balakov)
Chancenverhältnis: 7:7
Eckenverhältnis: 5:7
SR: Jansen (Essen) – **Zuschauer:** 39 030 – **Gelbe Karten:** Basler, Malz – Wenzel, Kuranyi – **Spielnote:** 3

18. Spieltag

18. Dezember 2001
Hamburger SV – Energie Cottbus 5:2 (0:1)
HSV: Pieckenhagen (3) – Fukal (3,5), Maltritz (5), Ujfalusi (3), Hertzsch (4) – Wicky (3), Albertz (3,5) – Barbarez (4) – Mahdavikia (2,5), Meijer (4), Präger (2) – **Trainer:** Jara
Cottbus: Piplica (4) – Sebök (5) – Scherbe (4,5), Beeck (4,5), Wawrzyczek (5) – Kaluzny (3) – Akrapovic (4) – Schröter (4,5), Vincze (4), Reghecampf (3) – Feldhoff (5) – **Trainer:** Geyer
Eingewechselt: 46. Ketelaer (3) für Maltritz, 83. Töfting (-) für Meijer, 87. Groth (-) für Präger – 67. Labak (-) für Feldhoff, 67. Brasilia (-) für Akrapovic
Tore: 0:1 Schröter (26., Rechtsschuss, Vorarbeit Wawrzyczek), 1:1 Präger (52., Rechtsschuss, Mahdavikia), 2:1 Präger (60., Linksschuss, Ketelaer), 3:1 Fukal (63., Kopfball, Meijer), 4:1 Mahdavikia (75., Rechtsschuss, Barbarez), 5:1 Barbarez (82., Linksschuss, Präger), 5:2 Reghecampf (83., Rechtsschuss, Labak)
Chancenverhältnis: 7:5
Eckenverhältnis: 7:5
SR: Aust (Köln) – **Zuschauer:** 32 445 – **Gelbe Karten:** Albertz – Beeck – **Spielnote:** 3

18. Dezember 2001
Werder Bremen – SC Freiburg 3:2 (1:1)
Bremen: Rost (2,5) – F. Baumann (3), Verlaat (3), Krstajic (4) – Frings (2,5) – Tjikuzu (1,5), F. Ernst (3), Skripnik (3) – Lisztes (2,5) – Ailton (5), Bode (1,5) – **Trainer:** Schaaf
Freiburg: Golz (4,5) – St. Müller (3,5), Diarra (3) – Willi (3), Kehl (3,5), Kobiaschwili (4) – A. Zeyer (3) – Zkitischwili (4), Coulibaly (2,5) – Bruns (4), Iaschwili (4) – **Trainer:** Finke
Eingewechselt: 46. Klasnic (3,5) für Ailton, 59. Borowski (2) für F. Ernst – 60. Sellimi (4) für Zkitischwili, 76. But (-) für Bruns, 82. Dorn (-) für Willi
Tore: 1:0 Bode (13., Linksschuss, ohne Vorarbeit), 1:1 Coulibaly (45., Linksschuss, Iaschwili), 2:1 Krstajic (51., Kopfball, Lisztes), 2:2 A. Zeyer (53., Kopfball, Willi), 3:2 Skripnik (58., Foulelfmeter, Linksschuss, Klasnic)
Chancenverhältnis: 10:4
Eckenverhältnis: 8:4
SR: Sippel (München) – **Zuschauer:** 25 277 – **Gelbe Karten:** Skripnik, Lisztes – A. Zeyer – **Spielnote:** 3

18. Dezember 2001
1. FC Nürnberg – Bor. Dortmund 2:2 (0:0)
Nürnberg: Kampa (2) – Nikl (3), Kos (4), Tavcar (3), Wiblishauser (3,5) – L. Müller (3), Larsen (4), Jarolim (4), Krzynowek (3) – Rink (2,5), Cacau (3) – **Trainer:** Augenthaler
Dortmund: Lehmann (2) – Reuter (4,5), Metzelder (5), Kohler (-), Dede (4) – Stevic (1,5) – Ricken (3) – Sörensen (4,5), Ewerthon (2,5) – Rosicky (3,5) – Koller (5) – **Trainer:** Sammer
Eingewechselt: – 9. Madouni (5) für Kohler, 56. Amoroso (3) für Sörensen, 76. Herrlich (-) für Koller
Tore: 1:0 L. Müller (52., Rechtsschuss, Vorarbeit Krzynowek), 2:0 Nikl (66., Rechtsschuss), 2:1 Ricken (73., Linksschuss, Ewerthon), 2:2 Stevic (76., Kopfball, Rosicky)
Chancenverhältnis: 7:7
Eckenverhältnis: 8:3
SR: Meyer (Braunschweig) – **Zuschauer:** 25 000 – **Spielnote:** 2

18. Dezember 2001
Hertha BSC – FC St. Pauli 2:2 (0:0)
Hertha: Fiedler (5) – Lapaczinski (4), Rehmer (3), Simunic (3) – Schmidt (4), Hartmann (4,5) – Dardai (4), Tretschok (3,5) – Neuendorf (5), Marcelinho (3) – Preetz (4,5) – **Trainer:** Röber
St. Pauli: Henzler (3) – Stanislawski (3) – Trulsen (3) – Held (-), Gibbs (3,5) – Bajramovic (4), Kientz (4), Racanel (4,5) – Meggle (3) – Patschinski (4), Rath (3) – **Trainer:** Demuth
Eingewechselt: 46. Pinto (5) für Neuendorf, 52. Sverrisson (3) für Lapaczinski, 70. Alves (-) für Hartmann – 24. Baris (4,5) für Held, 70. Amadou (-) für Racanel, 82. Berre (-) für Bajramovic
Tore: 0:1 Meggle (50., Foulelfmeter, Rechtsschuss, Vorarbeit Patschinski), 1:1 Marcelinho (62., Linksschuss, Sverrisson), 1:2 Rath (63., Rechtsschuss, Meggle), 2:2 Schmidt (85., Rechtsschuss, Sverrisson)
Chancenverhältnis: 7:3
Eckenverhältnis: 11:5
SR: Merk, Dr. (Kaiserslautern) – **Zuschauer:** 27 100 – **Gelbe Karten:** Meggle, Kientz – **Spielnote:** 4

18. Dezember 2001
Bayern München – Bor. M'gladbach 0:0
Bayern: Kahn (3) – Thiam (3,5), Linke (4), R. Kovac (3), Tarnat (4) – Hargreaves (3,5) – N. Kovac (5), Effenberg (4), Scholl (3) – Pizarro (5), Elber (4) – **Trainer:** Hitzfeld
Gladbach: Stiel (2,5) – Pletsch (3), Nielsen (3), Asanin (3) – Eberl (4), Hausweiler (3,5), Münch (4) – Ulich (3,5) – Korzynietz (4,5), van Houdt (5) – van Lent (4) – **Trainer:** Meyer
Eingewechselt: 68. Zickler (-) für Scholl, 88. Sforza (-) für Thiam – 65. Witeczek (-) für Asanin, 71. Mieciel (-) für van Houdt, 79. Demo (-) für Ulich
Chancenverhältnis: 3:1
Eckenverhältnis: 5:4
SR: Kircher (Rottenburg) – **Zuschauer:** 41 000 – **Gelbe Karten:** N. Kovac – Hausweiler – **Spielnote:** 4

19. Dezember 2001
1. FC Kaiserslautern – 1860 München 1:3 (0:0)
K'lautern: G. Koch (4,5) – H. Koch (4,5), Hengen (4), West (3,5) – Ratinho (3,5), Ramzy (3,5) – Basler (5), Malz (-) – Lincoln (4,5) – Klose (4), Lokvenc (3,5) – **Trainer:** Brehme
1860: Jentzsch (5) – Votava (3,5) – Ehlers (5), T. Hoffmann (3,5) – Cerny (3) – Wiesinger (4), F. Tapalovic (3,5) – Häßler (3), Bierofka (3,5) – Max (3), Pürk (4,5) – **Trainer:** Pacult
Eingewechselt: 25. Strasser (3,5) für Malz, 46. Riedl (4,5) für Basler, 84. Marschall (-) für Lincoln – 63. Schroth (-) für Pürk, 63. Tyce (-) für Bierofka, 84. Pfuderer (-) für Max
Tore: 1:0 Klose (57., Rechtsschuss, ohne Vorarbeit), 1:1 Häßler (70., Foulelfmeter, Rechtsschuss, Max), 1:2 Max (77., Linksschuss, Schroth), 1:3 Wiesinger (86., Rechtsschuss, Häßler)
Chancenverhältnis: 5:5
Eckenverhältnis: 8:2
SR: Wagner (Hofheim) – **Zuschauer:** 34 049 – **Gelbe Karten:** H. Koch, Ratinho – F. Tapalovic, Schroth – **Gelb-Rote Karte:** Ehlers (57.) – **Spielnote:** 3,5

Kopfball-Duell am Betzenberg: Lauterns Hany Ramzy (links) im Zweikampf mit dem Münchner Löwen Marcus Pürk.

19. Dezember 2001
1. FC Köln – VfB Stuttgart 0:0

Köln: Pröll (2) – Zellweger (4), Cichon (3,5), Song (3,5), Cullmann (4) – Balitsch (4) – Sinkala (5) – Lottner (5) – Timm (5), Kurth (5), Kreuz (5) – **Trainer:** Lienen
Stuttgart: Hildebrand (3) – Hinkel (3,5), Marques (4,5), Bordon (3,5), Wenzel (4) – Soldo (4), Meißner (4) – Hleb (3,5), Balakov (5), Seitz (5) – Adhemar (5) – **Trainer:** Magath
Eingewechselt: 54. Voigt (3,5) für Sinkala, 73. Scherz (-) für Kurth, 83. Donkov (-) für Kreuz – 65. Endress (-) für Marques, 67. Kuranyi (-) für Adhemar, 87. Gerber (-) für Seitz
Chancenverhältnis: 4:3
Eckenverhältnis: 4:4
SR: Dr. Fleischer (Ulm) – **Zuschauer:** 28 000 – **Gelbe Karte:** Kuranyi – **Spielnote:** 5

19. Dezember 2001
VfL Wolfsburg – Bayer Leverkusen 3:1 (1:0)

Wolfsburg: Reitmaier (3) – Rytter (3), Franz (3), Biliskov (3), Weiser (3,5) – Karhan (3) – Kühbauer (3), Munteanu (2,5) – Ponte (2,5), T. Maric (2,5), Petrov (2) – **Trainer:** Wolf
Leverkusen: Butt (3) – Sebescen (5), Zivkovic (4), Vranjes (4), Placente (4) – Dzaka (4,5), Ramelow (3) – Neuville (3,5), Zé Roberto (5) – Berbatov (5), Kirsten (5) – **Trainer:** Toppmöller
Eingewechselt: 65. Klimowicz (-) für Ponte, 75. Greiner (-) für Rytter, 79. S. Müller (-) für Kühbauer – 62. Babic (-) für Zé Roberto, 62. Brdaric (-) für Kirsten, 85. Kleine (-) für Dzaka
Tore: 1:0 Ponte (40., Rechtsschuss, Vorarbeit T. Maric), 2:0 T. Maric (56., Rechtsschuss, Kühbauer), 3:0 T. Maric (77., Munteanu), 3:1 Neuville (87., Rechtsschuss, Sebescen)
Chancenverhältnis: 9:3
Eckenverhältnis: 4:0
SR: Krug (Gelsenkirchen) – **Zuschauer:** 12 116 – **Spielnote:** 2

19. Dezember 2001
Hansa Rostock – FC Schalke 04 1:3 (0:2)

Rostock: Schober (3,5) – Lange (4,5), Jakobsson (3,5), Oswald (4), Emara (4) – Hirsch (4,5) – Wibran (5), Yasser (4,5) – Rydlewicz (5) – Beierle (5), Arvidsson (5) – **Trainer:** Schlünz
Schalke: Reck (4) – Waldoch (3), Matellan (2,5) – Oude Kamphuis (3,5), van Hoogdalem (3), van Kerckhoven (3,5) – Wilmots (2), Möller (3), Vermant (2,5) – Agali (4), Sand (3,5) – **Trainer:** Stevens
Eingewechselt: 64. Brand (-) für Rydlewicz, 80. Maul (-) für Hirsch, 80. Kovacec (-) für Arvidsson – 80. Asamoah (-) für Agali, 89. Büskens (-) für Vermant, 90. Mulder (-) für Sand
Tore: 0:1 Wilmots (17., Rechtsschuss, Vorarbeit Vermant), 0:2 Sand (26., Rechtsschuss, Vermant), 1:2 Oswald (70., Linksschuss), 1:3 Wilmots (75., Kopfball)
Chancenverhältnis: 6:3
Eckenverhältnis: 11:2
SR: Stark (Ergolding) – **Zuschauer:** 16 434 – **Gelbe Karte:** Lange – **Spielnote:** 3,5

19. Spieltag

26. Januar 2002
FC Schalke 04 – Bayern München 5:1 (2:0)

Schalke: Reck (4,5) – Oude Kamphuis (2,5), Waldoch (3), van Hoogdalem (2), Matellan (3,5) – Nemec (1,5) – Wilmots (3), Möller (1,5), Böhme (1,5) – Sand (2), Mpenza (1) – **Trainer:** Stevens
Bayern: Kahn (4) – Sagnol (4), Linke (5,5), R. Kovac (5,5), Tarnat (5) – Jeremies (5) – Thiam (5), Effenberg (4) – Santa Cruz (5,5), Scholl (4,5), Elber (4,5) – **Trainer:** Hitzfeld
Eingewechselt: 81. Asamoah (-) für Wilmots, 82. Kmetsch (-) für Nemec, 85. Vermant (-) für Mpenza – 67. Fink (-) für Jeremies, 67. Pizarro (-) für Elber, 81. Hargreaves (-) für Scholl
Tore: 1:0 Mpenza (34., Linksschuss, Vorarbeit Böhme), 2:0 Sand (35., Rechtsschuss, Mpenza), 2:1 Scholl (49., indirekter Freistoß, Rechtsschuss), 3:1 Böhme (54., Linksschuss, Möller), 4:1 van Hoogdalem (75., Kopfball, Mpenza), 5:1 Oude Kamphuis (90., Rechtsschuss)
Chancenverhältnis: 7:3
Eckenverhältnis: 2:4
SR: Fröhlich (Berlin) – **Zuschauer:** 60 683 (ausverkauft) – **Gelbe Karte:** Effenberg – **Rote Karten:** Tarnat (41., grobes Foulspiel) – **Spielnote:** 2

26. Januar 2002
FC St. Pauli – VfL Wolfsburg 3:1 (0:1)

St. Pauli: Henzler (3) – Amadou (4), Stanislawski (2,5), Gibbs (3) – Kovalenko (4), Bajramovic (3,5), Kientz (3,5), Rahn (4) – Meggle (2,5) – Rath (3), Patschinski (3) – **Trainer:** Demuth
Wolfsburg: Reitmaier (4) – Rytter (5), Biliskov (5), Franz (5), Weiser (4) – Karhan (5) – Kühbauer (5), Munteanu (4,5) – Ponte (4), Petrov (4) – T. Maric (4) – **Trainer:** Wolf
Eingewechselt: 46. Racanel (3) für Rahn, 65. Marcao (-) für Amadou, 81. Trulsen (-) für Rath – 61. S. Müller (-) für Ponte, 77. Klimowicz (-) für Rytter, 81. Rau (-) für Munteanu
Tore: 0:1 Kientz (11., Eigentor, Rechtsschuss, Vorarbeit T. Maric), 1:1 Meggle (52., Kopfball, Gibbs), 2:1 Rath (75., Linksschuss), 3:1 Bajramovic (83., Linksschuss, Marcao)
Chancenverhältnis: 9:6
Eckenverhältnis: 7:14
SR: Fandel (Kyllburg) – **Zuschauer:** 19 876 – **Gelbe Karte:** Rau – **Gelb-Rote Karte:** Karhan (58.) – **Spielnote:** 3,5

26. Januar 2002
SC Freiburg – 1. FC Nürnberg 2:0 (1:0)

Freiburg: Golz (3,5) – St. Müller (4), Kruse (4) – Hermel (4) – Willi (3,5), Kobiaschwili (3) – A. Zeyer (2,5), Zkitischwili (2,5) – Ramdane (3) – Bruns (2), Iaschwili (2,5) – **Trainer:** Finke
Nürnberg: Kampa (2) – Sanneh (4,5), Kos (4,5), Nikl (3), L. Müller (4,5) – Paßlack (4), Larsen (3), Krzynowek (3) – Jarolim (4) – Cacau (3,5), Rink (5) – **Trainer:** Augenthaler
Eingewechselt: 70. But (-) für Ramdane, 85. Gerber (-) für Zkitischwili, 85. Männer (-) für Bruns – 85. Gomis (-) für Paßlack
Tore: 1:0 Bruns (41., Rechtsschuss, Vorarbeit A. Zeyer), 2:0 Iaschwili (49., Linksschuss, Bruns)
Chancenverhältnis: 10:7
Eckenverhältnis: 11:10
SR: Kinhöfer (Herne) – **Zuschauer:** 24 600 – **Besonderes Vorkommnis:** Rink schießt Foulelfmeter über das Tor (69.) – **Spielnote:** 3

26. Januar 2002
VfB Stuttgart – Hamburger SV 3:0 (2:0)

Stuttgart: Hildebrand (2) – Hinkel (3,5), Meira (4), Bordon (2), Wenzel (3) – Meißner (3,5), Soldo (3) – Hleb (4), Balakov (3), Seitz (3) – Ganea (3) – **Trainer:** Magath
HSV: Pieckenhagen (4) – Fukal (4,5), Hertzsch (5), Ujfalusi (3,5), Hollerbach (4) – Wicky (3) – Mahdavikia (5), Präger (4,5) – Barbarez (4) – Meijer (4,5), Romeo (3) – **Trainer:** Jara
Eingewechselt: 62. Tiffert (-) für Hleb, 79. Endress (-) für Soldo, 83. Gerber (-) für Seitz – 57. Benjamin (4) für Mahdavikia, 72. Ketelaer (-) für Meijer
Tore: 1:0 Ganea (26., Rechtsschuss, Vorarbeit Seitz), 2:0 Hertzsch (31., Eigentor, Wenzel), 3:0 Bordon (77., Kopfball, Seitz)
Chancenverhältnis: 4:4
Eckenverhältnis: 4:9
SR: Krug (Gelsenkirchen) – **Zuschauer:** 23 000 – **Spielnote:** 3

26. Januar 2002
1860 München – 1. FC Köln 3:0 (0:0)

1860: Jentzsch (2,5) – Cerny (3,5) – Stranzl (4) – Borimirov (3), F. Tapalovic (4) – Tyce (3,5) – M. Weissenberger (5) – Wiesinger (3,5), Häßler (4) – Max (3), Suker (4) – **Trainer:** Pacult
Köln: Pröll (4) – Zellweger (3), Cichon (3,5), Cullmann (4) – Nessou (3,5), Balitsch (3), Keller (4) – Voigt (3,5) – Timm (3,5), Kreuz (4) – Laslandes (5) – **Trainer:** Lienen
Eingewechselt: 56. Pürk (3) für M. Weissenberger, 59. T. Hoffmann (3) für Wiesinger, 78. Riseth (-) für Tyce – 70. Reich (-) für Cichon, 78. Lottner (-) für Voigt, 78. Kurth (-) für Kreuz
Tore: 1:0 Max (56., Rechtsschuss, Vorarbeit Wiesinger), 2:0 Tyce (61., Rechtsschuss), 3:0 Suker (80., Kopfball)
Chancenverhältnis: 5:4
Eckenverhältnis: 5:6
SR: Strampe (Handorf) – **Zuschauer:** 20 000 – **Spielnote:** 4

26. Januar 2002
Bor. M'gladbach – 1. FC Kaiserslautern 0:2 (0:0)

Gladbach: Stiel (2,5) – Eberl (4), Korell (3,5), Pletsch (4), Münch (4) – Nielsen (4) – Hausweiler (4) – Ulich (3) – Felgenhauer (3,5) – Korzynietz (4,5) – van Lent (5) – **Trainer:** Meyer
K'lautern: G. Koch (3) – H. Koch (3), Hengen (3), Knavs (2), Strasser (3) – Basler (3,5), Malz (3) – Lincoln (4) – Pettersson (4), Klose (4), Lokvenc (3,5) – **Trainer:** Brehme
Eingewechselt: 46. Asanin (4) für Eberl, 60. van Houdt (5) für Korzynietz, 78. Auer (-) für Hausweiler – 64. Bjelica (-) für Lincoln, 82. Riedl (-) für Klose
Tore: 0:1 Pletsch (76., Eigentor, Vorarbeit Klose), 0:2 Pettersson (90., Rechtsschuss)
Chancenverhältnis: 4:7
Eckenverhältnis: 7:6
SR: Wack, Dr. (Biberbach) – **Zuschauer:** 24 700 – **Spielnote:** 3,5

26. Januar 2002
Bayer Leverkusen – Hansa Rostock 2:0 (0:0)

Leverkusen: Butt (2,5) – Zivkovic (3,5), Nowotny (1,5) – B. Schneider (4), Ramelow (3,5), Placente (4) – Ballack (2,5) – Bastürk (4), Zé Roberto (3) – Kirsten (3,5), Neuville (4) – **Trainer:** Toppmöller
Rostock: Schober (3) – Lange (5), Jakobsson (3), Oswald (3), Maul (3,5) – Lantz (4), Weilandt (4,5), Wibran (4) – Rydlewicz (3,5) – Salou (5), di Salvo (4,5) – **Trainer:** Veh
Eingewechselt: 73. Berbatov (-) für Neuville, 73. Brdaric (-) für Kirsten, 85. Vranjes (-) für Bastürk – 70. Baumgart (-) für di Salvo, 85. Hirsch (-) für Weilandt, 86. Arvidsson (-) für Rydlewicz
Tore: 1:0 Zivkovic (76., Linksschuss, Vorarbeit B. Schneider), 2:0 Ballack (80., Foulelfmeter, Rechtsschuss, Brdaric)
Chancenverhältnis: 8:3
Eckenverhältnis: 10:2
SR: Dr. Fleischer (Ulm) – **Zuschauer:** 22 500 (ausverkauft) – **Spielnote:** 3,5

27. Januar 2002
Bor. Dortmund – Hertha BSC 3:1 (1:0)

Dortmund: Lehmann (3) – Metzelder (2), Wörns (2,5), Dede (2,5) – Kehl (3,5) – Reuter (2,5), Heinrich (4) – Rosicky (2,5) – Ewerthon (4), Ricken (4) – Koller (2) – **Trainer:** Sammer
Hertha: Fiedler (2,5) – Rehmer (3,5), van Burik (3,5), Sverrisson (5), Hartmann (5) – Maas (4) – Dardai (4), Tretschok (4) – Goor (5), Marcelinho (2) – Preetz (4) – **Trainer:** Röber
Eingewechselt: 76. Evanilson (-) für Ewerthon, 85. Stevic (-) für Ricken, 90. Herrlich (-) für Koller – 46. Neuendorf (3,5) für Goor, 62. Beinlich (-) für Hartmann, 83. Alves (-) für Tretschok
Tore: 1:0 Koller (7., Kopfball, Vorarbeit Reuter), 2:0 Koller (54., Kopfball, Rosicky), 2:1 Neuendorf (71., Linksschuss, Marcelinho), 3:1 Wörns (76., Kopfball, Rosicky)
Chancenverhältnis: 8:6
Eckenverhältnis: 4:6
SR: Aust (Köln) – **Zuschauer:** 63 000 – **Gelbe Karte:** Fiedler – **Besonderes Vorkommnis:** Fiedler hält Foulelfmeter von Ewerthon (36.) – **Spielnote:** 2,5

27. Januar 2002
Energie Cottbus – Werder Bremen 2:1 (1:1)

Cottbus: Piplica (3) – da Silva (3,5) – Beeck (4), Mátyus (3,5) – Kaluzny (3,5), Akrapovic (4) – Reghecampf (3,5), Schröter (3,5) – Miriuta (3) – Kobylanski (5), Reichenberger (5) – **Trainer:** Geyer
Bremen: Rost (3) – F. Baumann (3), Verlaat (5), Krstajic (3,5) – Frings (3) – Tjikuzu (4,5), Magnin (3,5) – Lisztes (4), Borowski (3,5) – Ailton (3), Bode (4,5) – **Trainer:** Schaaf
Eingewechselt: 46. Topic (3) für Kaluzny, 57. Franklin (4,5) für Reichenberger, 90. Scherbe (-) für Miriuta – 81. Klasnic (-) für Magnin
Tore: 0:1 Ailton (28., Linksschuss, Vorarbeit Borowski), 1:1 Mátyus (41., Kopfball, Miriuta), 2:1 Topic (79., Rechtsschuss, Miriuta)
Chancenverhältnis: 5:6
Eckenverhältnis: 3:7
SR: Merk, Dr. (Kaiserslautern) – **Zuschauer:** 14 350 – **Gelbe Karten:** da Silva, Miriuta – **Spielnote:** 3,5

20. Spieltag

2. Februar 2002
Hamburger SV – 1860 München 2:1 (0:0)

HSV: Pieckenhagen (4,5) – Fukal (3), Hoogma (3), Hertzsch (4,5) – Ujfalusi (3) – Wicky (4), Hollerbach (4) – Cardoso (2,5) – Präger (2,5) – Romeo (1,5), Barbarez (2) – **Trainer:** Jara
1860: Jentzsch (2) – Cerny (4), Ehlers (3), Votava (4), Dheedene (4,5) – Riseth (3) – Borimirov (4), Tyce (2,5) – Häßler (3) – Max (3), Suker (3,5) – **Trainer:** Pacult
Eingewechselt: 70. Antar (-) für Cardoso, 76. Töfting (-) für Wicky, 86. Groth (-) für Präger – 57. T. Hoffmann (4,5) für Riseth, 76. M. Weissenberger (-) für Borimirov, 76. Pürk (-) für Votava
Tore: 1:0 Präger (60., Linksschuss, Vorarbeit Barbarez), 2:0 Romeo (81., Linksschuss, Barbarez), 2:1 M. Weissenberger (89., Linksschuss, Häßler)
Chancenverhältnis: 9:7
Eckenverhältnis: 6:6
SR: Jansen (Essen) – **Zuschauer:** 34 026 – **Besonderes Vorkommnis:** Barbarez schießt Foulelfmeter an die Latte (48.) – **Spielnote:** 3

2. Februar 2002
Werder Bremen – VfB Stuttgart 1:2 (1:0)

Bremen: Rost (3,5) – F. Baumann (4), Verlaat (4,5), Krstajic (3) – Frings (3,5) – Tjikuzu (4,5), F. Ernst (3,5), Lisztes (3,5), Skripnik (4) – Ailton (4,5), Bode (3,5) – **Trainer:** Schaaf
Stuttgart: Hildebrand (2,5) – Hinkel (3,5), Bordon (3), Meira (4,5), Wenzel (3) – Meißner (4), Soldo (4) – Balakov (3,5) – Hleb (3,5), Seitz (2,5) – Ganea (3,5) – **Trainer:** Magath
Eingewechselt: 68. Borowski (-) für Verlaat – 46. Tiffert (3) für Hleb, 86. Todt (-) für Seitz
Tore: 1:0 Bode (40., Linksschuss, Vorarbeit Lisztes), 1:1 Ganea (62., Kopfball, Wenzel), 1:2 Tiffert (84., Rechtsschuss, Seitz)
Chancenverhältnis: 4:3
Eckenverhältnis: 5:4
SR: Stark (Ergolding) – **Zuschauer:** 26 000 – **Gelbe Karte:** Frings – **Spielnote:** 4

2. Februar 2002
1. FC Nürnberg – Energie Cottbus 2:0 (0:0)

Nürnberg: Kampa (2) – Nikl (3,5), Kos (3), Tavcar (5), Wiblishauser (-) – Larsen (4) – Sanneh (4), Krzynowek (4) – Jarolim (4) – Cacau (3,5), Rink (3) – **Trainer:** Augenthaler
Cottbus: Piplica (2,5) – da Silva (4) – Beeck (4,5), Mátyus (4,5) – Thielemann (4,5), Akrapovic (5), Schröter (4,5), Kobylanski (5) – Miriuta (5) – Topic (5), Helbig (5) – **Trainer:** Geyer
Eingewechselt: 17. Paßlack (4,5) für Wiblishauser, 80. Michalke (-) für Rink, 90. Gomis (-) für Jarolim – 68. Vincze (-) für Akrapovic, 68. Reichenberger (-) für Thielemann, 81. Franklin (-) für Kobylanski
Tore: 1:0 Rink (60., Linksschuss, Vorarbeit Cacau), 2:0 Krzynowek (87., Foulelfmeter, Linksschuss, Jarolim)
Chancenverhältnis: 10:5
Eckenverhältnis: 4:5
SR: Steinborn (Sinzig) – **Zuschauer:** 20 000 – **Gelbe Karte:** Cacau – **Spielnote:** 4,5

2. Februar 2002
Hertha BSC – SC Freiburg 1:1 (0:1)

Hertha: Fiedler (3) – Schmidt (3), Sverrisson (3), Simunic (4,5) – Maas (4,5) – Rehmer (4), Dardai (4,5), Neuendorf (5) – Beinlich (3) – Marcelinho (5), Preetz (5) – **Trainer:** Röber
Freiburg: Golz (2,5) – St. Müller (3,5), Kruse (4) – Hermel (4) – Kobiaschwili (5) – Willi (4), A. Zeyer (4,5), Zkitischwili (4,5) – Ramdane (5) – Bruns (4), Iaschwili (3,5) – **Trainer:** Finke
Eingewechselt: 46. Alves (3) für Simunic, 74. Goor (-) für Beinlich, 80. Daei (-) für

Preetz – 64. Kondé (-) für Willi, 66. Männer (-) für Ramdane, 87. But (-) für Bruns
Tore: 0:1 Iaschwili (37., Kopfball, Vorarbeit Willi), 1:1 Alves (57., Rechtsschuss)
Chancenverhältnis: 13:2
Eckenverhältnis: 7:2
SR: Kemmling (Kleinburgwedel) – **Zuschauer:** 25 146 – **Spielnote:** 4

2. Februar 2002

VfL Wolfsburg – Bor. Dortmund 1:1 (1:1)

Wolfsburg: Reitmaier (3,5) – Rytter (4), Franz (3), Biliskov (3,5), Weiser (3) – H. Sarpei (3) – Kühbauer (3), Munteanu (2) – Ponte (2,5), Petrov (4) – T. Maric (1,5) – **Trainer:** Wolf
Dortmund: Lehmann (1) – Metzelder (4), Wörns (4,5), Dede (3,5) – Reuter (4), Kehl (4), Heinrich (3,5) – Rosicky (4,5) – Evanilson (5,5), Ewerthon (3,5) – Koller (3) – **Trainer:** Sammer
Eingewechselt: 60. Klimowicz (4,5) für Petrov, 88. Rau (-) für Ponte – 39. Stevic (4) für Rosicky, 69. Amoroso (-) für Evanilson, 80. Sörensen (-) für Ewerthon
Tore: 0:1 Heinrich (3., Rechtsschuss, ohne Vorarbeit), 1:1 T. Maric (36., Foulelfmeter, Rechtsschuss, Munteanu)
Chancenverhältnis: 11:1
Eckenverhältnis: 9:1
SR: Merk, Dr. (Kaiserslautern) – **Zuschauer:** 17 226 – **Spielnote:** 2,5

2. Februar 2002

1. FC Köln – 1. FC Kaiserslautern 0:1 (0:0)

Köln: Pröll (3) – Cullmann (5), Zellweger (3), Cichon (4), Voigt (4) – Balitsch (3,5) – Scherz (5), Lottner (5), Springer (4,5) – Timm (5,5), Laslandes (5) – **Trainer:** John
K'lautern: G. Koch (3) – H. Koch (3), Hengen (3), Knavs (3,5), Strasser (3,5) – Ratinho (4) – Basler (4,5) – Lincoln (4) – Pettersson (5), Klose (2,5) – Lokvenc (3,5) – **Trainer:** Brehme
Eingewechselt: 60. Kurth (4,5) für Scherz, 76. Reich (-) für Voigt, 81. Baranek (-) für Cichon – 46. Hristov (3,5) für Basler, 66. Ognjenovic (-) für Klose, 78. Grammozis (-) für Ratinho
Tor: 0:1 Klose (57., Kopfball, Vorarbeit Lincoln)
Chancenverhältnis: 4:6
Eckenverhältnis: 5:1
SR: Gagelmann (Bremen) – **Zuschauer:** 27 000 – **Spielnote:** 5

2. Februar 2002

FC Schalke 04 – Bor. M'gladbach 2:0 (1:0)

Schalke: Reck (2) – Oude Kamphuis (4), Waldoch (4), van Hoogdalem (2), Matellan (4,5) – Nemec (4) – Wilmots (3), Möller (3,5), Böhme (2,5) – Sand (3), Mpenza (4) – **Trainer:** Stevens
Gladbach: Stiel (3) – Asanin (4), Korell (3,5), Pletsch (4), Münch (4) – Nielsen (2,5) – Hausweiler (4) – Ulich (4,5) – Felgenhauer (4,5), Korzynietz (5) – van Lent (3,5) – **Trainer:** Meyer
Eingewechselt: 70. Kmetsch (-) für Nemec, 80. Asamoah (-) für Wilmots, 88. Mulder (-) für Sand – 60. van Houdt (5) für Korzynietz, 60. Aidoo (3) für Felgenhauer, 74. Mieciel (-) für Ulich
Tore: 1:0 Wilmots (1., Rechtsschuss, Vorarbeit Sand), 2:0 Asamoah (90., Linksschuss)
Chancenverhältnis: 4:5
Eckenverhältnis: 4:5
SR: Albrecht (Kaufbeuren) – **Zuschauer:** 60 683 (ausverkauft) – **Spielnote:** 3,5

3. Februar 2002

Hansa Rostock – FC St. Pauli 1:0 (0:0)

Rostock: Schober (3,5) – Haber (4,5), Jakobsson (3,5), Oswald (4), Maul (4) – Wibran (4,5), Lantz (4,5) – di Salvo (4) – Rydlewicz (5) – Beierle (4), Salou (5) – **Trainer:** Veh
St. Pauli: Henzler (3,5) – Stanislawski (3,5), Amadou (3,5) – Gibbs (4,5) – Kovalenko (5), Bajramovic (5), Kientz (3,5), Racanel (4,5) – Meggle (3,5) – Rath (4,5), Patschinski (5) – **Trainer:** Demuth
Eingewechselt: 46. Hirsch (3) für Salou, 68. Hill (-) für Jakobsson, 79. Arvidsson (-) für Rydlewicz – 57. Rahn (4) für Racanel, 61. Berre (-) für Kovalenko, 85. Marcao (-) für Amadou
Tor: 1:0 Hirsch (82., Foulelfmeter, Linksschuss, Vorarbeit Arvidsson)
Chancenverhältnis: 7:2
Eckenverhältnis: 9:7
SR: Sippel (München) – **Zuschauer:** 18 600 – **Gelbe Karte:** Meggle – **Spielnote:** 4,5

3. Februar 2002

Bayern München – Bayer Leverkusen 2:0 (0:0)

Bayern: Kahn (3) – Sagnol (3), Linke (3,5), R. Kovac (3), Kuffour (3,5) – Fink (3,5) – Effenberg (3,5), Hargreaves (4) – Scholl (3) – Elber (2,5), Jancker (4) – **Trainer:** Hitzfeld
Leverkusen: Butt (2,5) – Kleine (4,5), Nowotny (5) – Zivkovic (4), Ramelow (4), Placente (3,5) – B. Schneider (4,5), Ballack (4,5) – Zé Roberto (4) – Neuville (5), Berbatov (5) – **Trainer:** Toppmöller
Eingewechselt: 78. Pizarro (-) für Jancker, 90. Jeremies (-) für Effenberg, 90. Sergio (-) für Elber – 57. Kirsten (5) für Berbatov, 62. Brdaric (-) für Neuville
Tore: 1:0 Elber (67., Linksschuss, Vorarbeit Linke), 2:0 Effenberg (71., Foulelfmeter, Rechtsschuss, Sagnol)
Chancenverhältnis: 9:2
Eckenverhältnis: 4:0
SR: Fandel (Kyllburg) – **Zuschauer:** 43 000 – **Spielnote:** 4

21. Spieltag

5. Februar 2002

SC Freiburg – VfL Wolfsburg 0:0

Freiburg: Reus (1,5) – St. Müller (3,5), Kruse (3,5) – Hermel (4) – Willi (3), A. Zeyer (4), Zkitischwili (4), Kobiaschwili (3,5) – Ramdane (4) – Bruns (3,5), Iaschwili (3) – **Trainer:** Finke
Wolfsburg: Reitmaier (2) – Rytter (3,5), Franz (3,5), Biliskov (4), Weiser (3) – Karhan (2) – Kühbauer (2,5), Munteanu (2) – Petrov (3), T. Maric (4,5), Ponte (3) – **Trainer:** Wolf
Eingewechselt: 61. Sellimi (-) für Bruns, 68. Kondé (-) für A. Zeyer, 70. But (-) für Willi – 61. Klimowicz (-) für T. Maric, 77. H. Sarpei (-) für Munteanu, 82. Rau (-) für Petrov
Chancenverhältnis: 3:9
Eckenverhältnis: 8:6
SR: Keßler (Höhenkirchen) – **Zuschauer:** 24 000 – **Spielnote:** 2,5

5. Februar 2002

Energie Cottbus – Hertha BSC 1:0 (0:0)

Cottbus: Piplica (3) – da Silva (4) – T. Rost (3,5), Beeck (4), Mátyus (4) – Reghecampf (4) – Schröter (3,5), Wawrzyczek (5) – Miriuta (4,5) – Franklin (4,5), Topic (3) – **Trainer:** Geyer
Hertha: Fiedler (3) – van Burik (4), Sverrisson (3,5), Rehmer (5) – Maas (4,5) – Schmidt (4,5), Tretschok (5) – Beinlich (4) – Goor (4,5), Marcelinho (5), Daei (5) – **Trainer:** Röber
Eingewechselt: 71. Helbig (-) für Franklin, 73. Kobylanski (-) für Wawrzyczek, 83. Reichenberger (-) für Miriuta – 46. Simunic (3,5) für Rehmer, 60. Alves (4) für Marcelinho, 86. Preetz (-) für Maas
Tor: 1:0 Topic (85., Linksschuss, ohne Vorarbeit)
Chancenverhältnis: 6:4
Eckenverhältnis: 1:7
SR: Jansen (Essen) – **Zuschauer:** 15 600 – **Gelbe Karte:** Topic – **Spielnote:** 5

5. Februar 2002

Bor. M'gladbach – 1. FC Köln 4:0 (0:0)

Gladbach: Stiel (3) – Eberl (3,5), Pletsch (3), Korell (3), Münch (2,5) – Nielsen (2) – Demo (2,5), Ulich (3) – Aidoo (4,5), Felgenhauer (3) – van Lent (1) – **Trainer:** Meyer
Köln: Pröll (3,5) – Cullmann (5,5), Zellweger (4), Keller (4,5) – Balitsch (4) – Reeb (5), Lottner (5), Voigt (5) – Timm (-) – Kurth (5,5), Laslandes (5) – **Trainer:** John
Eingewechselt: 71. Asanin (-) für Münch, 75. Witeczek (-) für Ulich, 80. Auer (-) für Felgenhauer – 17. Reich (4,5) für Timm, 61. Springer (-) für Voigt, 75. Cichon (-) für Laslandes
Tore: 1:0 Münch (51., Foulelfmeter, Linksschuss, Vorarbeit Korell), 2:0 van Lent (54., Rechtsschuss, Demo), 3:0 van Lent (60., Rechtsschuss, Aidoo), 4:0 van Lent (68., Rechtsschuss, Ulich)
Chancenverhältnis: 9:3
Eckenverhältnis: 4:2
SR: Fröhlich (Berlin) – **Zuschauer:** 32 200 – **Gelbe Karten:** Ulich – Reeb – **Spielnote:** 3,5

5. Februar 2002

VfB Stuttgart – 1. FC Nürnberg 2:3 (1:2)

Stuttgart: Hildebrand (4) – Hinkel (3,5), Meira (5), Bordon (4), Wenzel (3,5) – Soldo (3,5), Meißner (4) – Balakov (4) – Seitz (3), Hleb (5) – Ganea (3,5) – **Trainer:** Magath
Nürnberg: Kampa (2) – Sanneh (4,5), Kos (3), Nikl (3,5), Tavcar (3,5) – Paßlack (4), Larsen (2,5), Krzynowek (3) – Jarolim (4) – Rink (2,5), Cacau (2) – **Trainer:** Augenthaler
Eingewechselt: 46. Tiffert (3) für Hleb, 55. Dundee (-) für Meißner, 78. Adhemar (-) für Dundee – 68. L. Müller (-) für Paßlack, 76. Michalke (-) für Cacau, 89. Gomis (-) für Rink
Tore: 0:1 Cacau (15., Rechtsschuss, ohne Vorarbeit), 1:1 Bordon (24., indirekter Freistoß, Linksschuss), 1:2 Cacau (26., Rechtsschuss, Rink), 2:2 Ganea (60., Rechtsschuss, Tiffert), 2:3 Larsen (77., direkter Freistoß, Rechtsschuss)
Chancenverhältnis: 7:7
Eckenverhältnis: 13:3
SR: Koop (Lüttenmark) – **Zuschauer:** 21 000 – **Gelb-Rote Karte:** Larsen (84.) – **Spielnote:** 2,5

5. Februar 2002

1860 München – Werder Bremen 3:1 (1:1)

1860: Jentzsch (3) – Ehlers (-), Votava (3,5), F. Tapalovic (4) – Borimirov (4), Tyce (3,5) – Cerny (2), Bierofka (4) – Häßler (3,5) – Max (3), Agostino (3,5) – **Trainer:** Pacult
Bremen: Rost (2,5) – F. Baumann (4,5), Verlaat (5), Krstajic (4) – Tjikuzu (3), Skripnik (5) – F. Ernst (3,5) – Lisztes (2,5), Borowski (3,5) – Ailton (4), Bode (5) – **Trainer:** Schaaf
Eingewechselt: 20. Riseth (5) für Ehlers, 64. Pürk (-) für Bierofka, 69. Suker (-) für Agostino – 71. Banovic (-) für Verlaat, 76. Klasnic (-) für Borowski, 86. Wehlage (-) für Tjikuzu
Tore: 1:0 Agostino (18., Linksschuss, Vorarbeit Cerny), 1:1 Lisztes (24., Rechtsschuss, Ailton), 2:1 Max (68., Rechtsschuss, Cerny), 3:1 Häßler (74., Foulelfmeter, Rechtsschuss, Max)
Chancenverhältnis: 10:5
Eckenverhältnis: 5:5
SR: Meyer (Braunschweig) – **Zuschauer:** 17 200 – **Spielnote:** 3

6. Februar 2002

1. FC Kaiserslautern – Hamburger SV 2:2 (1:1)

K'lautern: G. Koch (5) – Basler (3), Knavs (-), Hengen (3), Strasser (3) – Grammozis (3,5), Riedl (3) – Lincoln (3,5) – Klose (2), Lokvenc (3), Pettersson (2,5) – **Trainer:** Brehme
HSV: Pieckenhagen (4) – Fukal (5), Hertzsch (4), Hoogma (3), Ujfalusi (4) – Wicky (3) – Töfting (3,5), Hollerbach (4) – Antar (3) – Barbarez (3,5) – Romeo (3) – **Trainer:** Jara
Eingewechselt: 25. Kullig (3) für Knavs, 68. Ognjenovic (-) für Pettersson – 66. Groth (-) für Fukal, 79. Heinz (-) für Töfting, 82. Maltritz (-) für Antar
Tore: 1:0 Basler (4., direkter Freistoß, Rechtsschuss, ohne Vorarbeit), 1:1 Romeo (11., Kopfball, Barbarez), 2:1 Klose (76., Kopfball, Lincoln), 2:2 Heinz (80., Rechtsschuss, Romeo)
Chancenverhältnis: 8:4
Eckenverhältnis: 11:2
SR: Kircher (Rottenburg) – **Zuschauer:** 34 958 – **Spielnote:** 3

Die Angst des Torwarts …: Bremens Frank Rost erwartet den Foulelfmeter des Münchner Löwen Thomas Häßler, der zum 3:1 führt.

Der Matchwinner in Leverkusen: Schalkes Flügelspieler Jörg Böhme erzielte beim 1:0-Sieg in Leverkusen den entscheidenden Treffer und feiert euphorisch.

6. Februar 2002

Bayer Leverkusen – FC Schalke 04 0:1 (0:0)

Leverkusen: Butt (3) – Lucio (2,5), Nowotny (3) – B. Schneider (2,5), Ramelow (4), Placente (3) – Ballack (3,5) – Bastürk (4), Zé Roberto (4) – Kirsten (3,5), Neuville (4,5) – **Trainer:** Toppmöller
Schalke: Reck (2) – Oude Kamphuis (3,5), Waldoch (3), van Hoogdalem (3), Matellan (4) – Nemec (3) – Wilmots (3), Möller (4), Böhme (3) – Sand (3,5), Mpenza (4) – **Trainer:** Stevens
Eingewechselt: 72. Berbatov (-) für Neuville, 75. Brdaric (-) für Lucio – 38. van Kerckhoven (3) für Matellan, 72. Kmetsch (-) für Nemec, 75. Asamoah (-) für Mpenza
Tor: 0:1 Böhme (52., Linksschuss, ohne Vorarbeit)
Chancenverhältnis: 6:1
Eckenverhältnis: 8:0
SR: Berg (Konz) – **Zuschauer:** 22 500 (ausverkauft) – **Spielnote:** 3,5

6. Februar 2002

FC St. Pauli – Bayern München 2:1 (2:0)

St. Pauli: Henzler (2,5) – Gibbs (2), Stanislawski (2) – Kovalenko (3,5), Berre (3), Kientz (3), Bajramovic (3), Rahn (2,5) – Meggle (1,5) – Rath (2), Patschinski (2) – **Trainer:** Demuth
Bayern: Kahn (3) – Sagnol (4), Linke (4,5), R. Kovac (4,5), Kuffour (5) – Fink (4,5) – Sforza (5), Effenberg (4), Hargreaves (3,5) – Jancker (5), Pizarro (5) – **Trainer:** Hitzfeld
Eingewechselt: 66. Trulsen (-) für Berre, 88. Baris (-) für Rath – 46. Sergio (4) für Sforza, 46. Scholl (4) für Jancker, 64. Elber (-) für Fink
Tore: 1:0 Meggle (30., Rechtsschuss, Vorarbeit Rath), 2:0 Patschinski (33., Linksschuss, Rath), 2:1 Sagnol (87., Kopfball, Effenberg)
Chancenverhältnis: 9:5
Eckenverhältnis: 9:12
SR: Krug (Gelsenkirchen) – **Zuschauer:** 20 735 (ausverkauft) – **Spielnote:** 2,5

6. Februar 2002

Bor. Dortmund – Hansa Rostock 2:0 (0:0)

Dortmund: Lehmann (2,5) – Metzelder (3,5), Wörns (3), Dede (3,5) – Kehl (2,5) – Reuter (5), Heinrich (4) – Ricken (3) – Sörensen (5), Koller (4), Ewerthon (2,5) – **Trainer:** Sammer
Rostock: Schober (3) – Lange (5), Schröder (4), Oswald (4), Maul (4) – Lantz (4) – Wibran (4,5), Hirsch (4) – Rydlewicz (3,5) – Beierle (5), Arvidsson (4,5) – **Trainer:** Veh
Eingewechselt: 60. Amoroso (2,5) für Sörensen, 84. Herrlich (-) für Koller, 89. Stevic (-) für Ricken – 63. Hill (-) für Arvidsson, 72. di Salvo (-) für Hirsch, 80. Salou (-) für Beierle
Tore: 1:0 Ewerthon (66., Rechtsschuss, Vorarbeit Heinrich), 2:0 Amoroso (81., Linksschuss, Ewerthon)
Chancenverhältnis: 6:2
Eckenverhältnis: 6:1
SR: Weiner (Hildesheim) – **Zuschauer:** 60 500 – **Gelbe Karten:** Metzelder – Maul, Beierle, Lange – **Spielnote:** 3

22. Spieltag

9. Februar 2002

Hertha BSC – VfB Stuttgart 2:0 (2:0)

Hertha: Kiraly (3) – Schmidt (4), van Burik (4), Simunic (3,5), Hartmann (3,5) – Dardai (4), Beinlich (3,5) – Marcelinho (2), Goor (4,5) – Alves (5), Preetz (4) – **Trainer:** Götz
Stuttgart: Hildebrand (3) – Hinkel (3,5), Meira (4,5), Bordon (5), Wenzel (4) – Soldo (3,5), Meißner (4) – Tiffert (4,5), Balakov (4,5), Seitz (3,5) – Ganea (5) – **Trainer:** Magath
Eingewechselt: 64. Sverrisson (-) für van Burik, 76. Tretschok (-) für Alves, 86. Marx (-) für Marcelinho – 57. Hleb (3,5) für Tiffert
Tore: 1:0 Marcelinho (16., direkter Freistoß, Linksschuss, ohne Vorarbeit), 2:0 Marcelinho (37., Rechtsschuss, Hartmann)
Chancenverhältnis: 7:6
Eckenverhältnis: 5:1
SR: Sippel (München) – **Zuschauer:** 25 329 – **Gelb-Rote Karte:** Bordon (70.) – **Spielnote:** 3,5

9. Februar 2002

VfL Wolfsburg – Energie Cottbus 2:1 (2:0)

Wolfsburg: Reitmaier (3) – Rytter (3), Franz (3), Biliskov (3), Weiser (3) – Karhan (3) – Kühbauer (3,5), Munteanu (3) – Ponte (2), Petrov (3,5), Klimowicz (4) – **Trainer:** Wolf
Cottbus: Piplica (3) – da Silva (3,5) – T. Rost (4,5), Beeck (4), Mátyus (5) – Reghecampf (4) – Vincze (5,5) – Schröter (4), Wawrzyczek (5) – Franklin (5), Topic (5) – **Trainer:** Geyer
Eingewechselt: 74. Juskowiak (-) für Petrov, 74. H. Sarpei (-) für Ponte, 88. Rau (-) für Weiser – 46. Helbig (3,5) für Vincze, 68. Reichenberger (-) für Franklin, 68. Scherbe (-) für Topic
Tore: 1:0 Ponte (12., Rechtsschuss, Vorarbeit Kühbauer), 2:0 Ponte (24., Rechtsschuss, Petrov), 2:1 da Silva (90., Kopfball, Reghecampf)
Chancenverhältnis: 6:4
Eckenverhältnis: 5:3
SR: Gagelmann (Bremen) – **Zuschauer:** 11 217 – **Gelbe Karte:** Helbig – **Spielnote:** 4

9. Februar 2002

Hansa Rostock – SC Freiburg 4:0 (2:0)

Rostock: Schober (2,5) – Lange (3), Oswald (3), Jakobsson (2,5), Emara (2,5) – Lantz (2,5) – Maul (3), Yasser (2) – Rydlewicz (1,5), di Salvo (2) – Beierle (3,5) – **Trainer:** Veh
Freiburg: Reus (4) – St. Müller (4,5), Kruse (4,5) – Hermel (5) – Willi (5), A. Zeyer (4), Zkitischwili (5), Kobiaschwili (5) – Ramdane (5) – Iaschwili (4,5), Bruns (5) – **Trainer:** Finke
Eingewechselt: 67. Bräutigam (-) für Schober, 74. Wibran (-) für Yasser, 82. Arvidsson (-) für Beierle – 46. But (5) für Bruns, 65. Gerber (-) für Willi, 80. Kondé (-) für Hermel
Tore: 1:0 di Salvo (10., Rechtsschuss, Vorarbeit Rydlewicz), 2:0 Lange (24., Linksschuss), 3:0 di Salvo (61., Rechtsschuss, Lantz), 4:0 Rydlewicz (71., Kopfball, Lantz)
Chancenverhältnis: 11:3
Eckenverhältnis: 6:5
SR: Strampe (Handorf) – **Zuschauer:** 12 100 – **Gelbe Karte:** Rydlewicz – **Besonderes Vorkommnis:** Schober hält Foulelfmeter von Zkitischwili (64.) – **Spielnote:** 2,5

9. Februar 2002

Bayern München – Bor. Dortmund 1:1 (0:0)

Bayern: Kahn (3) – Sagnol (4,5), Kuffour (3,5), R. Kovac (3,5), Lizarazu (4) – Jeremies (4) – Hargreaves (5), Effenberg (4,5) – Scholl (3) – Elber (3), Jancker (5) – **Trainer:** Hitzfeld
Dortmund: Lehmann (3) – Wörns (2), Kohler (3,5) – Reuter (4), Dede (3) – Kehl (2), Heinrich (3,5) – Ricken (4) – Ewerthon (3), Rosicky (2,5) – Koller (4) – **Trainer:** Sammer
Eingewechselt: 69. Santa Cruz (-) für Jeremies, 75. Pizarro (-) für Jancker, 88. Sergio (-) für Scholl – 37. Evanilson (4) für Heinrich, 65. Amoroso (-) für Ricken, 80. Stevic (-) für Rosicky
Tore: 0:1 Amoroso (78., direkter Freistoß, Rechtsschuss, ohne Vorarbeit), 1:1 Elber (81., Kopfball, Scholl)
Chancenverhältnis: 5:7
Eckenverhältnis: 2:5
SR: Steinborn (Sinzig) – **Zuschauer:** 54 000 – **Gelbe Karte:** R. Kovac – **Spielnote:** 2,5

9. Februar 2002

FC Schalke 04 – FC St. Pauli 4:0 (2:0)

Schalke: Reck (3) – Oude Kamphuis (3), Waldoch (3), van Kerckhoven (3) – Kmetsch (2,5) – Wilmots (3) – Asamoah (3,5), Böhme (1,5) – Möller (2) – Mpenza (3), Sand (2) – **Trainer:** Stevens
St. Pauli: Henzler (3) – Stanislawski (4), Gibbs (4) – Kovalenko (5,5), Kientz (5), Rahn (4,5) – Berre (5), Bajramovic (5) – Meggle (4) – Patschinski (5), Rath (4,5) – **Trainer:** Demuth
Eingewechselt: 52. Vermant (3) für Möller, 64. Djordjevic (-) für Mpenza, 73. Büskens (-) für Böhme – 30. Trulsen (4,5) für Kovalenko, 61. Baris (-) für Berre, 86. Amadou (-) für Rath
Tore: 1:0 Sand (9., Kopfball, Vorarbeit Böhme), 2:0 Möller (25., Rechtsschuss, Böhme), 3:0 Böhme (54., Handelfmeter, Linksschuss), 4:0 Reck (80., Foulelfmeter, Rechtsschuss, Asamoah)
Chancenverhältnis: 11:1
Eckenverhältnis: 7:3
SR: Dr. Fleischer (Ulm) – **Zuschauer:** 60 190 – **Rote Karten:** Bajramovic (53., Handspiel) – **Spielnote:** 2,5

9. Februar 2002

Werder Bremen – 1. FC Kaiserslautern 1:0 (0:0)

Bremen: Rost (2,5) – Wehlage (2), F. Baumann (3,5), Verlaat (3,5), Krstajic (3) – Frings (3), F. Ernst (4), Skripnik (5) – Lisztes (2) – Ailton (3), Bode (4) – **Trainer:** Schaaf
K'lautern: G. Koch (4,5) – H. Koch (4,5), Hengen (2,5), Strasser (5) – Basler (5,5), Ramzy (4), Riedl (4) – Lincoln (5) – Adzic (4,5), Lokvenc (4), Klose (4) – **Trainer:** Brehme
Eingewechselt: 31. Borowski (5) für F. Ernst, 80. Klasnic (-) für Ailton, 86. Stalteri (-) für Wehlage – 31. Grammozis (4,5) für Adzic, 53. Hristov (4) für H. Koch, 68. Bjelica (-) für Basler
Tor: 1:0 Ailton (51., Linksschuss, ohne Vorarbeit)
Chancenverhältnis: 9:2
Eckenverhältnis: 11:1
SR: Fröhlich (Berlin) – **Zuschauer:** 27 100 – **Spielnote:** 3

9. Februar 2002

Bayer Leverkusen – Bor. M'gladbach 5:0 (3:0)

Leverkusen: Butt (3) – Lucio (2), Nowotny (1,5), Placente (3) – Ramelow (3) – B. Schnei-

der (1,5), Ballack (2,5) – Bastürk (1,5), Zé Roberto (3) – Neuville (3), Berbatov (1,5) – **Trainer:** Toppmöller
Gladbach: Stiel (4) – Eberl (4), Korell (5), Pletsch (5,5), Münch (4) – Nielsen (5) – Hausweiler (5) – Ulich (4) – Korzynietz (5), van Lent (5), Felgenhauer (5) – **Trainer:** Meyer
Eingewechselt: 68. Brdaric (-) für Neuville, 68. Zivkovic (-) für Placente, 84. Vranjes (-) für Ballack – 46. Demo (5) für Felgenhauer, 60. Asanin (5) für Korzynietz
Tore: 1:0 Ballack (9., Linksschuss, Vorarbeit Bastürk), 2:0 Neuville (17., Rechtsschuss, Berbatov), 3:0 B. Schneider (31., direkter Freistoß, Rechtsschuss), 4:0 Ramelow (84., Rechtsschuss), 5:0 Berbatov (87., Rechtsschuss, B. Schneider)
Chancenverhältnis: 8:3
Eckenverhältnis: 12:4
SR: Stark (Ergolding) – **Zuschauer:** 22 500 (ausverkauft) – **Spielnote:** 2,5

10. Februar 2002
1. FC Nürnberg – 1860 München 2:1 (1:0)
Nürnberg: Kampa (3) – Sanneh (3,5), Kos (2,5), Nikl (3), L. Müller (2,5) – Tavcar (2,5) – Paßlack (3,5), Krzynowek (2,5) – Jarolim (3) – Cacau (2,5), Rink (3) – **Trainer:** Augenthaler
1860: Jentzsch (4,5) – T. Hoffmann (3), Votava (3,5), Greilich (3,5) – Cerny (2,5), Riseth (3,5) – Görlitz (4), Bierofka (3) – Häßler (3,5) – Agostino (5), Max (5) – **Trainer:** Pacult
Eingewechselt: 79. Stehle (-) für Paßlack, 85. Michalke (-) für Cacau, 90. Möckel (-) für Jarolim – 46. Dheedene (4) für Greilich, 70. Suker (-) für Görlitz, 79. Pürk (-) für Max
Tore: 1:0 Rink (35., Kopfball, Vorarbeit Krzynowek), 1:1 Bierofka (48., Rechtsschuss, Häßler), 2:1 Tavcar (65., Rechtsschuss, Cacau)
Chancenverhältnis: 12:6
Eckenverhältnis: 15:4
SR: Kemmling (Kleinburgwedel) – **Zuschauer:** 38 200 – **Spielnote:** 2

10. Februar 2002
Hamburger SV – 1. FC Köln 4:0 (1:0)
HSV: Pieckenhagen (3) – Fukal (2), Hertzsch (3), Hoogma (3), Ujfalusi (3,5) – Wicky (2,5) – Präger (3), Hollerbach (4) – Cardoso (4) – Romeo (3), Barbarez (3) – **Trainer:** Jara
Köln: Pröll (2,5) – Zellweger (4,5), Cichon (4), Sichone (6) – Reeb (3,5), Balitsch (4) – Scherz (5), Springer (5) – Baranek (4,5) – Kreuz (5) – Laslandes (5) – **Trainer:** John
Eingewechselt: 62. Antar (-) für Cardoso, 72. Mahdavikia (-) für Präger, 84. Heinz (-) für Fukal – 60. Nessou (4) für Scherz, 74. Voigt (-) für Reeb, 74. Reich (-) für Kreuz
Tore: 1:0 Fukal (34., Kopfball, Vorarbeit Hollerbach), 2:0 Sichone (63., Eigentor, Barbarez), 3:0 Barbarez (67., Kopfball, Fukal), 4:0 Romeo (83., Rechtsschuss, Mahdavikia)
Chancenverhältnis: 13:2
Eckenverhältnis: 5:4
SR: Meyer (Braunschweig) – **Zuschauer:** 38 719 – **Gelbe Karte:** Hollerbach – **Rote Karte:** Laslandes (87., grobes Foulspiel) – **Spielnote:** 3

23. Spieltag

16. Februar 2002
SC Freiburg – Bayern München 0:2 (0:2)
Freiburg: Golz (4) – Kondé (5), St. Müller (3) – A. Zeyer (4), Hermel (4) – Zkitischwili (5), Kobiaschwili (4,5) – Coulibaly (4,5) – Sellimi (4) – Bruns (4), Iaschwili (4) – **Trainer:** Finke
Bayern: Kahn (3) – Sagnol (2,5), Kuffour (3,5), R. Kovac (2), Lizarazu (2) – Jeremies (3), Fink (3) – Effenberg (3) – Scholl (2) – Santa Cruz (2,5), Elber (3) – **Trainer:** Hitzfeld
Eingewechselt: 46. Tanko (3,5) für Sellimi, 65. Ramdane (-) für Bruns, 72. But (-) für A. Zeyer – 72. Sergio (-) für Scholl, 82. Pizarro (-) für Santa Cruz, 85. Jancker (-) für Elber
Tore: 0:1 Lizarazu (32., Rechtsschuss, Vorarbeit Jeremies), 0:2 Elber (41., Rechtsschuss, Scholl)
Chancenverhältnis: 5:10
Eckenverhältnis: 7:4
SR: Merk, Dr. (Kaiserslautern) – **Zuschauer:** 25 000 (ausverkauft) – **Spielnote:** 3

16. Februar 2002
VfB Stuttgart – VfL Wolfsburg 2:1 (1:0)
Stuttgart: Hildebrand (3) – Hinkel (4), Meira (3,5), Wenzel (3), Gerber (3) – Soldo (3), Meißner (2,5) – Tiffert (4), Balakov (3,5), Seitz (3) – Adhemar (3,5) – **Trainer:** Magath
Wolfsburg: Reitmaier (3,5) – Rytter (4), Franz (3), Biliskov (3,5), Weiser (4) – Karhan (3,5) – Kühbauer (3,5), Munteanu (4) – Ponte (3), Petrov (4,5), Klimowicz (3,5) – **Trainer:** Wolf
Eingewechselt: 65. Hleb (-) für Tiffert, 85. Todt (-) für Seitz – 46. Juskowiak (4) für Munteanu, 63. H. Sarpei (-) für Rytter
Tore: 1:0 Meißner (9., Kopfball, Vorarbeit Adhemar), 2:0 Hleb (77., Linksschuss), 2:1 Klimowicz (89., Rechtsschuss, Juskowiak)
Chancenverhältnis: 5:4
Eckenverhältnis: 7:5
SR: Albrecht (Kaufbeuren) – **Zuschauer:** 16 000 – **Spielnote:** 3,5

16. Februar 2002
1860 München – Hertha BSC 0:3 (0:1)
1860: Jentzsch (3,5) – Votava (5) – T. Hoffmann (3) – Stranzl (5,5) – Cerny (4), Borimirov (4), Riseth (5) – Häßler (4,5), Bierofka (3,5) – Agostino (5), Max (5) – **Trainer:** Pacult
Hertha: Kiraly (2,5) – Lapaczinski (4), Schmidt (3,5), Simunic (2,5) – Dardai (3) – Marx (2,5), Beinlich (2,5), Hartmann (2,5) – Marcelinho (1,5) – Alves (4,5), Preetz (2) – **Trainer:** Götz
Eingewechselt: 46. Ehlers (5) für Votava, 65. M. Weissenberger (-) für Häßler, 65. Görlitz (-) für Cerny – 73. Tretschok (-) für Alves, 79. Maas (-) für Marx, 84. Goor (-) für Marcelinho
Tore: 0:1 Preetz (12., Linksschuss, Vorarbeit Marx), 0:2 Beinlich (47., Linksschuss), 0:3 Preetz (49., Kopfball, Hartmann)
Chancenverhältnis: 8:13
Eckenverhältnis: 6:6
SR: Berg (Konz) – **Zuschauer:** 20 000 – **Spielnote:** 3

16. Februar 2002
1. FC Kaiserslautern – 1. FC Nürnberg 2:1 (1:0)
K'lautern: G. Koch (3) – Ramzy (3), Hengen (3,5), West (3,5) – Basler (4,5), Hristov (3), Riedl (3) – Lincoln (5) – Dominguez (3) – Klose (3), Lokvenc (2) – **Trainer:** Brehme
Nürnberg: Kampa (3,5) – Sanneh (3,5), Kos (4,5), Nikl (4), L. Müller (4,5) – Paßlack (4), Larsen (3), Krzynowek (3) – Jarolim (3,5) – Rink (3), Michalke (5) – **Trainer:** Augenthaler
Eingewechselt: 55. Bjelica (3) für Lincoln, 61. Ratinho (-) für Dominguez, 90. Weidenfeller (-) für G. Koch – 65. Gomis (-) für Michalke, 73. Junior (-) für Paßlack, 83. Möckel (-) für Rink
Tore: 1:0 Lokvenc (31., Kopfball, Vorarbeit Dominguez), 2:0 Bjelica (71., Rechtsschuss, Lokvenc), 2:1 Sanneh (90., Rechtsschuss)
Chancenverhältnis: 10:7
Eckenverhältnis: 2:6
SR: Krug (Gelsenkirchen) – **Zuschauer:** 36 927 – **Spielnote:** 3,5

16. Februar 2002
Bor. M'gladbach – Hamburger SV 2:1 (2:1)
Gladbach: Stiel (2,5) – Eberl (3,5), Asanin (5), Pletsch (5), Münch (4,5) – Nielsen (4) – Ulich (3) – Demo (3) – Aidoo (3), van Lent (5), van Houdt (3) – **Trainer:** Meyer
HSV: Pieckenhagen (2,5) – Fukal (4), Hoogma (4), Hertzsch (4,5), Hollerbach (5) – Wicky (4), Ujfalusi (5) – Cardoso (3,5) – Präger (4), Romeo (4,5), Barbarez (5) – **Trainer:** Jara
Eingewechselt: 78. Mieciel (-) für Aidoo, 79. Witeczek (-) für Demo, 89. Felgenhauer (-) für van Houdt – 59. Ketelaer (6) für Cardoso, 82. Albertz (-) für Wicky, 82. Mahdavikia (-) für Präger
Tore: 1:0 van Houdt (3., Linksschuss, Vorarbeit Ulich), 1:1 Cardoso (30., Foulelfmeter, Linksschuss, Präger), 2:1 Demo (32., Foulelfmeter, Rechtsschuss, Demo)
Chancenverhältnis: 5:5
Eckenverhältnis: 4:9
SR: Wagner (Hofheim) – **Zuschauer:** 30 100 – **Gelbe Karte:** Cardoso – **Rote Karte:** Hertzsch (48., Notbremse) – **Spielnote:** 4,5

16. Februar 2002
FC St. Pauli – Bayer Leverkusen 2:2 (1:1)
St. Pauli: Bulat (3,5) – Kovalenko (5), Stanislawski (2,5), Gibbs (3) – Kientz (3) – Berre (5), Bürger (4), Rahn (3,5) – Meggle (4,5) – Patschinski (3), Rath (3) – **Trainer:** Demuth
Leverkusen: Butt (3) – Kleine (3,5), Nowotny (2,5) – B. Schneider (2,5), Zivkovic (4) – Ramelow (4) – Ballack (3), Bastürk (4) – Neuville (5), Zé Roberto (2,5), Kirsten (3,5) – **Trainer:** Toppmöller
Eingewechselt: 46. Baris (4) für Kovalenko, 75. Held (-) für Berre, 75. Marcao (-) für Rahn – 46. Vranjes (4) für Ramelow, 85. Berbatov (-) für Kirsten
Tore: 0:1 Kirsten (6., Linksschuss, Vorarbeit Zé Roberto), 1:1 Rath (27., Kopfball, Rahn), 1:2 Ballack (70., Linksschuss), 2:2 Meggle (90., Handelfmeter, Rechtsschuss)
Chancenverhältnis: 4:6
Eckenverhältnis: 4:6
SR: Jansen (Essen) – **Zuschauer:** 19 881 – **Gelbe Karten:** Bürger – Bastürk, B. Schneider, Kirsten – **Spielnote:** 3

16. Februar 2002
Bor. Dortmund – FC Schalke 04 1:1 (0:1)
Dortmund: Lehmann (3) – Wörns (3), Metzelder (3) – Evanilson (5), Dede (2,5) – Reuter (4), Kehl (3) – Rosicky (2) – Ricken (4), Ewerthon (4), Koller (3,5) – **Trainer:** Sammer
Schalke: Reck (2,5) – Oude Kamphuis (3,5), Waldoch (3), van Hoogdalem (4), van Kerckhoven (3) – Nemec (3,5) – Wilmots (4,5), Böhme (3) – Möller (3,5) – Asamoah (5), Sand (4) – **Trainer:** Stevens
Eingewechselt: 69. Amoroso (-) für Ewerthon – 62. Agali (-) für Asamoah, 86. Vermant (-) für Möller
Tore: 0:1 Oude Kamphuis (17., Rechtsschuss, Vorarbeit Wilmots), 1:1 Ewerthon (50., Rechtsschuss, Koller)
Chancenverhältnis: 7:5
Eckenverhältnis: 6:0
SR: Wack, Dr. (Biberbach) – **Zuschauer:** 68 600 (ausverkauft) – **Spielnote:** 3

17. Februar 2002
1. FC Köln – Werder Bremen 0:0
Köln: Pröll (3) – Cichon (3) – Zellweger (4), Cullmann (4) – Balitsch (4,5), Voigt (4) – Springer (5) – Kreuz (5) – Timm (5) – Kurth (4,5), Donkov (5) – **Trainer:** Funkel
Bremen: Rost (3) – F. Baumann (4), Verlaat (3,5), Krstajic (5) – Frings (3), Skripnik (4,5) – Banovic (3) – Wehlage (5) – Lisztes (3,5) – Ailton (5), Bode (4,5) – **Trainer:** Schaaf
Eingewechselt: 73. Reich (-) für Donkov – 61. Tjikuzu (-) für Banovic, 82. Borowski (-) für Lisztes, 89. Stalteri (-) für Bode
Chancenverhältnis: 5:3
Eckenverhältnis: 11:2
SR: Koop (Lüttenmark) – **Zuschauer:** 26 000 – **Rote Karte:** Wehlage (58., grobes Foulspiel) – **Spielnote:** 5

17. Februar 2002
Energie Cottbus – Hansa Rostock 3:0 (2:0)
Cottbus: Piplica (3) – da Silva (3) – T. Rost (3), Beeck (2,5), Mátyus (3) – Schröter (4), Akrapovic (2,5), Kobylanski (4) – Miriuta (1,5) – Franklin (4), Topic (2,5) – **Trainer:** Geyer
Rostock: Bräutigam (3,5) – Lange (5), Jakobsson (4), Oswald (5), Emara (4) – Yasser (4,5), Lantz (4,5), Maul (4) – Rydlewicz (4), Beierle (5), di Salvo (5) – **Trainer:** Veh
Eingewechselt: 65. Helbig (-) für Franklin, 76. Reghecampf (-) für Topic, 87. Kaluzny (-) für Miriuta – 38. Wibran (4,5) für Lantz, 60. Hill (4) für Jakobsson
Tore: 1:0 Beeck (31., Kopfball, Vorarbeit Miriuta), 2:0 Miriuta (33., Rechtsschuss, Franklin), 3:0 Topic (68., Linksschuss, Miriuta)
Chancenverhältnis: 8:6
Eckenverhältnis: 4:7
SR: Fandel (Kyllburg) – **Zuschauer:** 17 100 – **Gelbe Karte:** Schröter – **Spielnote:** 3

24. Spieltag

23. Februar 2002
VfL Wolfsburg – 1860 München 1:3 (0:0)
Wolfsburg: Reitmaier (4) – Rytter (4,5), Franz (4,5), Biliskov (3), Weiser (4) – Karhan (4) – Kühbauer (5), Munteanu (4) – Petrov (3) – Ponte (4,5), Juskowiak (5) – **Trainer:** Wolf
1860: Jentzsch (4) – Votava (4) – F. Tapalovic (4), Stranzl (3), Tyce (2,5) – Cerny (5) – M. Weissenberger (3), Borimirov (3) – Bierofka (4) – Schroth (5,5), Suker (-) – **Trainer:** Pacult
Eingewechselt: 73. Rische (-) für Munteanu, 86. Rau (-) für Weiser, 86. Kennedy (-) für Juskowiak – 6. Max (4) für Suker, 66. Dheedene (-) für Tyce, 83. Pürk (-) für Bierofka
Tore: 1:0 Biliskov (53., Rechtsschuss, Vorarbeit Petrov), 1:1 Tyce (54., direkter Freistoß, Rechtsschuss), 1:2 Max (59., Rechtsschuss, Tyce), 1:3 M. Weissenberger (90., Linksschuss, Cerny)
Chancenverhältnis: 8:8
Eckenverhältnis: 6:6
SR: Fröhlich (Berlin) – **Zuschauer:** 10 612 – **Spielnote:** 4

23. Februar 2002
Hansa Rostock – VfB Stuttgart 1:1 (1:0)
Rostock: Bräutigam (2,5) – Lange (5), Schröder (4,5), Oswald (4), Emara (3,5) – Yasser (4), Wibran (4,5), Maul (4) – Rydlewicz (4), Beierle (5), di Salvo (4) – **Trainer:** Veh
Stuttgart: Hildebrand (2,5) – Hinkel (4), Meira (4), Bordon (4), Gerber (3,5) – Soldo (3,5), Meißner (4,5) – Tiffert (5), Balakov (3,5), Seitz (2,5) – Adhemar (4,5) – **Trainer:** Magath
Eingewechselt: 73. Baumgart (-) für Lange, 74. Salou (-) für Beierle, 82. Arvidsson (-) für di Salvo – 61. Wenzel (-) für Bordon, 73. Hleb (-) für Adhemar, 81. Endress (-) für Tiffert
Tore: 1:0 Rydlewicz (30., Foulelfmeter, Rechtsschuss, Vorarbeit di Salvo), 1:1 Meira (72., Kopfball, Adhemar)
Chancenverhältnis: 3:5
Eckenverhältnis: 7:6
SR: Krug (Gelsenkirchen) – **Zuschauer:** 12 000 – **Gelbe Karte:** Yasser – **Gelb-Rote Karte:** Meißner (59.) – **Besonderes Vorkommnis:** Bräutigam hält Foulelfmeter von Balakov (53.) – **Spielnote:** 4

23. Februar 2002
Bayern München – Energie Cottbus 6:0 (3:0)
Bayern: Kahn (3) – Sagnol (3), Kuffour (3), Linke (3), Lizarazu (2,5) – Hargreaves (2,5), Fink (3) – Effenberg (3) – Scholl (1) – Jancker (3,5), Pizarro (1,5) – **Trainer:** Hitzfeld
Cottbus: Piplica (4,5) – Scherbe (5) – Mátyus (5,5), Kaluzny (5,5) – Hujdurovic (6) – Schröter (5), T. Rost (5) – Reghecampf (5), Miriuta (4,5) – Kobylanski (5), Topic (5,5) – **Trainer:** Geyer
Eingewechselt: 41. Jeremies (3) für Fink, 65. Feulner (-) für Effenberg, 69. Elber (-) für Scholl – 62. Thielemann (-) für Miriuta, 75. Reichenberger (-) für Topic, 79. Wawrzyczek (-) für Schröter
Tore: 1:0 Pizarro (15., Kopfball, Vorarbeit Scholl), 2:0 Effenberg (35., Foulelfmeter, Rechtsschuss, Pizarro), 3:0 Scholl (45., direkter Freistoß, Rechtsschuss), 4:0 Scholl (48., Rechtsschuss, Pizarro), 5:0 Pizarro (55., Kopfball, Scholl), 6:0 Elber (74., Rechtsschuss, Sagnol)
Chancenverhältnis: 9:1
Eckenverhältnis: 7:2
SR: Meyer (Braunschweig) – **Zuschauer:** 28 000 – **Gelbe Karte:** Topic – **Rote Karten:** Mátyus (44., Notbremse), Reghecampf (58., Notbremse) – **Besonderes Vorkommnis:** Piplica hält Foulelfmeter von Kahn (90.) – **Spielnote:** 3

23. Februar 2002
FC Schalke 04 – SC Freiburg 3:0 (3:0)
Schalke: Reck (3) – Oude Kamphuis (3,5), Waldoch (3), van Hoogdalem (3), van Kerckhoven (3) – Nemec (3) – Wilmots (2), Möller (2,5) – Böhme (2,5) – Asamoah (2,5), Sand (1,5) – **Trainer:** Gehrke
Freiburg: Golz (3) – Kondé (5), St. Müller (5) – Willi (3,5), Kobiaschwili (4) – Hermel (5), A. Zeyer (4) – Ramdane (4,5), Tanko (4,5) – Iaschwili (4), Coulibaly (4,5) – **Trainer:** Finke
Eingewechselt: 52. Kmetsch (3,5) für Nemec, 69. Matellan (-) für Böhme, 82. Agali (-) für Wilmots – 46. Kruse (3) für Hermel, 61. Sellimi (-) für Ramdane, 84. Bruns (-) für Coulibaly

Tore: 1:0 Böhme (15., Linksschuss, ohne Vorarbeit), 2:0 Asamoah (37., Rechtsschuss, Sand), 3:0 Wilmots (39., Kopfball, Asamoah)
Chancenverhältnis: 6:1
Eckenverhältnis: 9:3
SR: Aust (Köln) – **Zuschauer:** 60 683 (ausverkauft) – **Spielnote:** 3,5

23. Februar 2002
1. FC Nürnberg – 1. FC Köln 2:0 (1:0)
Nürnberg: Kampa (3) – Sanneh (4,5), Kos (4), Nikl (3), Tavcar (4) – Larsen (4,5) – Paßlack (5), Krzynowek (3,5) – Jarolim (4) – Cacau (2), Rink (2,5) – **Trainer:** Augenthaler
Köln: Pröll (2,5) – Zellweger (5,5), Cichon (5), Song (4) – Cullmann (5) – Balitsch (4,5), Voigt (4) – Kreuz (5) – Scherz (5), Springer (4,5), Kurth (4,5) – **Trainer:** Funkel
Eingewechselt: 84. Michalke (-) für Rink, 90. Villa (-) für Cacau, 90. Stehle (-) für Jarolim – 63. Baranek (-) für Voigt, 63. Reich (-) für Scherz
Tore: 1:0 Cacau (2., Linksschuss, Vorarbeit Rink), 2:0 Cacau (71., Rechtsschuss, Rink)
Chancenverhältnis: 7:3
Eckenverhältnis: 7:6
SR: Berg (Konz) – **Zuschauer:** 25 100 – **Spielnote:** 4,5

23. Februar 2002
Hertha BSC – 1. FC Kaiserslautern 5:1 (3:1)
Hertha: Kiraly (2,5) – Rehmer (4), Simunic (2,5) – Lapaczinski (3) – Hartmann (2,5) – Dardai (3), Beinlich (2,5) – Marcelinho (2) – Alves (1), Preetz (1,5), Goor (2) – **Trainer:** Götz
K'lautern: Weidenfeller (2,5) – Hengen (5) – Ramzy (5), West (6), Strasser (5,5) – Riedl (4,5) – Bjelica (5), Hristov (3,5) – Lincoln (-) – Klose (3), Lokvenc (5) – **Trainer:** Brehme
Eingewechselt: 73. Marx (-) für Goor, 81. Sverrisson (-) für Rehmer, 87. Daei (-) für Preetz – 24. Grammozis (5,5) für Lincoln, 84. Dominguez (-) für Hristov
Tore: 1:0 Marcelinho (13., Foulelfmeter, Linksschuss, Vorarbeit Alves), 2:0 Goor (37., Linksschuss, Alves), 3:0 Preetz (43., Rechtsschuss, Alves), 3:1 Klose (45., Linksschuss, Hristov), 4:1 Preetz (60., Linksschuss, Alves), 5:1 Marcelinho (69., Linksschuss, Preetz)
Chancenverhältnis: 15:5
Eckenverhältnis: 8:5
SR: Keßler (Höhenkirchen) – **Zuschauer:** 33 652 – **Spielnote:** 2,5

23. Februar 2002
FC St. Pauli – Bor. M'gladbach 1:1 (1:1)
St. Pauli: Henzler (3) – Held (5), Stanislawski (4), Bürger (3,5) – Berre (5), Kientz (4), Bajramovic (3) – Rahn (3) – Meggle (4) – Patschinski (4), Rath (4) – **Trainer:** Demuth
Gladbach: Stiel (3) – Korell (4), Pletsch (4,5) – Eberl (3), Münch (4) – Nielsen (4), Hausweiler (4) – Ulich (3,5) – Felgenhauer (4), van Lent (2,5), van Houdt (3,5) – **Trainer:** Meyer
Eingewechselt: 64. Baris (-) für Berre, 81. Racanel (-) für Bajramovic – 70. Asanin (-) für Münch, 78. Aidoo (-) für Felgenhauer, 87. Demo (-) für Ulich
Tore: 0:1 van Lent (31., Rechtsschuss, ohne Vorarbeit), 1:1 Kientz (35., Rechtsschuss, Rahn)
Chancenverhältnis: 4:6
Eckenverhältnis: 10:5
SR: Strampe (Handorf) – **Zuschauer:** 20 629 (ausverkauft) – **Gelbe Karten:** Patschinski, Stanislawski – **Spielnote:** 5

24. Februar 2002
Bayer Leverkusen – Bor. Dortmund 4:0 (1:0)
Leverkusen: Butt (3) – Lucio (2), Nowotny (2), Placente (1,5) – Zivkovic (3), Ramelow (1,5) – Ballack (2) – Bastürk (2), Zé Roberto (2) – Kirsten (3,5), Neuville (1,5) – **Trainer:** Toppmöller
Dortmund: Lehmann (3) – Metzelder (4), Kohler (4) – Evanilson (5,5), Dede (5) – Reuter (4), Kehl (4) – Ricken (5) – Ewerthon (4), Amoroso (5) – Koller (5) – **Trainer:** Sammer
Eingewechselt: 52. Berbatov (2,5) für Kirsten, 72. Vranjes (-) für Bastürk, 80. Brdaric (-) für Neuville – 53. Addo (5) für Ricken, 62. Stevic (-) für Amoroso, 75. Reina (-) für Ewerthon
Tore: 1:0 Ballack (32., Rechtsschuss, Vorarbeit Placente), 2:0 Ramelow (50., Kopfball, Zé Roberto), 3:0 Neuville (64., Kopfball, Zé Roberto), 4:0 Berbatov (74., Rechtsschuss, Neuville)
Chancenverhältnis: 11:2
Eckenverhältnis: 4:4
SR: Dr. Fleischer (Ulm) – **Zuschauer:** 22 500 (ausverkauft) – **Spielnote:** 2

24. Februar 2002
Werder Bremen – Hamburger SV 0:1 (0:0)
Bremen: Rost (3) – F. Baumann (4), Verlaat (3), Skripnik (4,5) – Banovic (4), Frings (2), F. Ernst (3,5), Magnin (5) – Lisztes (3) – Ailton (3,5), Bode (4) – **Trainer:** Schaaf
HSV: Pieckenhagen (1,5) – Fukal (3), Hoogma (3), Ujfalusi (3) – Präger (4), Wicky (4), Albertz (3,5), Hollerbach (4) – Antar (3,5) – Barbarez (-) – Romeo (2,5) – **Trainer:** Jara
Eingewechselt: 46. Stalteri (4) für Magnin, 61. Klasnic (-) für Banovic, 77. Borowski (-) für Verlaat – 9. Heinz (4) für Barbarez, 77. Groth (-) für Präger, 90. Cardoso (-) für Heinz
Tor: 0:1 Romeo (74., Linksschuss, ohne Vorarbeit)
Chancenverhältnis: 8:3
Eckenverhältnis: 10:2
SR: Weiner (Hildesheim) – **Zuschauer:** 32 250 – **Spielnote:** 3

25. Spieltag

2. März 2002
VfB Stuttgart – Bayern München 0:2 (0:2)
Stuttgart: Hildebrand (3,5) – Hinkel (4,5), Meira (4), Bordon (3), Wenzel (3) – Soldo (3,5), Todt (4) – Hleb (3), Seitz (5) – Balakov (3,5) – Ganea (4,5) – **Trainer:** Magath
Bayern: Kahn (3) – Sagnol (3), Kuffour (2,5), R. Kovac (2), Lizarazu (4,5) – Fink (3) – Hargreaves (4) – Effenberg (3) – Scholl (2,5) – Santa Cruz (2,5), Elber (2) – **Trainer:** Hitzfeld
Eingewechselt: 45. Dundee (4) für Balakov, 46. Gerber (4) für Meira, 64. Carnell (-) für Todt – 46. Linke (3,5) für Sagnol, 69. Sergio (-) für Scholl, 69. Pizarro (-) für Santa Cruz
Tore: 0:1 Santa Cruz (32., Rechtsschuss, Vorarbeit Elber), 0:2 Scholl (39., direkter Freistoß, Rechtsschuss)
Chancenverhältnis: 3:7
Eckenverhältnis: 5:1
SR: Aust (Köln) – **Zuschauer:** 54 300 (ausverkauft) – **Gelbe Karte:** R. Kovac – **Spielnote:** 3

2. März 2002
1. FC Köln – Hertha BSC 1:1 (0:1)
Köln: Pröll (3) – Cichon (3) – Zellweger (4), Song (3), Cullmann (4) – Balitsch (4,5) – Baranek (4), Sinkala (5) – Scherz (4,5), Springer (5,5), Donkov (5,5) – **Trainer:** Funkel
Hertha: Kiraly (3) – Lapaczinski (4), Rehmer (-), Simunic (3), Hartmann (4) – Dardai (4), Beinlich (3) – Marcelinho (4) – Alves (4,5), Goor (5), Preetz (5) – **Trainer:** Götz
Eingewechselt: 59. Timm (4) für Springer, 64. Kurth (-) für Donkov – 18. Schmidt (4) für Rehmer, 79. Marx (-) für Alves, 86. Sverrisson (-) für Hartmann
Tore: 0:1 Beinlich (12., Kopfball, Vorarbeit Simunic), 1:1 Cichon (75., Linksschuss, Timm)
Chancenverhältnis: 3:3
Eckenverhältnis: 4:7
SR: Albrecht (Kaufbeuren) – **Zuschauer:** 22 000 – **Gelbe Karte:** Springer – **Spielnote:** 4,5

2. März 2002
Hamburger SV – 1. FC Nürnberg 3:1 (2:1)
HSV: Pieckenhagen (2) – Fukal (2,5), Wicky (4), Ujfalusi (3,5) – Antar (4), Albertz (4,5) – Benjamin (4), Hollerbach (4) – Cardoso (4) – Präger (3,5), Romeo (4) – **Trainer:** Jara
Nürnberg: Kampa (5) – Sanneh (4,5), Kos (5,5), Nikl (4), Tavcar (4,5) – Larsen (3,5) – Paßlack (4,5), Krzynowek (2,5) – Jarolim (2) – Cacau (3), Rink (4,5) – **Trainer:** Augenthaler
Eingewechselt: 67. Maltritz (-) für Cardoso, 85. Groth (-) für Präger – 75. Michalke (-) für Paßlack, 79. Gomis (-) für Rink, 86. Junior (-) für Cacau
Tore: 1:0 Kampa (22., Eigentor, rechte Hand, Vorarbeit Präger), 2:0 Fukal (39., Kopfball, Cardoso), 2:1 Krzynowek (41., Rechtsschuss, Cacau), 3:1 Antar (86., Rechtsschuss, Romeo)
Chancenverhältnis: 7:5
Eckenverhältnis: 3:5
SR: Merk, Dr. (Kaiserslautern) – **Zuschauer:** 35 033 – **Spielnote:** 4

2. März 2002
Bor. M'gladbach – Werder Bremen 1:0 (1:0)
Gladbach: Stiel (2) – Eberl (3,5), Korell (2,5), Pletsch (3), Münch (4) – Nielsen (3) – Demo (3) – Ulich (3,5) – Aidoo (2,5), van Houdt (2), van Lent (4) – **Trainer:** Meyer
Bremen: Rost (3) – Tjikuzu (4,5), Verlaat (4), Krstajic (3), Skripnik (4,5) – F. Baumann (4) – Frings (4) – Lisztes (5), Borowski (5) – Klasnic (5), Bode (5) – **Trainer:** Schaaf
Eingewechselt: 54. Hausweiler (4) für Aidoo, 65. Asanin (-) für Münch, 90. Mieciel (-) für Ulich – 46. Ailton (5) für Borowski, 54. Banovic (5) für Lisztes, 78. Silva (-) für Tjikuzu
Tor: 1:0 van Houdt (36., Kopfball, Vorarbeit Aidoo)
Chancenverhältnis: 7:5
Eckenverhältnis: 7:8
SR: Krug (Gelsenkirchen) – **Zuschauer:** 28 600 – **Spielnote:** 3,5

2. März 2002
SC Freiburg – Bayer Leverkusen 2:2 (1:0)
Freiburg: Golz (2) – St. Müller (4), Kruse (3) – Willi (4,5), Kobiaschwili (3) – Kondé (2,5), A. Zeyer (4) – Tanko (3), But (2,5) – Sellimi (2), Iaschwili (2) – **Trainer:** Finke
Leverkusen: Butt (3) – Zivkovic (3,5), Lucio (3,5) – Placente (2,5) – Ramelow (3,5) – B. Schneider (4), Ballack (2) – Bastürk (5), Zé Roberto (2,5) – Kirsten (5), Neuville (4,5) – **Trainer:** Toppmöller
Eingewechselt: 63. Bruns (-) für Tanko, 72. Zkitischwili (-) für Willi, 82. Dorn (-) für But – 46. Sebescen (3) für Ramelow, 62. Berbatov (-) für Kirsten, 62. Brdaric (-) für Bastürk
Tore: 1:0 Sellimi (41., Linksschuss, Vorarbeit Iaschwili), 2:0 But (53., Linksschuss, Kobiaschwili), 2:1 Berbatov (64., Linksschuss, Zé Roberto), 2:2 Ballack (76., Kopfball, Neuville)
Chancenverhältnis: 6:7
Eckenverhältnis: 4:8
SR: Steinborn (Sinzig) – **Zuschauer:** 25 000 (ausverkauft) – **Gelbe Karte:** Dorn – **Spielnote:** 1,5

2. März 2002
Energie Cottbus – FC Schalke 04 2:0 (1:0)
Cottbus: Piplica (2,5) – da Silva (2,5) – Beeck (3), Hujdurovic (4,5) – Kaluzny (3), Akrapovic (3,5) – Schröter (4), Kobylanski (3,5) – Miriuta (4) – Reichenberger (4,5), Topic (3) – **Trainer:** Geyer
Schalke: Reck (3,5) – Waldoch (4), van Hoogdalem (4), Matellan (5) – Oude Kamphuis (3,5), Kmetsch (4) – Vermant (4,5), Böhme (5) – Wilmots (4,5) – Asamoah (4,5), Sand (5) – **Trainer:** Stevens
Eingewechselt: 63. Brasilia (-) für Topic, 76. Jungnickel (-) für Reichenberger, 88. T. Rost (-) für Miriuta – 61. Agali (-) für Matellan, 76. Djordjevic (-) für Waldoch, 79. Mulder (-) für Kmetsch
Tore: 1:0 Miriuta (37., Foulelfmeter, Rechtsschuss, Vorarbeit Topic), 2:0 Kaluzny (90., Kopfball, Kobylanski)
Chancenverhältnis: 5:5
Eckenverhältnis: 3:9
SR: Koop (Lüttenmark) – **Zuschauer:** 17 060 – **Spielnote:** 4,5

2. März 2002
1860 München – Hansa Rostock 2:0 (1:0)
1860: Jentzsch (3) – Votava (4) – Ehlers (4), Stranzl (4), F. Tapalovic (3) – Borimirov (4) – Wiesinger (4,5), Bierofka (2,5) – M. Weissenberger (3) – Max (2), Schroth (4,5) – **Trainer:** Pacult
Rostock: Bräutigam (4) – Haber (5), Jakobsson (4,5), Oswald (5), Maul (5) – Wibran (4,5) – Yasser (4), Weißhaupt (5,5), Emara (4,5) – Baumgart (5), di Salvo (4,5) – **Trainer:** Veh
Eingewechselt: 69. Görlitz (-) für Wiesinger, 69. Riseth (-) für M. Weissenberger, 69. Agostino (-) für Schroth – 58. Hirsch (4) für Weißhaupt, 58. Rydlewicz (3) für Haber
Tore: 1:0 Max (42., Rechtsschuss, Vorarbeit M. Weissenberger), 2:0 Max (52., Rechtsschuss, Stranzl)
Chancenverhältnis: 9:6
Eckenverhältnis: 5:6
SR: Kircher (Rottenburg) – **Zuschauer:** 17 200 – **Gelbe Karte:** Görlitz – **Spielnote:** 5,5

3. März 2002
1. FC Kaiserslautern – VfL Wolfsburg 3:2 (0:0)
K'lautern: G. Koch (3) – West (3,5), Hengen (3), Knavs (3) – Riedl (3,5) – Ratinho (3), Strasser (4) – Basler (4), Hristov (2,5) – Lokvenc (3), Klose (2,5) – **Trainer:** Brehme
Wolfsburg: Reitmaier (3) – Rytter (3,5), Biliskov (3), Schnoor (4) – Weiser (4) – Karhan (3,5) – H. Sarpei (3,5), Akonnor (3,5) – Ponte (4) – Klimowicz (4), Petrov (3) – **Trainer:** Wolf
Eingewechselt: 61. Pettersson (-) für Basler, 86. Bjelica (-) für Hristov, 90. Gabriel (-) für Ratinho – 69. Munteanu (-) für H. Sarpei, 82. S. Müller (-) für Akonnor, 87. Juskowiak (-) für Rytter
Tore: 0:1 Hristov (49., Eigentor, Kopfball, Vorarbeit Ponte), 1:1 Hristov (64., Rechtsschuss), 1:2 Munteanu (72., Rechtsschuss, Petrov), 2:2 Klose (74., Rechtsschuss, Hristov), 3:2 Lokvenc (84., Kopfball, Hengen)
Chancenverhältnis: 7:4
Eckenverhältnis: 5:3
SR: Wack, Dr. (Biberbach) – **Zuschauer:** 36 816 – **Gelbe Karte:** Klimowicz – **Spielnote:** 3,5

3. März 2002
Bor. Dortmund – FC St. Pauli 1:1 (0:1)
Dortmund: Lehmann (3) – Wörns (4), Metzelder (3) – Reuter (4), Dede (4) – Stevic (4), Kehl (4) – Rosicky (5) – Sörensen (5,5), Ewerthon (5), Amoroso (5) – **Trainer:** Sammer
St. Pauli: Henzler (2,5) – Gibbs (2), Stanislawski (2), Bürger (3,5) – Held (3), Inceman (3), Bajramovic (2), Rahn (3) – Meggle (4) – Patschinski (3,5), Marcao (4) – **Trainer:** Demuth
Eingewechselt: 53. Addo (4,5) für Stevic, 58. Reina (4,5) für Sörensen, 72. Odonkor (-) für Ewerthon – 62. Cenci (-) für Marcao, 81. Racanel (-) für Rahn, 86. Trulsen (-) für Held
Tore: 0:1 Patschinski (32., Kopfball, Vorarbeit Rahn), 1:1 Amoroso (83., Foulelfmeter, Rechtsschuss, Odonkor)
Chancenverhältnis: 7:4
Eckenverhältnis: 11:5
SR: Fröhlich (Berlin) – **Zuschauer:** 65 000 – **Gelbe Karten:** Bürger, Stanislawski – **Rote Karte:** Meggle (90., Meckern) – **Spielnote:** 3

26. Spieltag

9. März 2002
Bayern München – 1860 München 2:1 (0:0)
Bayern: Kahn (2,5) – Sagnol (3,5), Linke (2), Sforza (3,5), Tarnat (4,5) – Jeremies (3), Fink (2) – Hargreaves (4) – Santa Cruz (3,5), Sergio (3), Elber (4) – **Trainer:** Hitzfeld
1860: Jentzsch (2) – Votava (3) – Borimirov (3,5), Kurz (3), Pfuderer (3) – Stranzl (3) – Wiesinger (4), M. Weissenberger (4), Bierofka (4) – Max (4), Pürk (5) – **Trainer:** Pacult
Eingewechselt: 67. Pizarro (-) für Tarnat, 85. Zickler (-) für Elber, 85. Jancker (-) für Santa Cruz – 64. Häßler (-) für M. Weissenberger, 64. Schroth (-) für Pürk, 86. Ehlers (-) für Wiesinger
Tore: 1:0 Sergio (72., Linksschuss, Vorarbeit Hargreaves), 1:1 Stranzl (75., Rechtsschuss), 2:1 Fink (90., Kopfball, Sforza)
Chancenverhältnis: 8:6
Eckenverhältnis: 5:8
SR: Berg (Konz) – **Zuschauer:** 68 000 (ausverkauft) – **Besonderes Vorkommnis:** Tarnat schießt Foulelfmeter an den Pfosten (31.) – **Spielnote:** 2,5

9. März 2002
Bayer Leverkusen – Energie Cottbus 2:0 (1:0)
Leverkusen: Butt (3) – Lucio (3,5), Nowotny (3), Placente (3) – B. Schneider (5) – Ramelow (3,5) – Ballack (4) – Bastürk (3,5), Zé Roberto (2) – Kirsten (5), Neuville (5) – **Trainer:** Toppmöller
Cottbus: Piplica (3) – da Silva (5,5) – Hujdurovic (3,5), Beeck (3,5) – Reghecampf (5,5), Akrapovic (5) – Kaluzny (4) – Miriuta (5), Schröter (4,5) – Helbig (5), Reichenberger (5) – **Trainer:** Geyer

Eingewechselt: 61. Berbatov (3) für Kirsten, 74. Brdaric (-) für Neuville, 90. Zivkovic (-) für B. Schneider – 58. Brasilia (5) für Reichenberger, 58. Wawrzyczek (4) für Reghecampf, 85. Jungnickel (-) für Helbig
Tore: 1:0 Zé Roberto (12., Kopfball, Vorarbeit Ramelow), 2:0 Berbatov (90., Rechtsschuss, Brdaric)
Chancenverhältnis: 12:1
Eckenverhältnis: 12:1
SR: Krug (Gelsenkirchen) – **Zuschauer:** 22 500 (ausverkauft) – **Besonderes Vorkommnis:** Piplica hält Foulelfmeter von Kirsten (57.) – **Spielnote:** 4

9. März 2002
FC St. Pauli – SC Freiburg 1:0 (0:0)
St. Pauli: Henzler (3) – Stanislawski (3), Gibbs (3) – Held (3), Rahn (3,5) – Kientz (3) – Bürger (2,5) – Inceman (3,5) – Bajramovic (3) – Rath (3,5), Patschinski (2) – **Trainer:** Demuth
Freiburg: Golz (2) – St. Müller (4), Kruse (4) – Zkitischwili (4,5), Kobiaschwili (4,5) – Kondé (3,5), A. Zeyer (5,5) – Sellimi (5), But (5) – Tanko (-), Iaschwili (5) – **Trainer:** Finke
Eingewechselt: 55. Marcao (3,5) für Inceman, 83. Berre (-) für Held, 89. Scheinhardt (-) für Rath – 19. Coulibaly (4,5) für Tanko, 62. Ramdane (6) für But, 73. Dorn (-) für Sellimi
Tor: 1:0 Patschinski (57., Linksschuss, Vorarbeit Held)
Chancenverhältnis: 9:2
Eckenverhältnis: 13:4
SR: Merk, Dr. (Kaiserslautern) – **Zuschauer:** 20 358 – **Rote Karten:** Ramdane (78., grobes Foulspiel) – **Spielnote:** 4

9. März 2002
1. FC Nürnberg – Werder Bremen 0:4 (0:3)
Nürnberg: Kampa (6) – Stehle (5,5), Kos (5), Nikl (4,5) – Larsen (5), Sanneh (6) – Paßlack (5,5), Krzynowek (6) – Michalke (6) – Cacau (5), Rink (4,5) – **Trainer:** Augenthaler
Bremen: Rost (3) – F. Baumann (2,5), Verlaat (2,5), Skripnik (3) – Tjikuzu (3), F. Ernst (3), Stalteri (2,5) – Lisztes (2,5), Frings (2) – Bode (3), Ailton (2,5) – **Trainer:** Schaaf
Eingewechselt: – 69. Borowski (-) für Lisztes, 75. Banovic (-) für Bode, 80. Magnin (-) für Frings
Tore: 0:1 Frings (6., Rechtsschuss, ohne Vorarbeit), 0:2 Ailton (21., Linksschuss), 0:3 Ailton (30., Rechtsschuss, Frings), 0:4 Stalteri (51., Kopfball, Lisztes)
Chancenverhältnis: 2:9
Eckenverhältnis: 3:4
SR: Keßler (Höhenkirchen) – **Zuschauer:** 24 500 – **Gelbe Karte:** F. Ernst – **Besonderes Vorkommnis:** Kampa hält Foulelfmeter von Skripnik (84.) – **Spielnote:** 4

9. März 2002
VfL Wolfsburg – 1. FC Köln 5:1 (3:1)
Wolfsburg: Reitmaier (3,5) – Greiner (3,5), Franz (3), Schnoor (3), Rau (3) – Akonnor (4) – Karhan (2) – Munteanu (3,5) – Ponte (4), Petrov (2,5), Klimowicz (1,5) – **Trainer:** Wolf
Köln: Pröll (4) – Cichon (5) – Zellweger (6), Song (5,5), Cullmann (5) – Balitsch (4,5), Voigt (5) – Baranek (5) – Scherz (5), Reich (5,5), Laslandes (5,5) – **Trainer:** Funkel
Eingewechselt: 30. Kryger (4) für Greiner, 72. Kühbauer (-) für Ponte, 75. Juskowiak (-) für Klimowicz – 24. Kreuz (4) für Zellweger, 58. Springer (5) für Scherz
Tore: 1:0 Klimowicz (4., Rechtsschuss, Vorarbeit Ponte), 2:0 Rau (7., Linksschuss, Klimowicz), 3:0 Klimowicz (18., Rechtsschuss, Petrov), 3:1 Kreuz (45., Linksschuss, Baranek), 4:1 Petrov (62., Linksschuss, Klimowicz), 5:1 Karhan (77., Rechtsschuss, Kühbauer)
Chancenverhältnis: 7:3
Eckenverhältnis: 8:0
SR: Sippel (München) – **Zuschauer:** 12 583 – **Gelbe Karte:** Kreuz – **Spielnote:** 3,5

9. März 2002
Hansa Rostock – 1. FC Kaiserslautern 2:1 (1:0)
Rostock: Bräutigam (2,5) – Lange (4,5), Jakobsson (4), Hill (3,5), Oswald (3,5) – Hirsch (4) – Lantz (1,5), Maul (3,5) – Rydlewicz (2,5), di Salvo (4), Arvidsson (2,5) – **Trainer:** Veh
K'lautern: G. Koch (2,5) – Hengen (3,5), Knavs (4,5) – Riedl (3,5), Strasser (5) – Ramzy (5), West (4,5) – Basler (4), Hristov (3,5) – Lokvenc (3,5), Klose (3) – **Trainer:** Brehme
Eingewechselt: 46. Wibran (4) für Oswald, 70. Schröder (-) für Hirsch, 85. Beierle (-) für Arvidsson – 46. Pettersson (4) für West
Tore: 1:0 Arvidsson (37., Rechtsschuss, Vorarbeit Lantz), 1:1 Klose (72., Linksschuss, Lokvenc), 2:1 Lantz (73., Rechtsschuss, di Salvo)
Chancenverhältnis: 10:6
Eckenverhältnis: 5:7
SR: Weiner (Hildesheim) – **Zuschauer:** 15 800 – **Gelb-Rote Karte:** Ramzy (31.) – **Spielnote:** 3

9. März 2002
Bor. Dortmund – Bor. M'gladbach 3:1 (1:0)
Dortmund: Lehmann (3,5) – Metzelder (2,5), Wörns (2), Dede (4) – Evanilson (3,5), Oliseh (3,5), Reuter (3,5) – Rosicky (3) – Ewerthon (3), Amoroso (2,5), Koller (3) – **Trainer:** Sammer
Gladbach: Stiel (2) – Eberl (4), Pletsch (3,5), Münch (4) – Korell (4,5) – Hausweiler (4,5), Nielsen (-) – Ulich (4) – Aidoo (4), van Lent (4), van Houdt (3,5) – **Trainer:** Meyer
Eingewechselt: 46. Addo (4) für Metzelder, 68. Odonkor (-) für Ewerthon, 78. Madouni (-) für Amoroso – 15. Witeczek (4) für Nielsen, 72. Demo (-) für Hausweiler, 77. Mieciel (-) für Aidoo
Tore: 1:0 Nielsen (10., Eigentor, Linksschuss, Vorarbeit Koller), 1:1 Dede (48., Eigentor, Linksschuss, van Lent), 2:1 Amoroso (63., Foulelfmeter, Rechtsschuss, Amoroso), 3:1 Koller (77., Linksschuss, Amoroso)
Chancenverhältnis: 8:4
Eckenverhältnis: 6:3
SR: Gagelmann (Bremen) – **Zuschauer:** 68 600 (ausverkauft) – **Gelbe Karte:** Rosicky – **Spielnote:** 2,5

10. März 2002
FC Schalke 04 – VfB Stuttgart 2:1 (0:0)
Schalke: Reck (2,5) – Oude Kamphuis (4,5), Waldoch (2), van Hoogdalem (4), van Kerckhoven (4) – Thon (5) – Möller (2,5), Böhme (2,5) – Asamoah (3) – Agali (4), Sand (3,5) – **Trainer:** Stevens
Stuttgart: Hildebrand (3) – Hinkel (3), Wenzel (3), Bordon (2,5), Gerber (5) – Todt (4), Soldo (4), Meißner (3,5) – Hleb (3,5) – Adhemar (2,5) – Ganea (4) – **Trainer:** Magath
Eingewechselt: 72. Hajto (-) für Thon, 80. Vermant (-) für van Hoogdalem, 84. Djordjevic (-) für Asamoah – 46. Marques (3) für Gerber, 61. Tiffert (-) für Todt, 88. Carnell (-) für Hleb
Tore: 1:0 Waldoch (60., Kopfball, Vorarbeit Agali), 1:1 Adhemar (78., Rechtsschuss, Ganea), 2:1 Sand (90., Linksschuss, Djordjevic)
Chancenverhältnis: 5:5
Eckenverhältnis: 7:3
SR: Kemmling (Kleinburgwedel) – **Zuschauer:** 60 683 (ausverkauft) – **Spielnote:** 3,5

10. März 2002
Hertha BSC – Hamburger SV 6:0 (2:0)
Hertha: Kiraly (3) – Lapaczinski (2,5), van Burik (2,5), Simunic (3) – Marx (2), Dardai (3), Beinlich (2,5) – Marcelinho (2,5) – Alves (3,5), Preetz (3), Goor (1) – **Trainer:** Götz

»Herzlichkeiten« beim Topspiel: Dortmunds Torhüter Jens Lehmann (links) und Leverkusens Torjäger Ulf Kirsten sind aneinandergeraten.

Zweikampf der Regisseure: Leverkusens Yildiray Bastürk (am Ball) lässt den Stuttgarter Krassimir Balakov hinter sich liegen.

HSV: Pieckenhagen (4,5) – Fukal (6), Hertzsch (4), Hoogma (5,5), Hollerbach (5,5) – Ujfalusi (5) – Wicky (5), Albertz (5,5) – Antar (5,5), Präger (5) – Romeo (5) – **Trainer:** Jara
Eingewechselt: 77. Konstantinidis (-) für Marx, 83. Tretschok (-) für Beinlich – 35. Benjamin (5,5) für Hertzsch
Tore: 1:0 Preetz (40., Rechtsschuss, Vorarbeit Goor), 2:0 Goor (44., Rechtsschuss, Lapaczinski), 3:0 Marcelinho (54., Linksschuss, Marx), 4:0 Goor (62., Linksschuss, Beinlich), 5:0 Goor (85., Linksschuss, Tretschok), 6:0 Goor (90., Linksschuss, Dardai)
Chancenverhältnis: 13:3
Eckenverhältnis: 11:2
SR: Strampe (Handorf) – **Zuschauer:** 36 238 – **Spielnote:** 2,5

27. Spieltag

16. März 2002

1. FC Kaiserslautern – Bayern München 0:0

K'lautern: G. Koch (3) – Hengen (4), Knavs (2,5), Strasser (3,5) – Grammozis (4,5) – Ratinho (3,5), Bjelica (4) – Basler (3,5), Hristov (2,5) – Klose (3,5), Lokvenc (4,5) – **Trainer:** Brehme
Bayern: Kahn (1) – Sagnol (4), Linke (2), R. Kovac (4), Lizarazu (3,5) – Hargreaves (3,5), Fink (3,5) – Effenberg (3) – Santa Cruz (3,5), Zickler (4), Elber (4) – **Trainer:** Hitzfeld
Eingewechselt: 73. Pettersson (-) für Bjelica – 46. Pizarro (4) für Zickler, 82. Sergio (-) für Santa Cruz
Chancenverhältnis: 3:2
Eckenverhältnis: 7:3
SR: Koop (Lüttenmark) – **Zuschauer:** 40 600 (ausverkauft) – **Gelb-Rote Karte:** Grammozis (77.) – **Besonderes Vorkommnis:** Kahn hält Foulelfmeter von Basler (12.) – **Spielnote:** 4

16. März 2002

Hamburger SV – VfL Wolfsburg 1:1 (0:1)

HSV: Pieckenhagen (2) – Hertzsch (4), Fukal (4), Hoogma (4), Ujfalusi (4,5) – Wicky (4) – Hollerbach (4) – Cardoso (3,5) – Präger (3,5) – Barbarez (3,5), Romeo (4) – **Trainer:** Jara
Wolfsburg: Reitmaier (2,5) – Greiner (4), Franz (2,5), Schnoor (4), Rau (3,5) – Akonnor (4) – Karhan (3) – Munteanu (4) – Ponte (4), Petrov (3,5), Klimowicz (3,5) – **Trainer:** Wolf
Eingewechselt: 53. Meijer (3,5) für Hollerbach, 61. Ketelaer (-) für Hertzsch, 75. Antar (-) für Barbarez – 58. Kryger (4,5) für Petrov, 76. Kühbauer (-) für Munteanu, 76. H. Sarpei (-) für Ponte
Tore: 0:1 Klimowicz (45., Kopfball, Vorarbeit Ponte), 1:1 Barbarez (67., Linksschuss, Meijer)
Chancenverhältnis: 8:6
Eckenverhältnis: 4:7
SR: Stark (Ergolding) – **Zuschauer:** 37 517 – **Rote Karte:** Franz (55., Notbremse) – **Spielnote:** 4

16. März 2002

Werder Bremen – Hertha BSC 0:3 (0:0)

Bremen: Rost (3) – Verlaat (3,5) – F. Baumann (3), Skripnik (3), Stalteri (4) – Frings (2) – Tjikuzu (4), F. Ernst (3) – Lisztes (2,5), Bode (3,5), Ailton (4,5) – **Trainer:** Schaaf
Hertha: Kiraly (1) – Lapaczinski (2,5), van Burik (3,5), Simunic (4) – Dardai (2,5) – Marx (3), Beinlich (4) – Marcelinho (3,5) – Alves (2), Goor (4), Preetz (4) – **Trainer:** Götz
Eingewechselt: 67. Klasnic (-) für F. Baumann, 71. Borowski (-) für Verlaat, 84. Krstajic (-) für F. Ernst – 86. Sverrisson (-) für Alves, 87. Neuendorf (-) für Goor
Tore: 0:1 Lapaczinski (62., Rechtsschuss, ohne Vorarbeit), 0:2 Alves (66., Rechtsschuss, Marcelinho), 0:3 Alves (85., Rechtsschuss, Goor)
Chancenverhältnis: 12:6
Eckenverhältnis: 14:6
SR: Wack, Dr. (Biberbach) – **Zuschauer:** 31 350 – **Gelbe Karte:** van Burik – **Spielnote:** 3

16. März 2002

Bor. M'gladbach – 1. FC Nürnberg 1:0 (1:0)

Gladbach: Stiel (2) – Eberl (3), Korell (2,5), Pletsch (-), Witeczek (4) – P. Kluge (4) – Demo (3,5) – Ulich (4) – Aidoo (4), van Lent (3,5), van Houdt (3,5) – **Trainer:** Meyer
Nürnberg: Schäfer (3) – Sanneh (5), Stehle (4,5), Nikl (4,5), L. Müller (4) – Larsen (5) – Paßlack (5,5), Krzynowek (5) – Jarolim (4,5) – Rink (4), Cacau (4,5) – **Trainer:** Augenthaler
Eingewechselt: 23. Asanin (4) für Pletsch, 46. Hausweiler (4,5) für P. Kluge, 74. Stassin (-) für Eberl – 62. Gomis (-) für Paßlack, 79. Michalke (-) für Larsen, 84. Villa (-) für Rink
Tor: 1:0 Sanneh (28., Eigentor, Vorarbeit van Lent)
Chancenverhältnis: 6:3
Eckenverhältnis: 9:5
SR: Berg (Konz) – **Zuschauer:** 31 000 – **Spielnote:** 4

16. März 2002

Energie Cottbus – FC St. Pauli 4:0 (3:0)

Cottbus: Piplica (2,5) – da Silva (3) – Beeck (2,5), Hujdurovic (2,5) – Akrapovic (2,5) – Schröter (3,5), Kaluzny (2), Kobylanski (3,5) – Miriuta (2) – Topic (1,5), Franklin (2,5) – **Trainer:** Geyer
St. Pauli: Henzler (3,5) – Stanislawski (5), Gibbs (6) – Held (5), Kientz (5), Rahn (5) – Bajramovic (5,5), Bürger (5) – Meggle (5) – Patschinski (5), Rath (4) – **Trainer:** Demuth
Eingewechselt: 62. Helbig (-) für Franklin, 76. Mátyus (-) für Topic, 83. Reghecampf (-) für Kobylanski – 35. Inceman (5) für Held, 52. Marcao (5,5) für Rahn, 73. Kolinger (-) für Meggle
Tore: 1:0 Franklin (20., Linksschuss, Vorarbeit Beeck), 2:0 Topic (28., Rechtsschuss, Kaluzny), 3:0 Topic (34., Linksschuss, Kobylanski), 4:0 Helbig (85., Rechtsschuss)
Chancenverhältnis: 10:3
Eckenverhältnis: 6:7
SR: Dr. Fleischer (Ulm) – **Zuschauer:** 16 680 – **Spielnote:** 3,5

16. März 2002

VfB Stuttgart – Bayer Leverkusen 0:2 (0:2)

Stuttgart: Hildebrand (3,5) – Hinkel (5), Wenzel (4,5), Bordon (5), Gerber (4) – Soldo (3,5), Meißner (4) – Hleb (5), Balakov (4), Seitz (4,5) – Ganea (5,5) – **Trainer:** Magath
Leverkusen: Butt (3) – Lucio (2,5), Nowotny (2) – Sebescen (3), Placente (2,5) – B. Schneider (3,5), Ballack (3,5) – Bastürk (3), Zé Roberto (3,5) – Brdaric (3), Berbatov (3,5) – **Trainer:** Toppmöller
Eingewechselt: 46. Adhemar (4,5) für Seitz, 70. Dundee (-) für Ganea, 75. Endress (-) für Hinkel – 75. Babic (-) für Zé Roberto, 82. Kirsten (-) für Berbatov, 82. Vranjes (-) für Brdaric
Tore: 0:1 Brdaric (41., Rechtsschuss, ohne Vorarbeit), 0:2 Berbatov (45., Rechtsschuss, Bastürk)
Chancenverhältnis: 1:4
Eckenverhältnis: 0:2
SR: Albrecht (Kaufbeuren) – **Zuschauer:** 25 000 – **Gelbe Karte:** Placente – **Spielnote:** 4,5

16. März 2002

1. FC Köln – Hansa Rostock 4:2 (0:2)

Köln: Pröll (5) – Cullmann (5), Song (4), Voigt (4,5) – Cichon (3) – Balitsch (4) – Lottner (2), Kreuz (4) – Scherz (3,5), Springer (4,5), Kurth (3) – **Trainer:** Funkel
Rostock: Bräutigam (4) – Lange (5), Jakobsson (5), Hill (5), Oswald (5) – Wibran (4),

Lantz (5), Maul (4) – Rydlewicz (4), Yasser (5), Arvidsson (2,5) – **Trainer:** Veh
Eingewechselt: 86. Keller (-) für Springer – 61. di Salvo (-) für Lantz, 70. Klewer (-) für Arvidsson, 86. Schied (-) für Oswald
Tore: 0:1 Arvidsson (6., Kopfball, Vorarbeit Rydlewicz), 0:2 Arvidsson (32., Rechtsschuss, Lantz), 1:2 Lottner (46., Linksschuss), 2:2 Kurth (51., Rechtsschuss, Lottner), 3:2 Springer (76., Linksschuss, Balitsch), 4:2 Scherz (90., Linksschuss, Kurth)
Chancenverhältnis: 13:5
Eckenverhältnis: 6:2
SR: Krug (Gelsenkirchen) – **Zuschauer:** 21 500 – **Rote Karte:** Bräutigam (69., Handspiel) – **Spielnote:** 3,5

17. März 2002

SC Freiburg – Bor. Dortmund 1:5 (1:1)

Freiburg: Reus (4) – St. Müller (5), Diarra (4) – Kruse (5) – Kobiaschwili (4), Kondé (5), A. Zeyer (4,5) – Willi (3), But (3) – Coulibaly (4), Iaschwili (3,5) – **Trainer:** Finke
Dortmund: Lehmann (3) – Wörns (3), Metzelder (2) – Reuter (3,5) – Kehl (3,5), Dede (2) – Ricken (3), Rosicky (2) – Evanilson (2,5), Addo (4) – Koller (1,5) – **Trainer:** Sammer
Eingewechselt: 64. Zkitischwili (-) für Willi, 67. Bruns (-) für Iaschwili, 87. Dorn (-) für Coulibaly – 59. Amoroso (1,5) für Addo, 71. Kohler (-) für Reuter, 77. Ewerthon (-) für Koller
Tore: 1:0 Kobiaschwili (9., direkter Freistoß, Linksschuss, ohne Vorarbeit), 1:1 Evanilson (15., Rechtsschuss, Dede), 1:2 Dede (64., Linksschuss, Amoroso), 1:3 Amoroso (66., Kopfball, Koller), 1:4 Koller (69., Rechtsschuss, Rosicky), 1:5 Koller (70., Kopfball, Amoroso)
Chancenverhältnis: 5:7
Eckenverhältnis: 6:1
SR: Fandel (Kyllburg) – **Zuschauer:** 25 000 (ausverkauft) – **Spielnote:** 2,5

17. März 2002

1860 München – FC Schalke 04 1:2 (0:1)

1860: Jentzsch (2,5) – Stranzl (5), Kurz (5) – T. Hoffmann (4), Borimirov (4), Dheedene (4) – Bierofka (4), Häßler (3,5), M. Weissenberger (4) – Max (4), Agostino (3) – **Trainer:** Pacult
Schalke: Reck (3) – Hajto (4), Waldoch (3), Matellan (5), van Kerckhoven (3) – Kmetsch (3) – Vermant (4) – Asamoah (3), Möller (2) – Agali (3,5), Sand (3,5) – **Trainer:** Stevens
Eingewechselt: 58. Wiesinger (3,5) für M. Weissenberger, 58. Suker (4) für Borimirov, 64. Ehlers (-) für Kurz – 86. Büskens (-) für Vermant, 88. Djordjevic (-) für Asamoah, 90. Wilmots (-) für Möller
Tore: 0:1 Asamoah (3., Rechtsschuss, Vorarbeit Möller), 1:1 Agostino (81., Rechtsschuss, Wiesinger), 1:2 Sand (83., Kopfball, Vermant)
Chancenverhältnis: 5:5
Eckenverhältnis: 6:7
SR: Steinborn (Sinzig) – **Zuschauer:** 30 000 – **Spielnote:** 3,5

28. Spieltag

23. März 2002

Bayer Leverkusen – 1860 München 4:0 (1:0)

Leverkusen: Butt (2,5) – Lucio (2), Nowotny (1,5) – Sebescen (3), Placente (2) – Ramelow (2,5) – B. Schneider (3), Bastürk (2) – Zé Roberto (2) – Neuville (2,5), Berbatov (3,5) – **Trainer:** Toppmöller
1860: Jentzsch (2) – Ehlers (5), Riseth (5), Stranzl (5) – Borimirov (5) – Wiesinger (5), F. Tapalovic (4,5) – M. Weissenberger (5), Bierofka (5) – Max (5), Agostino (4,5) – **Trainer:** Pacult
Eingewechselt: 46. Kirsten (1,5) für Berbatov, 70. Brdaric (-) für Neuville, 77. Vranjes (-) für B. Schneider – 54. Pfuderer (5) für Ehlers, 63. Schroth (-) für Max, 63. T. Hoffmann (-) für Borimirov
Tore: 1:0 Sebescen (45., Kopfball, Vorarbeit Zé Roberto), 2:0 Kirsten (49., Rechtsschuss, Ramelow), 3:0 Bastürk (61., Rechtsschuss, Neuville), 4:0 Kirsten (81., Rechtsschuss, Zé Roberto)
Chancenverhältnis: 9:1
Eckenverhältnis: 5:1
SR: Kemmling (Kleinburgwedel) – **Zuschauer:** 22 500 (ausverkauft) – **Gelbe Karte:** Jentzsch – **Spielnote:** 3

23. März 2002

FC St. Pauli – VfB Stuttgart 1:2 (0:0)

St. Pauli: Henzler (3) – Stanislawski (3) – Held (4), Gibbs (4,5) – Kientz (4) – Inceman (3,5), Bajramovic (5), Bürger (4) – Meggle (3) – Patschinski (4), Rath (4) – **Trainer:** Demuth
Stuttgart: Th. Ernst (3) – Marques (4), Meira (3), Wenzel (3), Carnell (5) – Soldo (3,5), Meißner (4) – Balakov (3,5) – Hleb (4), Seitz (3,5), Dundee (3) – **Trainer:** Magath
Eingewechselt: 58. Rahn (4) für Bürger, 66. Marcao (-) für Bajramovic, 77. Cenci (-) für Inceman – 51. Tiffert (4) für Hleb, 58. Endress (5) für Marques, 83. Todt (-) für Seitz
Tore: 0:1 Balakov (75., Linksschuss, ohne Vorarbeit), 0:2 Dundee (82., Kopfball, Seitz), 1:2 Cenci (83., Rechtsschuss, Rath)
Chancenverhältnis: 7:3
Eckenverhältnis: 11:1
SR: Krug (Gelsenkirchen) – **Zuschauer:** 20 629 (ausverkauft) – **Spielnote:** 4

23. März 2002

Hertha BSC – 1. FC Nürnberg 2:0 (2:0)

Hertha: Kiraly (2,5) – Lapaczinski (4,5), van Burik (3,5), Simunic (3), Hartmann (4) – Dardai (4), Beinlich (3,5) – Marcelinho (4) – Alves (2), Preetz (3,5), Goor (3,5) – **Trainer:** Götz
Nürnberg: Kampa (3) – Stehle (4,5), Wolf (4,5), Sanneh (3,5), L. Müller (4,5) – Larsen (3,5) – Cacau (4), Jarolim (3), Krzynowek (4) – Michalke (5,5), Rink (4) – **Trainer:** Augenthaler
Eingewechselt: 53. Marx (4) für Alves, 77. Deisler (-) für Marcelinho, 84. Schmidt (-) für Dardai – 58. Junior (4,5) für Michalke, 89. Stoilov (-) für Stehle
Tore: 1:0 Alves (3., Rechtsschuss, Vorarbeit Preetz), 2:0 Alves (32., Linksschuss, Goor)
Chancenverhältnis: 7:10
Eckenverhältnis: 4:6
SR: Weiner (Hildesheim) – **Zuschauer:** 37 163 – **Gelbe Karte:** Krzynowek – **Besonderes Vorkommnis:** Marcelinho schießt Handelfmeter am Tor vorbei (39.) – **Spielnote:** 4

23. März 2002

Hansa Rostock – Hamburger SV 1:1 (0:0)

Rostock: Klewer (2,5) – Yasser (3,5), Jakobsson (3), Hill (3,5), Emara (3) – Lantz (3,5), Hirsch (4), Maul (3,5) – Rydlewicz (4,5), Arvidsson (5), di Salvo (5) – **Trainer:** Veh
HSV: Pieckenhagen (2,5) – Hertzsch (3,5), Hoogma (3), Ujfalusi (3,5) – Maltritz (4), Albertz (4,5) – Benjamin (5), Antar (4), Hollerbach (4) – Barbarez (3), Romeo (4,5) – **Trainer:** Jara
Eingewechselt: 77. Beierle (-) für di Salvo – 54. Präger (4) für Benjamin, 84. Sandmann (-) für Hollerbach, 90. Meijer (-) für Romeo
Tore: 1:0 Jakobsson (51., Kopfball, Vorarbeit Maul), 1:1 Barbarez (66., Rechtsschuss)
Chancenverhältnis: 6:6
Eckenverhältnis: 1:4
SR: Jansen (Essen) – **Zuschauer:** 22 200 – **Spielnote:** 4

23. März 2002

Bayern München – 1. FC Köln 3:0 (0:0)

Bayern: Kahn (2) – Hargreaves (5), Sforza (3,5), R. Kovac (4), Lizarazu (4) – Jeremies (4,5), Fink (4,5) – Effenberg (4,5) – Santa Cruz (4,5), Sergio (5), Elber (3) – **Trainer:** Hitzfeld
Köln: Pröll (3) – Cichon (4) – Cullmann (3,5), Song (4), Sichone (5,5) – Balitsch (4,5), Lottner (4,5), Voigt (4) – Scherz (5), Springer (5), Kurth (5) – **Trainer:** Funkel
Eingewechselt: 46. Salihamidzic (4) für Jeremies, 84. N. Kovac (-) für Sergio – 73. Keller (-) für Cullmann
Tore: 1:0 Elber (64., Rechtsschuss, Vorarbeit Effenberg), 2:0 Salihamidzic (83., Foulelfmeter, Rechtsschuss, Santa Cruz), 3:0 Elber (88., Kopfball, Hargreaves)
Chancenverhältnis: 6:4
Eckenverhältnis: 14:4
SR: Gagelmann (Bremen) – **Zuschauer:** 44 000 – **Spielnote:** 5

23. März 2002

FC Schalke 04 – 1. FC Kaiserslautern 3:0 (1:0)

Schalke: Reck (3) – Hajto (3), Waldoch (3), van Kerckhoven (2,5) – Oude Kamphuis (3,5) – Wilmots (2,5) – Asamoah (3), Böhme (4) – Möller (3) – Sand (3), Agali (3,5) – **Trainer:** Stevens
K'lautern: G. Koch (4) – Ramzy (5), Hengen (4,5), Knavs (4) – Riedl (3,5), Strasser (4,5) – Ratinho (3,5), Bjelica (3,5) – Lincoln (4), Hristov (4,5), Lokvenc (5) – **Trainer:** Brehme
Eingewechselt: 83. Vermant (-) für Wilmots, 85. Djordjevic (-) für Asamoah, 88. Büskens (-) für Böhme – 63. Pettersson (-) für Ratinho, 80. Gabriel (-) für Strasser
Tore: 1:0 Wilmots (45., Kopfball, Vorarbeit Böhme), 2:0 Möller (59., Rechtsschuss, Sand), 3:0 Agali (81., Kopfball, Asamoah)
Chancenverhältnis: 6:1
Eckenverhältnis: 7:4
SR: Aust (Köln) – **Zuschauer:** 60 683 (ausverkauft) – **Gelbe Karte:** Lokvenc – **Spielnote:** 3,5

23. März 2002

SC Freiburg – Bor. M'gladbach 0:1 (0:0)

Freiburg: Reus (5) – St. Müller (3), Diarra (4) – Willi (4,5), Kruse (3,5) – Hermel (4) – A. Zeyer (5), Kobiaschwili (3) – Zandi (5,5) – Coulibaly (3,5), Iaschwili (5) – **Trainer:** Finke
Gladbach: Stiel (2) – Eberl (3), Korell (2), Asanin (2,5), Münch (3) – Stassin (3) – P. Kluge (3), Ulich (3) – Aidoo (2,5), van Houdt (3), van Lent (2) – **Trainer:** Meyer
Eingewechselt: 46. Sellimi (3) für Zandi, 55. Männer (4) für Willi, 77. Gerber (-) für Kruse – 83. Demo (-) für Ulich, 89. Hausweiler (-) für Aidoo, 90. Witeczek (-) für van Houdt
Tor: 0:1 van Lent (79., Kopfball, Vorarbeit P. Kluge)
Chancenverhältnis: 5:4
Eckenverhältnis: 7:6
SR: Fröhlich (Berlin) – **Zuschauer:** 25 000 (ausverkauft) – **Spielnote:** 3,5

24. März 2002

Bor. Dortmund – Energie Cottbus 3:0 (2:0)

Dortmund: Laux (2,5) – Metzelder (3,5), Kohler (4) – Evanilson (4), Oliseh (4), Dede (4) – Kehl (3) – Rosicky (3,5) – Ewerthon (3), Amoroso (3,5), Koller (2) – **Trainer:** Sammer
Cottbus: Piplica (3) – Kaluzny (4) – Hujdurovic (4,5), Beeck (5), Mátyus (5) – T. Rost (5) – Akrapovic (4) – Schröter (4), Miriuta (5), Kobylanski (4) – Topic (3) – **Trainer:** Geyer
Eingewechselt: 68. Stevic (-) für Amoroso, 72. Reina (-) für Ewerthon, 82. Ricken (-) für Kehl – 35. Reghecampf (4) für Schröter, 70. Helbig (-) für Topic, 85. Latoundji (-) für Kaluzny
Tore: 1:0 Ewerthon (20., Rechtsschuss, Vorarbeit Koller), 2:0 Rosicky (35., Rechtsschuss, Koller), 3:0 Reina (80., Rechtsschuss, Evanilson)
Chancenverhältnis: 7:3
Eckenverhältnis: 7:5
SR: Wagner (Hofheim) – **Zuschauer:** 65 000 – **Gelb-Rote Karte:** T. Rost (17.) – **Spielnote:** 4

24. März 2002

VfL Wolfsburg – Werder Bremen 2:0 (0:0)

Wolfsburg: Reitmaier (3) – Greiner (2,5), Schnoor (4) – Biliskov (3), Rau (4) – Karhan (3), Akonnor (4) – Munteanu (4) – Ponte (4), Petrov (3), Klimowicz (2,5) – **Trainer:** Wolf
Bremen: Rost (4) – Stalteri (4), Verlaat (4), Krstajic (4), Skripnik (4) – F. Ernst (3,5), F. Baumann (3,5) – Lisztes (3,5), Frings (2,5), Bode (4) – Ailton (5) – **Trainer:** Schaaf
Eingewechselt: 84. T. Maric (-) für Ponte, 86. Juskowiak (-) für Klimowicz, 90. Weiser (-) für Petrov – 70. Klasnic (-) für Verlaat, 83. Silva (-) für F. Ernst
Tore: 1:0 Klimowicz (64., Rechtsschuss, Vorarbeit Biliskov), 2:0 Petrov (78., Linksschuss, Klimowicz)
Chancenverhältnis: 8:7
Eckenverhältnis: 6:7
SR: Dr. Fleischer (Ulm) – **Zuschauer:** 14 275 – **Spielnote:** 3,5

29. Spieltag

30. März 2002

Hamburger SV – Bayern München 0:0

HSV: Pieckenhagen (2,5) – Hertzsch (2,5), Hoogma (4), Ujfalusi (3) – Fukal (4), Hollerbach (3) – Maltritz (4), Albertz (3) – Barbarez (2,5) – Romeo (4,5), Meijer (3) – **Trainer:** Jara
Bayern: Kahn (2,5) – Linke (4), R. Kovac (4,5), Lizarazu (3) – Hargreaves (3), Fink (3) – Salihamidzic (4) – Effenberg (3) – Santa Cruz (4), Sergio (4,5), Elber (4,5) – **Trainer:** Hitzfeld
Eingewechselt: 87. Präger (-) für Meijer, 90. Christensen (-) für Barbarez – 71. Scholl (-) für Sergio, 71. Pizarro (-) für Santa Cruz, 84. N. Kovac (-) für Scholl
Chancenverhältnis: 8:6
Eckenverhältnis: 5:4
SR: Fandel (Kyllburg) – **Zuschauer:** 55 360 (ausverkauft) – **Spielnote:** 3

30. März 2002

1. FC Nürnberg – VfL Wolfsburg 3:0 (1:0)

Nürnberg: Kampa (2) – Nikl (4), Stehle (4,5), Sanneh (3), L. Müller (4,5) – Larsen (4) – Michalke (5), Jarolim (3), Krzynowek (2) – Gomis (4,5), Rink (3,5) – **Trainer:** Augenthaler
Wolfsburg: Ramovic (2,5) – Greiner (4,5), Biliskov (3,5), Schnoor (3,5), Weiser (4,5) – Karhan (3,5), Akonnor (3), Rau (-) – Ponte (4), Klimowicz (3,5), T. Maric (-) – **Trainer:** Wolf
Eingewechselt: 72. Wolf (-) für Michalke, 88. Villa (-) für Gomis, 90. Frey (-) für Jarolim – 8. Juskowiak (4) für T. Maric, 20. Munteanu (3) für Rau, 46. Rytter (4) für Greiner
Tore: 1:0 Rink (14., Elfmeter im Nachschuß, Rechtsschuss, ohne Vorarbeit), 2:0 Krzynowek (74., Foulelfmeter, Linksschuss, Jarolim), 3:0 Gomis (86., Rechtsschuss, Sanneh)
Chancenverhältnis: 6:10
Eckenverhältnis: 4:5
SR: Steinborn (Sinzig) – **Zuschauer:** 23 600 – **Besonderes Vorkommnis:** Ramovic hält Foulelfmeter von Rink (14.) – **Spielnote:** 3,5

30. März 2002

Bor. M'gladbach – Hertha BSC 3:1 (1:1)

Gladbach: Stiel (3) – Eberl (2,5), P. Kluge (3), Asanin (3,5), Münch (3) – Korell (2,5) – Demo (3,5), Ulich (2,5) – Aidoo (2,5), van Lent (4), van Houdt (5) – **Trainer:** Meyer
Hertha: Kiraly (3) – Schmidt (5), van Burik (4), Simunic (3,5), Hartmann (5) – Dardai (4), Beinlich (4) – Marcelinho (5) – Deisler (4), Goor (3,5) – Preetz (4) – **Trainer:** Götz
Eingewechselt: 67. Hausweiler (-) für Demo, 68. Stassin (-) für P. Kluge, 90. Auer (-) für Aidoo – 68. Neuendorf (-) für Goor, 69. Tretschok (-) für Dardai, 88. Ludvigsen (-) für van Burik
Tore: 1:0 Ulich (4., Rechtsschuss, ohne Vorarbeit), 1:1 Marcelinho (33., Rechtsschuss, Preetz), 2:1 Aidoo (57., Kopfball, van Houdt), 3:1 Aidoo (67., Linksschuss, van Lent)
Chancenverhältnis: 7:4
Eckenverhältnis: 6:8
SR: Stark (Ergolding) – **Zuschauer:** 32 200 – **Spielnote:** 3,5

30. März 2002

Energie Cottbus – SC Freiburg 2:0 (1:0)

Cottbus: Piplica (2,5) – da Silva (3) – Hujdurovic (3), Beeck (3) – Akrapovic (2,5) – Schröter (4), Kaluzny (2,5), Kobylanski (4) – Miriuta (3) – Topic (3), Franklin (4) – **Trainer:** Geyer
Freiburg: Reus (3,5) – St. Müller (4), Diarra (4) – Kondé (4,5), Zkitischwili (4,5) – Hermel (5) – A. Zeyer (5), Kobiaschwili (5) – Coulibaly (3,5) – Dorn (5,5), Männer (5) – **Trainer:** Finke
Eingewechselt: 61. Helbig (-) für Franklin, 75. Mátyus (-) für Topic, 79. Reghecampf (-) für Schröter – 46. Bruns (4) für Dorn, 46. Willi (4,5) für Kondé, 69. Gerber (-) für A. Zeyer
Tore: 1:0 Miriuta (38., Foulelfmeter, Rechtsschuss, Vorarbeit Topic), 2:0 Helbig (69., Rechtsschuss, Schröter)
Chancenverhältnis: 9:2
Eckenverhältnis: 6:4
SR: Berg (Konz) – **Zuschauer:** 18 120 – **Gelbe Karte:** A. Zeyer – **Spielnote:** 4

30. März 2002
VfB Stuttgart – Bor. Dortmund 3:2 (2:0)
Stuttgart: Th. Ernst (2,5) – Meißner (2,5), Meira (3), Bordon (3), Wenzel (3) – Soldo (3), Todt (3) – Tiffert (3,5), Seitz (2) – Ganea (3,5), Dundee (2) – **Trainer:** Magath
Dortmund: Laux (4) – Wörns (3), Metzelder (3) – Reuter (4,5), Heinrich (4,5) – Kehl (4) – Rosicky (3) – Evanilson (4,5), Dede (3,5) – Koller (2,5), Amoroso (5) – **Trainer:** Sammer
Eingewechselt: 61. Marques (-) für Todt, 61. Hleb (-) für Tiffert, 72. Adhemar (-) für Ganea – 46. Ewerthon (3) für Evanilson, 54. Reina (4,5) für Reuter, 83. Herrlich (-) für Kehl
Tore: 1:0 Dundee (33., Rechtsschuss, Vorarbeit Seitz), 2:0 Meißner (37., Rechtsschuss, Bordon), 2:1 Wörns (51., Linksschuss, Ewerthon), 3:1 Ganea (63., Linksschuss), 3:2 Koller (78., Rechtsschuss, Heinrich)
Chancenverhältnis: 8:7
Eckenverhältnis: 2:5
SR: Merk, Dr. (Kaiserslautern) – **Zuschauer:** 44 500 – **Spielnote:** 2

30. März 2002
1860 München – FC St. Pauli 4:2 (1:1)
1860: Jentzsch (2,5) – Kurz (4), Häßler (3), Pfuderer (4) – Cerny (5), F. Tapalovic (4) – Wiesinger (4), Bierofka (5) – M. Weissenberger (3) – Agostino (4), Suker (3) – **Trainer:** Pacult
St. Pauli: Henzler (3,5) – Stanislawski (3,5), Scheinhardt (5) – Kientz (3) – Inceman (5), Bürger (3,5) – Held (4,5), Rahn (4) – Bajramovic (4), Meggle (5) – Patschinski (3,5) – **Trainer:** Demuth
Eingewechselt: 54. Borimirov (3,5) für Wiesinger, 58. Schroth (3) für Bierofka, 58. Max (1) für Cerny – 61. Amadou (-) für Bürger, 68. Rath (-) für Bajramovic, 68. Cenci (-) für Inceman
Tore: 0:1 Rahn (38., Rechtsschuss, ohne Vorarbeit), 1:1 M. Weissenberger (44., Linksschuss, Suker), 1:2 Patschinski (55., Linksschuss, Bajramovic), 2:2 Max (64., Linksschuss), 3:2 Max (66., Rechtsschuss, Häßler), 4:2 Max (76., Rechtsschuss, Schroth)
Chancenverhältnis: 11:8
Eckenverhältnis: 12:3
SR: Meyer (Braunschweig) – **Zuschauer:** 23 600 – **Gelbe Karten:** Jentzsch, Häßler – Held – **Gelb-Rote Karte:** M. Weissenberger (53.) – **Spielnote:** 3

30. März 2002
1. FC Kaiserslautern – Bayer Leverkusen 2:4 (1:2)
K'lautern: G. Koch (4) – Ramzy (3,5), Hengen (3), Knavs (3,5) – Strasser (5) – Ratinho (5), Malz (5) – Basler (4,5) – Lincoln (5) – Klose (4), Lokvenc (4) – **Trainer:** Brehme
Leverkusen: Butt (3) – Lucio (2,5), Nowotny (2,5) – Sebescen (3,5), Placente (5) – Ramelow (3) – B. Schneider (2), Ballack (2) – Neuville (3), Brdaric (3), Kirsten (3) – **Trainer:** Toppmöller
Eingewechselt: 27. Pettersson (4) für Ratinho, 74. Riedl (-) für Basler – 54. Zivkovic (3,5) für Kirsten, 81. Berbatov (-) für Neuville, 89. Kleine (-) für Brdaric
Tore: 0:1 Kirsten (1., Rechtsschuss, Vor-arbeit B. Schneider), 0:2 Neuville (16., Rechtsschuss, B. Schneider), 1:2 Ramzy (45., Rechtsschuss, Malz), 2:2 Lokvenc (55., Kopfball, Knavs), 2:3 Ballack (77., Foulelfmeter, Rechtsschuss, Brdaric), 2:4 Berbatov (86., Rechtsschuss, Ballack)
Chancenverhältnis: 4:6
Eckenverhältnis: 9:3
SR: Krug (Gelsenkirchen) – **Zuschauer:** 39 578 – **Spielnote:** 1,5

31. März 2002
1. FC Köln – FC Schalke 04 1:1 (0:1)
Köln: Pröll (3) – Cichon (3) – Song (3), Sichone (4) – Keller (4), Balitsch (4), Voigt (5) – Lottner (4), Springer (4) – Scherz (4,5), Kurth (4,5) – **Trainer:** Funkel
Schalke: Reck (2) – Oude Kamphuis (3,5), Waldoch (4), van Kerckhoven (4) – Nemec (4,5) – Wilmots (4,5) – Möller (4), Böhme (5) – Asamoah (3,5) – Sand (4), Agali (5,5) – **Trainer:** Stevens
Eingewechselt: 67. Kreuz (-) für Balitsch, 75. Reich (-) für Voigt, 82. Baranek (-) für Springer – 71. Hajto (-) für Agali, 84. Djordjevic (-) für Wilmots, 86. Vermant (-) für Asamoah
Tore: 0:1 Sand (40., Rechtsschuss, Vorarbeit Oude Kamphuis), 1:1 Lottner (60., Linksschuss, Kurth)
Chancenverhältnis: 6:3
Eckenverhältnis: 8:2
SR: Strampe (Handorf) – **Zuschauer:** 30 000 (ausverkauft) – **Spielnote:** 4,5

31. März 2002
Werder Bremen – Hansa Rostock 4:3 (1:2)
Bremen: Rost (1,5) – F. Baumann (3,5), Verlaat (4), Krstajic (5) – Skripnik (4,5) – Lisztes (3), F. Ernst (4,5), Frings (2) – Wehlage (4,5) – Ailton (3), Klasnic (4,5) – **Trainer:** Schaaf
Rostock: Klewer (4) – Yasser (3), Jakobsson (4,5), Hill (2,5), Emara (3) – Lantz (3,5), Hirsch (4), Maul (3) – Rydlewicz (2) – Arvidsson (4,5), di Salvo (3,5) – **Trainer:** Veh
Eingewechselt: 30. Stalteri (4) für Krstajic, 46. Borowski (4,5) für F. Ernst, 77. Silva (-) für Skripnik – 46. Schröder (4) für di Salvo, 75. Baumgart (-) für Arvidsson, 86. Wibran (-) für Maul
Tore: 1:0 Ailton (3., Linksschuss, Vorarbeit Lisztes), 1:1 Rydlewicz (24., Foulelfmeter, Rechtsschuss, Maul), 1:2 di Salvo (30., Rechtsschuss, Rydlewicz), 2:2 Frings (47., Kopfball, Lisztes), 2:3 Schröder (49., Linksschuss, Jakobsson), 3:3 Rost (90., Rechtsschuss), 4:3 Ailton (90., Foulelfmeter, Linksschuss, Frings)
Chancenverhältnis: 9:8
Eckenverhältnis: 9:3
SR: Sippel (München) – **Zuschauer:** 26 742 – **Gelbe Karten:** Borowski, Krstajic – Emara – **Spielnote:** 3

30. Spieltag

6. April 2002
VfL Wolfsburg – Hertha BSC 1:3 (1:2)
Wolfsburg: Ramovic (5) – Greiner (4), Franz (4), Biliskov (3,5), Weiser (3) – Akonnor (3,5) – Karhan (3) – Munteanu (3,5) – Ponte (4,5), Petrov (4), Klimowicz (3) – **Trainer:** Wolf
Hertha: Kiraly (2,5) – Lapaczinski (4), van Burik (3,5), Simunic (2,5), Hartmann (3) – Dardai (3,5) – Beinlich (2,5) – Marx (4), Marcelinho (2) – Goor (3,5), Preetz (3,5) – **Trainer:** Götz
Eingewechselt: 68. Juskowiak (-) für Greiner, 78. S. Müller (-) für Petrov – 67. Maas (-) für Lapaczinski, 89. Neuendorf (-) für Goor, 90. Ludvigsen (-) für Dardai
Tore: 0:1 Hartmann (25., Linksschuss, Vorarbeit Beinlich), 0:2 Preetz (28., Rechtsschuss, Marcelinho), 1:2 Klimowicz (36., Linksschuss, Ponte), 1:3 Marx (48., Rechtsschuss)
Chancenverhältnis: 4:6
Eckenverhältnis: 9:3
SR: Merk, Dr. (Kaiserslautern) – **Zuschauer:** 15 127 – **Spielnote:** 3,5

6. April 2002
Hansa Rostock – 1. FC Nürnberg 1:0 (1:0)
Rostock: Klewer (3) – Yasser (3,5), Jakobsson (3,5), Hill (2,5), Emara (3) – Lantz (3), Hirsch (4), Wibran (4) – Rydlewicz (4,5), di Salvo (4), Arvidsson (4) – **Trainer:** Veh
Nürnberg: Kampa (2,5) – Nikl (5), Kos (5), Sanneh (4), L. Müller (5) – Larsen (5,5) – Cacau (5), Jarolim (5), Krzynowek (4,5) – Gomis (5), Rink (4,5) – **Trainer:** Augenthaler
Eingewechselt: 33. Beierle (5) für di Salvo, 90. Lange (-) für Rydlewicz – 59. Villa (5) für Gomis, 69. Stehle (-) für Larsen, 81. Driller (-) für Rink
Tor: 1:0 Arvidsson (4., Rechtsschuss, Vorarbeit di Salvo)
Chancenverhältnis: 7:1
Eckenverhältnis: 10:4
SR: Fröhlich (Berlin) – **Zuschauer:** 19 200 – **Spielnote:** 5

6. April 2002
Bayern München – Werder Bremen 2:2 (1:1)
Bayern: Kahn (3) – Sagnol (5), Linke (4,5), R. Kovac (4), Tarnat (4) – Fink (4,5) – N. Kovac (5) – Effenberg (4,5) – Santa Cruz (3), Pizarro (4), Elber (5) – **Trainer:** Hitzfeld
Bremen: Rost (3) – Stalteri (4,5), Verlaat (4,5), Krstajic (3), Skripnik (4,5) – F. Baumann (5) – F. Ernst (5) – Lisztes (5) – Frings (4) – Bode (4,5), Ailton (3) – **Trainer:** Schaaf
Eingewechselt: 65. Salihamidzic (-) für Elber, 65. Lizarazu (-) für Tarnat – 61. Banovic (-) für Lisztes, 66. Klasnic (-) für Bode, 72. Wehlage (-) für F. Baumann
Tore: 1:0 Pizarro (21., Linksschuss, Vorarbeit Effenberg), 1:1 Ailton (24., Foulelfmeter, Linksschuss, Frings), 2:1 Santa Cruz (55., Rechtsschuss, Sagnol), 2:2 Krstajic (90., Kopfball, Banovic)
Chancenverhältnis: 4:5
Eckenverhältnis: 6:2
SR: Aust (Köln) – **Zuschauer:** 52 000 – **Gelbe Karte:** Sagnol – **Spielnote:** 5

6. April 2002
FC Schalke 04 – Hamburger SV 2:0 (2:0)
Schalke: Reck (2,5) – Waldoch (3,5), van Hoogdalem (2,5), van Kerckhoven (3,5) – Oude Kamphuis (4) – Wilmots (2) – Möller (3,5), Böhme (4) – Asamoah (-) – Sand (2,5), Mpenza (2) – **Trainer:** Stevens
HSV: Pieckenhagen (2) – Hoogma (4) – Hertzsch (3,5), Fukal (5) – Groth (4,5), Maltritz (4), Albertz (3,5), Ujfalusi (3) – Barbarez (2,5) – Meijer (5), Romeo (4) – **Trainer:** Jara
Eingewechselt: 24. Vermant (3) für Asamoah, 66. Agali (-) für Mpenza, 82. Hajto (-) für van Hoogdalem – 53. Ketelaer (4) für Fukal, 63. Antar (-) für Maltritz, 75. Christensen (-) für Meijer
Tore: 1:0 Mpenza (8., Rechtsschuss, Vorarbeit van Kerckhoven), 2:0 Sand (41., Rechtsschuss)
Chancenverhältnis: 8:5
Eckenverhältnis: 6:1
SR: Keßler (Höhenkirchen) – **Zuschauer:** 60 683 (ausverkauft) – **Spielnote:** 3,5

6. April 2002
Bayer Leverkusen – 1. FC Köln 2:0 (2:0)
Leverkusen: Butt (3) – Lucio (1,5), Nowotny (2,5), Zivkovic (3) – B. Schneider (3,5) – Ramelow (3) – Ballack (4) – Bastürk (4), Zé Roberto (4) – Kirsten (5), Neuville (5) – **Trainer:** Toppmöller
Köln: Pröll (3,5) – Song (4), Cichon (5), Sichone (5) – Voigt (5) – Keller (4), Balitsch (4,5) – Springer (4,5) – Lottner (5) – Scherz (5), Kurth (5) – **Trainer:** Funkel
Eingewechselt: 61. Berbatov (-) für Kirsten, 61. Brdaric (-) für Bastürk, 88. Vranjes (-) für Neuville – 46. Reich (5) für Scherz
Tore: 1:0 Butt (13., Foulelfmeter, Rechtsschuss, Vorarbeit Ballack), 2:0 Lucio (25., Rechtsschuss)
Chancenverhältnis: 10:1
Eckenverhältnis: 5:2
SR: Fandel (Kyllburg) – **Zuschauer:** 22 500 (ausverkauft) – **Spielnote:** 4

6. April 2002
FC St. Pauli – 1. FC Kaiserslautern 1:1 (0:0)
St. Pauli: Henzler (3,5) – Stanislawski (3,5), Scheinhardt (4) – Kientz (3,5) – Held (-), Inceman (5), Bajramovic (5,5), Bürger (4) – Meggle (5) – Patschinski (4,5), Marcao (5,5) – **Trainer:** Demuth
K'lautern: G. Koch (4) – Klos (4), Ramzy (-), Knavs (3,5) – Bjelica (4,5) – Grammozis (5), Basler (5), Hristov (4), Malz (5,5) – Lincoln (3,5), Marschall (3,5) – **Trainer:** Brehme
Eingewechselt: 56. Rahn (2,5) für Bajramovic, 56. Rath (3,5) für Marcao, 78. Baris (-) für Inceman – 17. Gabriel (4) für Ramzy, 62. Strasser (-) für Malz, 83. Mifsud (-) für Lincoln
Tore: 0:1 Lincoln (48., Rechtsschuss, Vorarbeit Bjelica), 1:1 Meggle (69., Foulelfmeter, Rechtsschuss, Patschinski)
Chancenverhältnis: 4:5
Eckenverhältnis: 8:1
SR: Kemmling (Kleinburgwedel) – **Zuschauer:** 20 499 – **Gelbe Karten:** Bajramovic, Patschinski – Malz – **Gelb-Rote Karte:** Strasser (89.) – **Spielnote:** 5

6. April 2002
Energie Cottbus – Bor. M'gladbach 3:3 (2:1)
Cottbus: Piplica (5) – da Silva (4) – Hujdurovic (4,5), Beeck (4,5), Kobylanski (3) – Akrapovic (4,5) – Schröter (4), Kaluzny (1,5) – Miriuta (2) – Topic (3), Franklin (5) – **Trainer:** Geyer
Gladbach: Stiel (3,5) – Eberl (4,5), Asanin (4), Korell (3), Münch (3,5) – Stassin (3,5) – P. Kluge (4) – Ulich (2,5) – Aidoo (4,5), van Lent (3), van Houdt (3,5) – **Trainer:** Meyer
Eingewechselt: 46. Thielemann (4) für Akrapovic, 59. Helbig (4,5) für Franklin, 76. Mátyus (-) für Topic – 59. Auer (4,5) für van Houdt, 74. Witeczek (-) für Stassin, 79. Felgenhauer (-) für Eberl
Tore: 1:0 Topic (31., Kopfball, Vorarbeit Miriuta), 2:0 Kaluzny (34., Kopfball, Miriuta), 2:1 Asanin (37., Kopfball, Stassin), 2:2 Münch (64., Foulelfmeter, Linksschuss, van Lent), 3:2 Kaluzny (70., Linksschuss, Miriuta), 3:3 Piplica (85., Eigentor, Kopfball, Witeczek)
Chancenverhältnis: 6:6
Eckenverhältnis: 8:6
SR: Wack, Dr. (Biberbach) – **Zuschauer:** 18 450 – **Gelbe Karte:** Münch – **Spielnote:** 3,5

7. April 2002
Bor. Dortmund – 1860 München 2:1 (2:1)
Dortmund: Laux (4) – Wörns (2), Metzelder (3,5) – Oliseh (4) – Evanilson (4), Heinrich (2) – Kehl (2) – Rosicky (3,5) – Addo (3) – Ewerthon (4,5), Koller (4) – **Trainer:** Sammer
1860: Jentzsch (3,5) – Votava (4) – Pfuderer (3) – Kurz (4), F. Tapalovic (4) – Riseth (3,5) – Cerny (5), Dheedene (5) – Häßler (3,5) – Max (5), Schroth (4) – **Trainer:** Pacult
Eingewechselt: 71. Reuter (-) für Addo, 83. Kohler (-) für Oliseh, 90. Herrlich (-) für Ewerthon – 60. Suker (4,5) für Cerny, 77. Bierofka (-) für Dheedene, 77. Agostino (-) für Häßler
Tore: 0:1 Schroth (12., Rechtsschuss, Vorarbeit Häßler), 1:1 Kehl (20., Kopfball, Addo), 2:1 Heinrich (26., Linksschuss)
Chancenverhältnis: 12:3
Eckenverhältnis: 7:1
SR: Weiner (Hildesheim) – **Zuschauer:** 66 000 – **Gelbe Karte:** Dheedene – **Spielnote:** 3

7. April 2002
SC Freiburg – VfB Stuttgart 0:2 (0:0)
Freiburg: Reus (3) – Kondé (4), St. Müller (2,5), Diarra (3), Zkitischwili (3,5) – Hermel (4,5) – A. Zeyer (4), Kobiaschwili (3) – Coulibaly (2,5) – Ramdane (5), Sellimi (4) – **Trainer:** Finke
Stuttgart: Th. Ernst (3) – Marques (3,5), Meira (3), Bordon (2), Wenzel (3) – Soldo (3), Hleb (3,5) – Tiffert (4), Balakov (3,5), Seitz (4) – Ganea (-) – **Trainer:** Magath
Eingewechselt: 31. But (3) für Hermel, 77. Bruns (-) für Ramdane, 80. Männer (-) für Zkitischwili – 19. Adhemar (3,5) für Ganea, 64. Handschuh (-) für Tiffert, 77. Gerber (-) für Hleb
Tore: 0:1 Meira (79., Rechtsschuss, Vorarbeit Balakov), 0:2 Handschuh (87., Rechtsschuss, Adhemar)
Chancenverhältnis: 5:3
Eckenverhältnis: 6:5
SR: Dr. Fleischer (Ulm) – **Zuschauer:** 25 000 (ausverkauft) – **Gelbe Karte:** Hermel – **Spielnote:** 4

31. Spieltag

13. April 2002
1. FC Nürnberg – Bayern München 1:2 (0:2)
Nürnberg: Kampa (3) – Nikl (4), Kos (4,5), Sanneh (3), Wolf (5) – L. Müller (4), Larsen (4,5), Krzynowek (3,5) – Jarolim (4) – Cacau (4), Rink (4,5) – **Trainer:** Augenthaler
Bayern: Kahn (1) – Sagnol (4,5), Linke (3,5), R. Kovac (3,5), Lizarazu (3) – Hargreaves (4,5), N. Kovac (4,5) – Effenberg (4,5) – Salihamidzic (5), Elber (3,5), Pizarro (4,5) – **Trainer:** Hitzfeld
Eingewechselt: 67. Frey (-) für Larsen, 81. Gomis (-) für Rink, 90. Villa (-) für Jarolim – 76. Santa Cruz (-) für Elber, 81. Jeremies (-) für N. Kovac, 88. Sergio (-) für Salihamidzic
Tore: 0:1 Elber (11., Kopfball, ohne Vorarbeit), 0:2 Pizarro (41., Rechtsschuss, Elber), 1:2 Krzynowek (73., Foulelfmeter, Linksschuss, Rink)
Chancenverhältnis: 10:7
Eckenverhältnis: 10:4
SR: Krug (Gelsenkirchen) – **Zuschauer:** 44 696 (ausverkauft) – **Spielnote:** 3

13. April 2002
Bor. M'gladbach – VfL Wolfsburg 0:2 (0:0)
Gladbach: Meier (3,5) – Eberl (4), Stassin (3,5), Asanin (5), Münch (4) – P. Kluge (3) – Demo (4) – Ulich (5) – Aidoo (4), van Lent (4,5), van Houdt (4,5) – **Trainer:** Meyer

Wolfsburg: Reitmaier (2,5) – Kryger (4), Biliskov (3), Schnoor (3,5), Weiser (4) – Akonnor (4) – H. Sarpei (4), Karhan (4) – Petrov (4) – Juskowiak (4,5), Klimowicz (1,5) – **Trainer:** Wolf
Eingewechselt: 55. Auer (4) für Demo, 57. Hausweiler (4,5) für P. Kluge, 64. Felgenhauer (-) für Aidoo – 62. S. Müller (-) für Petrov, 90. Habryka (-) für H. Sarpei
Tore: 0:1 Klimowicz (48., Rechtsschuss, ohne Vorarbeit), 0:2 Klimowicz (60., Kopfball)
Chancenverhältnis: 3:4
Eckenverhältnis: 6:5
SR: Koop (Lüttenmark) – **Zuschauer:** 26 900 – **Spielnote:** 4

13. April 2002
1860 München – SC Freiburg 5:2 (3:1)
1860: Jentzsch (3,5) – Pfuderer (5), Kurz (4), F. Tapalovic (4) – Borimirov (4), Riseth (3,5) – Cerny (3,5), M. Weissenberger (4) – Häßler (3) – Max (2,5), Suker (2) – **Trainer:** Pacult
Freiburg: Reus (4,5) – St. Müller (5), Diarra (5) – A. Zeyer (5), Hermel (5), Kruse (4,5) – Willi (5) – But (4), Coulibaly (4) – Ramdane (5,5), Bruns (5,5) – **Trainer:** Finke
Eingewechselt: 60. Ehlers (5) für Kurz, 90. Schroth (-) für M. Weissenberger – 46. Männer (4) für A. Zeyer, 65. Sellimi (-) für Bruns, 65. Kondé (-) für Hermel
Tore: 1:0 Suker (24., Linksschuss, Vorarbeit Borimirov), 2:0 Riseth (29., Kopfball, Häßler), 2:1 But (32., direkter Freistoß, Linksschuss), 3:1 Max (45., Linksschuss, Suker), 4:1 Cerny (59., Rechtsschuss, Suker), 4:2 St. Müller (66., Linksschuss, Coulibaly), 5:2 Max (89., Foulelfmeter, Rechtsschuss, Suker)
Chancenverhältnis: 18:6
Eckenverhältnis: 11:3
SR: Gagelmann (Bremen) – **Zuschauer:** 20 700 – **Besonderes Vorkommnis:** Jentzsch hält Foulelfmeter von But (84.) – **Spielnote:** 3

13. April 2002
1. FC Köln – FC St. Pauli 2:1 (1:0)
Köln: Pröll (3) – Song (3), Sichone (4) – Cichon (3,5) – Keller (4,5), Voigt (5) – Balitsch (4), Springer (4,5) – Lottner (3,5) – Baranek (5), Kurth (4) – **Trainer:** Funkel
St. Pauli: Henzler (5) – Scheinhardt (4), Stanislawski (4) – Kientz (5,5) – Gibbs (5), Bürger (5) – Inceman (3,5), Rahn (5) – Meggle (4) – Patschinski (4,5), Rath (5) – **Trainer:** Demuth
Eingewechselt: 64. Reich (-) für Springer, 68. Scherz (-) für Keller, 77. Kreuz (-) für Baranek – 46. Kolinger (4) für Kientz, 68. Racanel (-) für Rahn, 74. Marcao (-) für Rath
Tore: 1:0 Lottner (7., direkter Freistoß, Linksschuss, ohne Vorarbeit), 1:1 Inceman (46., Rechtsschuss, Patschinski), 2:1 Scherz (90., Rechtsschuss, Kurth)
Chancenverhältnis: 12:6
Eckenverhältnis: 8:2
SR: Stark (Ergolding) – **Zuschauer:** 26 000 – **Gelbe Karte:** Patschinski – **Spielnote:** 4

13. April 2002
Hamburger SV – Bayer Leverkusen 1:1 (1:1)
HSV: Pieckenhagen (2) – Hoogma (3), Hertzsch (2,5) – Groth (4), Ujfalusi (4), Hollerbach (3,5) – Antar (3), Albertz (3,5) – Barbarez (2) – Meijer (4), Romeo (4,5) – **Trainer:** Jara
Leverkusen: Butt (2) – Lucio (3,5), Nowotny (2) – Ramelow (4,5), Placente (4) – Ballack (4) – B. Schneider (3,5), Bastürk (3,5), Zé Roberto (3) – Neuville (3), Berbatov (4) – **Trainer:** Toppmöller
Eingewechselt: 81. Christensen (-) für Meijer – 74. Kirsten (-) für Berbatov, 81. Sebescen (-) für Neuville
Tore: 1:0 Barbarez (5., Linksschuss, Vorarbeit Meijer), 1:1 Neuville (13., Rechtsschuss, Zé Roberto)
Chancenverhältnis: 7:6
Eckenverhältnis: 7:5
SR: Strampe (Handorf) – **Zuschauer:** 54 503 – **Gelbe Karte:** Hertzsch – **Spielnote:** 3

13. April 2002
Werder Bremen – FC Schalke 04 3:0 (1:0)
Bremen: Rost (3) – F. Baumann (2,5), Verlaat (3,5), Krstajic (3) – Stalteri (2) – Wehlage (4), F. Ernst (2,5), Skripnik (4) – Frings (2,5), Banovic (3,5) – Ailton (2) – **Trainer:** Schaaf
Schalke: Reck (4) – Waldoch (4), van Hoogdalem (5), van Kerckhoven (5,5) – Oude Kamphuis (4,5), Nemec (5) – Wilmots (5), Möller (5), Böhme (5) – Sand (3,5), Mpenza (4,5) – **Trainer:** Stevens
Eingewechselt: 81. Borowski (-) für Banovic, 86. Magnin (-) für Skripnik, 88. Tjikuzu (-) für Wehlage – 46. Hajto (3,5) für Nemec, 68. Agali (-) für Mpenza, 76. Vermant (-) für Wilmots
Tore: 1:0 F. Baumann (24., Kopfball, Vorarbeit Ailton), 2:0 Ailton (63., Linksschuss, Banovic), 3:0 Frings (77., Linksschuss)
Chancenverhältnis: 7:4
Eckenverhältnis: 5:4
SR: Wagner (Hofheim) – **Zuschauer:** 35 600 (ausverkauft) – **Spielnote:** 3,5

13. April 2002
Hertha BSC – Hansa Rostock 1:0 (1:0)
Hertha: Kiraly (3) – van Burik (4), Simunic (4,5) – Marx (4), Hartmann (4) – Dardai (5) – Beinlich (4,5) – Marcelinho (4,5) – Alves (3), Goor (5), Preetz (5) – **Trainer:** Götz
Rostock: Klewer (3) – Lange (4), Jakobsson (4), Hill (4), Emara (5) – Hirsch (4,5) – Lantz (3,5), Wibran (4,5) – Yasser (5), Maul (4,5), Arvidsson (4) – **Trainer:** Veh
Eingewechselt: 75. Schmidt (-) für Goor, 90. Sverrisson (-) für Marx – 73. Baumgart (-) für Lange, 85. Schied (-) für Wibran
Tor: 1:0 Alves (2., Rechtsschuss, Vorarbeit Beinlich)
Chancenverhältnis: 5:3
Eckenverhältnis: 5:2
SR: Meyer (Braunschweig) – **Zuschauer:** 42 537 – **Spielnote:** 4,5

14. April 2002
VfB Stuttgart – Energie Cottbus 0:0
Stuttgart: Hildebrand (3) – Meißner (5), Meira (4), Wenzel (4), Gerber (5) – Soldo (4) – Hleb (3) – Balakov (3,5) – Tiffert (3,5), Adhemar (5) – Dundee (3,5) – **Trainer:** Magath
Cottbus: Piplica (3) – Sebök (4) – da Silva (4,5) – Hujdurovic (4), Kobylanski (4,5) – Akrapovic (3,5) – Reghecampf (4,5) – Schröter (3,5), Miriuta (4) – Topic (4), Helbig (3,5) – **Trainer:** Geyer
Eingewechselt: 65. Ganea (-) für Adhemar, 65. Marques (-) für Meißner, 88. Braun (-) für Tiffert – 59. Reichenberger (5) für Helbig, 89. Mátyus (-) für Topic
Chancenverhältnis: 11:4
Eckenverhältnis: 8:5
SR: Jansen (Essen) – **Zuschauer:** 21 000 – **Spielnote:** 5

14. April 2002
1. FC Kaiserslautern – Bor. Dortmund 1:0 (0:0)
K'lautern: G. Koch (3,5) – Hengen (3) – Ramzy (3,5), Knavs (2,5), Grammozis (3) – Riedl (2) – Basler (3), Hristov (3), Pettersson (3) – Klose (3), Lokvenc (4) – **Trainer:** Brehme
Dortmund: Laux (3) – Wörns (2,5), Kohler (3,5) – Evanilson (4,5), Metzelder (4) – Kehl (3,5), Ricken (4,5) – Rosicky (4) – Addo (3,5), Amoroso (4) – Koller (3) – **Trainer:** Sammer
Eingewechselt: 71. Marschall (-) für Pettersson, 87. Gabriel (-) für Klose – 68. Ewerthon (-) für Addo, 76. Herrlich (-) für Ricken
Tore: 1:0 Pettersson (48., Rechtsschuss, Vorarbeit Basler)
Chancenverhältnis: 7:5
Eckenverhältnis: 7:3
SR: Albrecht (Kaufbeuren) – **Zuschauer:** 40 600 (ausverkauft) – **Spielnote:** 3

32. Spieltag

19. April 2002
FC St. Pauli – Hamburger SV 0:4 (0:2)
St. Pauli: Henzler (4) – Stanislawski (3,5), Scheinhardt (5) – Kolinger (4) – Held (4,5), Trulsen (4,5), Bürger (4), Rahn (3) – Inceman (4), Meggle (5), Patschinski (5) – **Trainer:** Demuth
HSV: Pieckenhagen (1,5) – Hertzsch (3), Hoogma (2,5), Ujfalusi (3) – Groth (3), Antar (4), Albertz (3), Hollerbach (3,5) – Cardoso (3,5) – Meijer (3), Romeo (2) – **Trainer:** Jara
Eingewechselt: 46. Rath (5) für Trulsen, 59. Cenci (-) für Inceman, 78. A. Meier (-) für Cenci – 46. Fukal (3,5) für Cardoso, 68. Benjamin (-) für Antar, 81. Maltritz (-) für Albertz
Tore: 0:1 Romeo (19., Kopfball, Vorarbeit Meijer), 0:2 Groth (45., Rechtsschuss, Cardoso), 0:3 Hoogma (49., Kopfball, Meijer), 0:4 Romeo (58., Kopfball, Albertz)
Chancenverhältnis: 4:10
Eckenverhältnis: 6:3
SR: Merk, Dr. (Kaiserslautern) – **Zuschauer:** 54 130 – **Besonderes Vorkommnis:** Pieckenhagen hält Foulelfmeter von Meggle (12.) – **Spielnote:** 2,5

20. April 2002
Energie Cottbus – 1860 München 1:1 (0:0)
Cottbus: A. Lenz (2) – Sebök (-) – da Silva (4), Hujdurovic (5) – Akrapovic (3,5) – Schröter (4), Kaluzny (3), Kobylanski (4) – Reghecampf (4,5) – Helbig (3,5), Topic (4) – **Trainer:** Geyer
1860: Jentzsch (3,5) – Ehlers (4,5), Votava (4), T. Hoffmann (4) – F. Tapalovic (4) – Cerny (4), Riseth (4), M. Weissenberger (4) – Häßler (4) – Max (4), Schroth (4,5) – **Trainer:** Pacult
Eingewechselt: 20. Mátyus (4) für Sebök, 65. Latoundji (-) für Reghecampf, 72. Franklin (-) für Akrapovic – 46. Wiesinger (4) für Riseth, 69. Bierofka (-) für M. Weissenberger, 79. Pfuderer (-) für Votava
Tore: 0:1 Hujdurovic (68., Eigentor, Rechtsschuss, Vorarbeit M. Weissenberger), 1:1 Helbig (81., Rechtsschuss, Kaluzny)
Chancenverhältnis: 14:7
Eckenverhältnis: 8:4
SR: Krug (Gelsenkirchen) – **Zuschauer:** 15 430 – **Spielnote:** 4

20. April 2002
Bayern München – Hertha BSC 3:0 (0:0)
Bayern: Kahn (3) – Sagnol (3), Kuffour (3,5), R. Kovac (2,5), Lizarazu (3) – Fink (3), Hargreaves (2,5) – Salihamidzic (2), Scholl (3,5) – Elber (3), Pizarro (4) – **Trainer:** Hitzfeld
Hertha: Kiraly (2,5) – Schmidt (3,5), van Burik (5), Simunic (4,5), Hartmann (5,5) – Marx (4), Beinlich (3,5), Tretschok (4) – Marcelinho (3,5) – Alves (5), Preetz (4) – **Trainer:** Götz
Eingewechselt: 70. Santa Cruz (-) für Scholl, 86. Jancker (-) für Pizarro – 46. Sverrisson (3,5) für Marx, 76. Daei (-) für Alves
Tore: 1:0 Hartmann (67., Eigentor, Vorarbeit Scholl), 2:0 Elber (82., Linksschuss, Santa Cruz), 3:0 Pizarro (83., Rechtsschuss, Salihamidzic)
Chancenverhältnis: 13:1
Eckenverhältnis: 4:3
SR: Kemmling (Kleinburgwedel) – **Zuschauer:** 63 000 (ausverkauft) – **Rote Karte:** van Burik (34., Schiedsrichterbeleidigung) – **Spielnote:** 3

20. April 2002
FC Schalke 04 – 1. FC Nürnberg 2:1 (0:0)
Schalke: Reck (3,5) – Hajto (4,5), Waldoch (2), van Hoogdalem (5), van Kerckhoven (4) – Oude Kamphuis (4) – Vermant (3), Möller (2,5), Böhme (4) – Wilmots (3,5), Mpenza (4) – **Trainer:** Stevens
Nürnberg: Kampa (3) – Nikl (3,5), Sanneh (3,5), Wolf (5) – Larsen (4), Frey (3) – L. Müller (3,5), Krzynowek (2) – Jarolim (3,5) – Rink (4), Cacau (5) – **Trainer:** Augenthaler
Eingewechselt: 49. Agali (4,5) für Wilmots, 75. Asamoah (-) für Hajto, 83. Büskens (-) für Böhme – 72. Michalke (-) für Cacau, 84. Paßlack (-) für Frey
Tore: 1:0 Böhme (54., Linksschuss, Vorarbeit Möller), 1:1 Krzynowek (62., Linksschuss), 2:1 Waldoch (66., Rechtsschuss)
Chancenverhältnis: 6:5
Eckenverhältnis: 8:5
SR: Fandel (Kyllburg) – **Zuschauer:** 60 683 (ausverkauft) – **Spielnote:** 3,5

20. April 2002
Bayer Leverkusen – Werder Bremen 1:2 (1:1)
Leverkusen: Butt (4) – Lucio (4), Nowotny (2) – B. Schneider (5), Ramelow (5), Placente (3) – Ballack (4,5) – Bastürk (4,5), Zé Roberto (3) – Neuville (5), Kirsten (4) – **Trainer:** Toppmöller
Bremen: Rost (1) – F. Baumann (4), Verlaat (4), Krstajic (2,5) – Stalteri (2,5), F. Ernst (3) – Borowski (3,5), Frings (1,5) – Lisztes (3), Skripnik (3), Ailton (3) – **Trainer:** Schaaf
Eingewechselt: 46. Berbatov (5) für Kirsten, 71. Sebescen (-) für Ramelow, 80. Zivkovic (-) für Placente – 80. Klasnic (-) für Ailton, 82. Wehlage (-) für Borowski, 87. Banovic (-) für Lisztes
Tore: 0:1 Lisztes (5., Rechtsschuss, ohne Vorarbeit), 1:1 Zé Roberto (31., Linksschuss, Bastürk), 1:2 Ailton (61., Linksschuss, Frings)
Chancenverhältnis: 13:7
Eckenverhältnis: 16:2
SR: Berg (Konz) – **Zuschauer:** 22 500 (ausverkauft) – **Gelbe Karte:** Borowski – **Besonderes Vorkommnis:** Rost hält Foulelfmeter von Butt (40.) – **Spielnote:** 2,5

20. April 2002
Bor. Dortmund – 1. FC Köln 2:1 (1:0)
Dortmund: Lehmann (3) – Wörns (3), Kohler (3), Metzelder (2) – Evanilson (5) – Reuter (4) – Kehl (3) – Rosicky (2) – Ewerthon (5), Amoroso (4), Koller (5) – **Trainer:** Sammer
Köln: Pröll (3,5) – Cichon (2,5) – Cullmann (3,5), Song (2), Keller (5) – Voigt (4) – Balitsch (4) – Lottner (3), Springer (4) – Scherz (5), Kurth (4) – **Trainer:** Funkel

Riesen-Duell: Dortmunds Jan Koller (rechts) und Kölns Rigobert Song.

Eingewechselt: 51. Oliseh (3,5) für Wörns, 75. Herrlich (-) für Koller, 75. Ricken (-) für Ewerthon – 71. Kreuz (-) für Scherz, 84. Reeb (-) für Springer
Tore: 1:0 Rosicky (21., Rechtsschuss, Vorarbeit Metzelder), 1:1 Lottner (56., Linksschuss, Voigt), 2:1 Amoroso (89., Foulelfmeter, Rechtsschuss, Kohler)
Chancenverhältnis: 9:4
Eckenverhältnis: 4:4
SR: Dr. Fleischer (Ulm) – **Zuschauer:** 68 600 (ausverkauft) – **Spielnote:** 3

20. April 2002
VfL Wolfsburg – Hansa Rostock 4:0 (4:0)
Wolfsburg: Reitmaier (2,5) – Rytter (3), Biliskov (3), Schnoor (2,5), Weiser (3) – H. Sarpei (3), Karhan (2,5) – Munteanu (3) – Ponte (2) – Juskowiak (3,5), Klimowicz (1) – **Trainer:** Wolf
Rostock: Klewer (4) – Yasser (5), Jakobsson (5), Hill (5,5), Emara (5,5) – Hirsch (5) – Lantz (4,5), Wibran (-) – Rydlewicz (4,5), Maul (5), Arvidsson (5) – **Trainer:** Veh
Eingewechselt: 46. Franz (3) für Biliskov, 59. T. Maric (4) für Klimowicz, 72. Habryka (-) für Munteanu – 18. Schröder (4,5) für Wibran, 62. Lange (-) für Lantz
Tore: 1:0 Klimowicz (4., Kopfball, Vorarbeit Munteanu), 2:0 Klimowicz (5., Linksschuss, Ponte), 3:0 Ponte (7., Rechtsschuss, H. Sarpei), 4:0 Juskowiak (37., Rechtsschuss, Klimowicz)
Chancenverhältnis: 9:6
Eckenverhältnis: 8:6
SR: Keßler (Höhenkirchen) – **Zuschauer:** 12 615 – **Spielnote:** 3

21. April 2002
Bor. M'gladbach – VfB Stuttgart 2:2 (0:0)
Gladbach: Melka (3) – Eberl (4), Stassin (4), Korell (3,5), Münch (3,5) – Hausweiler (4) – Demo (4), P. Kluge (3,5) – Aidoo (3,5), Auer (2), van Houdt (4) – **Trainer:** Meyer
Stuttgart: Hildebrand (3) – Meißner (3,5), Meira (3,5), Bordon (4), Wenzel (4) – Soldo (4), Todt (4) – Tiffert (4), Balakov (2), Seitz (3) – Dundee (3,5) – **Trainer:** Magath
Eingewechselt: 35. Witeczek (4) für Hausweiler, 67. Felgenhauer (-) für Stassin, 76. Mieciel (-) für Aidoo – 46. Adhemar (4) für Tiffert, 54. Hinkel (3,5) für Todt, 81. Hleb (-) für Seitz
Tore: 0:1 Balakov (48., Rechtsschuss, Vorarbeit Seitz), 1:1 van Houdt (68., Rechtsschuss, P. Kluge), 2:1 Auer (80., Rechtsschuss, Mieciel), 2:2 Dundee (84., Rechtsschuss, Meißner)
Chancenverhältnis: 7:4
Eckenverhältnis: 12:4
SR: Aust (Köln) – **Zuschauer:** 28 805 – **Spielnote:** 3,5

21. April 2002
SC Freiburg – 1. FC Kaiserslautern 3:1 (0:0)
Freiburg: Reus (2,5) – Kondé (5), St. Müller (4), Diarra (4) – Willi (3,5), Hermel (5), Kobiaschwili (2,5) – Coulibaly (3,5) – But (3) – Iaschwili (3,5), Sellimi (3,5) – **Trainer:** Finke
K'lautern: G. Koch (3) – Ramzy (4), Hengen (3,5), Knavs (3,5) – Riedl (3,5), Hristov (4), Malz (3,5) – Basler (4) – Pettersson (4,5) – Lokvenc (3,5), Klose (4) – **Trainer:** Brehme
Eingewechselt: 57. Männer (4) für Willi, 63. Zkitischwili (-) für Hermel, 77. Ramdane (-) für Iaschwili – 46. Lincoln (3,5) für Basler, 65. Marschall (-) für Pettersson
Tore: 1:0 Kobiaschwili (47., Foulelfmeter, Linksschuss, Vorarbeit Kobiaschwili), 2:0 Sellimi (78., Rechtsschuss, Ramdane), 3:0 Männer (81., Rechtsschuss, Ramdane), 3:1 Klose (84., Elfmeter im Nachschuß, Rechtsschuss)
Chancenverhältnis: 8:7
Eckenverhältnis: 8:9
SR: Wack, Dr. (Biberbach) – **Zuschauer:** 25 000 (ausverkauft) – **Gelbe Karte:** Zkitischwili – **Besonderes Vorkommnis:** Reus hält Handelfmeter von Klose (84.) – **Spielnote:** 3,5

33. Spieltag

27. April 2002
VfL Wolfsburg – Bayern München 0:1 (0:1)
Wolfsburg: Reitmaier (3) – Rytter (3,5), Biliskov (3,5), Schnoor (2,5), Weiser (3) – H. Sarpei (3), Karhan (3,5) – Ponte (2,5), Munteanu (3,5) – Juskowiak (5), Klimowicz (-) – **Trainer:** Wolf
Bayern: Kahn (3) – Kuffour (3), R. Kovac (2,5) – Sagnol (3,5), Lizarazu (4) – Fink (3,5), Hargreaves (5) – Salihamidzic (4), Scholl (4,5) – Elber (5), Pizarro (4) – **Trainer:** Hitzfeld
Eingewechselt: 18. T. Maric (5) für Klimowicz, 56. Petrov (4,5) für Juskowiak, 67. Akonnor (-) für Munteanu – 46. Jeremies (4) für Hargreaves, 67. Santa Cruz (-) für Scholl, 73. N. Kovac (-) für Elber
Tor: 0:1 Biliskov (33., Eigentor, Vorarbeit Sagnol)
Chancenverhältnis: 3:3
Eckenverhältnis: 6:1
SR: Berg (Konz) – **Zuschauer:** 20 400 (ausverkauft) – **Spielnote:** 4

27. April 2002
1860 München – VfB Stuttgart 3:3 (0:2)
1860: Jentzsch (3) – Votava (4) – T. Hoffmann (5), Kurz (4), Dheedene (5) – Riseth (5) – Cerny (2,5), M. Weissenberger (4) – Borimirov (3) – Max (2), Suker (3) – **Trainer:** Pacult
Stuttgart: Hildebrand (3) – Hinkel (3), Meira (4), Bordon (5), Wenzel (5) – Soldo (4), Meißner (2,5) – Hleb (3), Balakov (3), Seitz (3,5) – Dundee (3) – **Trainer:** Magath
Eingewechselt: 46. Wiesinger (4) für T. Hoffmann, 46. Agostino (4) für Dheedene, 72. Bierofka (-) für Votava – 88. Adhemar (-) für Seitz
Tore: 0:1 Dundee (20., Rechtsschuss, Vorarbeit Hleb), 0:2 Meißner (45., indirekter Freistoß, Rechtsschuss, Balakov), 1:2 Max (52., Foulelfmeter, Rechtsschuss, Max), 2:2 Max (60., Rechtsschuss), 2:3 Meißner (63., Kopfball, Hinkel), 3:3 Borimirov (79., Linksschuss, Suker)
Chancenverhältnis: 8:7
Eckenverhältnis: 7:3
SR: Fröhlich (Berlin) – **Zuschauer:** 30 000 – **Gelbe Karten:** Hildebrand, Seitz – **Spielnote:** 2,5

27. April 2002
1. FC Kaiserslautern – Energie Cottbus 4:0 (2:0)
K'lautern: G. Koch (3) – Ramzy (3), Hengen (3), Knavs (3) – Riedl (3), Hristov (4) – Basler (2), Malz (4) – Lincoln (4,5) – Klose (1), Lokvenc (1,5) – **Trainer:** Brehme
Cottbus: A. Lenz (4) – da Silva (5) – Mátyus (5,5), Hujdurovic (5,5) – Akrapovic (4) – Miriuta (4,5) – Reghecampf (4,5), Kaluzny (5), Kobylanski (5,5) – Reichenberger (5), Brasilia (5) – **Trainer:** Geyer
Eingewechselt: 65. Marschall (-) für Hristov, 77. Ratinho (-) für Lincoln, 82. Bjelica (-) für Basler – 54. Schröter (4,5) für Kobylanski, 54. Jungnickel (4,5) für Brasilia, 77. Latoundji (-) für Miriuta
Tore: 1:0 Lokvenc (25., Linksschuss, Vorarbeit Basler), 2:0 Klose (37., Rechtsschuss, Basler), 3:0 Klose (45., Kopfball, Lincoln), 4:0 Lokvenc (47., Kopfball, Klose)
Chancenverhältnis: 8:2
Eckenverhältnis: 10:2
SR: Stark (Ergolding) – **Zuschauer:** 40 600 (ausverkauft) – **Gelbe Karten:** Kaluzny, Mátyus – **Spielnote:** 3,5

27. April 2002
1. FC Köln – SC Freiburg 2:0 (1:0)
Köln: Pröll (4,5) – Song (3), Cichon (3,5), Sichone (3,5) – Balitsch (4), Voigt (4) – Cullmann (3,5) – Lottner (4), Springer (3,5) – Baranek (5), Kurth (4,5) – **Trainer:** Funkel
Freiburg: Reus (4) – Kondé (4), Diarra (4) – St. Müller (3,5) – Willi (4,5), Hermel (4), Kobiaschwili (3,5) – Coulibaly (4), But (5) – Ramdane (4,5), Sellimi (5) – **Trainer:** Finke
Eingewechselt: 63. Scherz (-) für Baranek, 71. Kreuz (-) für Lottner, 87. Keller (-) für Song – 46. Bruns (4,5) für Sellimi, 61. A. Zeyer (-) für Hermel, 78. Zkitischwili (-) für Willi
Tore: 1:0 Cullmann (26., Kopfball, Vorarbeit Lottner), 2:0 Scherz (86., Linksschuss, Springer)
Chancenverhältnis: 5:5
Eckenverhältnis: 9:9
SR: Krug (Gelsenkirchen) – **Zuschauer:** 30 000 (ausverkauft) – **Gelbe Karten:** Ramdane, Kondé – **Spielnote:** 4,5

27. April 2002
Hamburger SV – Bor. Dortmund 3:4 (1:2)
HSV: Pieckenhagen (4) – Hertzsch (4), Hoogma (2), Ujfalusi (3,5) – Fukal (4), Wicky (2,5), Hollerbach (3,5) – Groth (4) – Barbarez (3) – Meijer (2), Romeo (3) – **Trainer:** Jara
Dortmund: Lehmann (4) – Wörns (5), Metzelder (2,5) – Reuter (4), Heinrich (4) – Kehl (2), Ricken (3,5) – Addo (3,5), Rosicky (2) – Koller (3), Amoroso (1) – **Trainer:** Sammer
Eingewechselt: 43. Antar (3,5) für Barbarez, 69. Benjamin (-) für Fukal, 81. Ketelaer (-) für Wicky – 43. Kohler (3) für Ricken, 89. Oliseh (-) für Kehl, 90. Ewerthon (-) für Amoroso
Tore: 0:1 Amoroso (36., Foulelfmeter, Rechtsschuss, Vorarbeit Amoroso), 0:2 Rosicky (38., Rechtsschuss, Amoroso), 1:2 Wicky (42., Foulelfmeter, Rechtsschuss, Barbarez), 1:3 Amoroso (63., Linksschuss), 2:3 Hoogma (80., Rechtsschuss), 2:4 Koller (86., Rechtsschuss, Addo), 3:4 Meijer (90., Linksschuss, Hollerbach)
Chancenverhältnis: 8:9
Eckenverhältnis: 8:4
SR: Fandel (Kyllburg) – **Zuschauer:** 55 340 (ausverkauft) – **Gelb-Rote Karte:** Wörns (42.) – **Rote Karte:** Hertzsch (35., Notbremse) – **Spielnote:** 1

27. April 2002
Werder Bremen – FC St. Pauli 3:2 (0:2)
Bremen: Rost (3) – F. Baumann (3), Verlaat (3,5), Krstajic (3) – F. Ernst (2,5), Skripnik (4) – Wehlage (5) – Lisztes (3), Frings (1,5) – Ailton (3,5), Bode (3) – **Trainer:** Schaaf
St. Pauli: Henzler (5) – Rahn (3), Gibbs (4), Stanislawski (4), Amadou (4,5) – Trulsen (4,5), Kolinger (4) – A. Meier (4), Meggle (3) – Patschinski (4,5), Marcao (5,5) – **Trainer:** Demuth
Eingewechselt: 46. Banovic (4,5) für Wehlage, 73. Klasnic (-) für Skripnik, 76. Borowski (-) für F. Ernst – 73. Baris (-) für A. Meier, 76. Albrecht (-) für Marcao, 82. Rath (-) für Kolinger
Tore: 0:1 Rahn (5., Rechtsschuss, ohne Vorarbeit), 0:2 Meggle (16., Rechtsschuss, Patschinski), 1:2 Frings (50., Linksschuss, F. Ernst), 2:2 Bode (54., Kopfball, F. Baumann), 3:2 Frings (78., Kopfball, Krstajic)
Chancenverhältnis: 8:2
Eckenverhältnis: 9:3
SR: Strampe (Handorf) – **Zuschauer:** 35 600 (ausverkauft) – **Gelbe Karten:** Albrecht, Rahn – **Gelb-Rote Karte:** Banovic (90.) – **Spielnote:** 3

27. April 2002
1. FC Nürnberg – Bayer Leverkusen 1:0 (1:0)
Nürnberg: Kampa (2) – Sanneh (2,5), Nikl (3) – Paßlack (3,5), Kos (4,5) – Larsen (2,5), Frey (2,5) – Jarolim (4), Krzynowek (3) – Cacau (3,5), Rink (4) – **Trainer:** Augenthaler
Leverkusen: Butt (2,5) – Lucio (3), Nowotny (2,5) – Zivkovic (4), Placente (5) – Ramelow (5,5) – Ballack (3) – B. Schneider (5), Bastürk (5), Zé Roberto (5) – Berbatov (4) – **Trainer:** Toppmöller
Eingewechselt: 55. L. Müller (3) für Paßlack, 70. Junior (-) für Rink, 75. Stehle (-) für Kos – 46. Neuville (4,5) für Placente, 61. Sebescen (-) für Ramelow
Tor: 1:0 Nikl (23., Kopfball, Vorarbeit Krzynowek)
Chancenverhältnis: 6:9
Eckenverhältnis: 1:9
SR: Merk, Dr. (Kaiserslautern) – **Zuschauer:** 44 416 (ausverkauft) – **Gelbe Karte:** Neuville – **Spielnote:** 3,5

27. April 2002
Hertha BSC – FC Schalke 04 2:0 (0:0)
Hertha: Kiraly (3) – Sverrisson (2,5), Simunic (2,5), Schmidt (3) – Hartmann (2) – Dardai (3), Beinlich (2,5) – Marcelinho (3) – Alves (2,5), Preetz (3), Goor (3) – **Trainer:** Götz
Schalke: Reck (3) – van Hoogdalem (4,5), Waldoch (4), Matellan (4,5) – Oude Kamphuis (4,5), van Kerckhoven (5) – Möller (3,5), Vermant (4,5) – Asamoah (5,5) – Sand (4,5), Mpenza (5) – **Trainer:** Stevens
Eingewechselt: 46. Marx (4) für Sverrisson, 75. Neuendorf (-) für Alves – 57. Agali (4,5) für Mpenza, 61. Djordjevic (-) für Asamoah
Tore: 1:0 Preetz (50., Linksschuss, Vorarbeit Goor), 2:0 Alves (53., Linksschuss, Hartmann)
Chancenverhältnis: 8:2
Eckenverhältnis: 3:4
SR: Steinborn (Sinzig) – **Zuschauer:** 55 000 (ausverkauft) – **Gelbe Karte:** Oude Kamphuis – **Spielnote:** 3,5

27. April 2002
Hansa Rostock – Bor. M'gladbach 1:1 (1:1)
Rostock: Klewer (3) – Yasser (3,5), Jakobsson (3,5), Hill (2,5), Emara (3) – Lantz (2,5), Hirsch (3), Maul (4) – Rydlewicz (4), Arvidsson (4,5), Beierle (4,5) – **Trainer:** Veh
Gladbach: Melka (2) – Eberl (3,5), Korell (3,5), Stassin (2,5), Münch (3) – P. Kluge (4), Demo (3) – Korzynietz (4,5), van Houdt (4,5) – Auer (4,5), van Lent (4) – **Trainer:** Meyer
Eingewechselt: 71. Baumgart (-) für Beierle, 84. Lange (-) für Arvidsson, 90. Weilandt (-) für Lantz – 59. Witeczek (3,5) für Korzynietz, 67. Lanzaat (-) für Demo, 75. Aidoo (-) für Auer
Tore: 1:0 Hill (9., Kopfball, Vorarbeit Rydlewicz), 1:1 Demo (17., direkter Freistoß, Rechtsschuss)
Chancenverhältnis: 7:7
Eckenverhältnis: 16:3
SR: Albrecht (Kaufbeuren) – **Zuschauer:** 25 800 – **Spielnote:** 3,5

34. Spieltag

4. Mai 2002
Bor. M'gladbach – 1860 München 2:4 (1:1)
Gladbach: Melka (3,5) – Eberl (4), Korell (4,5), Witeczek (4,5), Münch (4,5) – P. Kluge (3,5) – Demo (4) – van Houdt (4), Felgenhauer (3) – van Lent (2,5), Auer (4) – **Trainer:** Meyer
1860: Jentzsch (2) – F. Tapalovic (5,5), Pfuderer (4,5), Votava (5), Kurz (3,5) – Borimirov (4,5) – Cerny (3,5), M. Weissenberger (4), Bierofka (2,5) – Max (2), Suker (2) – **Trainer:** Pacult
Eingewechselt: 54. Stassin (4,5) für Auer, 63. Aidoo (-) für van Houdt, 77. Nielsen (-) für Demo – 46. Pürk (4) für Votava, 66. Wiesinger (-) für Bierofka, 87. Lauth (-) für M. Weissenberger
Tore: 1:0 Demo (6., Rechtsschuss, Vorarbeit Münch), 1:1 Bierofka (25., Linksschuss, Max), 1:2 Bierofka (46., Rechtsschuss, Kurz), 1:3 Suker (64., Linksschuss, M. Weissenberger), 2:3 van Lent (66., Kopfball, Aidoo), 2:4 Suker (69., Elfmeter im Nachschuß, Rechtsschuss, Max)
Chancenverhältnis: 11:7
Eckenverhältnis: 9:5
SR: Berg (Konz) – **Zuschauer:** 34 500 (ausverkauft) – **Besonderes Vorkommnis:** Melka hält Foulelfmeter von Max (68.) – **Spielnote:** 3,5

4. Mai 2002
FC Schalke 04 – VfL Wolfsburg 1:2 (0:1)
Schalke: Reck (3,5) – Hajto (4,5), van Hoogdalem (5), Matellan (4), van Kerckhoven (4) – Nemec (4) – Wilmots (4), Möller (4,5), Böhme (4) – Asamoah (3,5), Mulder (4,5) – **Trainer:** Stevens
Wolfsburg: Reitmaier (4) – Rytter (4), Biliskov (4), Schnoor (2,5), Weiser (4) – H. Sarpei (3,5), Karhan (-), Akonnor (2) – Ponte (2,5) – T. Maric (2), Petrov (4,5) – **Trainer:** Wolf
Eingewechselt: 67. Büskens (-) für Nemec, 74. Djordjevic (-) für Hajto, 78. M. Hanke (-) für Mulder – 10. Munteanu (2) für Karhan, 84. Juskowiak (-) für T. Maric, 87. Kryger (-) für Ponte
Tore: 0:1 T. Maric (30., Rechtsschuss, Vorarbeit Munteanu), 0:2 T. Maric (81., Rechtsschuss, Munteanu), 1:2 Asamoah (90., Rechtsschuss)
Chancenverhältnis: 5:5
Eckenverhältnis: 4:1
SR: Sippel (München) – **Zuschauer:** 60 683 (ausverkauft) – **Spielnote:** 4,5

4. Mai 2002
Bayer Leverkusen – Hertha BSC 2:1 (1:0)
Leverkusen: Butt (2,5) – Sebescen (3), Lucio (2), Placente (2) – Ramelow (1,5) – Ballack (1) – B. Schneider (3,5), Zé Roberto (3,5) – Bastürk (3,5) – Kirsten (3,5), Neuville (3,5) – **Trainer:** Toppmöller

Der entscheidende Schuss zur Meisterschaft: Dortmunds Brasilianer Ewerthon verwandelt die Vorarbeit von Dede zum 2:1-Siegtreffer.

Hertha: Kiraly (2,5) – Schmidt (-), van Burik (3), Simunic (3) – Hartmann (3) – Beinlich (3,5) – Dardai (4) – Preetz (4), Goor (5) – Alves (4,5), Marcelinho (3) – **Trainer:** Götz
Eingewechselt: 46. Vranjes (3) für Kirsten, 75. Berbatov (-) für Neuville, 90. Babic (-) für Bastürk – 29. Marx (4) für Schmidt, 63. Neuendorf (-) für Goor, 79. Deisler (-) für Marcelinho
Tore: 1:0 Ballack (10., direkter Freistoß, Rechtsschuss, ohne Vorarbeit), 2:0 Ballack (51., Rechtsschuss, Sebescen), 2:1 Beinlich (83., Linksschuss, Neuendorf)
Chancenverhältnis: 7:2
Eckenverhältnis: 12:2
SR: Fandel (Kyllburg) – **Zuschauer:** 22 500 (ausverkauft) – **Spielnote:** 2,5

4. Mai 2002

FC St. Pauli – 1. FC Nürnberg 2:3 (1:2)

St. Pauli: Henzler (3) – Stanislawski (3,5), Gibbs (4) – Held (4), Trulsen (3,5), Kolinger (4), Rahn (3,5) – Inceman (3), Bürger (4) – Meggle (4) – Patschinski (3) – **Trainer:** Demuth
Nürnberg: Schäfer (3) – Paßlack (3,5), Stehle (3,5), Nikl (2,5), L. Müller (4) – Larsen (3), Frey (3,5) – Junior (2,5) – Krzynowek (2,5) – Villa (4), Michalke (2,5) – **Trainer:** Augenthaler
Eingewechselt: 40. Mansourian (4) für Meggle, 57. Konetzke (4) für Kolinger, 74. Bajramovic (-) für Inceman – 81. Driller (-) für Michalke, 86. Gomis (-) für Villa, 86. Stoilov (-) für Larsen
Tore: 0:1 Junior (15., Rechtsschuss, Vorarbeit Krzynowek), 1:1 Patschinski (19., Rechtsschuss, Trulsen), 1:2 Michalke (22., Rechtsschuss), 1:3 Michalke (67., Linksschuss, Larsen), 2:3 Patschinski (90., Rechtsschuss)
Chancenverhältnis: 5:9
Eckenverhältnis: 10:4
SR: Aust (Köln) – **Zuschauer:** 20 499 (ausverkauft) – **Gelbe Karte:** Stehle – **Spielnote:** 3,5

4. Mai 2002

Bor. Dortmund – Werder Bremen 2:1 (1:1)

Dortmund: Lehmann (3) – Metzelder (3,5) – Reuter (3), Heinrich (4,5) – Kehl (2), Dede (2) – Ricken (3) – Rosicky (2,5) – Addo (3,5), Amoroso (2,5) – Koller (2,5) – **Trainer:** Sammer
Bremen: Rost (2) – F. Baumann (3,5), Verlaat (3,5), Krstajic (2) – Skripnik (3) – Stalteri (3) – Tjikuzu (5), F. Ernst (3,5) – Frings (3,5), Lisztes (2) – Ailton (3,5) – **Trainer:** Schaaf
Eingewechselt: 73. Ewerthon (2) für Heinrich, 78. Kohler (-) für Ricken, 90. Stevic (-) für Amoroso – 89. Bode (-) für Lisztes
Tore: 0:1 Stalteri (17., Rechtsschuss, Vorarbeit Ailton), 1:1 Koller (41., Rechtsschuss, Amoroso), 2:1 Ewerthon (74., Rechtsschuss, Dede)
Chancenverhältnis: 9:4
Eckenverhältnis: 8:1
SR: Steinborn (Sinzig) – **Zuschauer:** 68 600 (ausverkauft) – **Gelb-Rote Karte:** Krstajic (77.) – **Spielnote:** 2

4. Mai 2002

SC Freiburg – Hamburger SV 4:3 (2:2)

Freiburg: Reus (3,5) – Kondé (4,5), Diarra (4,5) – St. Müller (4) – Männer (3,5), A. Zeyer (2,5), Kruse (4,5) – But (3,5), Kobiaschwili (3) – Bruns (4), Coulibaly (1,5) – **Trainer:** Finke
HSV: Pieckenhagen (4) – Fukal (4), Maltritz (5), Hoogma (4,5), Ujfalusi (4) – Groth (3,5), Wicky (3,5), Albertz (4) – Cardoso (3) – Antar (4), Romeo (2) – **Trainer:** Jara
Eingewechselt: 46. Gerber (4,5) für Bruns, 46. Schoppel (2,5) für Reus, 73. Zandi (-) für Kruse – 46. Benjamin (4) für Ujfalusi, 59. Präger (4) für Wicky, 74. Christensen (-) für Cardoso
Tore: 0:1 Cardoso (26., Linksschuss, Vorarbeit Antar), 1:1 Fukal (28., Eigentor, Rechtsschuss, Bruns), 2:1 Coulibaly (36., Kopfball, A. Zeyer), 2:2 Romeo (43., Rechtsschuss, Groth), 2:3 Romeo (69., Kopfball, Benjamin), 3:3 Coulibaly (75., Linksschuss), 4:3 Coulibaly (83., Rechtsschuss, Kobiaschwili)
Chancenverhältnis: 9:6
Eckenverhältnis: 4:4
SR: Fröhlich (Berlin) – **Zuschauer:** 25 000 (ausverkauft) – **Spielnote:** 3

4. Mai 2002

Energie Cottbus – 1. FC Köln 2:3 (0:1)

Cottbus: A. Lenz (3,5) – Kaluzny (4) – Beeck (4), Mátyus (4) – Schröter (3), Akrapovic (3,5) – Helbig (4), Miriuta (3,5), Kobylanski (4) – Topic (3,5), Franklin (4) – **Trainer:** Geyer
Köln: Pröll (2) – Song (3), Keller (3,5), Sichone (3,5) – Cullmann (3,5), Balitsch (4), Voigt (4) – Lottner (2,5), Springer (4) – Baranek (3,5), Kurth (4) – **Trainer:** Funkel
Eingewechselt: 66. Latoundji (-) für Kobylanski, 66. Reghecampf (-) für Helbig, 76. Reichenberger (-) für Franklin – 71. Bulajic (-) für Sichone, 77. Scherz (-) für Kurth, 88. Reeb (-) für Voigt
Tore: 0:1 Kurth (35., Rechtsschuss, Vorarbeit Baranek), 0:2 Lottner (57., Linksschuss, Voigt), 0:3 Lottner (63., Rechtsschuss, Baranek), 1:3 Topic (81., Linksschuss, Reghecampf), 2:3 Reichenberger (87., Kopfball, Miriuta)
Chancenverhältnis: 17:7
Eckenverhältnis: 11:2
SR: Albrecht (Kaufbeuren) – **Zuschauer:** 19 435 – **Gelbe Karten:** Akrapovic, Topic – Song, Voigt – **Spielnote:** 3,5

4. Mai 2002

VfB Stuttgart – 1. FC Kaiserslautern 4:3 (1:1)

Stuttgart: Hildebrand (5) – Hinkel (4), Meira (4), Wenzel (4,5), Gerber (4,5) – Soldo (3), Meißner (2) – Hleb (2,5), Seitz (3) – Dundee (2,5), Adhemar (4) – **Trainer:** Magath
K'lautern: G. Koch (5) – Ramzy (4,5), Knavs (4,5) – Hengen (3,5) – Riedl (4,5), Hristov (3,5), Malz (5) – Basler (3), Lincoln (5) – Klose (2), Lokvenc (3) – **Trainer:** Brehme
Eingewechselt: 46. Todt (4) für Soldo, 62. Ganea (-) für Adhemar, 74. Tiffert (-) für Seitz – 46. Grammozis (4,5) für Malz, 74. Pettersson (-) für Lincoln
Tore: 1:0 Meißner (42., Kopfball, Vorarbeit Adhemar), 1:1 Lincoln (44., Foulelfmeter, Rechtsschuss, Klose), 2:1 Dundee (46., Linksschuss, Hleb), 2:2 Hristov (60., Kopfball, Lokvenc), 3:2 Meißner (65., Rechtsschuss, Hleb), 3:3 Klose (71., Kopfball, Basler), 4:3 Ganea (73., Rechtsschuss, Dundee)
Chancenverhältnis: 4:3
Eckenverhältnis: 7:2
SR: Krug (Gelsenkirchen) – **Zuschauer:** 34 000 – **Spielnote:** 2

4. Mai 2002

Bayern München – Hansa Rostock 3:2 (1:0)

Bayern: Kahn (2) – Sagnol (3), Kuffour (3,5), R. Kovac (2,5), Lizarazu (3) – Fink (3) – Hargreaves (3,5) – Salihamidzic (3,5), Scholl (2) – Santa Cruz (3,5), Elber (3) – **Trainer:** Hitzfeld
Rostock: Klewer (4) – Lange (5), Jakobsson (5), Hill (3), Emara (4) – Hirsch (4) – Lantz (3), Maul (4,5) – Rydlewicz (2,5), Baumgart (5), Arvidsson (5) – **Trainer:** Veh
Eingewechselt: 70. Jancker (-) für Santa Cruz, 73. Sergio (-) für Salihamidzic, 80. Jeremies (-) für Hargreaves – 70. Hansen (-) für Baumgart, 77. Kovacec (-) für Arvidsson, 88. Weilandt (-) für Hirsch
Tore: 1:0 Baumgart (39., Eigentor, Vorarbeit Scholl), 2:0 Scholl (55., Rechtsschuss, Santa Cruz), 2:1 Hansen (82., Rechtsschuss, Rydlewicz), 3:1 Elber (83., Kopfball, Sergio), 3:2 Lantz (89., Rechtsschuss, Rydlewicz)
Chancenverhältnis: 7:5
Eckenverhältnis: 7:5
SR: Jansen (Essen) – **Zuschauer:** 63 000 (ausverkauft) – **Spielnote:** 3

Die Bundesliga auf einen Blick

Bundesliga 2001/02	Borussia Dortmund	Bayer Leverkusen	Bayern München	Hertha BSC Berlin	FC Schalke 04	Werder Bremen	1. FC Kaiserslautern	VfB Stuttgart	TSV München 1860	VfL Wolfsburg	Hamburger SV	Bor. M'gladbach	Energie Cottbus	Hansa Rostock	1. FC Nürnberg	SC Freiburg	1. FC Köln	FC St. Pauli	Heimbilanz Auswärtsbilanz g.	u.	v.	Tore	Punkte	Gesamtbilanz Tore	Punkte
1. Borussia Dortmund	K	1:1 0:4	0:2 1:1	3:1 2:0	1:1 0:1	2:1 1:1	3:0 0:1	1:0 2:3	2:1 3:1	4:0 1:1	1:0 4:3	3:1 2:1	3:0 2:0	2:0 2:0	2:0 2:2	0:2 5:1	2:1 2:0	1:1 2:1	12 9	3 4	2 4	31:12 31:21	39 31	62:33	70
2. Bayer Leverkusen	4:0 1:1	I	1:1 0:2	2:1 1:2	0:1 3:3	1:2 1:2	2:1 4:2	4:1 2:0	4:0 4:1	2:1 1:3	4:1 1:1	5:0 1:0	2:0 3:2	2:0 3:0	4:2 0:1	4:1 2:2	2:0 2:1	3:1 2:2	14 7	1 5	2 5	46:13 31:25	43 26	77:38	69
3. Bayern München	1:1 2:0	2:0 1:1	C	3:0 1:2	3:0 1:5	2:2 0:1	4:1 0:0	4:0 2:0	2:1 5:1	3:3 1:0	3:0 0:0	0:0 0:1	6:0 3:0	3:2 0:1	0:0 2:1	1:0 2:0	3:0 2:0	2:0 1:2	12 8	5 3	0 6	42:10 23:15	41 27	65:25	68
4. Hertha BSC Berlin	0:2 1:3	2:1 1:2	2:1 0:3	K	2:0 0:0	3:1 3:0	5:1 1:4	2:0 0:0	2:1 3:0	2:0 3:1	6:0 0:4	3:0 1:3	2:3 0:1	1:0 1:1	2:0 3:1	1:1 3:1	3:0 1:1	2:2 0:0	13 5	2 5	2 7	40:13 21:25	41 20	61:38	61
5. FC Schalke 04	1:0 1:1	3:3 1:0	5:1 0:3	0:0 0:2	E	1:4 0:3	3:0 0:0	2:1 0:3	1:0 2:1	1:2 1:3	2:0 0:0	2:0 0:0	2:0 0:2	3:1 3:1	2:1 3:0	3:0 0:2	3:1 1:1	4:0 2:0	13 5	2 5	2 7	38:14 14:22	41 20	52:36	61
6. Werder Bremen	1:1 1:2	2:1 2:1	1:0 2:2	0:3 1:3	3:0 4:1	R	1:0 1:2	1:2 0:0	1:3 1:3	1:0 0:2	0:1 4:0	1:0 0:1	3:2 1:2	4:3 1:0	3:0 4:0	3:2 0:3	1:1 0:0	3:2 3:0	11 6	2 3	4 8	29:21 25:22	35 21	54:43	56
7. 1. FC Kaiserslautern	1:0 0:3	2:4 1:2	0:0 1:4	4:1 1:5	0:0 0:3	2:1 0:1	S	2:2 3:4	1:3 4:0	3:2 0:2	2:2 3:2	3:2 2:0	4:0 2:0	3:1 1:2	2:1 2:0	3:0 1:3	2:1 1:0	5:1 1:1	11 6	4 1	2 10	39:21 23:32	37 19	62:53	56
8. VfB Stuttgart	3:2 0:1	0:2 1:4	0:2 0:4	0:0 0:2	3:0 1:2	0:0 2:1	4:3 2:2	P	0:1 3:3	2:1 2:0	3:0 0:2	1:1 2:2	0:0 0:0	2:1 1:1	2:3 4:2	3:0 2:0	0:0 0:0	2:0 2:1	8 5	5 6	4 6	25:16 22:27	29 21	47:43	50
9. TSV München 1860	1:3 1:2	1:4 0:4	1:5 1:2	0:3 1:2	1:2 0:1	3:1 3:1	0:4 3:1	3:3 1:0	O	2:1 3:1	1:1 1:2	2:2 4:2	1:0 1:1	2:0 2:2	1:0 1:2	5:2 3:1	3:0 0:2	4:2 3:0	8 7	3 2	6 8	31:33 28:26	27 23	59:59	50
10. VfL Wolfsburg	1:1 0:4	3:1 1:2	0:1 3:3	1:3 0:2	3:1 2:1	2:0 0:1	2:0 2:3	0:2 1:2	1:3 1:2	R	0:1 1:1	3:1 2:0	2:1 3:3	4:0 2:1	5:0 0:3	1:1 0:0	5:1 4:0	1:1 1:3	9 4	3 4	5 9	34:18 23:31	30 16	57:49	46
11. Hamburger SV	3:4 0:1	1:1 1:4	0:0 0:3	4:0 0:6	0:0 0:2	0:4 1:0	2:3 2:2	2:0 0:3	2:1 1:1	1:1 1:0	T	3:3 1:2	5:2 0:1	0:1 1:1	3:1 0:0	1:1 3:4	4:0 1:2	4:3 4:0	7 3	6 4	4 10	35:25 16:32	27 13	51:57	40
12. Bor. Mönchengladbach	1:2 1:3	0:1 0:5	1:0 0:0	3:1 0:3	0:0 0:2	1:0 0:1	0:2 2:3	2:2 1:1	2:4 2:2	0:2 1:3	2:1 3:3	M	0:0 3:3	0:2 1:1	1:0 2:1	2:2 1:0	4:0 2:0	2:2 1:1	6 3	5 7	6 7	21:21 20:32	23 16	41:53	39
13. Energie Cottbus	0:2 0:3	2:3 0:2	0:3 0:6	1:0 3:2	2:0 0:2	2:1 2:3	0:2 0:4	0:0 0:0	1:1 0:1	3:3 1:2	1:0 2:5	3:3 0:0	A	3:0 0:0	1:0 0:2	2:0 1:3	2:3 0:0	4:0 0:4	8 1	4 4	5 12	27:21 9:39	28 7	36:60	35
14. Hansa Rostock	0:2 0:2	0:3 0:2	1:0 2:3	1:1 0:1	1:3 1:3	0:1 3:4	2:1 1:3	1:1 1:2	2:2 0:2	1:2 0:4	1:1 1:0	1:1 2:0	0:0 0:3	G	1:0 0:2	4:0 1:1	3:0 2:4	1:0 1:0	6 3	6 1	5 13	20:18 15:36	24 10	35:54	34
15. 1. FC Nürnberg	2:2 0:2	1:0 2:4	1:2 0:0	1:3 0:2	0:3 1:2	0:4 0:3	0:2 1:2	2:4 3:2	2:1 0:1	3:0 0:5	0:0 1:3	1:2 0:1	2:0 0:1	2:0 0:1	A	2:0 0:2	2:0 2:1	0:0 3:2	7 3	3 1	7 13	21:23 13:34	24 10	34:57	34
16. SC Freiburg	1:5 2:0	2:2 1:4	0:2 0:1	1:3 1:1	2:0 0:3	3:0 2:3	3:1 0:3	0:2 0:3	1:3 2:5	0:0 1:1	4:3 1:1	0:1 2:2	3:1 0:2	1:1 0:4	2:0 0:2	Z	0:0 0:2	2:2 0:1	6 1	5 4	6 12	25:26 12:38	23 7	37:64	30
17. 1. FC Köln	0:2 1:2	1:2 0:2	0:2 0:3	1:1 0:3	1:1 1:3	0:0 1:1	0:1 1:2	0:0 0:0	2:0 0:3	0:4 1:5	2:1 0:4	0:2 0:4	0:0 3:2	4:2 0:3	1:2 0:2	2:0 0:0	I	2:1 2:1	5 2	5 3	7 12	16:21 10:40	20 9	26:61	29
18. FC St. Pauli	1:2 1:1	2:2 1:3	2:1 0:2	0:0 2:2	0:2 0:4	0:3 2:3	1:1 1:5	1:2 0:2	0:3 2:4	3:1 1:1	0:4 3:4	1:1 2:2	4:0 0:4	0:1 0:1	2:3 0:0	1:0 2:2	1:2 1:2	N	4 0	4 6	9 11	19:28 18:42	16 6	37:70	22

Die Bundesliga-Torjäger

Amoroso (Borussia Dortmund)	18
Max (TSV München 1860)	18
Ballack (Bayer Leverkusen)	17
Elber (Bayern München)	17
Ailton (Werder Bremen)	16
Klose (1. FC Kaiserslautern)	16
Pizarro (Bayern München)	15
Marcelinho (Hertha BSC)	13
Neuville (Bayer Leverkusen)	13
Preetz (Hertha BSC)	12
Van Lent (Bor. M'gladbach)	12
Maric (VfL Wolfsburg)	12
Koller (Borussia Dortmund)	11
Lokvenc (1. FC Kaiserslautern)	11
Kirsten (Bayer Leverkusen)	11
Sand (Schalke 04)	11
Ewerthon (Borussia Dortmund)	10
Meggle (FC St. Pauli)	10
Ganea (VfB Stuttgart)	10
Kimowicz (VfL Wolfsburg)	10
Lottner (1. FC Köln)	9
Goor (Hertha BSC)	8
Romeo (Hamburger SV)	8
Lincoln (1. FC Kaiserslautern)	8
Berbatov (Bayer Leverkusen)	8
Patschinski (FC St. Pauli)	8
Meißner (VfB Stuttgart)	8
Ponte (VfL Wolfsburg)	8

Die meisten Bundesliga-Spiele

Körbel (Eintracht Frankfurt)	602
Kaltz (Hamburger SV)	581
Fichtel (FC Schalke 04)	552
Votava (Werder Bremen)	546
Fischer (FC Schalke 04)	535
Immel (VfB Stuttgart)	534
Neuberger (Eintr. Frankfurt)	520
Lameck (VfL Bochum)	518
Stein (Hamburger SV)	512
Dietz (MSV Duisburg)	495
Jakobs (Hamburger SV)	493
Geye (1. FC Kaiserslautern)	485
Burdenski (Werder Bremen)	478
Maier (Bayern München)	473
Reck (FC Schalke 04)	469
Matthäus (Bayern München)	464
Schumacher (1. FC Köln)	464
Zorc (Borussia Dortmund)	463
Tenhagen (VfL Bochum)	457
Nigbur (FC Schalke 04)	456
Rüssmann (FC Schalke 04)	453
Kuntz (1. FC Kaiserslautern)	449
Burgsmüller (Bor. Dortmund)	447
Thon (FC Schalke 04)	443
Grabowski (Eintr. Frankfurt)	441
Riedl (1. FC Kaiserslautern)	441
Reuter (Borussia Dortmund)	440

Die Rekord-Torjäger

Gerd Müller (Bayern München)	365
Fischer (FC Schalke 04)	268
Heynckes (Bor. M'gladbach)	220
Burgsmüller (Bor. Dortmund)	213
Kirsten (Bayer Leverkusen)	181
Kuntz (1. FC Kaiserslautern)	179
Klaus Allofs (1. FC Köln)	177
Dieter Müller (1. FC Köln)	177
Löhr (1. FC Köln)	166
K.-H. Rummenigge (FC Bayern)	162
Hölzenbein (Eintr. Frankfurt)	160
Walter (VfB Stuttgart)	157
Th. Allofs (1. FC Kaiserslautern)	148
Nickel (Eintracht Frankfurt)	141
Seeler (Hamburger SV)	137
Hrubesch (Hamburger SV)	136
Völler (Werder Bremen)	132
Zorc (Borussia Dortmund)	131
Allgöwer (VfB Stuttgart)	129
D. Hoeneß (Bayern München)	127
Volkert (Hamburger SV)	125
Mill (Borussia M'gladbach)	123
Laumen (Bor. M'gladbach)	121
Matthäus (Bayern München)	121
Wohlfarth (Bayern München)	120
Rupp (Borussia M'gladbach)	119
Worm (WSV Duisburg)	119

Anmerkung: Angegeben ist jeweils der Verein, für den der Spieler die meisten Einsätze absolviert hat; bei noch aktiven Spielern der letzte Verein.

Die Bundesliga nach 39 Spieljahren

	Spieljahre	Gesamtbilanz Sp.	g.	u.	v.	Tore	Punkte	Heimbilanz Sp.	g.	u.	v.	Tore	Punkte	Auswärtsbilanz Sp.	g.	u.	v.	Tore	Punkte
1. Bayern München	37	1262	696	301	265	2706:1518	2389	631	458	110	63	1704:599	1484	631	238	191	202	1002:919	905
2. Hamburger SV	39	1322	545	361	416	2240:1888	1996	661	379	163	119	1365:710	1300	661	166	198	297	875:1178	696
3. Werder Bremen	38	1288	542	328	418	2125:1838	1954	644	384	158	102	1337:703	1310	644	158	170	316	788:1135	644
4. 1. FC Köln	37	1254	539	319	396	2224:1813	1936	627	367	136	124	1371:752	1237	627	172	183	272	853:1061	699
5. 1. FC Kaiserslautern	38	1288	517	323	448	2107:2012	1874	644	384	162	98	1310:684	1314	644	133	161	350	797:1328	560
6. VfB Stuttgart	37	1254	521	308	425	2172:1845	1871	627	378	128	121	1353:680	1262	627	143	180	304	819:1165	609
7. Borussia Mönchengladbach	35	1194	506	321	367	2213:1760	1839	597	330	161	106	1351:711	1151	597	176	160	261	862:1049	688
8. Borussia Dortmund	35	1186	492	304	390	2071:1807	1780	593	343	144	106	1288:678	1173	593	149	160	284	783:1129	607
9. Eintracht Frankfurt	36	1220	470	305	445	2043:1892	1713	610	349	146	115	1310:717	1193	610	121	159	330	733:1175	522
10. FC Schalke 04	34	1152	417	294	441	1677:1772	1545	576	295	162	119	1046:643	1047	576	122	132	322	631:1129	498
11. Bayer Leverkusen	23	786	312	239	235	1268:1071	1175	393	215	114	64	752:402	759	393	97	125	171	516:669	416
12. VfL Bochum	27	922	284	240	398	1274:1501	1092	461	217	124	120	780:557	775	461	67	116	278	494:944	317
13. MSV Duisburg	26	880	283	242	355	1221:1402	1091	440	197	138	105	731:530	729	440	86	104	250	490:872	362
14. Hertha BSC Berlin	21	706	265	172	269	1052:1118	967	353	200	87	66	659:391	687	353	65	85	203	393:727	280
15. Fortuna Düsseldorf	22	752	238	206	308	1121:1329	920	376	172	112	92	698:520	628	376	66	94	216	423:809	292
16. 1. FC Nürnberg	22	744	244	186	314	994:1200	918	372	170	110	92	621:474	620	372	74	76	222	373:726	298
17. Karlsruher SC	22	744	222	215	307	1025:1301	881	372	164	124	84	629:483	616	372	58	91	223	396:818	265
18. Eintracht Braunschweig	20	672	236	170	266	908:1026	878	336	181	89	66	582:340	632	336	55	81	200	326:686	246
19. TSV München 1860	18	604	218	153	233	946:952	807	302	156	67	79	572:375	535	302	62	86	154	374:577	272
20. KFC Uerdingen 05	14	476	138	129	209	644:844	543	238	105	67	66	404:352	382	238	33	62	143	240:492	161
21. Hannover 96	14	472	136	120	216	683:835	528	236	108	66	62	436:328	390	236	28	54	154	247:507	138
22. Arminia Bielefeld	10	340	101	78	161	430:576	381	170	76	43	51	268:215	271	170	25	35	110	162:361	110
23. SC Freiburg	8	272	91	66	115	365:404	339	136	58	36	42	214:162	210	136	33	30	73	151:242	129
24. FC Hansa Rostock	8	276	86	76	114	341:409	334	138	59	42	37	208:161	219	138	27	34	77	133:248	115
25. Waldhof Mannheim	7	238	71	72	95	299:378	285	119	51	41	27	197:149	194	119	20	31	68	102:229	91
26. Kickers Offenbach	7	238	77	51	110	368:486	282	119	61	26	32	238:184	209	119	16	25	78	130:302	73
27. Rot-Weiß Essen	7	238	61	79	98	346:483	262	119	46	43	30	213:198	181	119	15	36	68	133:285	81
28. VfL Wolfsburg	5	170	63	47	60	260:255	236	85	43	22	20	153:99	151	85	20	25	40	107:156	85
29. FC St. Pauli	7	238	50	75	113	261:417	225	119	39	39	41	154:162	156	119	11	36	72	107:255	69
30. SG Wattenscheid 09	4	140	34	48	58	186:248	150	70	26	22	22	108:91	100	70	8	26	36	78:157	50
31. 1. FC Saarbrücken	5	166	32	48	86	202:336	144	83	22	32	29	117:134	98	83	10	16	57	85:202	46
32. Dynamo Dresden	4	140	33	45	62	132:211	140	70	27	24	19	82:68	105	70	6	21	43	50:143	39
33. Rot-Weiß Oberhausen	4	136	36	31	69	182:281	139	68	31	18	19	119:99	111	68	5	13	50	63:182	28
34. Alemannia Aachen	3	102	34	21	47	140:200	123	51	26	13	12	96:72	91	51	8	8	35	44:128	32
35. Wuppertaler SV	3	102	25	27	50	136:200	102	51	20	14	17	93:87	74	51	5	13	33	43:113	28
36. Borussia Neunkirchen	3	98	25	18	55	109:223	93	49	22	11	16	71:85	77	49	3	7	39	38:138	16
37. FC Homburg/Saar	3	102	21	27	54	103:200	90	51	18	17	16	72:74	71	51	3	10	38	31:126	19
38. SpVgg Unterhaching	2	68	20	19	29	75:101	79	34	17	11	6	43:30	62	34	3	8	23	32:71	17
39. Stuttgarter Kickers	2	72	20	17	35	94:132	77	36	11	8	17	41:49	41	36	9	9	18	53:83	36
40. FC Energie Cottbus	2	68	21	11	36	74:112	74	34	18	5	11	54:41	59	34	3	6	25	20:71	15
41. SV Darmstadt 98	2	68	12	18	38	86:157	54	34	10	10	14	52:68	40	34	2	8	24	34:89	14
42. Tennis Borussia Berlin	2	68	11	16	41	85:174	49	34	10	10	14	54:66	40	34	1	6	27	31:108	9
43. SSV Ulm 1846	1	34	9	8	17	36:62	35	17	7	4	6	22:23	25	17	2	4	11	14:39	10
44. Fortuna Köln	1	34	8	9	17	46:79	33	17	6	6	5	31:32	24	17	2	3	12	15:47	9
45. Preußen Münster	1	30	7	9	14	34:52	30	15	5	4	6	21:23	19	15	2	5	8	13:29	11
46. Blau-Weiß Berlin	1	34	3	12	19	36:76	21	17	2	8	7	20:31	14	17	1	4	12	16:45	7
47. VfB Leipzig	1	34	3	11	20	32:69	20	17	2	9	6	20:28	15	17	1	2	14	12:41	5
48. Tasmania 1900 Berlin	1	34	2	4	28	15:108	10	17	2	3	12	8:46	9	17	0	1	16	7:62	1

Tabelle wurde nach dem Drei-Punkte-System errechnet.
In der Saison 1971/72 wurden alle Spiele von Arminia Bielefeld nur für den Gegner gewertet. 1993/94 wurden Dresden 4 Punkte, 1999/2000 Eintracht Frankfurt 2 Punkte abgezogen.

	Sp.	g.	u.	v.	Tore	Punkte
Arminia Bielefeld	34	6	7	21	41:75	25

ALLE TABELLENFÜHRER

450 x FC Bayern München
127 x Borussia Mönchengladbach
95 x SV Werder Bremen
91 x 1. FC Kaiserslautern
89 x Hamburger SV
89 x Borussia Dortmund
81 x 1. FC Köln
56 x Eintracht Frankfurt
41 x Bayer Leverkusen
40 x VfB Stuttgart
38 x FC Schalke 04
35 x Eintracht Braunschweig
32 x 1. FC Nürnberg
18 x TSV München 1860
8 x Hertha BSC Berlin
7 x Bayer Uerdingen
5 x Fortuna Düsseldorf
5 x Kickers Offenbach
5 x FC Hansa Rostock
5 x Karlsruher SC
4 x Hannover 96
3 x MSV Duisburg
2 x Arminia Bielefeld
2 x Rot-Weiß Essen
2 x Rot-Weiß Oberhausen
1 x FC St. Pauli
1 x SC Freiburg

BSR
22

Dribblings und Finten für die Lizenz

Deutschlands zweithöchste Klasse verkraftet seit Jahren sieben neue Klubs pro Saison. Ob sie aber die wirtschaftlichen Probleme zahlreicher Vereine überlebt, bleibt die Kernfrage für die kommenden Jahre.

Misswirtschaft, Manipulation und Haarspaltereien

Die Zweitliga-Saison 2001/2002 hinterlässt einen verstörten, in seinen Grundfesten erschütterten Idealisten. Gut, dass sich Geld und Sport längst zu einer festen Liaison zusammen geschlossen haben und besonders der letztgenannte Partner, wenn er berufsmäßig ausgeübt wird, ohne den ersten nicht mehr existieren kann, hat er längst verinnerlicht.

Rettung in letzter Not: Saarbrückens Torhüter Peter Eich faustet den Ball vor Frankfurts Stürmer Chen Yang aus der Gefahrenzone. Links der Saarbrücker Echendu.

Als Idealist lebt man schließlich nicht hinter dem Mond. Aber, Geld hin, Geld her, der Sport, der Fußball, ist es dennoch, um den sich alles dreht – diese Ansicht tröstete den Idealisten, sie pflegte und hegte er wie ein zartes Pflänzchen.
Vergebens, verwelkt, verdorrt ist es mittlerweile, und die Zweite Liga hat Schuld daran. Sicher da gab es 2001/2002 diese Hannoveraner, die sich den Titel im wahrsten Sinn des Wortes erspielten, oder da gab es den spannenden, hochklassigen Kampf um die zwei Aufstiegsplätze hinter den Niedersachsen. Es gab allerdings auch die sich vor allem nach der Winterpause mehrenden Meldungen von krasser Misswirtschaft, von Millionenlöchern, von vermutlichen Pleiten und von Manipulationen – dass die Abstiegsfrage auf dem Platz beantwortet werden würde, schien in der Rückrunde von Spieltag zu Spieltag unwahrscheinlicher zu werden.
In Aachen, beim KSC, in Reutlingen, beim SV Waldhof und bei der Eintracht aus Frankfurt drehte sich alles mehr um die Beschaffung von Millionen als um die Frage, welchen Fußball die Mannschaft gerade zelebriert. Stereotyp meist dabei das Strickmuster: Das Präsidium räumte erst zerknirscht finanzielle Schiefstände ein, um dann einem Notvorstand Platz zu machen. Dieser trat mit ernster Miene, aber mit trotzigem Optimismus nach dem Motto »wir werden das Kind schon schaukeln« sein Amt an, stöhnte dann aber nach genauer Sichtung aller Unterlagen unter dessen Last. Zu Recht.
Mit vollen Händen wurde da häufig Geld ausgegeben, das man nie besaß – und dies hing mit der Kirch-Insolvenz nur sekundär zusammen. Sie bauten sich Wasserköpfe in der Verwaltung auf, köderten Spieler mit Gehältern, die sie ihnen nie hätten gewähren dürfen, sie feuerten und heuerten, als würden keine Abfindungszahlungen existieren, und, und, und. Die Liste der Verfehlungen ließe sich mühelos verlängern.
Doch halt, da kommt einem doch spontan dieses Lizenzierungsverfahren in den Sinn, das genau diesen Missständen einen Riegel vorschieben soll. Tja, eigentlich richtig, und doch total falsch. Dieses Verfahren bekräftigte nämlich auch unter dem Dach der DFL seinen schlechten Ruf. Transparent war es noch nie, wer dessen Vorgänge genau verstehen wollte, musste schon immer eine Banklehre oder ein Jurastudium absolviert haben, am besten beides. In der Saison 2001/2002 jedoch mutierte es endgültig zur Farce.
Man nehme Reutlingen. Der SSV hatte Unterlagen manipuliert, und wurde deswegen mit Lizenzentzug bestraft. In der Mitte der Rückrunde schien damit der erste Absteiger festzustehen, ehe später bei der Berufungsverhandlung die Rolle rückwärts erfolgte. Dieses Gremium sah zwar die Verfehlungen des SSV ebenfalls als unstrittig an, erachtete jedoch die Strafe als zu hoch und wandelte sie in einen Sechs-Punkte-Abzug für die neue Saison und in eine Geldstrafe um.
Oder die Eintracht aus Frankfurt, die sich in den vergangenen Jahren von einer finanziellen Notlage in die andere hangelte. Ihr wurde zunächst die Lizenz ab und dann doch wieder zuerkannt, wobei eine aberwitzig anmutende juristische Haarspalterei um eine Bankbürgschaft den Ausschlag für Sein und Nicht-Sein im Profilager gab.
Was das alles mit Fußball zu tun hat? Wenig und doch ganz viel. Die Unterhachinger mussten absteigen, weil sie sportlich zu schlecht waren. Aber: Sie, absolut schuldenfrei, haben keine Lizenzauflagen gebrochen und keine Spieler geholt, die sie sich nicht hätten leisten können, die sie aber sportlich eventuell verstärkt hätten. Genau messen lässt sich dies freilich nicht – es bleibt jedoch ein mehr als fader Beigeschmack. Und dazu muss man kein Idealist sein. *Christian Biechele*

KARLSBERG
URPILS
KARLSBEG
URPILS
FILA
Fraport

Trainer-Roulett als Real-Satire

Fassungslos nach dem schnellen Rauswurf: Rot-Weiß Oberhausen fackelte nicht lange und entließ Trainer Gerhard Kleppinger schon nach dem zweiten Spieltag.

Stellen Sie sich mal folgendes Szenario vor: Für einen Urlaub am Meer packen Sie Badetuch, Sonnenmilch und andere Strandutensilien ein. Sie fliegen in die warmen Gefilde, alles läuft prima. Am nächsten Morgen, beim ersten Frühstück, schmeckt die Marmelade nicht. Entrüstet brechen Sie Ihren Urlaub ab und fliegen samt ihres Gepäcks und ohne entsprechende Ausrüstung in die Berge. Absurd?

Sicher. Aber Rot-Weiß Oberhausen handelte im übertragenen Sinne genau so: Die Vereinsbosse ließen Trainer Gerhard Kleppinger nach seinen taktischen und personellen Vorstellungen einkaufen. Nicht von ungefähr wurde RWO hoch gehandelt. Dann aber verlor »Kleppo« mit seiner Mannschaft das erste Heimspiel (0:3 gegen Union Berlin) – und wurde nach dem zweiten (!) Spieltag entlassen. Eine hilf- und konzeptlose Führung zeigte eine Überreaktion – und wurde mit einer langen Saison im Abstiegskampf bestraft. Erst Aleksandar Ristic holte den Karren aus dem Dreck, nachdem Vorgänger Dragoslav Stepanovic mit Kleppingers Vierer-Ketten-Personal auf eine erfolglose Dreier-Abwehrreihe umgestellt hatte.

Doch Oberhausen war kein Einzelfall. Insgesamt gab es 18 Trainerwechsel (Interimscoaches eingerechnet) in der vergangenen Saison. Greuther Fürth und Oberhausen schossen mit je vier Trainern den Vogel ab. Immer wieder griffen die Präsidenten zum vermeintlichen Allheilmittel. Ein Trainer-Roulette im Sinne des Wortes, denn oft ist der Austausch des lei(d)tenden Angestellten ein Glücksspiel.
Manchmal wendete sich das Blatt freilich auch zum Guten: Peter Neururer fand in Bochum den Draht zur Mannschaft, der bei Bernard Dietz auf Grund seines (angestaubten) Denkens gekappt war. Die Folge: Der VfL feierte als einziger Absteiger die Rückkehr in die Beletage. In Unterhaching hingegen löste Rainer Adrion nach fünf Spielen Lorenz-Günther Köstner ab, um gegen Ende der Saison selbst geschasst zu werden. Am Ende stieg Haching ab – mit dem Schatzmeister Anton Schrobenhauser auf der Bank. Fast schon Real-Satire, wenn es nicht so traurig wäre. Oder Eintracht Frankfurt: Der höchste Etat aller Klubs half den Hessen ebenso wenig wie der späte Trainerwechsel von Martin Andermatt zu Armin Kraaz. Mehr Aktionismus als Konzept war auch in Saarbrücken zu erkennen, wo Thomas von Heesen nach vier Spielen und sein Nachfolger Heribert Weber in der Winterpause den Hut nahm. Saarbrücken stieg ebenso ab wie Babelsberg, das in Oldie Horst Franz vergeblich den Retter vermutet hatte.
Nichts gegen Horst Franz, nichts gegen erfahrene Trainer. Doch schon hier begingen viele Klubs einen Fehler. Denn nur die wenigsten Vereine trauten sich, auf junge Coaches zu setzen. Das Vorbild »Klopp« macht leider noch keine Schule. So klammerte sich Aachen an Jörg Berger. Der blieb zwar mit der Alemannia drin, doch auch am Tivoli mussten sie erkennen, dass der vermeintliche Retter nicht mehr als ein Zwischenhoch zu bieten hatte. Eugen Hach, den Berger beerbt hatte, schien Greuther Fürth mit seiner mitreißen-

Schwierige Mission bei der Alemannia: Jörg Berger wurde in Aachen einmal mehr als »Feuerwehr-Mann« verpflichtet. Seine Aufgabe war alles andere als leicht.

»Peter, der Große« in Jubelpose: Peter Neururer schaffte mit dem VfL Bochum den Aufstieg, nachdem sein Vorgänger Bernard Dietz noch Probleme mit der Mannschaft hatte.

den Art in die Bundesliga zu führen. Doch seinem Team ging im Endspurt die Puste aus, so dass vorm furiosen Saisonfinale nur Hach selbst noch an drei Fußball-Wunder auf einmal glaubte.
Dass es auch anders geht als in vielen Klubs, bewiesen die Verantwortlichen beim MSV Duisburg: Pierre Littbarski holte mit den »Zebras« erst am elften Spieltag den ersten Sieg. Das Vertrauen des Vorstandes zahlte der Weltmeister von 1990 mit einer furiosen Aufholjagd zurück.
Trainerwechsel wird es so lange geben wie den Fußball. Aber spätestens nach dieser Zweitliga-Saison sollten sich die Vereine genau überlegen, ob und wann sie ihren Trainer in den Urlaub schicken. Oder in die Wüste.

Thomas Böker

Die 2. Bundesliga auf einen Blick

2. Bundesliga 2001/02	Hannover 96	Arminia Bielefeld	VfL Bochum	FSV Mainz 05	SpVgg Greuther Fürth	1. FC Union Berlin	Eintracht Frankfurt	LR Ahlen	Waldhof Mannheim	SSV Reutlingen	MSV Duisburg	RW Oberhausen	Karlsruher SC	Alemannia Aachen	SpVgg Unterhaching	1. FC Saarbrücken	1. FC Schweinfurt 05	SV Babelsberg 03	Heimbilanz Auswärtsbilanz					Gesamtbilanz	
																			g.	u.	v.	Tore	Punkte	Tore	Punkte
1. Hannover 96	K	4:4 2:3	2:0 2:4	2:0 2:2	3:1 5:1	3:2 1:1	1:2 1:1	3:1 5:2	2:0 1:0	4:0 2:2	4:1 6:2	2:0 0:0	5:0 2:1	3:0 4:2	1:0 1:1	0:0 1:1	6:0 4:1	6:1 3:1	14 8	2 7	1 2	51:12 42:25	44 31	97:37	75
2. Arminia Bielefeld	3:2 4:4	I	3:0 0:0	0:1 1:4	3:2 1:0	4:1 1:2	4:1 2:0	3:1 1:1	5:0 1:1	1:1 3:2	2:2 1:2	3:1 0:0	1:1 1:0	4:1 2:3	2:0 3:1	3:1 2:0	2:1 0:1	0:1 2:0	12 7	3 5	2 5	43:17 25:21	39 26	68:38	65
3. VfL Bochum	4:2 0:2	0:0 0:3	C	2:1 1:1	1:1 1:1	2:1 0:1	3:0 0:1	3:1 5:2	1:1 2:1	3:1 0:3	3:0 1:0	3:3 1:6	1:1 1:4	5:3 3:1	4:0 2:0	3:2 2:0	3:1 3:3	4:1 2:1	12 7	5 3	0 7	45:19 24:30	41 24	69:49	65
4. FSV Mainz 05	2:2 0:2	4:1 1:0	1:1 1:2	K	1:1 2:3	1:0 1:3	1:1 0:0	5:1 4:1	3:0 4:2	2:1 0:2	4:4 1:1	3:3 3:1	1:0 4:1	0:1 2:0	2:0 0:0	2:1 1:0	4:1 3:0	2:2 1:0	9 9	7 3	1 5	38:20 28:18	34 30	66:38	64
5. SpVgg Greuther Fürth	1:5 1:3	0:1 2:3	1:1 1:1	3:2 1:1	E	0:0 0:0	1:1 4:1	3:2 0:1	3:1 4:1	4:1 1:0	2:1 1:1	2:2 2:1	1:1 2:4	3:0 1:2	3:1 1:1	3:1 3:0	2:0 0:0	1:0 5:1	10 6	5 6	2 5	33:20 29:21	35 24	62:41	59
6. 1. FC Union Berlin	1:1 2:3	2:1 1:4	1:0 1:2	3:1 0:1	0:0 0:0	R	0:4 2:2	5:0 2:2	2:0 1:1	5:0 2:1	0:1 1:1	3:1 3:0	1:3 1:1	5:1 2:1	0:2 1:2	3:0 3:2	3:0 1:0	2:0 2:3	11 5	2 6	4 6	36:15 25:26	35 21	61:41	56
7. Eintracht Frankfurt	1:1 2:1	0:2 1:4	1:0 0:3	0:0 1:1	1:4 1:1	2:2 4:0	S	1:2 1:0	2:2 0:0	3:1 1:2	2:0 1:1	2:2 1:2	3:1 3:2	2:2 1:2	3:2 1:0	2:2 2:0	2:0 1:0	1:1 3:1	6 8	8 4	3 5	28:24 24:20	26 28	52:44	54
8. LR Ahlen	2:5 1:3	1:1 1:3	2:5 1:3	1:4 1:5	1:0 2:3	2:2 0:5	0:1 2:1	P	0:0 0:2	1:2 2:3	2:2 4:1	2:1 3:2	4:1 2:2	1:0 2:1	2:0 3:2	3:1 4:2	3:1 2:4	1:1 2:1	7 7	5 1	5 9	28:27 32:43	26 22	60:70	48
9. Waldhof Mannheim	0:1 0:2	1:1 0:5	1:2 1:1	2:4 0:3	1:4 1:3	1:1 0:2	0:0 2:2	2:0 0:0	O	1:0 0:3	3:1 1:3	1:1 1:1	2:1 2:1	3:1 0:1	0:1 0:0	4:0 3:1	2:0 1:0	4:1 2:1	8 4	4 5	5 8	28:19 14:29	28 17	42:48	45
10. SSV Reutlingen	2:2 0:4	2:3 1:1	3:0 1:3	2:0 1:2	0:1 1:4	1:2 0:5	2:1 1:3	3:2 2:1	3:0 0:1	R	0:1 3:3	0:2 1:0	1:0 0:1	3:1 1:1	1:1 2:3	3:0 3:4	3:1 1:2	3:2 3:0	10 3	2 3	5 11	32:19 21:38	32 12	53:57	44
11. MSV Duisburg	2:6 1:4	2:1 2:2	0:1 0:3	1:1 4:4	1:1 1:2	1:1 1:0	1:1 0:2	1:4 2:2	3:1 1:3	3:3 1:0	T	1:4 2:0	2:0 0:2	5:0 1:2	4:0 1:0	5:0 0:1	0:0 2:2	4:1 1:3	7 4	6 4	4 9	36:25 20:32	27 16	56:57	43
12. Rot-Weiß Oberhausen	0:0 0:2	0:0 1:3	6:1 3:3	1:3 3:3	1.2 2:2	0:3 1:3	2:1 2:2	2:3 1:2	1:1 1:1	0:1 2:0	0:2 4:1	M	1:2 1:0	4:0 1:2	0:2 1:1	2:1 0:1	5:0 3:0	2:1 2:0	6 5	3 6	8 6	27:23 28:26	21 21	55:49	42
13. Karlsruher SC	1:2 0:5	0:1 1:1	4:1 1:1	1:4 0:1	4:2 1:1	1:1 3:1	2:3 1:3	2:2 1:4	1:2 1:2	1:0 0:1	2:0 0:2	0:1 2:1	A	1:2 0:2	3:0 0:0	2:0 1:1	1:0 1:1	2:1 4:2	8 3	2 6	7 8	28:22 17:29	26 15	45:51	41
14. Alemannia Aachen	2:4 0:3	3:2 1:4	1:3 3:5	0:2 1:0	2:1 0:3	1:2 1:5	2:1 2:2	1:2 0:1	1:0 1:3	1:1 1:3	2:1 0:5	2:1 0:4	2:0 2:1	G	3:1 0:2	0:0 1:2	1:0 0:1	2:2 2:0	9 3	3 1	5 13	26:23 15:44	30 10	41:67	40
15. SpVgg Unterhaching	1:1 0:1	1:3 0:2	0:2 0:4	0:0 0:2	1:1 1:3	2:1 2:0	0:1 2:3	2:3 0:2	0:0 1:0	3:2 1:1	0:1 0:4	1:1 2:0	0:0 0:3	2:0 1:3	A	8:0 0:0	1:0 1:3	3:1 4:1	6 4	6 2	5 11	25:17 15:32	24 14	40:49	38
16. 1. FC Saarbrücken	1:1 0:0	0:2 1:3	0:2 2:3	0:1 1:2	0:3 1:3	2:3 0:3	0:2 2:2	2:4 1:3	1:3 0:4	4:3 0:3	1:0 0:5	1:0 1:2	1:1 0:2	2:1 0:0	0:0 0:8	Z	2:1 1:2	1:1 2:1	5 1	4 3	8 13	18:28 12:46	19 6	30:74	25
17. 1. FC Schweinfurt 05	1:4 0:6	1:0 1:2	3:3 1:3	0:3 1:4	0:0 0:2	0:1 0:3	0:1 0:2	4:2 1:3	0:1 0:2	2:1 1:3	2:2 0:0	0:3 0:5	1:1 0:1	1:0 0:1	3:1 0:1	2:1 1:2	I	3:3 1:3	6 0	5 1	6 16	23:27 7:43	23 1	30:70	24
18. SV Babelsberg 03	1:3 1:6	0:2 1:0	1:2 1:4	0:1 2:2	1:5 0:1	3:2 0:2	1:3 1:1	1:2 1:1	1:2 1:4	0:3 2:3	3:1 1:4	0:2 1:2	2:4 1:2	0:2 2:2	1:4 1:3	1:2 1:1	3:1 3:3	N	3 1	0 6	14 10	19:41 20:41	9 9	39:82	18

Die Torjäger der 2. Liga

Wichniarek (Arm. Bielefeld)	20
Feinbier (LR Ahlen)	19
Simak (Hannover 96)	18
Christiansen (VfL Bochum)	17
Kryszakowicz (Eintr. Frankfurt)	16
Stenzel (Hannover 96)	16
Azzouzi (SpVgg Greuther Fürth)	15
Ristic (Union Berlin)	14
N'kufo (FSV Mainz 05)	14
Melunovic (1. FC Schweinfurt 05)	14
Ebbers (MSV Duisburg)	12
Thurk (FSV Mainz 05)	12
Kaufmann (Hannover 96)	11
Klausz (Waldhof Mannheim)	11
Vidolov (Union Berlin)	10
Ciric (Eintr. Frankfurt)	10
Fuchs (Karlsruher SC)	10
Garcia (SSV Reutlingen)	10
Amanatidis (SpVgg Greuther Fürth)	9
Bella (LR Ahlen)	9
Frommer (SSV Reutlingen)	9
Isa (Union Berlin)	9
Krupnikovic (Hannover 96)	9
Albayrak (Arm. Bielefeld)	8
Friedrich (FSV Mainz 05)	8
Hasenhüttl (SpVgg Greuther Fürth)	8
Hashemian (VfL Bochum)	8
Kampf (SV Babelsberg 03)	8
Kioyo (SpVgg Greuther Fürth)	8
Licht (Waldhof Mannheim)	8
Skela (Eintr. Frankfurt)	8
Woronin (FSV Mainz 05)	8

Torschützenkönig: Bielefelds Goalgetter Artur Wichniarek.

Zweikampf: Fürths Francis Kioyo und Hannovers Diouf.

RWE

Der Pott für das Ende der Euro-Fighter

Berlin als gutes Pflaster für die Schalker. Aber Wehmut kam dennoch auf, weil dieser Erfolg gleichzeitig eine wichtige Zäsur bedeutete: das Ende einer Ära.

Schalke feiert erneut eine königs-blaue Sause

Als der Schlusspfiff im Berliner Olympiastadion ertönte, flossen bei beiden Mannschaften die Tränen. Tränen der Enttäuschung, des Glücks und des Abschieds. Es war ein Tag der Emotionen.

Die beiden Trainer mussten sich nach Spielschluss erst einmal von der Tribüne zurück auf den Rasen kämpfen. Schiedsrichter Dr. Wack hatte den Leverkusener Klaus Toppmöller und den Schalker Huub Stevens des Feldes verwiesen, jeweils wegen zu heftigen Reklamierens. Während sich beide Fußball-Lehrer noch lange nach dem Abpfiff über diese fragwürdigen Entscheidungen aufregten, hatten die meisten Spieler die Platzverweise ihrer Chefs gar nicht mitbekommen. Viel zu hitzig ging es dafür auf dem Platz zu. Die Leverkusener Führung durch Dimitar Berbatov glich Jörg Böhme kurz vor der Pause mit einem Hammer-Freistoß aus. Ein genialer Treffer, der die bis dahin deutlich unterlegenen Schalker zurück ins Spiel brachte. Victor Agali erzielte nach 68 Minuten mit einem Flachschuss von der Strafraumgrenze das 2:1 und legte Andreas Möller nur drei Minuten später ein Tor auf, Ebbe Sand erhöhte per Kopf gar auf 4:1, ehe Ulf Kirsten in der Schlussminute zum 2:4-Endstand verkürzte. Wieder einmal ein ganz bitterer Tag für Bayer Leverkusen. Eine Woche zuvor – erneut – am letzten Spieltag die Deutsche Meisterschaft verpasst, jetzt das Pokalfinale gegen wesentlich entschlossener und frischer wirkende Schalker verloren. Als die Helden in Königsblau den goldenen Pokal unter einem donnernden Feuerwerk in Empfang nahmen, durften die Bayer-Macher wieder nur Zuschauen. Etwas Abseits standen sie ebenso schweigend wie fassungslos, Reiner Calmund, Klaus Toppmöller und Co. Die meisten Leverkusener Spieler wollten sich das gar nicht erst antun und verschanzten sich während der Siegerehrung völlig frustriert in der Kabine. Für solch ein unsportliches Verhalten bekamen sie nur wenige Minuten später ihr ganz persönliches Feuerwerk, verbal abgebrannt von Calmund und Toppmöller in der Umkleide; zu allem Überfluss folgte vier Tage später eine 1:2-Niederlage im zweiten Finale, in der Champions League gegen Real Madrid. Die 50 000 mitgereisten Schalker Fans hingegen

Königsblauer Torschütze: Schalkes Routinier und Regisseur Andreas Möller gehört beim 4:1-Erfolg gegen Leverkusen zu den Matchwinnern in Berlin.

durften wie schon beim Pokalsieg im Vorjahr in Berlin eine königsblaue Sause feiern, wie es in der Geschichte dieses Wettbewerbes nur wenige gab. Eine angemessene Kulisse für einen großen Tag: Denn auf Schalker Seite endete an diesem 11. Mai 2002 eine Ära. Es war der feierliche Abgang der Eurofighter. Olaf Thon, Yves Eigenrauch und Mike Büskens beendeten ihre Karriere, der Holländer Youri Mulder und der Tscheche Jiri Nemec – er stand in diesem Endspiel in der Startelf – kehrten in ihre Heimatländer zurück.
Und der Vater des legendären UEFA-Cup-Triumphes von 1997 ging auch gleich mit: Trainer Huub Stevens verabschiedete sich mit seinem dritten Titel in sechs Jahren aus Schalke, ausgerechnet an seinem zukünftigen Arbeitsplatz, dem Berliner Olympiastadion, der Heimstätte seines neuen Klubs Hertha BSC. Von Weinkrämpfen geschüttelt rühmte Manager Rudi Assauer in der Pokalnacht die Helden früherer Tage. »Es tut so unheimlich weh, Typen wie euch zu verabschieden«, schluchzte der Schalker Boss, »ihr habt Großes für den FC Schalke 04 geleistet.«
Das freilich traf auch auf diesen Pokal-Wettbewerb zu, in dem Schalke vor dem Champions-League-Finalisten Bayer Leverkusen bereits den aktuellen Champions-League-Sieger FC Bayern München ausgeschaltet hatte. Im Halbfinale stieg dieses hitzige Duell in der mit 60 683 Zuschauern ausverkauften Arena AufSchalke. Eine denkwürdige Pokalschlacht, die Marco van Hoogdalem und Jörg Böhme mit zwei Traumtoren in der Verlängerung entschieden – 2:0.
Bis ins Halbfinale waren die Schalker überhaupt erst durch die Treffsicherheit ihres Torjägers Ebbe Sand gekommen. Der Däne traf in der ersten

Runde beim 1:0-Sieg gegen die Amateure des SC Freiburg, in der zweiten Runde beim 2:1-Erfolg auf der Bielefelder Alm (das zweite Tor schoss Andreas Möller) und auch in der dritten Runde zu einem 1:0-Sieg in der Verlängerung bei Darmstadt 98. Im Viertelfinale feierten knapp 55 000 Zuschauern in der Arena einen 2:0-Sieg gegen Rot-Weiß Oberhausen durch Tore von Böhme und Möller.

Überragend in all diesen Spielen: Towart Oliver Reck. In seiner letzten Saison als Stammtorhüter spielte der Oldie sein sechstes Pokalfinale – das hatten vorher nur Dieter Eilts (Werder Bremen) und Heinz Flohe (1. FC Köln) geschafft. Zum vierten Mal stemmte Reck den DFB-Pokal in die Berliner Luft und zog mit dem Rekord-Pokalsieger Klaus Allofs gleich. »Für die meisten Jungs war das hier nur ein Pokalsieg«, sagte der sichtlich ergriffene Reck nach diesem Finale, »aber für mich war es das letzte Spiel einer schönen Karriere. Ich habe es besonders genossen.«

Noch zwei andere Spieler des Titelverteidigers durften dieses Finale als persönlichen Triumph verbuchen: Jörg Böhme und Victor Agali. Böhme stand zu diesem Zeitpunkt nur auf Abruf im deutschen Aufgebot für die Weltmeisterschaft in Japan und Südkorea. Nach seinem Traumtor zum 1:1 und nach dem freiwilligen Verzicht des Dortmunders Jörg Heinrich nahm Teamchef Rudi Völler den genialen Linksfuß doch noch mit. Bei Victor Agali wirkten sein Tor und seine starke Leistung wie Balsam auf ein wunde Fußballer-Seele. Der schlaksig wirkende Nigerianer stand in seinem ersten Jahr auf Schalke stets im Schatten der Stürmerstars Sand und Mpenza. In den Wochen vor dem Finale musste der Angreifer sogar Be-

Die Helden von Berlin: Gegen Leverkusen konnte diese Schalker Mannschaft den Pokalsieg vom Vorjahr wiederholen. Ein gelungener Abschied für den scheidenden Trainer Huub Stevens (3. v. r.), der zur Hertha wechselte.

Halbfinal-Knüller: Schalkes Routinier Marc Wilmots (links) gegen Bayern-Kapitän Stefan Effenberg.

schimpfungen der Fans über sich ergehen lassen. Stevens brachte ihn trotzdem im Endspiel für den verletzten Mpenza. Ein Platzverweis wegen einer Tätlichkeit in der 90. Minute konnte Agalis Glück an diesem Tag auch nicht mehr trüben.
Das torreiche Finale war ein würdiger Abschluss eines spannenden Pokal-Wettbewerbes, in dem diesmal kein Amateurklub den Sprung ins Halbfinale schaffte. »Das zeigt, wie ernst die großen Klubs den Pokal wieder nehmen«, sagte der Schalker Kapitän Tomasz Waldoch, der diesmal endlich auf dem Feld mitwirken durfte, nachdem er im Vorjahr verletzt hatte zuschauen müssen. Sein erstes Finale, mit 30 Jahren. »Ein großer Moment für mich«, sagte der Pole, der den Stellenwert eines Pokalsieges im deutschen Fußball auch für die kommen den Jahre hoch ansiedelt: »Der DFB-Pokal ist und bleibt der kürzeste Weg, sich für einen internationalen Wettbewerb zu qualifizieren. Und wir wollen im nächsten Mai zum dritten Mal in Folge im Finale stehen!«

Jean-Julien Beer

Damen-Jubel: Nia Künzer (1. FFC Frankfurt) freut sich über den Pokal.

1. Runde

SV Darmstadt 98 3
FC St. Pauli 1

SV Yesilyurt 2
SC Freiburg 4

Energie Cottbus Amat. 0
Arminia Bielefeld 4

SC Freiburg Amat. 0
Schalke 04 1

SSV Ulm 2
1. FC Nürnberg 1

1. FC Union Berlin 1
MSV Duisburg 0

FC Schüttorf 09 1
SSV Reutlingen 4

VfR Aalen 0
Rot-Weiß Oberhausen 2

Erzgebirge Aue 1*
FSV Mainz 05 2

VfB Stuttgart Amat. 0
Spvgg. Gr. Fürth 1

Karlsruher SC 2
Waldhof Mannheim 5

Blau-Weiß Brühl 1
1. FC Kaiserslautern 4

VfL Osnabrück 2
Hansa Rostock 1

SC Paderborn 1
FC Bayern München 5

1. FC Magdeburg 1
VfL Wolfsburg 5

Stuttgarter Kickers 1
Spvgg. Unterhaching 5

VfL Wolfsburg Amat. 1
Borussia Dortmund 0

VfR Mannheim 1
Hannover 96 3

FC Schalke 04 Amat. 0
VfL Bochum 1

Jahn Regensburg 0
Bayer Leverkusen 3

FC Homburg 2
Hamburger SV 5

FC Schönberg 2
VfB Stuttgart 4

Würzburger FV 0
TSV München 1860 10

FSV Mainz 05 Amat. 0**
Bor. Mönchengladbach 0

Werder Bremen Amat. 5
1. FC Saarbrücken 0

FC St. Pauli Amat. 0*
Eintracht Frankfurt 1

Rot-Weiß Erfurt 2***
LR Ahlen 2

SV Babelsberg 03 1
Hertha BSC Berlin 2

KFC Uerdingen 1
Energie Cottbus 0

VfB Lübeck 2
Werder Bremen 3

Eintracht Trier 2*
Alemannia Aachen 4

Chemnitzer FC 2
1. FC Köln 5

* n. V.
** n. V. (Elfm. 2:4)
*** n. V. (Elfm. 9:8)

2. Runde

Darmstadt 98 3**
SC Freiburg 3

Arminia Bielefeld 1
Schalke 04 2

SSV Ulm 0
1. FC Union Berlin 3

SSV Reutlingen 2***
Rot-Weiß Oberhausen 2

FSV Mainz 05 3
Spvgg. Gr. Fürth 2

Waldhof Mannheim 2
1. FC Kaiserslautern 3

VfL Osnabrück 0
FC Bayern München 2

VfL Wolfsburg 3
Spvgg. Unterhaching 0

VfL Wolfsburg Amat. 0
Hannover 96 4

VfL Bochum 2
Bayer Leverkusen 3

Hamburger SV 0
VfB Stuttgart 2

TSV München 1860 4
Bor. Mönchengladbach 3

3****
Eintracht Frankfurt 3

RW Erfurt 1*
Hertha BSC Berlin 2

KFC Uerdingen 1*****
Werder Bremen 1

Alemannia Aachen 1
1. FC Köln 2

* n. V.
** n. V. (Elfm. 3:1)
*** n. V. (Elfm. 3:4)
**** n. V. (Elfm. 2:4)
***** n. V. (Elfm. 4:3)

Achtelfinale

Darmstadt 98 0*
Schalke 04 1

1. FC Union Berlin 1
Rot-Weiß Oberhausen 2

FSV Mainz 05 2
1. FC Kaiserslautern 3

FC Bayern München 2
VfL Wolfsburg 1

Hannover 96 1
Bayer Leverkusen 2

VfB Stuttgart 2**
TSV München 1860 2

Eintracht Frankfurt 1*
Hertha BSC Berlin 2

KFC Uerdingen 1***
1. FC Köln 1

* n. V.
** n. V. (Elfm. 2:4)
*** n. V. (Elfm. 3:5)

Viertelfinale

FC Schalke 04 2
Rot-Weiß Oberhausen 0

1. FC Kaiserslautern 0**
FC Bayern München 0

Bayer Leverkusen 3
TSV München1860 0

Hertha BSC Berlin 1*
1. FC Köln 2

* n. V.
** n. V. (Elfm. 3:5)

Halbfinale

FC Schalke 04 2*
FC Bayern München 0

Bayer Leverkusen 3*
1. FC Köln 1

Endspiel

FC Schalke 04 4
Bayer Leverkusen 2

* n. V.

25

Real zerstört den letzten Bayer-Traum

Es scheint wie ein Fluch: Bayer Leverkusen und ein Titel. Dabei verlangte das Team den »Königlichen« im Finale von Glasgow alles ab. Gereicht hat es dennoch nicht.

Bayer als Sieger – aber ohne den Silberpokal

Als der 70 Zentimeter hohe Henkelpott in die Nähe kommt, senken die Leverkusener Spieler den Blick gen Boden, als würden sie dort die Antwort auf die brennende Frage erhalten, warum ihnen auch der dritte Titel der Saison durch die Finger geflutscht ist.

Königlicher Triumph: Real Madrid gewann abermals die »Königsklasse«, die Champions League. Kapitän Fernando Hierro und seine Kollegen recken stolz den Pokal in den Abendhimmel von Glasgow.

Entfleucht wie die bunten Sterne des Feuerwerks, das nach dem Champions-League-Finale in den schwarzen Himmel über Glasgow steigt, während drunten die teuersten Fußballer der Welt ihre silberne Trophäe auf der Ehrenrunde tragen. Kaum einen Blick haben nun die Profis von Real Madrid übrig für die unterlegenen Leverkusener, die sich sehnsüchtig-andachtsvoll, fast schüchtern in der Nähe der Eckfahne versammelt haben und über die Rollenverteilung bei dieser Siegesfeier sinnieren.

90 Minuten lang – oder besser 97 Minuten lang, denn die dampfende Zugabe einer bemerkenswerten Partie dauerte rund sieben Minuten – 97 Minuten lang also hatte der krasse Außenseiter dem Favoriten aus Spanien die Stirn geboten. Und vor allem in jener Zugabe, die Schiedsrichter Urs Meier den Spielern und den 51 567 Zuschauern im Stadion sowie den 800 Millionen an den Fernsehschirmen gönnte, hatte es in sich, und es war quasi ein Nachrücker, der in jenen dramatischen Sekunden dem Showdown seinen Stempel aufdrückte. Denn als die Partie begann, hatte Iker Casillas noch auf der Ersatzbank der »Königlichen« Platz genommen und war erst nach 70 Minuten auf den Rasen beordert worden, weil Stammkeeper Cesar nach einem Zusammenprall mit Leverkusens Abwehrriesen Lucio lahmte und vom Platz geführt werden musste.

In jenen Zugabe-Minuten aber rückte Nachwuchsmann Casillas in den Mittelpunkt des Geschehens, als sich die Deutschen in der Hälfte

Stürmender Torhüter: Bei der Heimniederlage gegen RCD Mallorca ging selbst Keeper Oliver Reck in der Schlussphase mit in den Angriff, es blieb vergebens.

ihrer Rivalen festsetzten, und er erledigte seine Aufgabe mit Bravour und tollen Paraden gegen Yildiray Bastürk und Dimitar Berbatov, die eigentlich schon den Torschrei auf den Lippen hatten. Selbst Casillas' Kollege Jörg Butt war in jenen Sekunden mit nach vorne geeilt, eine der unglücklichsten Figuren dieses Finales. Denn nur schwach hatte der Leverkusener Schlussmann reagiert, als nach einem weiten Einwurf von Roberto Carlos plötzlich Raul Richtung Tor stürmte und dem Ball aus knapp zehn Metern einen gar nicht mal so wuchtigen Tritt mit dem linken Fuß verabreichte. Keineswegs unhaltbar trudelte die Kugel nahe an Butt vorbei ins Netz zum Vorteil der Spanier, wobei auch Lucio keine glückliche Figur machte. »Klar, da habe ich blöd ausgesehen«, fand Butt, während Toppmöller vor allem die Fehler bei der Entstehung des 0:1 erbosten. »Gefährliche Szenen nach einem Einwurf – das hatten wir vorher 100 Mal besprochen«, zürnte der Trainer. Praktisch umgehend aber bügelte der Brasilianer seinen Lapsus wieder aus und rammte den Ball per Kopf zum Ausgleich ins Netz als Ausgleich Leverkusener Spielfreude, mit der der haushohe Favorit Real so seine liebe Mühe hatte.

Es bedurfte eines Geniestreiches von Zinedine Zidane, der zaghaft begann und erst allmählich in Fahrt kam, um den Spaniern den erneuten Vorsprung zu ermöglichen. Wieder ist Roberto Carlos der Wegbereiter, und lange ist der Ball in der Luft unterwegs. Dennoch kann sich kein Abwehrmann befleißigen, Zidane am Torschuss zu stören, und der Franzose schmettert die Kugel mit dem linken Fuß humorlos ins Netz zum 2:1, mitten hinein ins Herz der Leverkusener, kurz vor dem Halbzeitpfiff.

55 Prozent Ballbesitz der Leverkusener notieren die Statistiker in der zweiten Halbzeit; eine Bilanz,

die Klaus Toppmöller hernach kopfschüttelnd zur Kenntnis nimmt, als rundherum diskutiert wird über jenen sagenhaften Treffer des Zinedine Zidane, über jene geistige Auszeit des Jörg Butt vor dem 0:1, insgesamt über jene kecke Vorstellung des Bundesligisten, der nun doch den Königlichen zu deren 100-jährigem Vereinsjubiläum nicht in die Suppe gespuckt hat. »Gegen einen solchen Gegner das Heft so in die Hand zu nehmen und dann doch nicht zu gewinnen«, murmelt Toppmöller und flüstert fast: »Wahnsinn!« Mitternacht ist längst vorbei im noblen Crutherland Hotel am Rande Glasgows, in dem die Mannschaft logiert und wo nun, zu später Stunde, bei Schinken und Filet, Wein und Bier, Müdigkeit neben Fassungslosigkeit gedeiht.

»Deutschland dankt Bayer Leverkusen«, übermittelt Bundeskanzler Gerhard Schröder aus der Heimat. Kurz danach richtet Reiner Calmund sein Wort an die Gesellschaft, und er muss um Fassung ringen bei der Aufarbeitung des Geschehens. »Ich bin tief traurig und riesig stolz«, bilanziert der wichtige und schwergewichtige Leverkusener Macher. »Wir sind tief enttäuscht im Himmel angekommen.« Genau diese Zerrissenheit charakterisiert treffend die Stimmung der Beteiligten nach einer strapaziösen Saison mit rund 60 Pflichtspielen für die Spitzenkräfte, die vom Beginn mit der Champions-League-Qualifikation gegen Roter Stern Belgrad im August bis zu jener mitreißenden Nacht und dem Finale im Hampden Park alle Pflichtaufgaben bewältigt haben. »Bitter, absolut bitter«, sei diese Situation, resümiert Carsten Ramelow, »du siehst rundherum die anderen heulen, lachen, feiern, und was hast du in der Hand? Nichts.«

Ein langer Weg über Europas Sportplätze liegt hinter der Leverkusener Delegation, eine Saison,

Anmache der Leitwölfe: Bayern-Torwart Oliver Kahn und Kapitän Stefan Effenberg pushen sich gegenseitig hoch. Am Ende reichte es dennoch nicht zur Titelverteidigung.

Tristesse in Glasgow: Leverkusen, der ewige Vize. Traurige Minen bei Manager Rainer Calmund, Trainer Klaus Toppmöller und dem im Finale gesperrten Zé Roberto.

die Vollbeschäftigung brachte in Form etlicher, fast pausenloser englischer Wochen. »Mein Sohn kennt mich fast nur noch vom Fernseher«, erzählt Oliver Neuville, einer von denen, die fast aus den Schuhen kippen wegen der intensiven Belastung eines ganz schmalen Kaders. Selbst den leicht Angeschlagenen kann da keine Pause gegönnt werden, nicht einmal Neuville selbst, auch wenn der kleine Zeh gebrochen ist. Es ist auch dieses Beispiel der Unverwüstlichkeit, das den Leverkusenern Sympathien überall eingebracht hat, ganz zu schweigen von ihrer meist mitreißenden, offensiven Spielweise, mit der sie namhafte Gegner überrollt und hinter sich gelassen haben.

Auf der Insel endete der Leverkusener Traum, gegen zwei Klubs von der Insel vollbrachte Bayer aber auch Großtaten auf dem Weg in jenes Finale. Zunächst mit den hart umkämpften Viertelfinal-Duellen gegen den FC Liverpool, wobei vielen das Rückspiel in der BayArena nach dem 1:1 an der Anfield Road als der womöglich stärkste Leverkusener Auftritt der gesamten Runde in Erinnerung bleibt. Mit 4:2 drückte Bayer die »Reds« aus dem Wettbewerb, dank zweier Treffer des nicht nur an diesem Abend genialen Michael Ballack und schließlich dem entscheidenden Tor durch Lucio sechs Minuten vor dem Ende. »Ein perfektes Spiel«, findet Ballack anschließend, und sogar ohne weiteren Sieg marschiert Leverkusen gegen Manchester United ins Finale, obwohl sich Abwehrchef Jens Nowotny nach dem 2:2 im ersten Treffen schon in der ersten Hälfte einen Kreuzbandriss zuzieht. Oliver Neuville gleicht kurz vor der Pause die Führung der Engländer aus, und anschließend lässt Leverkusen keinen Gegentreffer mehr zu.

Wie die vier Partien gegen die englischen Spitzenklubs, so bleibt gewiss auch jenes denkwürdige Aufeinandertreffen mit Juventus Turin im Gedächtnis: Zwei Mal mussten die Mannschaften wegen Nebels unverrichteter Dinge das Stadion Del'Alpi wieder verlassen, und im dritten Versuch kassierte Leverkusen eine 0:4-Klatsche, die höchste Niederlage im gesamten Wettbewerb.

Bisher war das Erreichen des Viertelfinales Bayer Leverkusens Vorzeige-Resultat in der europäischen Königsklasse; nun setzt das Mitwirken am Finale neue Maßstäbe. »Wo ist denn nun der Silberpokal?«, fragte Reiner Calmund in Glasgow nach dem Endspiel in die Runde und antwortete selbst. »Wir ham ihn nit. Aber Sieger sind wir auch so.«

Eine »Fünf-Sterne-Niederlage mit Schleifchen« sei dies, titelt die FAZ, und allenthalben ist Begeisterung zu spüren für diese Mannschaft, nicht nur in Glasgow. Begeisterung für einen Gewinner ohne Titel. Da passt Reiner Calmunds Vorgabe für den nächsten Anlauf: »Jetzt atmen wir tief durch, und dann greifen wir wieder an.« Um auch mal Gewinner mit Titel zu sein. *Oliver Bitter*

Vorrunde

Gruppe A

AS Rom 1 1
Real Madrid 2 1

Lokomotive Moskau 1 5
RSC Anderlecht 1 1

RSC Anderlecht 0 1
AS Rom 0 1

Real Madrid 4 0
Lokomotive Moskau 0 2

Real Madrid 4 2
RSC Anderlecht 1 0

AS Rom 2 1
Lokomotive Moskau 1 0

1. Real Madrid	**6**	**13:5**	**13**
2. AS Rom	**6**	**6:5**	**9**
3. Lokomotive Moskau	**6**	**9:9**	**7**
4. RSC Anderlecht	**6**	**4:13**	**3**

Gruppe B

FC Liverpool 1 1
Boavista Porto 1 1

Dynamo Kiew 2 0
Borussia Dortmund 2 1

Borussia Dortmund 0 0
FC Liverpool 0 2

Boavista Porto 3 0
Dynamo Kiew 1 1

Boavista Porto 2 1
Borussia Dortmund 1 2

FC Liverpool 1 2
Dynamo Kiew 0 1

1. FC Liverpool	**6**	**7:3**	**12**
2. Boavista Porto	**6**	**8:7**	**8**
3. Borussia dortmund	**6**	**6:7**	**8**
4. Dynamo Kiew	**6**	**5:9**	**4**

Gruppe C

FC Schalke 04 0 0
Panathinaikos Athen 2 2

RCD Mallorca 1 1
FC Arsenal 0 3

FC Arsenal 3 1
FC Schalke 04 2 3

Panathinaikos Athen 2 0
RCD Mallorca 0 1

Panathinaikos Athen 1 1
FC Arsenal 0 2

FC Schalke 04 0 4
RCD Mallorca 1 0

1. Panathinaikos Athen	**6**	**8:3**	**12**
2. FC Arsenal	**6**	**9:9**	**9**
3. RCD Mallorca	**6**	**4:9**	**9**
4. FC Schalke 04	**6**	**9:9**	**6**

Gruppe D

FC Nantes 4 0
PSV Eindhoven 1 0

Galatasaray Istanbul 1 0
Lazio Rom 0 1

Lazio Rom 1 0
FC Nantes 3 1

PSV Eindhoven 3 0
Galatasaray Istanbul 1 2

PSV Eindhoven 1 1
Lazio Rom 0 2

FC Nantes 0 0
Galatasaray Istanbul 1 0

1. FC Nantes	**6**	**8:3**	**11**
2. Galatasaray Istanbul	**6**	**5:4**	**10**
3. PSV Eindhoven	**6**	**6:9**	**7**
4. Lazio Rom	**6**	**4:7**	**6**

Gruppe E

Juventus Turin 3 3
Celtic Glasgow 2 4

Rosenborg Trondheim 1 0
FC Ponto 2 1

Rosenborg Trondheim 1 0
Juventus Turin 1 1

Celtic Glasgow 1 0
FC Porto 0 3

Celtic Glasgow 1 0
Rosenberg Trondheim 0 2

FC Porto 0 1
Juventus Turin 0 3

1. Juventus Turin	**6**	**11:8**	**11**
2. FC Porto	**6**	**7:5**	**10**
3. Celtic Glasgow	**6**	**8:11**	**9**
4. Rosenborg Trondheim	**6**	**4:6**	**4**

Gruppe F

Olympique Lyon 0 4
Bayer Leverkusen 1 2

Fenerbahce Istanbul 0 0
FC Barcelona 3 1

Fenerbahce Istanbul 0 1
Olympique Lyon 1 3

Bayer Leverkusen 2 1
FC Barcelona 1 2

Bayer Leverkusen 2 1
Fenerbahce Istanbul 1 2

FC Barcelona 2 3
Olympique Lyon 0 2

1. FC Barcelona	**6**	**12:5**	**15**
2. Bayer Leverkusen	**6**	**10:9**	**12**
3. Olympique Lyon	**6**	**10:9**	**9**
4. Fenerbahce Istanbul	**6**	**3:12**	**0**

Gruppe G

Manchester United 1 1
OSC Lille 0 1

Deportivo La Coruna 2 1
Olympiakos Piräus 2 1

Deportivo La Coruna 2 3
Manchester United 1 2

OSC Lille 3 1
Olympiakos Piräus 1 2

OSC Lille 1 1
Deportivo La Coruna 1 1

Olympiakos Piräus 0 0
Manchester United 2 3

1. Deportivo La Coruna	**6**	**10:8**	**10**
2. Manchester United	**6**	**10:6**	**10**
3. OSC Lille	**6**	**7:7**	**6**
4. Olympiakos Piräus	**6**	**6:12**	**5**

Gruppe H

Bayern München 0 1
Sparta Prag 0 0

Spartak Moskau 2 1
Feyenoord Rotterdam 2 2

Spartak Moskau 1 1
Bayern München 3 5

Sparta Prag 4 2
Feyenoord Rotterdam 0 0

Sparta Prag 2 2
Spartak Moskau 0 2

Feyenoord Rotterdam 2 1
Bayern München 2 3

1. Bayern München	**6**	**14:5**	**14**
2. Sparta Prag	**6**	**10:3**	**11**
3. Feyenoord Rotterdam	**6**	**7:14**	**5**
4. Spartak Moskau	**6**	**7:16**	**2**

Zwischenrunde

Gruppe A

Bayern München 1 0
Manchester United 1 0

Boavista Porto 1 1
FC Nantes 0 1

Manchester United 3 3
Boavista Porto 0 0

FC Nantes 0 1
Bayern München 1 2

Boavista Porto 0 0
Bayern München 0 1

FC Nantes 1 1
Manchester United 1 5

1. Manchester United	**6**	**13:3**	**12**
2. Bayern München	**6**	**5:2**	**12**
3. Boavista Porto	**6**	**2:8**	**5**
4. FC Nantes	**6**	**4:11**	**2**

Gruppe B

FC Liverpool 1 0
FC Barcelona 3 0

Galatasaray Istanbul 1 1
AS Rom 1 1

FC Barcelona 2 1
Galatasaray Istanbul 2 0

AS Rom 0 0
FC Liverpool 0 2

FC Barcelona 1 0
AS Rom 1 3

FC Liverpool 0 1
Galatasaray Istanbul 0 1

1. FC Barcelona	**6**	**7:7**	**9**
2. FC Liverpool	**6**	**4:4**	**7**
3. AS Rom	**6**	**6:5**	**7**
4. Galatasaray Istanbul	**6**	**5:6**	**5**

Gruppe C

Panathinaikos Athen 0 1
FC Porto 0 2

Sparta Prag 2 0
Real Madrid 3 3

FC Porto 0 0
Sparta Prag 1 2

Real Madrid 3 2
Panathinaikos Athen 0 2

Real Madrid 1 2
FC Porto 0 1

Sparta Prag 0 1
Panathinaikos Athen 2 2

1. Real Madrid	**6**	**14:5**	**16**
2. Panathinaikos Athen	**6**	**7:8**	**8**
3. Sparta Prag	**6**	**6:10**	**6**
4. FC Porto	**6**	**3:7**	**4**

Gruppe D

Juventus Turin 4 1
Bayer Leverkusen 0 3

Deportivo La Coruna 2 2
FC Arsenal 0 0

FC Arsenal 3 0
Juventus Turin 1 1

Bayer Leverkusen 3 3
Deportivo La Coruna 0 1

Bayer Leverkusen 1 1
FC Arsenal 1 4

Juventus Turin 0 0
Deportivo La Coruna 0 2

1. Bayer Leverkusen	**6**	**11:11**	**10**
2. Deportivo La Coruna	**6**	**7:6**	**10**
3. FC Arsenal	**6**	**8:8**	**7**
4. Juventus Turin	**6**	**7:8**	**7**

Viertelfinale/Halbfinale Endspiel

Viertelfinale

Panathinaikos Athen 1 1
FC Barcelona 0 3

Bayern München 2 0
Real Madrid 1 2

Deportivo La Coruna 0 2
Manchester United 2 3

FC Liverpool 1 2
Bayer Leverkusen 0 4

Halbfinale

FC Barcelona 0 1
Real Madrid 2 1

Manchester United 2 1
Bayer Leverkusen 1 1

Endspiel

Real Madrid 2
Bayer Leverkusen 1

Heimspiel für die Holländer

Nach dem frühen Ausscheiden in der Champions League rehabilitierte sich Dortmund im UEFA-Cup. Im Finale hatten sie allerdings einen entscheidenden Nachteil zu verkraften.

Dortmunds Frust hielt sich in Grenzen

Vor dem UEFA-Cup-Finale zwischen Feyenoord und Borussia Dortmund war im »kicker« eine Geschichte mit dem Titel »Die letzte Grätsche« zu lesen. Es war eine Hommage auf Jürgen Kohler und seine 15-jährige Karriere, die im »Kuip« von Rotterdam ihren krönenden Abschluss finden sollte.

Tatsächlich sahen die Zuschauer in Stadion der holländischen Hafenstadt im wahrsten Sinne des Wortes die letzte Grätsche des deutschen Stoppers. Nach einer halben Stunde verlor er den Ball an den Dänen Tomasson, versuchte zu retten, was kaum noch zu retten war, traf dabei das Bein des Feyenoord-Stürmers und die Strafe folgte auf dem Fuß: Schiedsrichter Melo Pereira aus Portugal entschied auf Elfmeter und zeigte dem 36-jährigen Kohler die Rote Karte – der Anfang vom Ende für ihn und seine Mannschaft.

Eigentlich wollten und sollten die Dortmunder und Rotterdamer gar nicht an diesem Wettbewerb teilnehmen. Beide hatten sich für die Champions League qualifiziert, schafften aber in der Vorrunde jeweils nur den dritten Platz in ihrer Gruppe. Damit erwarben sie aber immerhin das Recht, als Trostpreis anschließend in die 3. Hauptrunde des laufenden UEFA-Cups einsteigen zu dürfen.

Aus Deutschland waren die beiden Bundesligisten Hertha BSC und SC Freiburg von Anfang an dabei sowie der Zweitligist Union Berlin als Verlierer des DFB-Pokal-Finales gegen Vizemeister Schalke 04. Für die Überraschungsmannschaft kam allerdings schon in der 2. Runde das Aus. Nachdem Union zum Auftakt Haka Valkeakoski aus Finnland ausgeschaltet hatte, verlor man gegen Litex Lovetsch aus Bulgarien.

Eine Sphinx namens PiAir: Pierre van Hooydonk von Feyenoord Rotterdam wurde im UEFA-Cup zum Schrecken der deutschen Torhüter. Hier wird der Holländer von Freiburgs Boubacar Diarra belauert.

Nachbar Hertha und Freiburg kamen bis zur 3. Runde. Für die renommierten Berliner war es eine böse Überraschung. Nachdem sie zunächst gegen Westerlo aus Belgien und Viking Stavanger aus Norwegen gewonnen hatten, bedeutete Servette Genf die Endstation. Es war der erste Europacup-Triumph einer Schweizer Mannschaft gegen einen Bundesligisten seit vielen Jahren und beim 0:3 im heimischen Olympia-Stadion erlebten die Herthaner ein regelrechtes Debakel.
Für die Freiburger und ihren Trainer Volker Finke war schon die UEFA-Cup-Qualifikation ein schöner Erfolg. Danach wurden Matador Puchov aus der Slowakei sowie St. Gallen aus der Schweiz bezwungen. Erst gegen den späteren Pokal-Gewinner Feyenoord kam der K.o. für die Breisgauer. Dabei machten die deutschen Fans erstmals Bekanntschaft mit Pierre van Hooijdonk, der mit seinen Toren auch ein halbes Jahr danach das Endspiel gegen Dortmund entschied. In Freiburg erzielte der lange Holländer das erlösende 2:2 für Feyenoord.
Borussia Dortmund stieg mit einem knappen Erfolg gegen den FC Kopenhagen in die Konkurrenz ein und überzeugte auch nicht gegen Lille aus Frankreich. Nach zwei Remis kam der Favorit nur durch die Auswärtstore-Regel weiter. Erst im Viertelfinal-Rückspiel gegen Slovan Liberec bot die Mannschaft von Trainer Matthias Sammer eine bestechende Leistung und fertigte den späteren tschechischen Meister mit 4:0 ab.
An diese prächtige Vorstellung knüpften die Dortmunder auch im Halbfinal-Hinspiel gegen den AC Mailand an. Die 52 000 Zuschauer im ausverkauften Westfalen-Stadion sahen vor allem einen Gala-Auftritt von Amoroso. Bis zur 38. Minute gelang dem raffinierten Brasilianer ein klassischer Hattrick und Heinrich erhöhte sogar auf 4:0.
Im Meazza-Stadion aber wären die Borussen beinahe aus allen Wolken gefallen. Obwohl Sammer davor gewarnt hatte, das Rückspiel als Selbstläufer anzusehen, gerieten die desolaten Gäste mit einem total verunsicherten Torwart Jens Lehmann bis zur 90. Minute mit 0:3 in Rückstand. In der Nachspielzeit bewahrte sie schließlich Lars Ricken mit seinem Tor zum 1:3 vor einer Blamage.
Feyenoord hatte nach Freiburg die Glasgow Rangers, den nationalen Rivalen PSV Eindhoven und im Halbfinale Milans Ortsnachbar Inter ausgeschaltet. Damit war das Endspiel zwischen den beiden Champions-League-Verlierern perfekt. Die Aussicht, das internationale Finale im heimischen »Kuip« bestreiten zu können, war natürlich von Anfang an eine besondere Motivation für die Hol-

Stop-Zeichen von Servette: Hertha BSC ließ sich, wie hier Simunic (rechts) von Frei, ausgerechnet von den Schweizern aus Genf aus bremsen. Kein Ruhmesblatt für die ambitionierten Berliner.

Kein Blick für den UEFA-Pokal: Enttäuscht schleicht Dortmunds Verteidiger Christian Wörns nach dem verlorenen Finale am Objekt der Begierde vorbei.

länder. Die Deutschen dagegen sprachen von Wettbewerbsverzerrung und kritisierten die Europäische Fußball-Union heftig wegen der frühen Endspiel-Vergabe nach Rotterdam.
Der Ärger darüber aber war beim Anpfiff des Finales am 8. Mai schon verflogen, denn vier Tage zuvor hatten die Dortmunder den Leverkusenern den deutschen Meistertitel entrissen. Entsprechend selbstbewusst begann der Bundesliga-Erste und kontrollierte das Spiel in der ersten halben Stunde. Kohlers Fehltritt gegen Tomasson in der 32. Minute aber brachte ihn auf die Verliererstraße. Van Hooijdonk verwandelte den fälligen Elfmeter und brachte sein Team mit einem direkt verwandelten Freistoß noch vor der Pause mit 2:0 in Front. Dabei stellte sich die schlecht aufgebaute Borussen-Mauer überaus dilettantisch an.
Mit zehn Mann bäumten sich die Gäste aber bravourös gegen die drohende Niederlage auf. Sie hatten vor allem dank der beiden überragenden Tschechen Rosicky und Koller die bessere Spielanlage, waren auch gefährlicher und kamen durch einen Strafstoß von Amoroso kurz nach dem Wechsel auf 1:2 heran. Drei Minuten später aber riss sie wieder Tomasson aus allen Träumen. Ricken verlor im Mittelfeld leichtfertig den Ball und der dänische Nationalspieler konnte mutterseelenallein zum 3:1 einschießen. Nach Kollers herrlichem Anschlusstreffer zum 2:3 kam noch mal Hoffnung auf eine Wende auf, doch den zehn Borussen fehlte im Endspurt die nötige Frische. Der deutsche Fußball hatte sein erstes von drei großen internationalen Endspielen in diesem Frühjahr unglücklich verloren. Bayer Leverkusen (Champions-League-Finale gegen Real Madrid) und die Nationalelf (WM-Finale gegen Brasilien) machten es den Dortmundern leider nach. Der Frust darüber hielt sich aber im Westfalenland in Grenzen. Zum einen hatte die Mannschaft ihre Anhänger mit dem Gewinn der Deutschen Meisterschaft entschädigt und zum anderen war ihre Vorstellung in Rotterdam unter widrigen Umständen aller Ehren wert. Trainer Sammer allerdings analysierte hinterher nüchtern: »Wir haben alle drei Feyenoord-Tore selbst geschossen. So kann man nicht UEFA-Cup-Sieger werden.«

Heinz Wiskow

Das verhängnisvolle Foul: Dortmunds Routinier Jürgen Kohler grätscht Feyenoords Dänen Jon-Dahl Tomasson von hinten um – der Anfang vom Ende im Finale von Rotterdam.

Erste Runde

Ipswich Town	1	2
Torpedo Moskau	1	1
Odd Grenland Skien	2	1
Helsingborgs IF	2	1
Inter Mailand	3	3
FC Brasov	0	0
Hajduk Split	2	0
Wisla Krakau	2	1
HIT Gorica	1	0
NK Osijek	2	1
AEK Athen	2	2*
Hibernian Edinburgh	0	3
Haka Valkeakoski	1	0
1. FC Union Berlin	1	3
Inter Bratislava	1	0
Litex Lovetsch	0	3
Legia Warschau	4	6
IF Elfsborg	1	1
TM Novorossisk	0	0
FC Valencia	1	5
Real Saragossa	3	2
Silkeborg IF	0	1
Servette Genf	1	1
Slavia Prag	0	1
FC Kilmarnock	1	0
Viking Stavanger	1	2
VC Westerlo	0	0
Hertha BSC Berlin	2	1
FC Kärnten	0	0
PAOK Saloniki	0	4
Marila Pribram	4	1
CS Sedan	0	3
Dinamo Bukarest	1	1
Grasshopper Zürich	3	3
Polonia Warschau	1	0
FC Twente	2	2
Maritimo Funchal	1	0
Leeds United	0	3
ES Troyes	6	0
MSK Ruzomberok	1	1
Machatschkala	0	
Glasgow Rangers	1	
Dynamo Moskau	1	0
FC Birkirkara	0	0
Paris SG	0	3
Rapid Bukarest	0	0
Partizan Belgrad	1	1
Rapid Wien	0	5

Matador Puchov	0	1
SC Freiburg	0	2
FC St. Gallen	2	1
Steaua Bukarest	1	1
ZSKA Kiew	3	0
Roter Stern Belgrad	2	0
Olympiakos Nicosia	2	1
FC Brügge	2	7
Celta Vigo	4	3
Sigma Olmütz	0	4
Slovan Liberec	2	0
Slovan Bratislava	0	1
D. Dnjepropetrowsk	0	1
AC Florenz	0	2
Viktoria Zizkov	0	0
FC Tirol Innsbruck	0	1
FC Kopenhagen	2	2
Obilic Belgrad	0	2
Ajax Amsterdam	2	3
Apollon Limassol	0	0
Hapoel Tel Aviv	1	1
Gaziantepspor	0	1
FC Chelsea	3	2
Levski Sofia	0	0
FC Utrecht	3	3
Grazer AK	0	3
AC Parma	1	2
HJK Helsinki	0	0
Aston Villa	2	1
Varteks Varazdin	3	0
Olimpija Ljubljana	2	0
Bröndby IF	4	0
Girondins Bordeaux	5	1
Debreceni VSC	1	3
Standard Lüttich	2	2
Racing Straßburg	0	2
Roda Kerkrade	3	3
Fylkir Reykjavik	0	1
Dinamo Zagreb	2	1
Maccabi Tel Aviv	2	1
BATE Borissow	0	0
AC Mailand	2	4
ZSKA Sofia	3	1
Schachtjor Donezk	0	2
Genclerbirligi Ankara	1	0
Halmstads BK	1	1
FC Midtjylland	0	2
Sporting Lissabon	3	3

* n. V.

Zweite Runde

Ipswich Town	0	3
Helsingborgs IF	0	1
Inter Mailand	2	0
Wisla Krakau	0	1
NK Osijek	1	2
AEK Athen	2	3
1. FC Union Berlin	0	0
Litex Lovetsch	2	0
Legia Warschau	1	1
FC Valencia	1	6
Real Saragossa	0	0
Servette Genf	0	1
Viking Stavanger	0	0
Hertha BSC Berlin	1	2
PAOK Saloniki	6	2
Marila Pribram	1	2
Grasshopper Zürich	4	2
FC Twente	1	4
Leeds United	4	2
ES Troyes	2	3
Glasgow Rangers	3	4
Dynamo Moskau	1	1
Paris St. Germain	4	2
Rapid Wien	0	2
SC Freiburg	0	4
FC St. Gallen	1	1
ZSKA Kiew	0	0
FC Brügge	2	5
Celta Vigo	3	0
Slovan Liberec	1	3
AC Florenz	2	2
FC Tirol Innsbruck	0	2
FC Kopenhagen	0	1
Ajax Amsterdam	0	0
Hapoel Tel Aviv	2	1
FC Chelsea	0	1
FC Utrecht	1	0
AC Parma	3	0
Varteks Varazdin	3	0
Bröndby IF	1	5
Girondins Bordeaux	2	2
Standard Lüttich	0	0
Roda Kerkrade	4	1
Maccabi Tel Aviv	1	2
AC Mailand	2	1
ZSKA Sofia	0	0
Halmstads BK	0	1
Sporting Lissabon	1	6

Dritte Runde

Ipswich Town	1	1
Inter Mailand	0	4
AEK Athen	3	1
Litex Lovetsch	2	1
FC Valencia	1	0*
Celtic Glasgow	0	1
Servette Genf	0	3
Hertha BSC Berlin	0	0
PAOK Saloniki	3	1
PSV Eindhoven	2	4
Grasshopper Zürich	1	2
Leeds United	2	2
Glasgow Rangers	0	0**
Paris SG	0	0
Feyenoord Rotterdam	1	2
SC Freiburg	0	2
FC Brügge	4	0
Olympique Lyon	1	3
Slovan Liberec	3	2
RCD Mallorca	1	1
AC Florenz	0	0
OSC Lille	1	2
FC Kopenhagen	0	0
Borussia Dortmund	1	1
Hapoel Tel Aviv	2	1
Lokomotive Moskau	1	0
AC Parma	1	3
Bröndby IF	1	0
Girondins Bordeaux	1	0
Roda Kerkrade	0	2
AC Mailand	2	1
Sporting Lissabon	0	1

*n. V. (Elfm. 5 : 4)
**n. V. (Elfm. 4 : 3)

Achtelfinale

Inter Mailand	3	2
AEK Athen	1	2
FC Valencia	3	2
Servette Genf	0	2
PSV Eindhoven	0	1
Leeds United	0	0
Glasgow Rangers	1	2
Feyenoord Rotterdam	1	3
Olympique Lyon	1	1
Slovan Liberec	1	4
OSC Lille	1	0
Borussia Dortmund	1	0
Hapoel Tel Aviv	0	2
AC Parma	0	1
Roda Kerkrade	0	1*
AC Mailand	1	0

Viertelfinale

Inter Mailand	1	1
FC Valencia	1	0
PSV Eindhoven	1	1**
Feyenoord Rotterdam	1	1
Slovan Liberec	0	0
Borussia Dortmund	0	4
Hapoel Tel Aviv	1	0
AC Mailand	0	2

Halbfinale

Inter Mailand	0	2
Feyenoord Rotterdam	1	2
Borussia Dortmund	4	1
AC Mailand	0	3

Endspiel

Feyenoord Rotterdam	3
Borussia Dortmund	2

*n. V. (Elfm. 2 : 3)
**n. V. (Elfm. 4 : 5)

JESUS

Zauber vom Zuckerhut in Yokohama

Bei der ersten WM-Endrunde in Asien dominierten ausgerechnet zwei Teams, die vorher kaum jemand auf der Rechnung hatte. Eine schöne Überraschung ...

Ronaldo und Oliver Kahn zwischen Traum und Alptraum

Die Aktion von Yokohama: Brasiliens Torjäger Ronaldo überwindet Oliver Kahn, der zuvor einen Schuss von Rivaldo nur abprallen lassen konnte.

Am 12. Juli 1998 erlebte er im Stade de France nahe der Lichterstadt Paris seine dunkelste Stunde auf der Weltbühne des Fußballs. Im WM-Endspiel gegen Frankreich war Ronaldo aus bis heute nicht ganz geklärten Gründen ein Schatten seiner selbst und Mitverursacher für Brasiliens 0:3-Niederlage gewesen.

Jetzt, vier Jahre später, nach einem schier endlosen Martyrium schwerer Verletzungen und geplatzter Hoffnungen, war er endlich ganz oben angekommen, hatte Brasilien mit seinen beiden Toren zum 2:0-Sieg über Deutschland zum fünften WM-Titel geschossen und wurde mit acht Treffern im Lametta-Regen der Siegerehrung als der Torschützenkönig der 17. Fußball-WM gefeiert. Ronaldo und der 30. Juni 2002 in Yokohama. Das war die Traumstory dieser WM.

Oliver Kahn stand in diesen Minuten irgendwo im Nirgendwo. An der Mittellinie, den Oberkörper abgewinkelt, die Hände auf den Oberschenkeln, den Blick starr auf den Rasen gerichtet. Ganz allein. Hinter ihm lagen zwei, drei Jahre, in denen dank seiner Torwartkünste Bayern München alles erreicht hat. Deutscher Meister und DFB-Pokalsieger, Champions-League-Gewinner und Weltpokalsieger. Zwei Jahre, in denen er als weltbester Torwart und großer Rückhalt die deutsche Nationalelf aus dem Nichts nach der EM 2000 heraus-

und hinaufgeführt hat in dieses Finale der 17. Fußball-WM. Oliver Kahn und der 30. Juni in Yokohama. Das war die Alptraumstory dieser WM. Es hätte seine Nacht werden sollen. Vor dem Anpfiff war er von den Experten der technischen FIFA-Kommission zum besten Torhüter des Turniers ernannt worden. Nach dem Finale wurde ihm der »Goldene Ball« des besten Spielers überhaupt bei dieser WM zuerkannt, zu dem ihn, noch vor Ronaldo, die Journalisten aus aller Welt gewählt hatten. Dazwischen aber lag jene ominöse 67. Minute. Noch nicht einmal die Brasilianer hatten in ihren kühnsten Träumen darauf gehofft, dass ausgerechnet dieser Torwart-Titan ihnen den Weg zum Titel ebnen würde. Doch genau dies passierte in der 67. Minute: Rivaldos flacher Distanzschuss, Kahns fataler Fangfehler, Ronaldos Abstauber zum Führungstor. Eine tragische und zugleich höchst menschliche Komponente war der bewegende Kontrapunkt in einem Finale, aus dem die deutsche Mannschaft zwar als Verlierer und dennoch – in den Schlagzeilen der Weltpresse und vor allem in den Augen ihrer Fans in Deutschland – als Gewinner hervorgegangen ist. Es sollte kein Trost sein für Kahn, sondern die reine Wahrheit, als Rudi Völler nach dem Endspiel auf die unermesslichen Verdienste des Kapitäns und Torwarts am Gelingen des großen Gemeinschaftswerkes hinwies: »Ohne Oliver Kahn wären wir gar nicht hierher gekommen. Und ohne ihn wären wir hier gar nicht so weit gekommen.« Die Fußballanhänger in Deutschland hatten ein starkes Gespür für das, was diesem Team im Fernen Osten gelungen war. Der Vizeweltmeister, der aus dem Nichts gekommen war. So schnell kann es gehen. Aus den EM-Versagern von gestern sind die WM-Helden von heute geworden. Missachtung, bisweilen sogar Verachtung ist uneingeschränkter Hochachtung gewichen. Zigtausende standen in der Frankfurter Innenstadt Spalier, als die Mannschaft nach der Landung auf »Rhein-Main« in drei Bussen zum Römer-Rathaus

Die Geste von Yokohama: Torschütze Ronaldo hilft dem frustrierten Oliver Kahn wieder auf die Beine – Fairplay auch in einem WM-Finale.

Scholl und Heinrich hatten ihre WM-Teilnahme wegen Verletzung oder fehlender Fitness abgesagt – schwankten die Prognosen der Experten zwischen dem Aus in der Vorrunde und dem Erreichen des Viertelfinales als Optimalziel. Als die direkte Vorbereitung auch noch durch die Abwesenheit der im Europacup und DFB-Pokal beschäftigten Stars von Bayer Leverkusen, Borussia Dortmund und Schalke 04 erheblich beeinträchtigt worden war, begleitete mehr Skepsis als vorsichtiger Optimismus in der Öffentlichkeit die Mannschaft nach Miyazaki in Japan.
Umso größer war die Verblüffung – 8:0 hieß es am Ende gegen Saudi-Arabien, wobei sich Miroslav Klose mit drei Kopfballtoren sofort an die Spitze der Torjägerliste schoss (in der er am Ende mit fünf Treffern Platz zwei hinter Ronaldo belegte). Ein Einstand nach (Über)Maß, der Deutschland von nun an in ein Partyland verwandelte. Hunderttausende verfolgten in stetig steigender Zahl vor Riesenleinwänden auf öffentlichen Plätzen, auf Großbildschirmen in Gärten und Lokalen den deutschen Erfolgsmarsch ins Finale. Fußball als Gemeinschaftserlebnis in Schwarz-Rot-Gold. Ein 8:0 als Initialzündung.
»Der Knackpunkt.« So nannte Rudi Völler im Rückblick den 2:0-Sieg im letzten Gruppenspiel gegen Kamerun. Nach einer schwachen ersten Halbzeit und der Gelb-Roten Karte für Carsten Ramelow in der 40. Minute schien die deutsche Mannschaft zur Pause vor dem WM-Aus zu stehen. Doch mit einem taktischen Geniestreich und einem personellen Glücksgriff stellte der Teamchef die Weichen gegen den von Winfried Schäfer trainierten Afrika-Meister doch noch auf Sieg. Mit der Umstellung auf zwei Viererketten rückten die Spieler in der Defensive enger zusammen und kompensierten dadurch die Unterzahl. Und Marco Bode, für Carsten Jancker in der 46. Minute ins Spiel gekommen, gelang vier Minuten nach seiner Einwechslung nach Traumpass von Klose das vorentscheidende 1:0. Völler: »Gegen Kamerun standen wir am Scheideweg. Bei aller Freude über unsere weiteren Erfolge dürfen wir nicht vergessen, wie groß das Risiko war, bei diesem Alles-

Jubel in Fernost: Teamchef Rudi Völler ballt die Faust, im Hintergrund freuen sich Ziege und Jancker. Symptomatisch für einen Weg der deutschen Mannschaft, den ihr kaum jemand zugetraut hatte.

fuhr. 25 000 feierten dort Rudis Riesen auf dem Balkon. Millionen jubelten und sangen in ganz Deutschland. Euphorie pur. Fußballbegeisterung total.
Drei Schlüsselerlebnisse waren es beim Festival des Weltfußballs in Japan und Korea, die dieses Team in die Herzen der Fans zurückgeführt und neue Sympathisantenmassen erschlossen haben. Der Ausgangspunkt gegen Saudi-Arabien, der Knackpunkt gegen Kamerun und der Schlusspunkt gegen Brasilien.
Rudi Völler hatte stets auf die Wichtigkeit des WM-Starts (»Das erste Spiel ist immer das schwerste, egal wie der Gegner heißt«) und auf die im wahrsten Sinn des Wortes »fundamentale« Bedeutung eines erfolgreichen Turnier-Einstiegs hingewiesen. Doch beim Auftakt in Sapporo auf den höchsten deutschen WM-Sieg aller Zeiten zu hoffen, wäre dem Teamchef nie in den Sinn gekommen. Nach schweren personellen Nackenschlägen – Nowotny, Wörns, Deisler, Zickler,

oder-Nichts-Spiel schon in der Vorrunde auszuscheiden. Wie unsere Mannschaft sich mit zehn gegen elf gewehrt und durchgesetzt hat, das war der Durchbruch in der Heimat. Von da an war der Fan in Deutschland überzeugt von dem enormen Teamgeist, der diese Mannschaft prägt und auszeichnet.«

Kein Zweifel, Rudi Völler, vor zwei Jahren nach dem EM-Debakel als Krisenmanager der Nationalelf angetreten, hat bei der WM 2002 ein scharfes Profil und unverwechselbare Konturen auch als Trainer bekommen. »Er hat vieles, wenn nicht alles richtig gemacht,« würdigte Dietmar Hamann, der große Stratege im deutschen Team, die Entscheidungen und Maßnahmen des Teamchefs. Völlers enorme Innenwirkung resultiert aber vor allem aus seinem gerade bei diesem Turnier eindrucksvoll demonstrierten Können, Selbstvertrauen zu erzeugen, indem er Gemeinschaftsgeist fordert und fördert. Auf dem Fundament dieses Teamgeists präsentierte sich die DFB-Auswahl als eine deutsche Einheit, in der die Macht der Gemeinschaft weitaus stärker und effektiver war als die Summe der teilweise höchst unterschiedlichen Qualitäten jedes Einzelnen. So wuchs dieses Team an und mit jeder Aufgabe und erreichte schließlich nach drei 1:0-Siegen im Achtel-, Viertel- und Halbfinale das Endspiel zu Yokohama.

Niemals zuvor waren Brasilien und Deutschland bei einer WM direkt aufeinander getroffen, obwohl die beiden Endspielkontrahenten 14 Finalteilnahmen und sieben WM-Titelgewinne in sich vereinigten. Jetzt standen sie im 64. und letzten Spiel der WM 2002 im Traumfinale einander gegenüber. Mag sein, dass Völlers Team bei diesem Turnierausklang »besser spielte, Brasilien aber mit den Schlägen seines Superstars die Oberhand behielt,« wie Italiens »Gazzetta dello Sport« urteilte. Möglicherweise trifft auch Spaniens »El Mundo« ins Schwarze mit der Feststellung, dass »das deutsche Libretto die Vorstellung

Entdeckung in Fernost: Der Dortmunder Youngster Christoph Metzelder spielte sich während der WM mit glänzenden Leistungen in den Vordergrund. Der erst 21-jährige Verteidiger besitzt hervorragende Perspektiven.

Begeisternder Empfang in Frankfurt: »Es gibt nur einen Rudi Völler« skandierte die Menschenmasse am Römer immer wieder. Hochachtung für den Teamchef.

dominierte, die besten Tenöre aber auf brasilianischer Seite waren.« Fakt ist, dass die deutsche Mannschaft mit ihrer besten Turnierleistung großen Anteil an der ansehnlichen Schlussvorstellung hatte.

Michael Ballack fehlte wegen Gelb-Sperre beim WM-Finale und wurde, obwohl nach einer hartnäckigen Fußverletzung während des gesamten Turniers nicht 100-prozentig fit, wegen seiner Effektivität (drei Tore und vier Torvorlagen) sehr vermisst. Neben dem alle überragenden Kahn und dem exzellenten Mittelfeld-Ordner Hamann, neben dem konstant auf hohem Niveau verteidigenden Thomas Linke sowie den eindrucksvollen Shooting-Stars Christoph Metzelder, Miroslav Klose und Torsten Frings war es ohnehin das Leverkusener Quartett, das der deutschen WM-Auswahl Halt und Power gab. Neben Ballack auch Carsten Ramelow und Oliver Neuville und ganz besonders Bernd Schneider, der sich bei diesem Turnier mit seinen technischen und spielerischen Qualitäten in die internationale Klasse spielte.

Oliver Bierhoff, Marco Bode und Thomas Linke haben zwar ihren Rücktritt aus dem Nationalteam erklärt. Und Christian Ziege denkt darüber nach. Dennoch wird Völlers Unternehmen mit dem Zwischenziel EM 2004 in Portugal und dem Fernziel WM 2006 in Deutschland von stabilen Säulen getragen. Vom Elan der jungen Wilden wie Klose, Metzelder, Schneider, Frings, Kehl, Asamoah, Jancker oder, nicht zu vergessen, Sebastian Deisler. Von der internationalen Erfahrung, über die Rudis Riesen Kahn, Hamann, Ballack, Ramelow, Neuville und Jeremies ebenso verfügen wie Nowotny, Rehmer und Wörns, wenn dieses Trio wieder richtig fit und in Form ist. Und nicht zuletzt durch das Talent von Hoffnungsträgern wie Daniel Bierofka, Christian Rahn, Benjamin Auer, Christian Timm und anderen, die im Future-»Team 2006« unter DFB-Trainer Uli Stielike für das Festival des Weltfußballs in vier Jahren aufgebaut werden.

Ein Team, dem im Mai 2002 niemand eine Chance gab, hat diese so gut genutzt, dass es jetzt nicht nur von glänzenden Perspektiven, sondern auch von breiter Sympathie und Anerkennung in der Öffentlichkeit getragen wird. Das war so nicht zu erwarten. Oliver Kahn, erwacht aus seinem finalen Alptraum, beschrieb den neuen Standort so: »Der deutsche Fußball gehört wieder zu den Top-Adressen in der Welt.« *Wolfgang Tobien*

Vorrunde | **Achtelfinale/Viertelfinale Halbfinale** | **Spiel um Platz 3 Endspiel**

Gruppe A
(in Südkorea)

Frankreich – Senegal	0:1
Uruguay – Dänemark	1:2
Dänemark – Senegal	1:1
Frankreich – Uruguay	0:0
Dänemark – Frankreich	2:0
Senegal – Uruguay	3:3

1. Dänemark	**3**	**5:2**	**7**
2. Senegal	**3**	**5:4**	**5**
3. Uruguay	**3**	**4:5**	**2**
4. Frankreich	**3**	**0:3**	**1**

Gruppe B
(in Südkorea)

Paraguay – Südafrika	2:2
Spanien – Slowenien	3:1
Spanien – Paraguay	3:1
Südafrika – Slowenien	1:0
Südafrika – Spanien	2:3
Slowenien – Paraguay	1:3

1. Spanien	**3**	**9:4**	**9**
2. Paraguay	**3**	**6:6**	**4**
3. Südafrika	**3**	**5:5**	**4**
4. Slowenien	**3**	**2:7**	**0**

Gruppe C
(in Südkorea)

Brasilien – Türkei	2:1
China – Costa Rica	0:2
Brasilien – China	4:0
Costa Rica – Türkei	1:1
Costa Rica – Brasilien	2:5
Türkei – China	3:0

1. Brasilien	**3**	**11:3**	**9**
2. Türkei	**3**	**5:3**	**4**
3. Costa Rica	**3**	**5:6**	**4**
4. China	**3**	**0:9**	**0**

Gruppe D
(in Südkorea)

Südkorea – Polen	2:0
USA – Portugal	3:2
Südkorea – USA	1:1
Portugal – Polen	4:0
Portugal – Südkorea	0:1
Polen – USA	3:1

1. Südkorea	**3**	**4:1**	**7**
2. USA	**3**	**5:6**	**4**
3. Portugal	**3**	**6:4**	**3**
4. Polen	**3**	**3:7**	**3**

Gruppe E
(in Japan)

Irland – Kamerun	1:1
Deutschland – Saudi-Arabien	8:0
Deutschland – Irland	1:1
Kamerun – Saudi-Arabien	1:0
Kamerun – Deutschland	0:2
Saudi-Arabien – Irland	0:3

1. Deutschland	**3**	**11:1**	**7**
2. Irland	**3**	**5:2**	**5**
3. Kamerun	**3**	**2:3**	**4**
4. Saudi-Arabien	**3**	**0:12**	**0**

Gruppe F
(in Japan)

Argentinien – Nigeria	1:0
England – Schweden	1:1
Schweden – Nigeria	2:1
Argentinien – England	0:1
Schweden – Argentinien	1:1
Nigeria – England	0:0

1. Schweden	**3**	**4:3**	**5**
2. England	**3**	**2:1**	**5**
3. Argentinien	**3**	**2:2**	**4**
4. Nigeria	**3**	**1:3**	**1**

Gruppe G
(in Japan)

Kroatien – Mexiko	0:1
Italien – Ecuador	2:0
Italien – Kroatien	1:2
Mexiko – Ecuador	2:1
Mexiko – Italien	1:1
Ecuador – Kroatien	1:0

1. Mexiko	**3**	**4:2**	**7**
2. Italien	**3**	**4:3**	**4**
3. Kroatien	**3**	**2:3**	**3**
4. Ecuador	**3**	**2:4**	**3**

Gruppe H

Japan – Belgien	2:2
Russland – Tunesien	2:0
Japan – Russland	1:0
Tunesien – Belgien	1:1
Tunesien – Japan	0:2
Belgien – Russland	3:2

1. Japan	3	5:2	7
2. Belgien	3	6:5	5
3. Russland	3	4:4	3
4. Tunesien	3	1:5	1

Achtelfinale

Deutschland – Paraguay	1:0
Dänemark – England	0:3
Schweden – Senegal	1:2 i. V. durch »Golden Goal«
Spanien – Irland	1:1 n. V. (3:2 im Elfm.)
Mexiko – USA	0:2
Brasilien – Belgien	2:0
Japan – Türkei	0:1
Südkorea – Italien	2:1 i. V. durch »Golden Goal«

Viertelfinale

England – Brasilien	1:2
Deutschland – USA	1:0
Spanien – Südkorea	0:0 n. V. (3:5 im Elfm.)
Senegal – Türkei 0:1 i. V. durch »Golden Goal«	

Halbfinale

Deutschland – Südkorea	1:0
Brasilien – Türkei	1:0

Spiel 3. Platz

Deutschland/Südkorea – Türkei/Brasilien 2.3

Endspiel

Deutschland/Südkorea – Türkei/Brasilien 0:2

Italien steht vor einer Zer-reiß-Probe

Geld spielte in Italien eigentlich nie eine Rolle. Es wurde investiert, auch wenn nichts da war. Doch mittlerweile weht auf dem Apennin ein anderer Wind. Sparen ist angesagt in der Serie A.

Die Levantiner trotzten den »Königlichen«

31 Jahre lang hat der FC Valencia auf seine fünfte Meisterschaft warten müssen. 2002 war es endlich so weit. Dank eines furiosen Endspurts schnappten die Levantiner dem großen Real Madrid, dem auf der Zielgerade die Luft ausging, den Titel vor der Nase weg.

Eine Lichtgestalt reichte nicht: Mit dem Franzosen Zinedine Zidane verpflichtete Real Madrid zwar den bis dato teuersten Fußballer aller Zeiten, eine Garantie für die Meisterschaft war er aber nicht.

Ein großer Triumph für den Traditionsverein, der sich in den beiden Jahren zuvor bereits angekündigt hatte, als man nämlich jeweils das Finale der Champions League erreichte, dort aber Real Madrid und Bayern München unterlag. Was Trainer Hector Cuper als Vater dieser erfolgreichen Mannschaft versagt blieb, schaffte sein Nachfolger Rafa Benitez: Der Gewinn eines wichtigen Titels. Benitez baute auf dem Rezept seines Vorgängers auf: Eine bombensichere Abwehr als Basis und schnelles, schnörkelloses Konterspiel in der Offensive. Spielerisch konnte die Mannschaft selten überzeugen, doch dank der stabilen Defensive reichten vorne meist ein, höchstens aber zwei Tore zum Sieg. Spaniens Nationaltorwart Santiago Canizares kassierte zum zweiten Mal in Folge die wenigsten Tore in der derzeit stärksten Liga Europas.

Im Mittelfeld wurde der zu Lazio Rom abgewanderte Gaizka Mendieta kaum vermisst. Sein argentinischer Nachfolger Pablo Aimar lief jedoch erst zu Topform auf, als Ruben Baraja ihn im Mittelfeld unterstützte. Der spanische Nationalspieler griff nach einer Verletzung erst am 19. Spieltag ins Geschehen ein, entwickelte sich aber zum wertvollsten Akteur seiner Mannschaft.

Den teuersten Spieler hatte dagegen Real Madrid in seinen Reihen. Mit dem Transfer von Zinedine Zidane für 75 Millionen Euro von Juventus Turin wollten die »Königlichen« einen weiteren Garanten für ein erfolgreiches 100. Jubiläumsjahr präsentieren. Das Triple von Meisterschaft, Pokal und Champions League war anvisiert. Am Ende rettete nur der europäische Königstitel dem Starensemble die verkorkste nationale Saison.

Am Tag des 100. Geburtstages verlor Real im eigenen Stadion das Pokalfinale gegen Deportivo La Coruña mit 1:2. Den Meistertitel verspielte die Mannschaft durch einen schwachen Start und Patzer in der Endphase. Erst im vierten Spiel gelang der erste Sieg, noch am 12. Spieltag dümpelte man im Mittelfeld der Tabelle dahin. Erst danach hatte sich Zidane in der neuen Umgebung mit den Offensivpartnern Luis Figo, Raul, Steve McManaman und Fernando Morientes zurechtgefunden.

Die Anpassungsprobleme des Franzosen, die Formkrise von Morientes sowie Verletzungen von Ivan Helguera und Roberto Carlos trugen zu Reals schwerem Start bei. Schließlich behoben, begannen die »Königlichen« eine beeindruckende Serie, die sie bis an die Spitze katapultierte. Schließlich blieben aus einer Gruppe von sieben Klubs, die lange Zeit eng zusammen lagen und sich alle Hoffnungen auf den Titel machen durften, nur noch Real und Valencia übrig. Die Madrilenen leisteten sich die entscheidenden Ausrutscher am 34.

und am 36. Spieltag bei den Abstiegskandidaten Osasuna (1:3) und San Sebastian (1:3) und verspielten damit die Titelverteidigung.
Zu den sieben Klubs, die die Meisterschaft der Primera Division so spannend und offen wie nie zuvor hielten, gehörte auch Athletic Bilbao. Der neue Trainer Jupp Heynckes, bereits 1992-94 bei den Basken tätig, leitete erfolgreich eine Verjüngungskur ein. Den anfänglichen Heimkomplex – erst im sechsten Spiel vor eigenem Publikum gab's den ersten Sieg – legte die Mannschaft schließlich ab.
Unverbrauchte Spieler und Talente wie Tiko, Aranzubia, Merino oder Yeste sorgten für überraschende Erfolge. So scheiterte man erst im Pokalhalbfinale an Real Madrid, revanchierte sich dafür mit einem 2:1-Heimsieg in der Liga, wodurch der spätere Valencia übrigens erstmals Tabellenführer wurde. Den UEFA-Pokalplatz hatte Heynckes trotz guter Tabellenstände stets als Wunschdenken bezeichnet. Er behielt Recht, denn am Ende ließen die Kräfte seiner Youngster deutlich nach. Dennoch ist ein solides Fundament für eine gute Zukunft gelegt.
Schlechter erging es dem zweiten deutschen Trainer in der Primera Division. Bernd Krauss schaffte mit Real Mallorca zwar die Qualifikation für die Gruppenphase der Champions League. Dort bedeutete allerdings eine 0:4-Heimpleite gegen Schalke, verbunden mit den schlechten Resultaten in der Liga, Mitte Oktober das Aus.
Nur ganz knapp am Aufstieg vorbei schrammte Trainer Bernd Schuster mit Zweitligist CD Xerez. Für 2003 ist ein neuer Anlauf geplant.

Manfred Münchrath

Konfetti-Regen in Valencia: Der neue spanische Meister ließ sogar so renommierte Klubs wie La Coruna, Real Madrid oder auch den FC Barcelona hinter sich.

Verschwörung, Selbstmitleid und Zwangsaufsicht

Der Meisterschaftsendspurt in der Serie A war so spannend wie selten. Nach einem dramatischen Kopf-an-Kopf-Rennen gewann Juventus Turin mit einem 2:0 am letzten Spieltag in Udine zum 26. Mal den »Scudetto«, das begehrte Wappen für die Nummer eins im italienischen Profifußball.

Rechte Seite: Juventus hatte den längsten Atem: Der Holländer Edgar Davids zieht elanvoll an Inter Mailands Nationalspieler Cristian Zanetti vorbei. Am Ende der Meisterschaft hatten die Turiner nach einem spannenden Dreikampf die Nase vorn.

Titelverteidiger AS Rom musste sich mit Rang zwei begnügen und Inter fiel nach dem 2:4 bei Lazio sogar noch vom ersten auf den dritten Platz zurück. Auch die vom Präsidenten Moratti ausgesetzte Superprämie von 300 000 Euro pro Spieler hatte nichts geholfen. Der explosive Dreikampf an der Spitze konnte freilich nicht darüber hinweg täuschen, dass die einstmals stärkste Liga Europas international abermals Federn lassen musste. In der Champions League erreichte keine einzige Mannschaft das Viertelfinale und im UEFA-Cup kam für die beiden Mailänder Klubs Inter und Milan im Halbfinale das Aus. Den negativen Höhepunkt des sportlichen Niedergangs lieferte allerdings die Nationalelf ab, die bei der WM bereits im Achtelfinale gegen den Gastgeber Südkorea auf der Strecke blieb.

Anstatt aber nach den wirklichen Gründen für die Misere zu suchen, erging sich Fußball-Italien in Selbstmitleid, schob die ganze Schuld den Schiedsrichtern in die Schuhe und konstruierte Verschwörungstheorien. Selbst das römische Parlament debattierte allen Ernstes über die Benachteiligung der eigenen Mannschaft. Nach eigenen Fehlern, ob Trainer Trapattoni beispielsweise die Azzurri bei dieser WM nicht viel zu defensiv eingestellt hatte, fragte kaum einer. Die schlimmste Entgleisung leistete sich trotz eines späteren Rückziehers Perugias Präsident Gaucci. Er feuerte den südkoreanischen Stürmer Ahn, weil sein Klub »keinen Spieler bezahlen kann, der Italiens Fußball ruiniert hat.« Legionär Ahn hatte gegen Italien das »Golden Goal« erzielt.

Der italienische Fußball ist natürlich nicht am Ende, aber die Krisenzeichen mehren sich. So gingen die Zuschauerzahlen in der Serie A um zwölf Prozent zurück und zwar von 9,012 auf nur noch 7,915 Millionen. Auch die Einnahmen schrumpften von 157 auf 147 Millionen Euro, was ein Minus von sechs Prozent bedeutete. Nach einem Verbandsgutachten sind die 18 Klubs der ersten Liga inzwischen mit insgesamt 320 Millionen Euro verschuldet. Absteiger Florenz wurde sogar unter staatliche Zwangsaufsicht gestellt und erhielt die Lizenz für die Serie B nur mit der Auflage, seine besten Spieler zu verkaufen.

Noch mehr als in den anderen Ländern wissen die italienischen Vereine kaum noch, wie sie die in astronomische Dimensionen gestiegenen Gehälter für Spieler, Trainer und Manager aufbringen sollen. Der Traum vom stetigen Wachstum in der Branche Profifußball jedenfalls ist mit der großen Krise des Pay-TV aus und alle Beteiligten müssen sich auf sinkende Einnahmen aus den Fernsehrechten einstellen. Das Nationale Olympische Komitee hat bereits beschlossen, dass künftig maximal 260 Fußballer aus Nicht-EU-Ländern in den italienischen Ligen spielen dürfen. Am Ende der letzten Saison standen 411 aus den betroffenen Ländern unter Vertrag.

In der Europa-Rangliste verlor Italiens Liga ihre Spitzenposition schon vor zwei Jahren an Spanien, in der neuen Saison rutschen die Italiener hinter England auf Rang drei ab und in zwei Jahren könnte auch die deutsche Bundesliga den Konkurrenten überflügeln. Für die Serie A würde dies den Verlust eines Champions-League-Platzes bedeuten.

Trotz oder gerade wegen der trüben Aussichten wollen die Klub-Verantwortlichen endlich Ernst machen mit dem Sparen. Auch Milans Boss Silvio Berlusconi muss als Ministerpräsident des Staates mit gutem politischen Beispiel voran gehen und hat seine Statthalter im Verein angewiesen, neue Schulden zu vermeiden. Lazios Präsident Sergio Cragnotti, ein Multi-Unternehmer, brachte die Lage der Liga auf den Punkt: »Der Wind hat sich gedreht und die goldenen Zeiten sind vorbei. Die Spieler haben am meisten davon profitiert, doch jetzt müssen sie kleinere Brötchen backen. Unser Fußball wird nicht untergehen, aber wir müssen ihn den veränderten finanziellen Gegebenheiten anpassen.«

Heinz Wiskow

FASTWEB
26
PIRELLI

Die »Gunners« schossen sich zum Double

Wenn der FC Arsenal erfolgreich ist, dann richtig. Mit der Meisterschaft alleine gibt sich der Londoner Traditionsklub nicht zufrieden. Es muss schon das Double sein.

Daher wiederholten die »Gunners« in diesem Jahr das gleiche Kunststück, das ihnen zuletzt vor vier Jahren gelungen war: Meistertitel und FA-Cup gingen gemeinsam nach Highbury. In den vergangenen drei Spielzeiten hatte Arsenal stets das Nachsehen auf Platz zwei hinter dem beinahe übermächtigen Manchester United gehabt. Ausgerechnet in deren Stadion Old Trafford machten die Londoner im vorletzten Spiel mit einem 1:0-Sieg die Ablösung des Titelverteidigers endgültig perfekt. Trainer Arsène Wenger prophezeite angesichts dieses Triumphes: »Die letzten Jahre hat Manchester United den englischen Fußball beherrscht, jetzt aber ist die große Ära des FC Arsenal angebrochen.«

Seine Mannschaft legte die Basis für den Erfolg in der zweiten Saisonhälfte. Vor allem der Endspurt war eindrucksvoll: Arsenal ging in den letzten zwölf Liga-Spielen als Sieger vom Platz, die letzte der überhaupt nur drei Niederlagen datierte vom 18. Dezember 2001 gegen Newcastle. In jedem Spiel erzielten die »Gunners« mindestens ein Tor, auswärts blieben sie sogar ungeschlagen. Eine historische Leistung: Bisher gelang dies in der ältesten Liga der Welt nur Preston North End in der Gründungs-Saison 1888/89.

Trotz vieler Verletzungen erwies sich der Kader als gut genug für den Titel. Die große Stärke lag in Mittelfeld und Angriff. Das französische Trio Robert Pires – überragend bis zu seinem Kreuzbandriss im März, danach von seinem Landsmann Sylvain Wiltord gut ersetzt –, Patrick Vieira und Thierry Henry, der mit 24 Treffern Torschützenkönig wurde, bot fantastische Leistungen. Ebenfalls eine herausragende Rolle spielten der Holländer Dennis Bergkamp und der Schwede Frederic Ljungberg.

Für den entthronten Titelverteidiger Manchester United endete die Saison enttäuschend auf Platz drei. »Meine Spieler waren nach den großen Erfolgen der letzten Jahre zu selbstzufrieden«, meinte Trainer Sir Alex Ferguson, der seine Rücktrittsabsichten verwarf und nun doch weitermacht. Von den drei Stareinkäufen blieben der oft verletzte Juan Veron und der langsame Laurent Blanc weit unter den Erwartungen. Nur Ruud

Ein Erfolg auf der ganzen Linie: Der FC Arsenal aus London holte sich in England erneut das Double. Auch ein Verdienst der schusskräftigen »Kanoniere« in den Reihen der Gunners.

van Nistelrooy war ein Volltreffer und verhinderte mit seinen Toren Schlimmeres.
Sechs Heimpleiten erlitt United. Gründe für den Abschwung waren neben dem mangelnden Erfolgshunger vor allem die Verletzungen von Schlüsselspielern wie David Beckham, Ryan Giggs und Roy Keane sowie die instabile Abwehr mit einem Torwart Fabien Barthez, der sich zu viele Fehler leistete. Auch eine Serie von elf Siegen im Winter änderte daran nichts.
Vizemeister wurde der FC Liverpool, der nach den drei Pokalsiegen (UEFA-, Liga- und FA-Cup) im Vorjahr diesmal ohne Titel blieb, aber dennoch seine Renaissance fortsetzte. Dabei mussten die »Reds« fünf Monate auf den Baumeister des Erfolges verzichten. Trainer Gerard Houllier musste am 13. Oktober in der Halbzeit des Spiels gegen Leeds ins Krankenhaus eingeliefert werden und sich sofort einer schweren Herzoperation unterziehen. Erst am 19. März kehrte der Franzose auf die Bank zurück, die in der Zwischenzeit Assistent Phil Thompson besetzt hatte.
Es war nicht der einzige schwere Schlag, der Liverpool traf. Schon nach nur zwei Ligaspielen war für Markus Babbel die Saison beendet. Der Deutsche litt am Barre-Guillou-Syndrom, was ihn zeitweilig sogar um die Fortsetzung seiner Karriere bangen ließ. Seine Position als Rechtsverteidiger versuchten nacheinander Gregory Vignal, Jamie Carragher und der neu verpflichtete Abel Xavier auszufüllen. Eine gute Saison spielte dagegen Dietmar Hamann im defensiven Mittelfeld.
Abwärts ging es für das deutsche Duo bei Tottenham. Christian Ziege begann stark, ließ aber auch wegen häufiger Verletzungen in der zweiten Saisonhälfte nach. Die erlebte Steffen Freund auf Grund eines Kreuzbandrisses erst gar nicht mehr.
Erst in dieser zweiten Phase erschienen zwei andere Deutsche auf der Bühne der Premier League: Fredi Bobic half zusammen mit den ebenfalls kurzfristig verpflichteten Bundesligakollegen Stig Töfting, Kostas Konstantinidis und Youri Djorkaeff die Bolton Wanderers vor dem Abstieg zu retten. Und das 20-jährige Talent Thomas Hitzlsperger bot derart vielversprechende Auftritte im Team von Aston Villa, dass sein Vertrag bis 2005 verlängert wurde.

Manfred Münchrath

Stars der Premier League unter sich: Der deutsche Nationalspieler Dietmar Hamann (links, FC Liverpool) im Duell mit Englands Superstar David Beckham von Manchester United.

Fußball-Tirol im Meer der Tränen

Für Affären und Turbulenzen waren in der rotweißroten Bundesliga jahrelang die skandalumwitterten Klubs aus der Hauptstadt verantwortlich. Was sich in der vergangenen Saison aber beim Serienmeister FC Tirol abspielte, stellte alles in den Schatten, was man bis dahin von den Wiener Traditionsvereinen gewohnt war.

Unglückliches Intermezzo in Wien: Deutschlands Rekord-National-spieler Lothar Matthäus scheiterte als Sportchef bei Österreichs Rekordmeister Rapid Wien. Aller Anfang ist schwer …

Als die Mannschaft aus Innsbruck im Mai überlegen zum dritten Mal in Folge die Meisterschaft gewann, stand längst fest, dass es ein Pyrrhussieg war und sich der hoffnungslos überschuldete Verein sozusagen zu Tode gesiegt hatte. Dabei hatte die sportliche Konkurrenz beim Triumphzug der »Oldies aus den Bergen« (die Stammelf hatte einen Altersdurchschnitt von über 31 Jahren) respektvoll Spalier gestanden. So musste der Titelverteidiger erst in der 17. von insgesamt 36 Runden seine erste Niederlage und sein zweites Gegentor einstecken.
Der später zum Hamburger SV gewechselte Meistertrainer Kurt Jara hatte Tirol im ersten Saison-Drittel souverän an die Spitze geführt und sein deutscher Nachfolger Joachim Löw die Führung ausgebaut. Obwohl seine Spieler und auch er selbst monatelang keine Gehälter oder allenfalls Abschlagszahlungen erhalten hatten, kämpften sie unverdrossen bis zum bitteren Ende weiter. Zum Beispiel der russische Torwart-Veteran Stani Tschertschessow (sein deutscher Kontrahent Marc Ziegler hatte sich in der Winterpause rechtzeitig zur Wiener Austria abgesetzt), Abwehrchef Michael Baur, Stopper Stephan Marasek, der deutsche Mittelfeldspieler Markus Anfang oder die polnische »Tor-Kobra« Radoslav Gilewicz.
Am Ende hatte der Titelverteidiger zehn Punkte Vorsprung vor Sturm Graz, doch spätestens am 18. Juni versank Fußball-Tirol in ein Meer von Tränen. Die Liga hatte dem Klub endgültig die Lizenz verweigert, alle Rettungsaktionen von Stadt und Land halfen nichts, denn der Schuldenberg war auf gigantische 36 Millionen Euro angewachsen. Während sich die ablösefreien Meisterspieler und ihr Trainer Löw in alle Winde zerstreuten, ging der FC Tirol in Konkurs und unternimmt in einer Spielgemeinschaft mit dem Nachbarn und Drittligisten Wattens einen Neuanfang. Den Platz des aufgelösten Meisterklubs in der 3. Qualifikationsrunde zur Champions League erhielt Sturm Graz.
Der Finanzskandal um Tirol hatte sogar die Affäre um Lothar Matthäus in den Hintergrund gedrängt. Wie einen Messias hatten sie bei Rapid Wien den deutschen Rekordnationalspieler im vergangenen Herbst empfangen. Als Nachfolger für den glücklosen Ernst Dokupil sollte der selbstbewusste Franke den kriselnden österreichischen Rekordmeister auf seiner allerersten Trainerstation zu neuer Blüte verhelfen. Die Wiener lasen ihrem vermeintlichen Heilsbringer zunächst jeden Wunsch von den Augen ab und in der Winterpause eisten die Klub-Oberen sogar die österreichische Fußball-Ikone Andi Herzog von Werder Bremen los.
Was so euphorisch begann, endete aber mit einem totalen Fiasko. Mit Lothar Matthäus beleg-

te Rapid den schlechtesten Platz in der ruhmreichen Vereinsgeschichte und wurde in der Zehnerliga nur Achter. Der Klub wollte und konnte sich einen so teuren, aber auch so erfolglosen Trainer nicht länger leisten und der Deutsche musste gehen.

Der Gefeuerte ging im Zorn, stilisierte sich zum Opfer von Intrigen hoch, warf auch Herzog Stimmungsmache gegen ihn vor und funktionierte seine sportlich niederschmetternde Bilanz auch noch in einen Erfolg um: »Ich habe meinen Auftrag erfüllt und die Basis für ein Team mit Zukunft gelegt. Leider kann ich nicht mehr die Früchte meiner Arbeit ernten.« Soviel Chuzpe machte sogar die Wiener sprachlos.

Heinz Wiskow

Titel-Hattrick in Tirol: Damals war die Welt in Innsbruck scheinbar noch in Ordnung. Der deutsche Trainer Joachim »Yogi« Löw (rechts) mit der Meisterschale. Doch kurze Zeit später folgte der Lizenzentzug …

Christian Gross hielt dem großen Druck stand

Schampus-Bad in Basel: Die Freude nach dem ersten Titelgewinn seit 22 Jahren beim FC Basel war riesengroß. Jeder der Profis wollte natürlich den Meister-Pokal berühren.

Zum Auftakt der vergangenen Meisterschaftssaison kassierte der FC Basel eine peinliche 1:8-Schlappe in Sion. Wer damals prophezeit hätte, dass die Verlierer am Ende ganz oben stehen würden, wäre als unverbesserlicher Fantast abgestempelt worden.

Und doch kam es genau so. Die Mannschaft von Trainer Christian Gross erholte sich schnell von dem Fehlstart. Schon nach der Qualifikationsrunde lag sie klar vorn, zog nach der Halbierung der gewonnenen Punkte mit drei Zählern Vorsprung vor Lugano und Titelverteidiger Grasshoppers in die Meisterrunde der besten acht Teams und konnte den Titel schließlich nach 22 Jahren Pause endlich wieder nach Basel holen.
Trainer Gross stand von Anfang an unter starkem Druck. Einer seiner langjährigen Wegbegleiter wie der eidgenössische Nationalstürmer Kubilay Türkyilmaz nahm kein Blatt vor den Mund: »Gross hatte in Basel drei Jahre Zeit, etwas aufzubauen. Nun hat er die besten Spieler, das meiste Geld, die größte Anhängerschar und das schönste Stadion der Nationalliga zur Verfügung. Wenn Chris-

tian jetzt nicht den Meistertitel holt, wird seinem Präsidenten René Jäggi bestimmt der Geduldsfaden reißen!«
Ohne Probleme und Rückschläge aber ging es auch in Basel nicht ab. Ausgerechnet das letzte Heimspiel vor der langen Winterpause verlor der Spitzenreiter zum Beispiel nach einem spektakulären Gipfeltreffen gegen den amtierenden Champion aus Zürich mit 4:5. Der langjährige Basler Abwehrchef Oliver Kreuzer urteilte: »Die Zuschauer im St. Jakob-Stadion haben ein tolles Spiel gesehen. Leider mit dem falschen Sieger.« Der 36-jährige Deutsche war am Rande dieses Hits als Spieler verabschiedet worden und arbeitet seitdem beim Schweizer Klub als Teammanager. Damit trat auch der letzte Mohikaner unter den einst so zahlreichen deutschen Legionären in der Nationalliga ab. Mit der Unterstützung von Kreuzer und seinem Co-Trainer Fritz Schmid gelang es Gross auch solche Nackenschläge wie die Heimpleite gegen den Rivalen Grasshoppers aufzufangen. Letztlich wurde Basel mit zehn Punkten Vorsprung vor den Zürchern überlegen Meister und mit dem Pokaltriumph gegen den gleichen Kontrahenten schaffte der Klub auch noch das Double.
In der erfolgreichen Mannschaft ragten Abwehrchef Murat Yakin, der australische Mittelfeldspieler Scott Chipperfield, der argentinische Torschützenkönig Christian Giminez und der kopfballstarke südafrikanische Hüne George Koumantarakis heraus. Auch der Schweizer Nationaltorwart Pascal Zuberbühler konnte sich nach der Rückkehr von seinem total verpatzten Leverkusen-Abstecher wieder stabilisieren. Dazu entpuppte sich auch Marco Zwyssig, Kreuzers Nachfolger in der Innenverteidigung, als Glücksgriff. Kopf und Kapitän der Meistermannschaft aber war Murat Yakin, der Sohn türkischer Einwanderer. Der Nationalspieler war einst in der Bundesliga beim VfB Stuttgart und in Kaiserslautern gescheitert, entwickelte sich aber unter Gross zur eindrucksvollen Spielerpersönlichkeit. In der Spitze ist der Argentinier Christian Giminez ein Erfolgsgarant.
Die Torjägerkrone musste sich Giminez allerdings mit Richard Nunez teilen, dem uruguayischen Stürmer des entthronten Titelverteidigers Grasshoppers. Für dessen Nebenmann Stephane Chapuisat dagegen war es eine Saison voller Pannen und Verletzungspech. Am Ende wurde der Vertrag mit dem besten Schweizer Nationalstürmer des letzten Jahrzehnts nicht mehr verlängert, der 33-jährige Ex-Dortmunder kam allerdings bei Young Boys Bern unter.
Noch dicker kam es für Sion, Lugano und Lausanne. Wegen jahrelanger Misswirtschaft wurde den drei überschuldeten Klubs die Lizenz für die Nationalliga A verweigert und sie wurden in die 2. Liga zwangsversetzt.

Heinz Wiskow

Denker und Lenker beim FC Basel: Trainer Christian Gross, der in seiner aktiven Zeit als Profi-Fußballer unter anderem beim VfL Bochum tätig war.

Fußball in Europa

Albanien

1.	Dinamo Tirana	26	55:15	63
2.	SK Tirana (P)	26	52:15	62
3.	Partizani Tirana (N)	26	41:24	46
4.	Teuta Durres	26	31:19	42
5.	Vllaznia Shkoder (M)	26	44:27	40
6.	Shkumbini Peqin	26	32:36	33
7.	SK Lushnja	26	32:32	31
8.	Flamurtari Vlore	26	26:32	29
9.	Apolonia Fier	26	22:48	29
10.	Beselidhja Lezhe	26	20:25	28
11.	Bylis Balish	26	28:42	28
12.	Erzeni Shijak (N)	26	31:54	28
13.	Luftetari Gjirokaster *	26	24:50	27
14.	Tomori Berat *	26	29:48	25

Aufsteiger: Besa Kavaje, KS Elbasani

Pokal-Endspiel: SK Tirana – Dinamo Tirana 1:0

Belgien

1.	KRC Genk	34	85:43	72
2.	FC Brügge	34	74:41	70
3.	RSC Anderlecht (M)	34	71:37	66
4.	KAA Gent	34	61:51	58
5.	Standard Lüttich	34	57:38	57
6.	Excelsior Mouscron	34	68:40	56
7.	SC Lokeren	34	43:33	55
8.	VV St. Truiden	34	52:47	53
9.	GB Antwerpen	33	64:50	46
10.	RWD Molenbeek (N) *	34	50:58	44
11.	AA La Louvière	34	41:52	44
12.	RSC Charleroi	34	40:63	39
13.	KFC Lommelse SK (N)	34	54:66	39
14.	VC Westerlo (P)	34	49:61	36
15.	Lierse SK	34	55:65	35
16.	RFC Antwerpen	34	47:67	31
17.	Eendracht Aalst **	34	32:73	21
18.	SK Beveren	34	30:91	14

*RWD Molenbeek wurde die Lizenz entzogen, **Eendracht Aalst meldete Konkurs an.Beide spielen 2002/03 in der 3. Division.

Aufsteiger: KV Mechelen, RAEC Mons

Pokal-Endspiel: FC Brügge – Excelsior Mouscron 3:1

Bulgarien

Vorrunde

1.	Levski Sofia (M)	26	58:21	65
2.	Liteks Lovetsch (P)	26	50:27	55
3.	Lokomotive Plovdiv	26	42:23	53
4.	ZSKA Sofia	26	48:17	52
5.	Nafteks Burgas	26	35:25	42
6.	Slavia Sofia	26	30:32	37
7.	Spartak Pleven (N)	26	40:44	33
8.	Lokomotive Sofia	26	33:32	29
9.	Spartak Varna	26	29:39	26
10.	Tschernomorez Burgas	26	24:54	26
11.	Marek Dupniza (N)	26	22:42	24
12.	Tscherno More Varna	26	28:36	24
13.	Belasitza Petritsch	26	21:35	23
14.	Beroe Stara Zagora	26	13:46	14

Meisterrunde

1.	Levski Sofia (M)	36	77:27	56	(33)
2.	Liteks Lovetsch (P)	36	66:34	50	(28)
3.	ZSKA Sofia	36	60:29	38	(26)
4.	Lokomotive Plovdiv	36	48:41	34	(27)
5.	Slavia Sofia	36	42:48	32	(19)
6.	Nafteks Burgas	36	44:40	30	(21)

Abstiegsrunde

7.	Marek Dupniza (N)	40	46:57	38	(12)
8.	Lokomotive Sofia	40	49:48	37	(15)
9.	Spartak Varna	40	50:51	36	(13)
10.	Tschernomorez Burgas	40	41:69	35	(13)
11.	Tscherno More Varna	40	47:51	35	(13)
12.	Spartak Pleven (N) *	40	58:66	33	(17)
13.	Belasitza Petritsch *	40	34:50	32	(12)
14.	Beroe Stara Zagora *	40	19:70	13	(7)

(In Klammern Bonuspunkte aus der Vorrunde)

Aufsteiger: Rilski Sportist Samokov, Dobrudscha Dobritsch, Botev Plovdiv

Pokal-Endspiel: Levski Sofia – ZSKA Sofia 3:1

Dänemark

1.	Brøndby IF	33	74:28	69
2.	FC Kopenhagen (M)	33	62:25	69
3.	FC Midtjylland	33	47:27	57
4.	Aalborg BK	33	52:45	54
5.	Akademisk BK	33	48:38	50
6.	Odense BK	33	56:51	49
7.	Esbjerg fB (N)	33	42:44	45
8.	Viborg FF	33	46:45	41
9.	Silkeborg IF (P)	33	41:50	32
10.	Aarhus GF	33	42:56	31
11.	Vejle BK (N) *	33	38:72	28
12.	Lyngby FC *	33	25:92	15

Aufsteiger: Køge BK, Farum BK

Pokal-Endspiel: Odense BK – FC Kopenhagen 2:1

England

1.	FC Arsenal	38	79:36	87
2.	FC Liverpool (P)	38	67:30	80
3.	Manchester United (M)	38	87:45	77
4.	Newcastle United	38	74:52	71
5.	Leeds United	38	53:37	66
6.	FC Chelsea	38	66:38	64
7.	West Ham United	38	48:57	53
8.	Aston Villa	38	46:47	50
9.	Tottenham Hotspur	38	49:53	50
10.	Blackburn Rovers (N)	38	55:51	46
11.	FC Southampton	38	46:54	45
12.	FC Middlesbrough	38	35:47	45
13.	FC Fulham (N)	38	36:44	44
14.	Charlton Athletic	38	38:49	44
15.	FC Everton	38	45:57	43
16.	Bolton Wanderers (N)	38	44:62	40
17.	FC Sunderland	38	29:51	40
18.	Ipswich Town *	38	41:64	36
19.	Derby County *	38	33:63	30
20.	Leicester City *	38	30:64	28

Aufsteiger: Manchester City, West Bromwich Albion, Birmingham City

Pokal-Endspiel: FC Arsenal – FC Chelsea 2:0

Frankreich

1.	Olympique Lyon	34	62:32	66
2.	RC Lens	34	55:30	64
3.	AJ Auxerre	34	48:38	59
4.	Paris Saint-Germain	34	43:24	58
5.	OSC Lille	34	39:32	56
6.	Girondins Bordeaux	34	34:31	50
7.	ES Troyes AC	34	40:35	47
8.	FC Sochaux (N)	34	41:40	46
9.	Olympique Marseille	34	34:39	44
10.	FC Nantes (M)	34	35:41	43
11.	SC Bastia	34	38:44	41
12.	Stade Rennes	34	40:51	41
13.	SC Montpellier (N)	34	28:31	40
14.	CS Sedan	34	35:39	39
15.	AS Monaco	34	36:41	39
16.	En Avant Guingamp	34	34:57	35
17.	FC Metz	34	31:47	33
18.	FC Lorient (N) *	34	43:64	31

Aufsteiger: AC Ajaccio, Racing Straßburg (P), AC Le Havre – die Liga spielt 2002/03 mit 20 Klubs.

Pokal-Endspiel: FC Lorient – SC Bastia 1:0

Georgien

Vorrunde

1.	Torpedo Kutaissi (M, P)	22	52:13	52
2.	Lokomotiwi Tiflis	22	38:12	49
3.	Dynamo Tiflis	22	37:19	38
4.	Dynamo Batumi	22	31:19	37
5.	Kolcheti Poti	22	32:29	35
6.	Merani-91 Tiflis	22	34:28	34
7.	WIT Georgia Tiflis	22	33:29	33
8.	Sioni Bolnissi	22	17:30	25
9.	Metalurgi Sestaponi (N)	22	17:34	20
10.	Guria Lantschchuti (N)	22	14:44	15
11.	Gorda Rustawi	22	16:37	14
12.	Samgurali Zchaltubo (N)	22	15:42	14

Meisterrunde

1.	Torpedo Kutaissi (M, P)	10	12:5	48	(26)
2.	Lokomotiwi Tiflis	10	18:6	47	(25)
3.	Dynamo Tiflis	10	20:1	44	(19)
4.	Kolcheti Poti	10	9:16	25	(18)
5.	Dynamo Batumi	10	5:19	23	(19)
6.	Merani-91 Tiflis	10	7:24	24	(17)

Abstiegsrunde

7.	WIT Georgia Tiflis	10	12:8	35	(17)
8.	Sioni Bolnissi	10	18:13	29	(13)
9.	Metalurgi Sestaponi (N)	10	16:10	27	(10)
10.	Gorda Rustawi	10	20:11	25	(7)
11.	Samgurali Zchaltubo (N) *	10	11:10	23	(7)
12.	Guria Lantschchuti (N) *	10	4:29	8	(8)

(In Klammern Bonuspunkte aus der Vorrunde)

Aufsteiger: Milan Tsnori, Dila Gori

Pokal-Endspiel: Lokomotiwi Tiflis – Torpedo Kutaissi 2:0

Griechenland

1.	Olympiakos Piräus (M)	26	69:30	58
2.	AEK Athen	26	65:28	58
3.	Panathinaikos Athen	26	53:25	55
4.	PAOK Saloniki (P)	26	55:45	48
5.	Skoda Xanthi	26	34:26	42
6.	Iraklis Saloniki	26	32:35	36
7.	Panionios Athen	26	37:33	35
8.	OFI Kreta	26	32:35	33
9.	Aris Saloniki	26	25:34	29
10.	Aigaleo Athen (N)	26	27:46	26
11.	Akratitos Liosiu (N)	26	29:41	23
12.	Ionikos Nikaia	26	21:47	22
13.	Panachaiki Patras	26	26:55	18
14.	Ethnikos Asteras Athen *	26	19:44	17

Aufsteiger: PAS Jannina, GS Kallithea, Proodeftiki Nikaia – die Liga spielt 2002/03 mit 16 Klubs.

Pokal-Endspiel: AEK Athen – Olympiakos Piräus 2:1

Irland

1.	FC Shelbourne	33	50:28	63
2.	Shamrock Rovers	33	54:32	57
3.	St. Patrick's Athletic	33	59:29	53
4.	Bohemians Dublin (M, P)	33	57:32	52
5.	Derry City	33	42:30	51
6.	Cork City	33	48:39	49
7.	Univ. Coll. Dublin	33	40:39	48
8.	Bray Wanderers	33	54:45	46
9.	Longford Town	33	41:51	40
10.	FC Dundalk (N) *	33	37:46	39
11.	Galway United *	33	28:73	19
12.	Monaghan United (N) *	33	19:85	12

Aufsteiger: Drogheda United – Die Liga wird auf 10 Klubs reduziert auf das Kalenderjahr umgestellt.

Pokal-Endspiel: FC Dundalk – Bohemians Dublin 1:0

Israel

1.	Maccabi Haifa (M)	33	72:32	75
2.	Hapoel Tel Aviv	33	55:32	67
3.	Maccabi Tel Aviv (M)	33	43:24	57
4.	MS Ashdod	33	47:52	49
5.	Hapoel Beer Sheva (N)	33	44:48	48
6.	Hapoel Petah Tikva	33	40:36	47
7.	Maccabi Netanja	33	41:44	40
8.	Maccabi Petah Tikva	33	34:46	36
9.	Hapoel Rishon Lezion	33	39:53	35
10.	Beitar Jerusalem	33	39:48	33
11.	Hapoel Haifa *	33	35:50	30
12.	Maccabi Kiriat Gat (N) *	33	34:58	27

Aufsteiger: Hapoel Kfar-Saba, Bnei Yehuda Tel Aviv
Pokal-Endspiel: Maccabi Tel Aviv – Maccabi Haifa n. V. 0:0, Elfmeterschießen 5:4

Italien

1. Juventus Turin	34	64:23	71
2. AS Rom (M)	34	58:24	70
3. Inter Mailand	34	62:35	69
4. AC Mailand	34	47:33	55
5. Chievo Verona (N)	34	57:52	54
6. Lazio Rom	34	50:37	53
7. FC Bologna	34	40:40	52
8. AC Perugia	34	38:46	46
9. Atalanta Bergamo	34	41:50	45
10. AC Parma (P)	34	43:47	44
11. Turin Calcio (N)	34	37:39	43
12. FC Piacenza (N)	34	49:43	42
13. Brescia Calcio	34	43:52	40
14. Udinese Calcio	34	41:52	40
15. Hellas Verona *	34	41:53	39
16. US Lecce *	34	36:56	28
17. AC Florenz *	34	29:63	22
18. AC Venedig (N) *	34	30:61	18

Aufsteiger: Como Calcio, FC Modena, Reggina Calcio, FC Empoli
Pokal-Endspiele: Juventus Turin – AC Parma 2:1, 0:1

Jugoslawien

1. Partizan Belgrad (P)	34	85:33	81
2. Roter Stern Belgrad (M)	34	54:28	66
3. Sartid Smederevo	34	46:36	58
4. Obilic Belgrad	34	52:41	56
5. Zeta Golubovci	34	48:50	52
6. Zeleznik Belgrad	34	41:42	49
7. Rudar Plevlja (N)	34	35:33	47
8. Rad Belgrad	34	45:41	46
9. Vojvodina Novi Sad	34	34:26	46
10. OFK Belgrad	34	44:37	46
11. Sutjeska Niksic	34	32:45	46
12. FK Zemun	34	49:43	45
13. Hajduk Kula	34	38:42	45
14. Cukaricki Belgrad	34	40:40	43
15. Mladost Lucani (N) *	34	42:42	42
16. Zvezdara Belgrad (N) *	34	35:64	29
17. Mladost Apatin (N) *	34	26:64	24
18. Radnicki Kragujevac *	34	25:64	23

Aufsteiger: Radnicki Obrenovac, Radnicki Nisch, Javor Ivanjica, Mogren Budva
Pokal-Endspiel: Roter Stern Belgrad – Sartid Smederovo 1:0

Kroatien

1. NK Zagreb	30	71:24	67
2. Hajduk Split (M)	30	61:28	65
3. Dinamo Zagreb (P)	30	58:30	59
4. Varteks Varazdin	30	58:40	57
5. NK Rijeka	30	46:37	51
6. Slaven Belupo Koprivnica	30	34:36	42
7. Pomorac Kostrena (N)	30	36:41	40
8. NK Osijek	30	45:48	37
9. Cibalia Vinkovci	30	34:37	36
10. NK Sibenik	30	33:36	36
11. NK Zadar (N)	30	43:47	36
12. Kamen Ingrad Velika (N)	30	28:46	35
13. Hrv. Dragovoljac Zagreb *	30	34:45	34
14. NK Cakovec *	30	31:44	32
15. Marsonia Slavonski Brod *	30	37:46	30
16. TSK Topolovac (N) *	30	31:95	14

Aufsteiger: Keine – die Liga spielt 2002/03 mit 12 Klubs.
Pokal-Endspiele: Dinamo Zagreb – Varteks Varazdin 1:1, 1:0

Liechtenstein
Es wird keine eigene Meisterschaft ausgespielt – die Liechtensteiner Vereine spielen in Schweizer Ligen.
Pokal-Endspiel: FC Vaduz – USV Eschen/Mauren 6:1

Luxemburg

Vorrunde

1. CS Grevenmacher	22	45:14	51
2. F91 Düdelingen (M)	22	56:18	50
3. Jeunesse Esch	22	38:22	41
4. US Luxemburg	22	38:35	37
5. FC Monnerich	22	42:39	33
6. Swift Hesperingen (N)	22	44:37	30
7. Avenir Beggen	22	30:39	26
8. Sporting Mertzig	22	24:41	24
9. US Rümelingen	22	28:42	20
10. Progrès Niederkorn (N)	22	29:51	20
11. CS Hobscheid	22	34:52	18
12. Etzella Ettelbrück (P)	22	33:51	13

Meisterrunde

1. F91 Düdelingen (M)	28	64:23	62
2. CS Grevenmacher	28	52:22	58
3. US Luxemburg	28	42:39	47
4. Jeunesse Esch	28	45:31	46

Abstiegsrunde, Gruppe A

1. FC Monnerich	28	11:12	41
2. US Rümelingen	28	19:13	32
3. Avenir Beggen	28	10:11	32
4. CS Hobscheid *	28	10:14	25

Abstiegsrunde, Gruppe B

1. Swift Hesperingen (N)	28	12:10	36
2. Sporting Mertzig	28	9:9	34
3. Progrès Niederkorn (N)	28	8:11	28
4. Etzella Ettelbrück (P) *	28	14:14	23

(Die Tore aus der Vorrunde wurden nicht in die Abstiegsrunde übernommen.)
Aufsteiger: FC Wiltz '71, Victoria Rosport
Pokal-Endspiel: Avenir Beggen – F91 Düdelingen 1:0

Mazedonien

Vorrunde

1. Pobeda Prilep	22	41:23	44
2. Belasica Strumica	22	36:19	44
3. Vardar Skopje	22	29:18	41
4. Rabotnicki Skopje	22	40:25	39
5. Cementarnica Skopje	22	32:19	35
6. Sloga Skopje (M)	22	32:22	35
7. Sileks Kratovo	22	44:35	33
8. FK Kumanovo (N)	22	27:42	32
9. Napredok Kicevo (N)	22	17:33	24
10. Pelister Bitola (P)	22	24:40	19
11. Osogovo Kocani	22	18:40	16
12. Makedonija Skopje	22	14:38	15

Nach der Vorrunde spielten die ersten sechs Mannschaften um die Meisterschaft, die letzten sechs gegen den Abstieg.Es wurden nur die Ergebnisse der Spiele untereinander übernommen.

Meisterrunde

1. Vardar Skopje	20	28:16	37	(16)
2. Belasica Strumica	20	29:22	36	(17)
3. Cementarnica Skopje	20	33:34	27	(16)
4. Pobeda Prilep	20	28:28	25	(13)
5. Sloga Skopje (M)	20	18:25	23	(13)
6. Rabotnicki Skopje	20	30:41	21	(10)

Abstiegsrunde

7. Sileks Kratovo	20	48:35	35	(23)
8. Napredok Kicevo (N)	20	34:33	35	(18)
9. FK Kumanovo (N)	20	35:36	32	(16)
10. Pelister Bitola (P)	20	37:35	27	(10)
11. Makedonija Skopje *	20	29:28	24	(9)
12. Osogovo Kocani *	20	22:38	19	(12)

(In Klammern übernommene Punkte aus der Vorrunde)
Aufsteiger: Tikves Kavadarci, Bregalnica Delcevo
Pokal-Endspiel: Pobeda Prilep – Cementarnica Skopje 3:1

Moldawien

1. Serif Tiraspol (M, P)	28	62:18	67
2. Nistru Otaci	28	40:19	52
3. Zimbru Chisinau	28	52:20	46
4. Constructorul Chisinau	28	36:42	39
5. FC Hincesti (N)	28	30:40	32
6. Agro Chisinau	28	25:38	29
7. Tiligul Tiraspol *	28	24:46	25
8. Happy End Camenca (N) *	28	23:69	15

Aufsteiger: Dacia Chisinau, Politehnica Chisinau
Pokal-Endspiel: Serif Tiraspol – Nistru Otaci 3:2 n. V.

Niederlande

1. Ajax Amsterdam	34	73:34	73
2. PSV Eindhoven (M)	34	77:32	68
3. Feyenoord Rotterdam	34	68:29	64
4. SC Heerenveen	34	57:27	60
5. Vitesse Arnheim	34	45:34	60
6. NAC Breda	34	55:52	54
7. FC Utrecht	34	60:51	51
8. RKC Waalwijk	34	49:44	48
9. NEC Nijmegen	34	38:59	45
10. AZ Alkmaar	34	43:45	43
11. Willem II Tilburg	34	54:61	43
12. FC Twente Enschede (P)	34	41:41	42
13. Roda JC Kerkrade	34	33:45	41
14. De Graafschap Doetinchem	34	43:55	37
15. FC Groningen	34	40:59	37
16. FC Den Bosch (N) *	34	40:55	33
17. Sparta Rotterdam *	34	26:75	24
18. Fortuna Sittard *	34	27:71	17

Aufsteiger: FC Zwolle, RBC Roosendaal, Excelsior Rotterdam
Pokal-Endspiel: Ajax Amsterdam – FC Utrecht 3:2 n. V.

Nordirland

1. FC Portadown	36	75:34	75
2. FC Glentoran (P)	36	63:23	74
3. FC Linfield (M)	36	64:35	62
4. FC Coleraine	36	64:58	59
5. Omagh Town	36	55:55	54
6. FC Cliftonville	36	37:46	38
7. FC Glenavon	36	37:57	36
8. Newry Town	36	40:62	36
9. FC Crusaders	36	41:65	34
10. FC Ards (N)	36	30:71	27

Aufsteiger: Lisburn Distillery, Institute FC Londonderry – die Liga spielt 2002/03 mit 12 Klubs.
Pokal-Endspiel: FC Linfield – FC Portadown 2:1

Österreich

1. FC Tirol Innsbruck (M) *	36	63:20	75
2. Sturm Graz	36	68:42	65
3. Grazer AK	36	69:39	63
4. Austria Wien	36	53:38	53
5. FC Kärnten (N, P)	36	40:52	50
6. Austria Salzburg	36	42:40	49
7. Schwarz-Weiß Bregenz	36	51:70	45
8. Rapid Wien	36	37:49	43
9. SV Ried	36	37:54	36
10. VfB Admira/Wacker Modling	36	25:81	15

*Dem FC Tirol wurde die Lizenz entzogen (Rückstufung in die 3. Liga).
Aufsteiger: SV Pasching
Pokal-Endspiel: Grazer AK – Sturm Graz 3:2

Polen

Vorrunde, Gruppe A

1. Odra Wodzislaw	14	28:14	31
2. Wisla Krakau (M)	14	28:15	28
3. Polonia Warschau (P)	14	25:13	25
4. GKS Katowitz	14	17:23	18
5. Zaglebie Lubin	14	23:28	18
6. KSZO Ostrowiec (N)	14	14:18	15
7. Gornik Zabrze	14	13:22	11
8. Widzew Lodz	14	9:24	11

Vorrunde, Gruppe B

1. Legia Warschau	14	31:14	27
2. Pogon Stettin	14	20:16	24
3. Amica Wronki	14	25:16	23
4. Ruch Chorzow	14	16:18	19
5. Slask Wroclaw	14	21:25	18
6. Groclin Grodzisk	14	18:22	17
7. RKS Radomsko (N)	14	10:16	16
8. Stomil Olsztyn	14	10:24	10

Meisterrunde

1. Legia Warschau	14	19:10	42	(14)
2. Wisla Krakau (M)	14	22:14	41	(14)
3. Amica Wronki	14	21:11	36	(12)
4. Polonia Warschau (P)	14	16:19	32	(13)
5. Odra Wodzislaw	14	12:19	27	(16)
6. GKS Katowice	14	10:15	26	(9)
7. Ruch Chorzow	14	14:18	23	(10)
8. Pogon Stettin	14	9:17	23	(12)

Abstiegsrunde

9. Gornik Zabrze	14	23:11	34	(6)
10. Widzew Lodz	14	19:8	31	(6)
11. Zaglebie Lubin	14	18:16	29	(9)
12. Groclin Grodzisk	14	18:15	28	(8)
13. KSZO Ostrowiec (N)	14	14:19	25	(8)
14. RKS Radomsko (N) *	14	13:18	23	(8)
15. Slask Wroclaw *	14	14:22	19	(9)
16. Stomil Olsztyn *	14	11:21	18	(5)

(In Klammern Bonuspunkte aus der Vorrunde)
Aufsteiger: Lech Posen, Orlen Plock, Garbania Szczakowianka
Pokal-Endspiele: Amica Wronki – Wisla Krakau 2:4, 0:4

Portugal

1. Sporting Lissabon	34	74:25	75
2. Boavista Porto (M)	34	53:20	70
3. FC Porto (P)	34	66:34	68
4. Benfica Lissabon	34	66:37	63
5. Belenenses Lissabon	34	54:44	57
6. Maritimo Funchal	34	48:35	56
7. Uniao Leiria	34	52:35	55
8. FC Pacos Ferreira	34	41:44	46
9. Vitoria Guimaraes	34	35:41	42
10. Sporting Braga	34	43:43	42
11. SC Beira Mar	34	48:56	39
12. FC Gil Vicente	34	42:56	38
13. Vitoria Setubal (N)	34	40:46	38
14. CD Santa Clara (N)	34	32:46	37
15. SC Varzim (N)	34	27:55	32
16. SC Salgueiros *	34	29:71	30
17. SC Farense *	34	29:63	28
18. FC Alverca *	34	39:67	27

Aufsteiger: FC Moreirense, Academica Coimbra, Nacional Funchal
Pokal-Endspiel: Sporting Lissabon – SC Leixoes 1:0

Rumänien

1. Dinamo Bukarest (P)	30	63:33	60
2. National Bukarest	30	44:20	58
3. Rapid Bukarest	30	50:31	50
4. Steaua Bukarest (M)	30	47:31	50
5. Otelul Galati	30	34:24	49
6. FCM Bacau	30	43:40	46
7. Universitatea Craiova	30	40:35	44
8. Ceahlaul Piatra Neamt	30	35:37	43
9. Gloria Bistrita	30	29:41	41
10. Arges Pitesti	30	36:39	40
11. FC Brasov	30	33:34	39
12. Astra Ploiesti	30	29:28	37
13. Sportul Stud. Bukarest (N)	30	40:53	34
14. Farul Constanta (N)	30	32:44	32
15. Petrolul Ploiesti *	30	30:48	25
16. UM Timisoara (N) *	30	24:71	15

Aufsteiger: AEK Bukarest, UT Arad
Pokal-Endspiel: Rapid Bukarest – Dinamo Bukarest 2:1

Schottland

1. Celtic Glasgow (M, P)	38	94:18	103
2. Glasgow Rangers	38	82:27	85
3. FC Livingston (P)	38	50:47	58
4. FC Aberdeen	38	51:49	55
5. FC Kilmarnock	38	44:54	49
6. Heart of Midlothian	38	52:57	48
7. Dundee United	38	38:59	46
8. Dunfermline Athletic	38	41:64	45
9. FC Dundee	38	41:55	44
10. Hibernian Edinburgh	38	51:56	41
11. FC Motherwell	38	49:69	40
12. FC St. Johnstone *	38	24:62	21

Nach einer Dreifachrunde (33 Spiele) spielten die ersten sechs Mannschaften um die Meisterschaft, die letzten sechs gegen den Abstieg.
Aufsteiger: Partick Thistle
Pokal-Endspiel: Glasgow Rangers – Celtic Glasgow 3:2

Schweiz

Vorrunde

1. FC Basel	22	52:37	43
2. FC Lugano	22	39:33	38
3. Grasshoppers Zürich (M)	22	50:33	37
4. FC St. Gallen	22	38:32	35
5. Servette Genf (P)	22	36:29	34
6. FC Sion	22	40:29	33
7. Young Boys Bern (N)	22	35:28	31
8. FC Zürich	22	24:27	30
9. FC Aarau	22	28:25	27
10. Neuchâtel Xamax	22	28:36	25
11. Lausanne-Sports	22	24:49	16
12. FC Luzern	22	23:59	13

Meisterrunde

1. FC Basel	14	36:16	55	(22)
2. Grasshoppers Zürich (M)	14	28:17	45	(19)
3. FC Lugano *	14	23:19	42	(19)
4. Servette Genf (P)	14	25:23	38	(17)
5. FC Zürich	14	14:17	35	(15)
6. FC St. Gallen	14	18:20	34	(18)
7. Young Boys Bern (N)	14	18:25	31	(16)
8. FC Sion *	14	10:35	21	(17)

(In Klammern Bonuspunkte aus der Vorrunde)

Auf-/Abstiegsrunde

1. Neuchâtel Xamax	14	26:12	28
2. Lausanne-Sports *	14	21:14	26
3. FC Wil (NLB)	14	17:13	23
4. FC Thun (NLB)	14	19:18	21
5. FC Aarau	14	20:20	21
6. SR Delémont (NLB)	14	14:20	16
7. FC Luzern	14	26:28	11
8. FC Winterthur (NLB)	14	11:29	7

FC Lugano, FC Sion und Lausanne-Sports wurden strafweise in die Nationalliga B zurückgestuft.
Aufsteiger: FC Wil, FC Thun, SR Delémont
Pokal-Endspiel: FC Basel – Grasshoppers Zürich 2:1 n. V.

Slowakei

1. MSK Zilina	36	62:37	69
2. Matador Puchov	36	48:33	62
3. Inter Bratislava (M, P)	36	53:39	56
4. SCP Ruzomberok	36	49:41	54
5. Ozeta Dukla Trencin	36	45:43	54
6. Slovan Bratislava	36	42:39	51
7. Artmedia Petrzalka	36	51:45	47
8. ZTS Dubnica (N)	36	38:48	38
9. 1. FC Kosice	36	30:62	31
10. Tatran Presov *	36	35:66	31

Aufsteiger: Spartak Trnava
Pokal-Endspiel: Koba Senec – Matador Puchov 1:1 n. V., Elfmeterschießen 4:2

Slowenien

1. NK Maribor (M)	33	64:23	66
2. Primorje Ajdovscina	33	57:26	60
3. NK Koper	33	45:26	56
4. HIT Gorica (P)	33	38:40	51
5. Olimpija Ljubljana	33	39:42	51
6. Publikum Celje	33	50:39	48
7. Mura Murska Sobota	33	36:35	48
8. Rudar Velenje	33	46:52	42
9. Era Smartno (N)	33	41:40	40
10. Korotan Prevalje	33	28:46	37
11. Zivila Triglav Kranj (N) *	33	34:60	32
12. NK Domzale *	33	26:75	16

Aufsteiger: NK Dravograd, NK Ljubljana
Pokal-Endspiele: HIT Gorica – Aluminij Kidricevo 4:0, 2:1

Spanien

1. FC Valencia	38	51:27	75
2. Deportivo La Coruna	38	65:41	68
3. Real Madrid (M)	38	69:44	66
4. FC Barcelona	38	65:37	64
5. Celta Vigo	38	64:46	60
6. Real Betis Sevilla (N)	38	42:34	59
7. Deportivo Alaves	38	41:44	54
8. Athletic Bilbao	38	54:66	53
9. FC Sevilla (N)	38	51:40	53
10. FC Malaga	38	44:44	53
11. Rayo Vallecano	38	46:52	49
12. Real Valladolid	38	45:58	48
13. Real Soc. San Sebastian	38	48:54	47
14. Espanyol Barcelona	38	47:56	47
15. FC Villarreal	38	46:55	43
16. RCD Mallorca	38	40:52	43
17. CA Osasuna	38	36:49	42
18. UD Las Palmas *	38	40:50	40
19. CD Teneriffa (N) *	38	32:58	38
20. Real Saragossa (P) *	38	35:54	37

Aufsteiger: Atletico Madrid, Racing Santander, Recreativo Huelva
Pokal-Endspiel: Deportivo La Coruna – Real Madrid 2:1

Tschechien

1. Slovan Liberec	30	55:26	64
2. Sparta Prag (M)	30	55:19	63
3. Viktoria Zizkov (P)	30	42:20	63
4. Bohemians Prag	30	40:35	48
5. Slavia Prag	30	45:34	47
6. Banik Ostrava	30	43:36	44
7. FK Teplice	30	37:41	41
8. FC Brünn	30	34:42	40
9. FK Jablonec	30	35:33	40
10. Sigma Olomouc	30	29:31	37
11. Synot Stare Mesto	30	31:38	36
12. SK Hradec Kralove (N)	30	28:42	35
13. Marila Pribram	30	27:39	34
14. Chmel Blsany	30	35:51	29
15. FK Drnovice *	30	31:45	26
16. SFC Opava (N) *	30	23:58	18

Aufsteiger: SK Ceske Budejovice, FK Zlin
Pokal-Endspiel: Slavia Prag – Sparta Prag 2:1

Türkei

1. Galatasaray Istanbul	34	75:31	78
2. Fenerbahce Istanbul (M)	34	70:31	75
3. Besiktas Istanbul	34	69:39	62
4. MKE Ankaragücü	34	72:58	53
5. Denizlispor	34	65:52	48
6. Gaziantepspor	34	57:52	48
7. Göztepe Izmir (N)	34	38:56	45
8. Genclerbirligi Ankara (P)	34	47:51	45
9. Istanbulspor	34	33:38	44
10. Bursaspor	34	48:60	44
11. Kocaelispor	34	45:60	43
12. Diyarbakirspor (N)	34	41:50	40
13. Malatyaspor (N)	34	34:50	40
14. Trabzonspor	34	49:60	40
15. Samsunspor	34	32:43	38
16. Caykur Rizespor *	34	43:51	37
17. Antalyaspor *	34	46:61	37
18. Yimpas Yozgatspor *	34	46:67	27

Aufsteiger: Altay Izmir, Elazigspor, Adanaspor
Pokal-Endspiel: Koecaelispor – Besiktas Istanbul 4:0

Ukraine

1. Schachtjor Donezk (P)	26	49:10	66
2. Dynamo Kiew (M)	26	62:9	65
3. Metalurg Donezk	26	38:28	42
4. Metalurg Saporoschje	26	25:22	40
5. Metalist Charkow	26	35:36	40
6. Dnjepr Dnjepropetrowsk	26	30:20	40
7. Tavria Simferopol	26	27:36	30
8. Karpaty Lwow	26	19:31	29
9. Krivbas Krivoj Rog	26	28:40	28

10.	Metalurg Mariupol	26	29:42	26
11.	Vorskla Poltava	26	19:33	25
12.	Arsenal Kiew	26	18:28	23
13.	Poligraf Alexandria (N)	26	21:39	23
14.	Zakarpattija Uschgorod (N) *	26	23:49	21

Aufsteiger: Volyn Luzk, Chernomorez Odessa, Obolon Kiew – die Liga spielt 2002/03 mit 18 Vereinen.
Pokal-Endspiel: Schachtjor Donezk – Dynamo Kiew n. V. 3:2

Ungarn

1.	Zalaegerszegi TE	38	76:47	71
2.	Ferencvaros Budapest (M)	38	66:39	69
3.	MTK Hungaria Budapest	38	62:47	67
4.	SE Dunaferr Dunajvaros	38	71:47	59
5.	Videoton Szekesfehervar	38	56:53	55
6.	Ujpest Budapest	38	65:69	50
7.	Kispest-Honved Budapest	38	51:70	47
8.	Matav Sopron	38	54:60	44
9.	Debreceni VSC	38	47:53	44
10.	FC ETO Györ	38	51:64	44
11.	Haladas Szombathely (N) *	38	48:71	40
12.	Vasas Budapest *	38	51:78	32

Nach einer Dreifachrunde (33 Spiele) spielten die ersten sechs Mannschaften um die Meisterschaft, die letzten sechs gegen den Abstieg.
Aufsteiger: Elöre FC Bekescsaba, FC Siofok
Pokal-Endspiel: Ujpest Budapest – Haladas Szombathely 2:1

Wales

1.	Barry Town	34	82:29	77
2.	TNS Llansantffraid	34	65:33	70
3.	Bangor City	34	83:38	69
4.	Caersws FC	34	65:44	58
5.	Afan Lido FC	34	42:36	58
6.	Rhyl FC	34	53:45	56
7.	Cwmbran Town	34	66:53	55
8.	Connah's Quay	34	56:46	51
9.	Aberystwyth Town	34	53:48	51
10.	Carmarthen Town	34	51:37	48
11.	Caernarfon Town	34	64:64	44
12.	Port Talbot Town	34	44:55	43
13.	Newtown AFC	34	35:44	38
14.	Flexsys Cefn Druids	34	49:79	32
15.	Llanelli AFC	34	41:64	31
16.	Oswestry Town	34	39:84	30
17.	Haverfordwest County	34	47:76	28
18.	Rhayader Town *	34	29:89	15

Aufsteiger: Welshpool Town
Pokal-Endspiel: Barry Town – Bangor City 4:1

Zypern

1.	APOEL Nicosia	26	66:22	59
2.	Anorthosis Famagusta	26	71:31	58
3.	AEL Limassol	26	47:27	54
4.	Omonia Nicosia (M)	26	56:35	53
5.	Olympiakos Nicosia	26	53:45	42
6.	Ethnikos Achnas	26	46:38	42
7.	AEK Larnaca	26	56:42	41
8.	EN Paralimni	26	42:38	39
9.	AE Paphos	26	54:45	36
10.	Apollon Limassol (P)	26	56:48	36
11.	Alki Larnaca (N)	26	37:37	28
12.	Ethnikos Assias (N) *	26	39:70	18
13.	Doxa Katokopia *	26	30:84	9
14.	Ermis Aradippou (N) *	26	16:107	1

Aufsteiger: Nea Salamina Famagusta, Digenis Morphou, Aris Limassol
Pokal-Endspiel: Anorthosis Famagusta – Ethnikos Achnas 1:0

Tabellen der Länder, die mit dem Kalenderjahr abschlossen

Estland

1.	Flora Tallinn	28	62:18	68
2.	Tallina VMK	28	77:30	56
3.	Levadia Maardu (M, P)	28	72:35	55
4.	JK Trans Narva	28	79:35	51
5.	Tulevik Viljandi	28	41:37	39
6.	Levadia Tallinn (N)	28	30:78	23
7.	Lootus Kohtla-Järve	28	21:53	17
8.	FC Kuressaare *	28	18:114	7

Aufsteiger: Levadia Pärnu
Pokalendspiel (2001): JK Trans Narva – Flora Tallinn 1:0 n. V.
Pokalendspiel (2002): Levadia Tallinn – Levadia Maardu 2:0

Finnland

1.	Tampere United	33	47:31	68
2.	HJK Helsinki (P)	33	64:19	67
3.	MyPa Anjalankoski	33	45:23	62
4.	Haka Valkeakoski (M)	33	44:29	52
5.	Inter Turku	33	46:47	49
6.	Vaasa PS	33	50:52	45
7.	Atlantis Helsinki (N) *	33	45:47	45
8.	Kuopio PS (N)	33	37:48	37
9.	FC Lahti	33	38:48	36
10.	FC Jazz Pori	33	36:52	32
11.	Jokerit Helsinki *	33	31:56	28
12.	Rovaniemi PS *	33	25:56	24

Aufsteiger: FC Hämeenlinna, Jaro FF, Atlantis Helsinki meldete Konkurs an und wurde durch Allianssi Vantaa ersetzt.
Pokalendspiel (2001): Atlantis Helsinki – Tampere United 1:0

Island

1.	IA Akranes (P)	18	29:16	36
2.	IB Vestmannaeyjar	18	23:15	36
3.	FH Hafnafjördur (N)	18	23:16	32
4.	UMF Grindavik	18	27:29	27
5.	Fylkir Reykjavik	18	26:23	25
6.	IB Keflavik	18	27:30	23
7.	KR Reykjavik (M)	18	16:20	22
8.	Fram Reykjavik	18	28:28	20
9.	Valur Reykjavik (N) *	18	19:26	19
10.	UBK Breidablik *	18	17:32	14

Aufsteiger: Thor Akureyri, KA Akureyri
Pokalendspiel (2001): Fylkir Reykjavik – KA Akureyri 2:2 n. V., Elfmeterschießen 5:4

Lettland

1.	Skonto Riga (M, P)	28	94:26	68
2.	FK Ventspils	28	69:21	67
3.	Metalurgs Liepaja	28	60:24	64
4.	FC Dinaburg Daugavpils	28	60:29	50
5.	Policijas/Daugava Riga	28	37:38	38
6.	FK Valmiera	28	28:56	19
7.	FK Riga	28	25:72	14
8.	Zibens/Zem. Daugavpils (N)	28	11:118	4

Aufsteiger: Auda Riga
Pokalendspiel (2001): Skonto Riga – FC Dinaburg Daugavpils 2:0

Litauen

1.	FBK Kaunas (M)	36	76:13	85
2.	Atlantas Klaipeda	36	66:29	69
3.	Zalgiris Vilnius	36	64:39	69
4.	Ekranas Panevezys (P)	36	58:38	55
5.	Inkaras Kaunas	36	50:44	44
6.	Gelezinis Vilkas Vilnius (N)	36	42:69	36
7.	Nevezis Kedainiai	36	33:54	35
8.	Sakalas Siauliai (N)	36	32:61	34
9.	Vetra Rudiskes (N) *	36	32:57	32
10.	Dainava Alytus *	36	34:83	30

Aufsteiger: Suduva Marijampole – Die Liga spielt 2002 mit 9 Klubs.
Pokalendspiel (2001): Atlantas Klaipeda – Zalgiris Vilnius 1:0
Pokalendspiel (2002): FBK Kaunas – Suduva Marijampole 3:1

Norwegen

1.	Rosenborg Trondheim (M)	26	71:30	57
2.	Lilleström SK	26	64:33	56
3.	Viking Stavanger	26	43:29	49
4.	Stabaek IF	26	45:39	45
5.	Molde FK	26	54:41	44
6.	Odd Grenland Skien (P)	26	50:40	42
7.	SK Brann Bergen	26	63:48	41
8.	Sogndal IL (N)	26	45:61	32
9.	FK Bodö/Glimt	26	45:47	29
10.	Moss FK	26	35:48	29
11.	Lyn Oslo (N)	26	40:49	26
12.	Bryne IL	26	33:61	22
13.	Strömsgodset Drammen (N) *	26	40:73	19
14.	Tromsö IL *	26	23:52	16

Aufsteiger: Valerenga Oslo, Start Kristiansand
Pokalendspiel (2001): Viking Stavanger – Bryne IL 3:0

Russland

1.	Spartak Moskau (M)	30	56:30	60
2.	Lokomotive Moskau (P)	30	53:24	56
3.	Zenit St. Petersburg	30	52:35	56
4.	Torpedo Moskau	30	53:42	52
5.	Krylia Sowjetow Samara	30	38:23	49
6.	Saturn Ramenskoje	30	45:22	47
7.	ZSKA Moskau	30	39:30	47
8.	Sokol Saratow (N)	30	31:42	41
9.	Dynamo Moskau	30	43:51	38
10.	Rotor Wolgograd	30	38:42	32
11.	Alania Wladikawkas	30	31:47	32
12.	Rostselmasch Rostow	30	29:43	32
13.	Anschi Machatschkala	30	28:34	32
14.	Torpedo-SIL Moskau (N)	30	22:35	31
15.	Fackel Woronesch *	30	30:53	28
16.	Tschernomorez Novorossisk *	30	19:54	23

Aufsteiger: Schinnik Jaroslawl, Uralan Elista
Pokalendspiel (2001): Lokomotive Moskau – Anschi Machatschkala 1:1 n. V., Elfmeterschießen 4:3
Pokalendspiel (2002): ZSKA Moskau – Zenit St. Petersburg 2:0

Schweden

1.	Hammarby IF	26	45:28	48
2.	Djurgarden Stockholm (N)	26	36:24	47
3.	AIK Solna	26	45:29	45
4.	IFK Göteborg	26	41:31	44
5.	Helsingborgs IF	26	47:29	42
6.	Örgryte IS Göteborg (P)	26	36:33	39
7.	Halmstads BK (M)	26	50:31	38
8.	Örebro SK	26	48:44	33
9.	Malmö FF (N)	26	39:46	32
10.	IF Elfsborg Boras	26	31:51	30
11.	GIF Sundsvall	26	28:37	29
12.	IFK Norrköping	26	29:40	29
13.	BK Häcken Göteborg *	26	35:50	24
14.	Trelleborgs FF *	26	25:62	14

Aufsteiger: Kalmar FF, Landskrona BoIS
Pokalendspiel (2001): IF Elfsborg Boras – AIK Solna 1:1 n. V., Elfmeterschießen 9:8

Weißrussland

1.	Belschina Bobruisk	26	43:19	56
2.	Dynamo Minsk	26	52:21	53
3.	BATE Borissow	26	54:31	51
4.	Neman Grodno	26	44:20	50
5.	Schachtjor Saligorsk	26	43:24	46
6.	Slavia Mosyr (M, P)	26	49:27	44
7.	FK Gomel	26	35:24	42
8.	Torpedo Minsk	26	31:32	37
9.	Dnjepr Mogilew	26	29:37	31
10.	FK Molodetschno (N)	26	23:47	29
11.	Dynamo Brest	26	26:38	29
12.	Lakamatju-96 Witebsk	26	18:51	19
13.	Naftan Novopolatsk *	26	18:51	14
14.	Wedritsch-97 Retschiza *	26	17:60	8

Aufsteiger: Torpedo Zhodina, Zvyazda Minsk
Pokalendspiel (2001): Belschina Bobruisk – Slavia Mosyr 1:0 n. V.
Pokalendspiel (2002): FK Gomel – BATE Borissow 2:0

Rasanz, Rekorde und die große Angst

Die dritte Liga – sie bietet von allem etwas. Guten Sport und spannende Spiele für viele Zuschauer. Doch finanziell droht vielen Vereinen der Kollaps.

Regionalliga

Spannend und unterhaltsam – aber finanziell problematisch

Punktabzüge am Grünen Tisch, Trainerrauswürfe am Fließband und ein Saisonfinale, das Alfred Hitchcock nicht spannender hätte inszenieren können. Die zweite Spielzeit der Regionalliga Nord bot Emotionen bis zur letzten Sekunde – und lange danach.

Ein Jahr in Zahlen:

- 1 Punkt hinter einem Aufstiegsplatz – wegen des schlechteren Torverhältnisses fehlten Rot-Weiß Essen in der Endabrechnung lediglich zwei Zähler zum lang ersehnten Aufstieg in die Zweite Bundesliga. Am Ende durften sich der VfB Lübeck und Eintracht Braunschweig feiern lassen. Der simple Grund: Ein Zähler wurde Essen zum Saisonende wegen Verstößen gegen Lizenzierungsauflagen abgezogen, Braunschweig profitierte beim 1:1 in Bremen vom unerlaubten Einsatz des Werder-Akteurs Joseph di Iorio und bekam zwei Punkte zugesprochen. Und Essen hatte ein weiteres Jahr dritte Liga gebucht.
- 2 Minuten waren in der Nachspielzeit des finalen, 34. Spieltages, absolviert, da traf Thomas Piorunek – zum Sieg für Braunschweig, der den Aufstieg bedeutete. Der Deutsche Meister von 1967 war wieder im Profigeschäft.
- 3 Trainer verschliss der Dresdner SC mit Hansi Kreische, Karsten Petersohn und Eberhard Vogel und konnte sich dennoch sportlich nicht für die nächste Regionalliga-Saison qualifizieren. Lediglich die fehlenden wirtschaftlichen Möglichkeiten des 1. FC Magdeburg, der wie im Vorjahr auf den letzten Drücker versuchte, ein Millionenloch zu stopfen, bewahrten den DSC vor dem Gang in die Oberliga. Ebenfalls gerettet: Der eigentliche Absteiger Preußen Münster, da es aus der Zweiten Liga nur einen Rückkehrer ins Amateurlager gab.
- 6 Versuche, sechs Treffer – Magdeburgs Armando Zani erwies sich als eiskalter Vollstrecker vom Elfmeterpunkt. Insgesamt wurden 98 Strafstöße verhängt,
- 7 Siege des VfB Lübeck gleich zu Saisonbeginn am Stück bedeuteten die erfolgreichste Serie.
- 8 Vereine wechselten ihren Übungsleiter aus.

Rasanz in der dritten Liga: Chemnitz' Ulf Mehlhorn (rechts), ehemaliger Bundesliga-Spieler von Fortuna Düsseldorf, im Zweikampf mit Paderborns Joakim N'Tsika-Compaige.

Oldie but goldie: Bayerns Ex-Nationalspieler und Weltmeister von 1990, Hansi Pflügler, war im Alter von 43 Jahren bei den Münchner Amateuren noch am Ball. Mittlerweile hat er seine Karriere allerdings beendet.

Neben dem DSC hofften Magdeburg, Münster, Paderborn, Köln, Düsseldorf, Chemnitz und Werder Bremen darauf, dass neue Besen besser kehren.

- 9 Treffer erfreuten die Fans in der torreichsten Partie des Jahres, Wattenscheid setzte sich gegen Dresden mit 5:4 durch. Den höchsten Erfolg feierte der 1. FC Magdeburg mit dem 7:1 gegen Fortuna Köln – absteigen hingegen mussten beide Teams.
- 19 Treffer reichten diesmal, um die Spielzeit als erfolgreichster Torschütze abschließen zu können. Den Titel des Ballermanns teilten sich Vesselin Gerov (SC Paderborn) und der Braunschweiger Daniel Teixeira, der in der Vorsaison noch 32 Mal getroffen hatte.
- 29 Mal durften sich die beiden Aufsteiger Lübeck (17) und Braunschweig (12) über die Pole Position freuen. Lediglich Chemnitz und Essen (je zwei Mal) sowie Wattenscheid wurde sonst noch der Platz an der Sonne gegönnt.
- 34 Spiele über die volle Distanz absolvierten sieben Akteure: Zu Dauerbrennern wurden Müller, Bonan (beide Essen), Greil (Kiel), Renno (Wattenscheid), Schierenbeck (Bremen) sowie die Osnabrücker Brunn und Ukrow.
- 898 Tore fielen insgesamt in den 306 ausgetragenen Partien, das macht einen Schnitt von 2,9 Treffern. Der VfB Lübeck mit 70 und Wattenscheid 09 mit 64 Einschüssen zeigten sich dabei am offensivstärksten.
- 23 500 Zuschauer verfolgten das entscheidende Braunschweiger Aufstiegsspiel gegen Wattenscheid – Rekord für die Spielzeit 2001/2002.

Die Eintracht verzeichnete somit einen durchschnittlichen Besuch von 11 922 Fans, Schlusslicht in der Publikumsgunst waren die Amateure von Werder Bremen mit lediglich 816 Zahlenden im Schnitt.

Und trotz aller Zahlenspiele gilt es auch in der Saison 2002/2003 wieder: 18 Mannschaften, 34 Spieltage, elf gegen elf und das Runde muss ins Eckige – auch in der Regionalliga Nord. Mit allerdings vier neuen Teams: Aus der Zweiten Liga kommt der SV Babelsberg zurück, die Aufsteiger aus den Oberligen sind Dynamo Dresden sowie die Amateurmannschaften des Hamburger SV, des 1. FC Köln und von Borussia Dortmund.

Ein souveräner Meister, vier früh fest stehende Absteiger – und dennoch geht die Saison 2001/2002 der Regionalliga Süd als abwechslungsreich, spannend und unterhaltsam in die Geschichte ein.
Mit Wacker Burghausen holte sich das unbestritten beste Team verdient den Titel. Die Mannschaft von Ex-Nationalspieler Rudi Bommer konnte sich in erster Linie auf eine exzellente Defensive verlassen, die in den 34 Spielen lediglich 22 Gegentreffer zuließ. In Trier wurde Paul Linz für seine Beharrlichkeit belohnt. Nachdem die Eintracht ein Jahr zuvor bei gleicher Punktzahl und Tordifferenz nur auf Grund der weniger erzielten Treffer gegenüber Schweinfurt 05 den schon sicher geglaubten Aufstieg verpasste, änderte der Trainer seinen Kader nur ganz zart und schaffte am vorletzten Spieltag den großen Wurf. Nach 21 Jahren gelang Eintracht Trier erstmals wieder der Sprung die Zweitklassigkeit.
Dorthin wollten auch die Stuttgarter Kickers, erst vor dem abgelaufenen Spieljahr in die Regionalliga abgestiegen. Doch beim ehemaligen Bundesligisten ging vieles schief, die Erwartungen – durch teure Einkäufe und hohe Gehälter geweckt – wurden dort ebenso wenig erfüllt wie in Aalen. Der VfR trennte sich bereits nach drei Spieltagen von Coach Willi Entenmann. Ebenso früh ereilte dieses Schicksal Hans-Ulrich Thomale in Erfurt. Ihre Nachfolger Helmut Dietterle und Jens Große lotsten ihre Teams noch auf Platz vier beziehungsweise fünf.
Weitere Trainerentlassungen: Für Rainer Zobel kam bei den Stuttgarter Kickers Marcus Sorg, beim Nachbarn, den VfB-Amateuren, für den nach Unterhaching abgewanderten Reiner Adrion vorübergehend Reinhold Fanz, der aber schnell von Peter Starzmann abgelöst wurde. Diese Wechsel hatten ebensowenig Erfolg wie die von Michael Dusek zu Uwe Stöver in Kaiserslautern und von Michael Feichtenbeiner zu Hans-Werner Moser in Darmstadt.
Doch es gab auch Lichtgestalten. Etwa Hansi Pflügler. Der Weltmeister von 1990 wurde im März 2001 bereits 42 Jahre alt und war den jungen Bayern-Amateuren – er hätte der Vater der meisten sein können – ein Vorbild in kämpferischer und sogar läuferischer Hinsicht. Oder Stefan Frühbeis. Der Abwehrspieler aus Burghausen erzielte zehn Treffer, die meisten davon per Kopf, und wurde von den 18 Trainern zum »Spieler der Saison« gekürt. Stark auch der Ansbacher Torhüter Tom Raffel trotz des Abstieges. Er hielt sechs von acht Elfmetern gegen seine Mannschaft, gegen Trier und Wehen sogar je zwei in einem Spiel. Ebenfalls außergewöhnlich: Als Torschützenkönig der Oberliga Hessen kam Saber Ben Neticha zu Saisonbeginn nach Wehen – und setzte sich in der höheren Spielklasse mit 18 Treffern gleich wieder die Krone auf.
So weit, so gut. Doch mit dem letzten Spieltag war die Saison für die Regionalliga noch nicht beendet. Zunächst sorgte der Zusammenschluss von Waldhof und VfR Mannheim, dass ein Platz wieder frei wurde. Somit blieb den Amateuren des 1. FC Kaiserslautern der Abstieg nachträglich erspart.
Auch das Lizenzgerangel um Eintracht Frankfurt und die SpVgg Unterhaching führte in der dritten Liga zu Konfusionen. Zwischenzeitlich sollte sogar der FSV Frankfurt als Vizemeister der Oberliga Hessen eine Spielklasse höher antreten. Die Unterhachinger gaben sich bis zuletzt nicht damit zufrieden, dass sie sportlich abgestiegen und damit Regionalligist waren. Das Argument der Münchner Vorstädter lautete, dass sie wirtschaftlich wesentlich sicherer dastehen als Vereine aus der Zweiten Liga, denen im Laufe der Runde der Konkurs drohen sollte. Doch auch Vereine aus der dritten Liga gingen mit finanziellen Problemen in die neue Runde, so dass zu erwarten ist, dass auch der Abstieg in der Saison 2002/2003 vom Geld mitbestimmt wird.

Axel Heiber/Thomas Roth

Emanzipation an der Pfeife: Schiedsrichterin Bibiana Steinhaus aus Bad Lauterberg im Harz leitete Spiele in der Regionalliga Nord. Beschwerden gab's kaum.

Regionalliga Nord 2001/02	VfB Lübeck	Eintr. Braunschweig	Rot-Weiß Essen	SG Wattenscheid 09	KFC Uerdingen 05	Chemnitzer FC	VfL Osnabrück	B. Leverkusen Am.	Erzgebirge Aue	Werder Bremen Am.	SC Verl	1. FC Magdeburg	Holstein Kiel	SC Paderborn 07	Preußen Münster	Dresdner SC	Fortuna Düsseldorf	Fortuna Köln	Heimbilanz Auswärtsbilanz					Gesamtbilanz	
																			g.	u.	v.	Tore	Punkte	Tore	Punkte
1. VfB Lübeck **	K	1:0 0:2	0:3 1:0	1:1 3:5	1:1 1:1	2:1 0:1	2:0 0:2	2:1 1:1	4:1 4:1	3:1 5:3	0:2 1:2	4:1 3:2	1:1 5:2	3:2 2:1	4:1 4:1	1:2 2:3	3:1 3:0	2:0 1:0	11 9	3 2	3 6	34:19 36:27	36 29	70:46	65
2. Eintr. Braunschweig **	2:0 0:1	I	0:0 1:3	2:1 1:1	1:0 1:1	2:0 0:2	0:0 0:0	4:0 0:1	3:0 1:2	3:0 2:0	3:1 1:1	1:0 2:1	3:0 4:0	3:0 1:3	3:0 2:4	4:1 1:0	1:2 3:2	2:2 3:0	13 6	3 4	1 7	37:7 23:22	42 22	60:29	64
3. Rot-Weiß Essen	0:1 3:0	3:1 0:0	C	4:0 2:0	0:0 1:1	3:2 0:5	0:0 1:2	1:1 3:1	1:0 0:1	4:2 1:1	3:3 1:0	5:1 3:1	1:0 2:0	2:1 1:3	1:2 3:1	3:0 2:0	1:1 1:1	1:1 1:0	9 9	6 4	2 4	33:16 25:17	33 31	58:33	63
4. SG Wattenscheid 09	5:3 1:1	1:1 1:2	0:2 0:4	K	1:0 4:2	3:0 0:5	1:1 1:2	1:2 4:1	2:1 5:2	2:1 0:0	3:1 4:2	0:1 1:2	5:2 0:0	3:1 2:3	1:0 2:2	5:4 2:1	2:0 0:1	1:1 1:0	11 6	3 4	3 7	36:21 28:30	36 22	64:51	58
5. KFC Uerdingen 05	1:1 1:1	1:1 0:1	1:1 0:0	2:4 0:1	E	1:0 4:4	3:1 0:2	1:2 2:1	1:0 0:3	1:1 2:1	0:2 1:2	0:2 2:2	0:0 2:2	5:0 3:2	1:1 2:0	3:0 2:0	1:0 2:1	2:1 2:1	7 7	6 5	4 5	24:17 25:24	27 26	49:41	53
6. Chemnitzer FC	1:0 1:2	2:0 0:2	5:0 2:3	5:0 0:3	4:4 0:1	R	1:1 2:0	2:1 1:3	0:2 3:0	3:1 0:2	3:1 1:1	1:0 0:0	1:1 1:2	1:3 1:0	2:1 0:1	1:2 0:1	1:0 4:0	3:1 1:1	11 4	3 3	3 10	36:18 17:22	36 15	53:40	51
7. VfL Osnabrück	2:0 0:2	0:0 0:0	2:1 0:0	2:1 1:1	2:0 1:3	0:2 1:1	S	2:1 1:1	1:2 1:1	1:1 0:1	5:1 1:2	3:0 0:2	1:1 0:0	2:0 1:2	2:0 3:1	4:0 2:0	1:1 1:4	0:2 3:1	10 3	4 7	3 7	30:13 16:22	34 16	46:35	50
8. B. Leverkusen Am.	1:1 1:2	1:0 0:4	1:3 1:1	1:4 2:1	1:2 2:1	3:1 1:2	1:1 1:2	P	2:1 0:2	1:1 1:1	3:2 2:3	2:1 3:0	1:1 2:1	2:1 1:4	4:2 1:0	1:1 1:5	1:4 3:0	5:2 0:2	8 6	5 2	4 9	31:28 22:31	29 20	53:59	49
9. Erzgebirge Aue	1:4 1:4	2:1 0:3	1:0 0:1	2:5 1:2	3:0 0:1	0:3 2:0	1:1 2:1	2:0 1:2	O	4:0 0:0	1:1 0:0	2:0 1:1	2:0 1:1	2:1 1:1	3:0 4:1	0:0 1:2	2:2 0:3	4:0 0:2	10 3	4 5	3 9	32:18 15:25	34 14	47:43	48
10. Werder Bremen Am.	3:5 1:3	0:2 0:3	1:1 2:4	0:0 1:2	1:2 1:1	2:0 1:3	1:0 1:1	1:1 1:1	0:0 0:4	R	3:3 3:1	0:0 2:2	4:1 0:1	0:2 3:2	4:0 3:1	2:1 0:3	2:0 2:0	2:0 3:1	7 5	6 4	4 8	26:18 24:33	27 19	50:51	46
11. SC Verl	2:1 2:0	1:1 1:3	0:1 3:3	2:4 1:3	2:1 2:0	1:1 1:3	2:1 1:5	3:2 2:3	0:0 1:1	1:3 3:3	T	3:3 3:3	2:0 0:1	1:2 3:2	2:1 2:0	4:2 1:1	0:1 2.3	2:0 1:3	8 4	4 5	5 8	28:24 29:37	28 17	57:61	45
12. 1. FC Magdeburg *	2:3 1:4	1:2 0:1	1:3 1:5	2:1 1:0	2:2 2:0	0:0 0:1	2:0 0:3	0:3 1:2	1:1 0:2	2:2 0:0	3:3 3:3	M	2:0 2:3	3:1 6:1	1:1 1:4	1:0 2:2	0:0 2:0	7:1 2:0	6 5	7 3	4 9	30:23 24:31	25 18	54:54	43
13. Holstein Kiel	2:5 1:1	0:4 0:3	0:2 0:1	0:0 2:5	2:2 0:0	2:1 1:1	0:0 1:1	1:2 1:1	1:1 0:2	1:0 1:4	1:0 0:2	3:2 0:2	A	1:1 0:2	0:0 1:0	2:1 4:3	2:0 3:0	2:1 1:1	7 3	6 6	4 8	20:22 16:29	27 15	36:51	42
14. SC Paderborn 07	1:2 2:3	3:1 0:3	3:1 1:2	3:2 1:3	2:3 0:5	0:1 3:1	2:1 0:2	4:1 1:2	1:1 1:2	2:3 2:0	2:3 2:1	1:6 1:3	2:0 1:1	G	4:1 1:2	1:0 0:0	1:1 1:1	1:1 1:1	8 3	3 4	6 10	33:28 18:32	27 13	51:60	40
15. Preußen Münster	1:4 1:4	4:2 0:3	1:3 2:1	2:2 0:1	0:2 1:1	1:0 1:2	1:3 0:2	0:1 2:4	1:4 0:3	1:3 0:4	0:2 1:2	4:1 1:1	0:1 0:0	2:1 1:4	A	3:1 2:0	2:0 4:3	6:2 4:1	7 4	1 3	9 10	29:32 20:36	22 15	49:68	37
16. Dresdner SC	3:2 2:1	0:1 1:4	0:2 0:3	1:2 4:5	0:2 0:3	1:0 2:1	0:2 0:4	5:1 1:1	2:1 0:0	3:0 1:2	1:1 2:4	2:2 0:1	3:4 1:2	0:0 0:1	0:2 1:3	Z	3:1 0:1	0:1 2:0	6 3	3 2	8 12	24:24 17:36	21 11	41:60	32
17. Fortuna Düsseldorf *	0:3 1:3	2:3 2:1	1:1 1:1	1:0 0:2	1:2 0:1	0:4 0:1	4:1 1:1	0:3 4:1	3:0 2:2	0:2 0:2	3:2 1:0	0:2 0:0	0:3 0:2	1:1 1:1	3:4 0:2	1:0 1:3	I	0:0 2:3	5 3	3 5	9 9	20:31 16:26	18 14	36:57	32
18. Fortuna Köln *	0:1 0:2	0:3 2:2	0:1 1:1	0:1 1:1	1:2 1:2	1:1 1:3	1:3 2:0	2:0 2:5	2:0 0:4	1:3 0:2	3:1 0:2	0:2 1:7	1:1 1:2	1:1 1:1	1:4 2:6	0:2 1:0	3:2 0:0	N	4 2	3 5	10 10	17:28 16:40	15 11	33:68	26

**) = Aufsteiger in die 2. Bundesliga. *) = Absteiger in die Oberligen. Der 1. FC Magdeburg hat Insolvenz beantragt und erhielt daher keine Lizenz für die Regionalliga. Aufsteiger aus den Oberligen: 1. FC Köln Am., Borussia Dortmund Am., Hamburger SV Am., Dynamo Dresden. Dazu kommt aus der 2. Bundesliga: SV Babelsberg 03. Rot-Weiß Essen wurde wegen Verstoßes gegen Lizenzierungsauflagen ein Punkt abgezogen.

Topspieler der Regionalliga Nord: Heiko Bonan (RW Essen).

Topspieler der Regionalliga Süd: Stefan Frühbeis (Wacker Burghausen).

Regionalliga Süd 2001/02

Regionalliga Süd 2001/02	Wack. Burghausen	Eintracht Trier	Jahn Regensburg	VfR Aalen	Rot-Weiß Erfurt	SV Wehen	Sportfreunde Siegen	Kickers Offenbach	VfR Mannheim	Bayern München Am.	SV Elversberg	Stuttgarter Kickers	TSG Hoffenheim	SV Darmstadt 98	1. FC K'lautern Am.	VfB Stuttgart Am.	SpVgg Ansbach	Borussia Fulda	Heimbilanz / Auswärtsbilanz g.	u.	v.	Tore	Punkte	Gesamtbilanz Tore	Punkte
1. Wack. Burghausen **	K	2:2 0:1	1:1 1:0	2:1 3:0	1:0 2:2	2:0 1:0	0:2 0:0	3:0 1:0	1:1 0:1	1:2 1:1	1:1 1:1	2:0 1:0	0:0 2:1	4:1 1:3	0:0 1:0	1:0 2:1	5:0 3:0	2:0 1:0	9 10	6 4	2 3	28:11 21:11	33 34	49:22	67
2. Eintracht Trier **	1:0 2:2	I	3:0 0:5	1:2 1:1	2:3 0:0	3:0 1:1	2:0 0:0	1:0 0:0	2:3 0:0	3:0 2:0	2:1 1:2	2:2 0:1	2:0 2:1	2:2 0:0	3:2 3:1	1:0 3:1	2:3 1:0	0:0 3:1	10 6	3 8	4 3	32:18 19:16	33 26	51:34	59
3. Jahn Regensburg	0:1 1:1	5:0 0:3	C	2:3 3:1	1:0 1:2	2:1 1:0	2:0 1:4	2:0 0:2	1:1 3:5	0:3 0:1	3:1 1:1	4:1 1:2	0:0 1:1	2:0 2:0	3:2 1:1	3:2 1:0	2:1 2:0	6:0 0:0	12 5	2 5	3 7	38:16 19:24	38 20	57:40	58
4. VfR Aalen	0:3 1:2	1:1 2:1	1:3 3:2	K	2:2 3:2	0:1 3:4	2:1 0:1	2:3 2:5	3:0 0:2	2:1 2:4	2:0 2:1	1:1 2:1	3:3 0:6	3:2 1:1	2:4 2:1	1:0 3:2	7:0 4:0	2:0 3:0	8 9	4 1	5 7	34:25 33:35	28 28	67:60	56
5. Rot-Weiß Erfurt	2:2 0:1	0:0 3:2	2:1 0:1	2:3 2:2	E	1:2 0:1	1:1 1:1	0:0 1:0	2:0 3:1	3:1 3:0	2:1 2:3	2:0 1:2	2:0 1:1	0:0 0:0	1:0 0:1	2:0 2:0	0:1 0:1	2:1 4:1	9 6	5 4	3 7	24:13 23:18	32 22	47:31	54
6. SV Wehen	0:1 0:2	1:1 0:3	0:1 1:2	4:3 1:0	1:0 2:1	R	1:0 1:4	2:2 1:1	2:0 0:0	2:2 1:0	2:0 1:4	3:3 2:1	3:1 1:1	3:1 1:2	2:0 0:0	4:2 3:3	1:1 2:1	0:0 2:2	9 5	6 6	2 6	31:18 19:27	33 21	50:45	54
7. Sportfreunde Siegen	0:0 2:0	0:0 0:2	4:1 0:2	1:0 1:2	1:1 1:1	4:1 0:1	S	2:0 0:2	0:2 3:1	3:1 1:3	1:0 0:1	1:2 2:2	3:2 2:1	0:2 2:2	3:0 3:0	2:2 1:0	4:1 1:1	0:0 1:1	9 5	5 5	3 7	29:15 20:22	32 20	49:37	52
8. Kickers Offenbach	0:1 0:3	0:0 0:1	2:0 0:2	5:2 3:2	0:1 0:0	1:1 2:2	2:0 0:2	P	2:2 0:0	0:0 1:4	0:0 0:2	2:1 0:1	2:0 0:3	1:0 2:0	1:2 3:1	3:0 2:0	4:1 1:3	2:0 1:0	9 5	5 3	3 9	27:11 15:26	32 18	42:37	50
9. VfR Mannheim *	1:0 1:1	0:0 3:2	5:3 1:1	2:0 0:3	1:3 0:2	0:0 0:2	1:3 2:0	0:0 2:2	O	2:0 0:0	2:0 0:2	2:0 1:1	1:1 1:2	2:0 2:2	3:0 2:2	3:2 1:2	4:3 1:2	1:1 0:0	10 2	5 8	2 7	30:16 17:26	35 14	47:42	49
10. Bayern München Am.	1:1 2:1	0:2 0:3	1:0 3:0	4:2 1:2	0:3 1:3	0:1 2:2	3:1 1:3	4:1 0:0	0:0 0:2	R	2:1 1:2	0:0 2:4	2:2 2:1	2:4 3:2	3:1 2:1	2:4 2:2	0:0 0:0	9:0 3:0	7 6	5 4	5 7	33:23 25:28	26 22	58:51	48
11. SV Elversberg	1:1 1:1	2:1 1:2	1:1 1:3	1:2 0:2	3:2 1:2	4:1 0:2	1:0 0:1	2:0 0:0	2:0 0:2	2:1 1:2	T	1:1 0:2	1:3 1:3	2:1 0:2	0:0 2:0	0:2 2:1	3:0 2:0	2:0 1:0	10 4	4 2	3 11	28:16 13:25	34 14	41:41	48
12. Stuttgarter Kickers	0:1 0:2	1:0 2:2	2:1 1:4	1:2 1:1	2:1 0:2	1:2 3:3	2:2 2:1	1:0 1:2	1:1 0:2	4:2 0:0	2:0 1:1	M	1:0 2:4	0:0 2:0	2:2 2:2	0:0 1:1	1:1 1:0	1:2 1:1	7 3	6 8	4 6	22:17 20:28	27 17	42:45	44
13. TSG Hoffenheim	1:2 0:0	1:2 0:2	1:1 0:0	6:0 3:3	1:1 0:2	1:1 1:3	1:2 2:3	3:0 0:2	2:1 1:1	1:2 2:2	3:1 3:1	4:2 0:1	A	0:1 1:1	2:3 4:2	1:2 0:2	2:0 2:1	3:2 1:0	7 4	3 6	7 7	33:23 20:26	24 18	53:49	42
14. SV Darmstadt 98	3:1 1:4	0:0 2:2	0:2 0:2	1:1 2:3	0:0 0:0	2:1 1:3	2:2 2:0	0:2 0:1	2:2 0:2	2:3 4:2	2:0 1:2	0:2 0:0	1:1 1:0	G	1:0 3:1	3:0 1:2	0:0 1:1	2:2 3:1	5 5	8 4	4 8	21:19 22:26	23 19	43:45	42
15. 1. FC K'lautern Am.	0:1 0:0	1:3 2:3	1:1 2:3	1:2 4:2	1:0 0:1	0:0 0:2	0:3 0:3	1:3 2:1	2:2 0:3	1:2 1:3	0:2 0:0	2:2 2:2	2:4 3:2	1:3 0:1	A	1:3 2:1	3:0 1:0	3:2 2:0	3 6	4 3	10 8	20:33 21:27	13 21	41:60	34
16. VfB Stuttgart Am. *	1:2 0:1	1:3 0:1	0:1 2:3	2:3 0:1	0:2 0:2	3:3 2:4	0:1 2:2	0:2 0:3	2:1 2:3	2:2 4:2	1:2 2:0	1:1 0:0	2:0 2:1	2:1 0:3	1:2 3:1	Z	0:1 3:1	1:1 2:2	3 5	4 3	10 9	19:28 24:30	13 18	43:58	31
17. SpVgg Ansbach *	0:3 0:5	0:1 3:2	0:2 1:2	0:4 0:7	1:0 1:0	1:2 1:1	1:1 1:4	3:1 1:4	2:1 3:4	0:0 0:0	0:2 0:3	0:1 1:1	1:2 0:2	1:1 0:0	0:1 0:3	1:3 1:0	I	1:0 2:3	4 3	3 4	10 10	12:25 15:41	15 13	27:66	28
18. Borussia Fulda *	0:1 0:2	1:3 0:0	0:0 0:6	0:3 0:2	1:4 1:2	2:2 0:0	1:1 0:0	0:1 0:2	0:0 1:1	0:3 0:9	0:1 0:2	1:1 2:1	0:1 2:3	1:3 2:2	0:2 2:3	2:2 1:1	3:2 0:1	N	1 1	6 6	10 10	12:30 11:37	9 9	23:67	18

**) = Aufsteiger in die 2. Bundesliga. *) = Absteiger in die Oberligen. Die Fußball-Abteilungen des VfR Mannheim und des Zweitligisten Waldhof Mannheim fusionieren. Aufsteiger aus den Oberligen: FC Augsburg, SC Pfullendorf, FSV Frankfurt, Borussia Neunkirchen. Dazu kommen aus der 2. Bundesliga: Eintracht Frankfurt (keine Lizenz), 1. FC Saarbrücken, 1. FC Schweinfurt 05.

Frauen-Bundesliga

1. 1. FFC Frankfurt (M, P)	22	65:17	58
2. Turbine Potsdam	22	56:23	44
3. FCR Duisburg	22	61:34	44
4. Bayern München	22	59:38	40
5. FSV Frankfurt	22	48:29	39
6. SC Freiburg (N)	22	30:34	35
7. FFC Brauweiler-Pulheim	22	37:27	33
8. FFC Heike Rheine	22	34:34	27
9. SC Bad Neuenahr	22	24:51	22
10. WSV Wolfsburg	22	26:52	17
11. Hamburger SV (N) *	22	16:62	8
12. 1. FC Saarbrücken *	22	16:71	8

Aufstiegsrunde

1. Tennis Borussia Berlin **	4	13:3	12
2. TuS Niederkirchen **	4	9:6	9
3. SpVgg Oberaußem-Fortuna	4	14:7	9
4. Viktoria Gersten	4	9:11	3
5. 1. FC Nürnberg	4	1:19	0

Aufsteiger:
Tennis Borussia Berlin, TuS Niederkirchen

Frauen-DFB-Pokal

Qualifikation:
Erzgebirge Aue – Eintracht Seekirch n. V. 2:0

1. Runde:
Viktoria Gersten – Hallescher FC 3:2
Ratzeburger SV – WSV Wolfsburg 0:5
Tennis Borussia Berlin – Hamburger SV 0:2
Turbine Potsdam II – Turbine Potsdam 0:5
Eintracht Schwerin – ATS Buntentor 0:2
Jahn Calden – Heike Rheine 1:5
Spfr. Siegen – FCR Duisburg 0:9
TuS Niederkirchen – SC Bad Neuenahr 1:3
1. FC Saarbrücken – FFC Brauweiler-Pulheim 1:2
1. FC Saarbrücken II – SC Bad Neuenahr II 0:7
Karlsruher SC – 1. FFC Frankfurt 0:20
Erzgebirge Aue – Bayern München 2:7
USV Jena – FSV Frankfurt 1:3
TSV Augsburg-Pfersee – SC Freiburg 0:3
GSV Moers – SpVgg Oberaußem-Fortuna 1:4

Freilos: Borussia Friedenstal

Achtelfinale:
SC Bad Neuenahr II – SC Bad Neuenahr 2:4
Borussia Friedenstal – Turbine Potsdam 0:10
Viktoria Gersten – FCR Duisburg 0:5
SpVgg Oberaußem-Fortuna – Hamburger SV n. V. 1:2
ATS Buntentor – SC Freiburg 0:8
WSV Wolfsburg – FSV Frankfurt 0:7
Bayern München – 1. FFC Frankfurt 0:2
FFC Brauweiler-Pulheim – Heike Rheine 4:0

Viertelfinale:
FSV Frankfurt – FCR Duisburg 2:1
Hamburger SV – FFC Brauweiler-Pulheim 1:0
SC Freiburg – Turbine Potsdam 2:3
SC Bad Neuenahr – 1. FFC Frankfurt 0:2

Halbfinale:
FSV Frankfurt – 1. FFC Frankfurt 0:4
Hamburger SV – Turbine Potsdam 3:2

Endspiel am 11. Mai in Berlin:
1. FFC Frankfurt – Hamburger SV 5:0

M = Meister des Vorjahres
P = Pokalsieger des Vorjahres
N = Neuling
* = Absteiger
** = Aufsteiger

Der Gürtel muss jetzt enger geschnallt werden

Mit Schmerzen können die meisten Fußballer gut leben. Sie haben den Umgang damit gelernt. Manchmal können sie auch sogar über die so genannte Schmerzgrenze hinausgehen. Doch die Entwicklung der vergangenen Monate traf viele Profi-Fußballer an ihrer schmerzhaftesten Stelle: am Geldbeutel.

Für viele der Berufsfußballer ist nach bekannt werden der Kirch-Krise und deren direkten Auswirkungen nichts mehr so, wie es einmal war. Spätestens seit dem Bosman-Urteil im Jahr 1995 hatten sie geglaubt, das »Heft des Handelns« in ihren Händen zu halten. Durch den Wegfall der Ablösesumme, die in die Taschen der Vereine floss, war es ein beliebtes Spiel, sich bei Vertragsende die Unterschrift unter einem neuen Vertrag direkt versilbern zu lassen. Egal, ob dies als »prime de signature«, als »signing fee« oder auf gut deutsch als Handgeld bezeichnet wurde; es war und ist ein einträgliches Geschäft. Wer erinnert sich nicht an diesen ominösen Scheck, der beim Wechsel von Herthas Nationalspieler Sebastian Deisler zu den Münchner Bayern auftauchte? Und zwar weit vor dem Zeitpunkt, bevor ein möglicher Wechsel überhaupt hätte abgeschlossen werden können.
20 Millionen, zugegeben damals »nur« Mark, sollten den Besitzer wechseln. Ein böiger Sturm der Entrüstung fegte von bayrischen Gefilden aus über die (Fußball-)Republik, polternd wurde die Indiskretion verdammt, mit der der Scheck an die Öffentlichkeit gelangt sei. Artig wurde das Geld zurücktransferiert – dass es nach dem vollzogenen Wechsel längst wieder auf den Konten des Spielers gelandet ist, dieser Fakt war keine Erwähnung mehr wert.
Doch diese Geschäftsgebaren wird es in Zukunft wesentlich seltener geben. Bis auf die Topklubs der Bundesliga mit den Marktführern FC Bayern, Dortmund, Leverkusen, Schalke und dem Hauptstadtklub Hertha haben fast alle übrigen Profivereine nach den spürbaren Auswirkungen der Kirch-Krise die Handbremse gezogen. Nach dem die TV-Gelder aus dem Insolvenz-Fall Kirch anders ausfielen, als alle dachten, heißt es jetzt umzudenken. Zwar »schwadronierte« der jetzige DFB-Präsident Gerhard Mayer-Vorfelder schon vor Jahren (damals war er sinnigerweise Finanzminister in Baden-Württemberg und Präsident des VfB Stuttgart) davon, »das die Liga finanziell bald an die Wand fährt«, dass aber gerade er als VfB-Präsident am Lenkrad dieses mit rasender Geschwindigkeit fahrenden Ungetüms sitzen würde, soweit reichte die Vision nicht.
Jetzt, nach der Kirch-Insolvenz und geringer werdenden Abgaben der »Melkkuh« Fernsehen, jetzt heißt es kleinere Brötchen backen. Appelle zum Maßhalten helfen da nicht mehr weiter. Nein, jetzt heißt es: Der Gürtel muss enger geschnallt werden. Die ersten Auswirkungen sind schon in der abgelaufenen Sommer-Transferperiode sicht-

bar geworden. Während die Liga in den vergangenen Jahren die Ausgaben für neue Spieler in immer Schwindel erregendere Höhen schraubte, blieb man diesmal (relativ) vorsichtig. Und mehr Berufsspieler denn je stehen ohne Vertrag dar. Selbst der in die Jahre gekommene Bayern-»Tiger«, Stefan Effenberg, der noch vor einem Jahr zwei gewonnene Trophäen gen Himmel recken durfte, ging erst mal leer aus. Geplänkel zwar mit Manchester City oder gar mit den wenig seriösen Herren von Atletico Madrid – den aus seiner Perspektive angemessenen, letzten Vertrag legte ihm niemand vor.

Die Liste der vertragslosen Spieler ist lang. Und viele derer, die noch vor Monaten tönten, sie könnten sich ihre neuen Arbeitgeber aussuchen, sind längst kleinlaut oder gar sprachlos geworden. Die Grenzen des Wachstums sind wohl erreicht – auch oder speziell im Fußball. Binnen einer der Dekade brachen für die verantwortlichen Funktionäre Begriffe wie Merchandising, Marketing und TV-Gelder ebenso in sich zusammen wie beispielsweise für Aktien-Freunde der Neue Markt.

Eine schmerzliche Erfahrung für eine nach wie vor boomende Branche, aber wohl auch eine reinigende. »Das regelt alles der Markt« – hofften seit Jahren die ewigen Optimisten der Szene. Der Markt regelt es tatsächlich – aber mit dem Geld, was ihm wirklich zur Verfügung steht und nicht mit irgendwelchen unrealistischen Milchmädchenrechnungen.

Doch dies ist beileibe kein spezifisch deutsches Problem. Auch die benachbarten europäischen Spitzenligen haben mit den wirtschaftlichen Veränderungen zu kämpfen. In Italien, Spanien und Frankreich werden die Macher mit den gleichen Symptomen konfrontiert. In Italien zum Beispiel, wo seit Jahren im Fußball Milch und Honig flossen, streckt man sich längst nach der Decke. Große Transfers gibt's kaum noch, allenthalben tauschen die Großklubs die Spieler untereinander. In Spanien ist die Zeit der Fabelsummen, die noch für einen Zidane oder einen Figo gezahlt wurden, längst vorbei. Überall herrscht die neue Bescheidenheit. Auch wenn sie aus wirtschaftlichen Gründen erzwungen wurde.

Die »Schmerzgrenze« des Gigantismus ist jedenfalls überschritten. Jetzt heißt es für alle, den Gürtel enger zu schnallen. Die »Goldenen Zeiten« für Profis und Vereine scheinen jedenfalls erst mal beendet.

Hardy Hasselbruch

Abschied von den Fleischtöpfen der Bundesliga: Bayern-Kapitän Stefan Effenberg und der Brasilianer Paulo Sergio wurden im Münchner Olympiastadion offiziell verabschiedet.

20

Redaktionelle Konzeption:
Hardy Hasselbruch

Autoren:
Jean-Julien Beer, Christian Biechele, Oliver Bitter, Thomas Böker, Michael Ebert, Uli Gerke, Hardy Hasselbruch, Axel Heiber, Thomas Hennecke, Harald Kaiser, Sebastian Karkos, Hans-Günter Klemm, Jan Lustig, Martin Messerer, Thiemo Müller, Manfred Münchrath, Jürgen Nöldner, Michael Richter, Steffen Rohr, Thomas Roth, Johann Strotkötter, Wolfgang Tobien, Stephan von Nocks, Karlheinz Wild, Heinz Wiskow, Sebastian Wolff

Schlussredaktion:
Hardy Hasselbruch

Statistik:
Gerd Heuser, Robert Hohensee, Marie-Luise König, Ulrich Matheja, Wolfgang Riedel

Bildredaktion:
Peter Dworschak, Michael Beims

Titelfoto: Sven Simon

Abbildungen Innenteil: action press, Baering, Bongarts, Camera 4, City-Press, Contrast, CoverSport, firo, GEPA, Hake, Harder, Hoehne, Koller, imago, Lackovic, Liedel, Müller, Nagel, Onlinesport, Picture Point, pmk, Rust, Schumann, Sportimage, Sportnah, Sven Simon, Team2, Ulmer, Wende, Werek, Wiechmann, Witters

Titelfoto Bundesliga-Planer: Sven Simon

Abbildungen Innenteil Bundesliga-Planer:
Imago

Lektorat: Pierre Sick

Produktion, Satz und Layout:
VerlagsService Dr. Helmut Neuberger
& Karl Schaumann GmbH, Heimstetten

Redaktionsschluss: 1. Juli 2002

Gesamtherstellung: Stiebner, München.
www.copress.de
Printed in Germany
ISSN 0941-3375
ISBN 3-7679-0796-8

JUVENTUS TURIN
MEISTER 1995
BORUSSIA DORTMUND
BORUSSIA
BORUSSIA DORTMUND
BORUSS DORTMUND
'll never walk a
SSIA DORTMUND
BLACK LIO
BLACK LIONS BLACK LIONS BLACK LIONS
DORTMUND
DORTMUND